20년의 위기

20년의 위기

E. H. 카 저
김태현 편역

녹 문 당

THE TWENTY YEARS' CRISIS, 1919–1939

An Introduction to the Study of International Relations

and

Nationalism and After

by Edward Hallett Carr

목 차

편역자 서문

이 책은 현대적 의미의 국제정치학에서 고전의 하나로 꼽히는 E. H. 카(Edward Hallett Carr)의 명저 《20년의 위기》(*Twenty Years' Crisis*)와 《민족주의와 그 이후》(*Nationalism and After*)를 함께 옮겨 엮은 것이다. 옮기는 과정에 과감한 의역을 하였고, 때로 역주를 보태고 본문에 나오는 인물을 생존연대나 그 역할을 소개하였으며, 무엇보다 두 가지 책을 함께 묶었다는 점에서 감히 "편역"이라고 붙였다. 따로 해제(解題)는 쓰지 않기로 했다. 우선 이 책은 이미 고전이고 고전의 맛은 읽는 이에 따라 다르기 때문에 굳이 역자가 독서의 방향을 유도할 필요가 없기 때문이다. 그리고 이 책은 어차피 교과서이고, 지도교수들이 지도할 내용이기 때문이다. 대신 초판이 출판된 지 회갑이 지났고, 기왕에 번역판이 없지 않은 이 책을 굳이 번역, 출간하게 된 배경을 간략히 소개하는 것으로 편역자 서문을 대신하고자 한다.

1998년 3월, 한국의 소위 IMF위기가 한창인 때였다. 또 편역자가 6년 넘게 근무하던 세종연구소를 떠나 중앙대학교에 막 몸을 담은 때였다. 모두들 당황하고, 걱정하고, 서로 비난하던 때였다. 비경제학자인 편역자에게는 "경제위기"의 원인이나 처방에 대해 나돌던 온갖 '설'이 낯설었다. 그리고 불편했다. 위기의 "경제적" 원인이야 그렇다고 쳐도 적어도 위기의 전개과정과 결과는 단순히 경제문제만이 아닌 것이 명백하였기 때문이다.

그 몇 년 전부터 서울대학교 외교학과의 하용출 선생님을 도와 국제정치경제관련 연구를 수행하고 있었다. 그 해 3월 하순 벨기에 브뤼셀에서 학술회의가 예정되어 있었다. 애초에는 미국-유럽-동아시아간의 정치경제관계에 관한 것으로 기획되었던 회의의 주제가 동아시아가, 그리고 한

국이 외환위기, 금융위기, 경제위기에 휘말리면서 〈위기의 국제정치경제학〉으로 재조정되었고, 우리에게도 그에 따라 새로운 연구 주문이 왔다. 위기의 원인에 대한 경제적 해석을 따라가기도 힘들어하던 편역자에게 그에 대한 국제정치경제학적 접근은 참으로 어려웠다.

국내분위기에 답답해하며, 또 논문을 구상하며 암담해하던 차에 집어든 책이 《20년의 위기》였다. 정치와 경제의 관계에 대한 제8장을 참고하려는 것이 의도였다. 이 책은 필자가 학부시절에, 또 유학시절에 엄청난 읽을거리에 압도되어 건성으로 읽었었다. 그럼에도 "경제학은 주어진 정치질서를 전제하고 있기 때문에 정치와 분리해서는 제대로 공부할 수 없다"는 문구(p. 147)만은 기억에 생생했다. 이 책을 새로 읽으면서, 급한 논문 일정에 쫓기면서도, 편역자는 이 책을 손에서 놓을 수 없었다. 적어도 세 가지 이유에서 이 책에 매료되었기 때문이다.

첫째는 저자의 명석함이다. 그의 예지는 예리하기 짝이 없어 읽어나가면서 "어떻게 이런 생각을 할 수 있었을까?"라고 여러 차례 감탄했다. 둘째는 논의의 균형이다. 현실과 이상, 권력과 도덕, 과학과 철학을 오가면서 저자는 그 사이에서 절묘한 균형을 찾고 있다.[1] 자신의 이론적 정향을 고집하기 위해 분석에서 무리하는 면이 없지 않은 요즘의 많은 논문과는 달랐고, 이론적 정향을 택하기를 강요당하던 유학시절의 고민이 생생한 편역자에게는 신선한 충격이었다.

셋째, 무엇보다 중요한 것은 저자가 분석의 대상으로 삼는 양차 세계대전간의 상황과 1998년 당시 상황이 놀랄 만큼 닮았다는 점이다. 적어도

1) 일반적인 인식과 달리 카는 철저한 현실주의자가 아니다. 본인 스스로 철두철미한 현실주의는 논리적으로 불가능하다고 인정하고 있고(제6장), 재판서문(p. 13)에서 밝히고 있듯이 당시 팽배하던 이상주의 풍조의 해악에 대한 하나의 "해독제"라는 집필의도 때문에 현실주의에의 편향이 강해 보일 뿐이다. 제2차 세계대전이후 영미국제정치학계에서 현실주의 국제정치이론이 주도적 이론으로 등장하는데 이 책이 일조를 했다면 사회과학자의 한 사람으로서 부러울 따름이다. 현실주의의 득세가 냉전을 확대재생산하는 데 일조를 하였다면 이는 사회과학이론과 현실 간의 관계를 보여주는 한 사례인 동시에 이 책의 논지를 재확인한다고 하겠다.

IMF 위기 이전까지 편역자 스스로 하 선생님이 〈경제낙관론〉, 〈천박한 경제주의〉라고 통박하던 사조, 즉 〈신자유주의〉 (neoliberalism)의 영향에 압도되어 있었다고 자평한다. 〈20년의 위기〉가 이상주의 풍조에 기반을 두고 있었다는 카의 분석은 동아시아 경제위기가 신자유주의 풍조에 적어도 부분적으로는 기반을 두고 있었다는 추론을 가능케 했다. 브뤼셀 회의를 위한 논문은 그러한 시각에서 썼고, 회의참가자들로부터 좋은 반응을 얻었다.2)

세계화라는 현실 속의 추세에 편승하여 힘을 얻고, 동시에 세계화를 촉진한 신자유주의는 1997~98년의 위기를 계기로 세계화와 함께 공격을 받고 있다. 시애틀에서 있은 세계화 반대 시위는 그 한 표현일 뿐이다. 사회과학 이론을 이끄는 사조로서의 신자유주의가 현실의 사태를 계기로 공격을 받는다는 것이 바로 사회과학이론의 특수성이다. 곧 사회과학이론은 그 자체로서 사회적 현실이다. 이 점이 이 책의 핵심 주장이며, 편역자가 전적으로 공감하는 바이다. 이와 같은 공감을 20세기 초반의 세계적 위기를 돌아보면서 다시금 확인했다.3)

논문을 준비하면서, 이 책을 읽으면서 당시 조교로서 내 연구실에 근무하던 함정림 양에게 내용을 설명하곤 했다. 함 양이 도서관에서 50년대에 출판된 번역서를 빌려왔다. 그리고 "선생님께서 설명하시는 걸 들으면 정말 재미있는데 이 책을 읽어서는 잘 모르겠는데요"라고 불평했다. 우선 한자가 지나치게 많았고 문체도 구식이라 요즘 학생들로서는 쉽게 읽을 수 있는 것이 아니었다. 그래서 이 책을 번역하기로 마음먹었다.

이 책의 제목은 《20년의 위기, 1919~39》이다. 그 20년간에 있었던 국제정치가 분석의 대상이고, 따라서 이 책은 국제정치현상을 분석하는

---

2) Yong-Chool Ha and Taehyun Kim, "Lessons of the Asian Economic Crisis: A View from South Korea," *Cambridge Review of International Affairs*, Vol. 16, No. 1(April 2003), pp. 59-69.

3) 김태현, "제국주의, 민족주의, 제1차 세계대전," 국제정치경제연구회 편, 《20세기로부터의 유산》(서울 : 사회평론사, 2000).

국제정치 전문서적이다. 독자들이 이 책을 통해 19세기와 20세기 초반의 국제정치에 대한 이해를 높이고, 특히 역사는 되풀이될 수 있다는 편역자의 독후감에 공감하였으면 좋겠다. 부제 《국제관계연구 입문》(*Introduction to the Study of International Relations*)이 암시하듯이 이 책은 또한 교과서이다. 이 책에는 정치학 연구방법론과 함께, 정치권력 및 그 주요 요소, 국가와 국제사회, 국제법 등 국제정치학의 주요 개념이 소개되고, 주요한 국제정치현상이 분석되고 있다. 이 책이 국제정치학을 처음 접하는 젊은 학생들이 국제정치학의 개념을 머리로 외는 피상적 접근이 아니라 몸과 가슴에서 체득할 수 있는 데 도움이 되었으면 하는 바람이다.

혹자는 부록으로 함께 엮은 《민족주의와 그 이후》가 《20년의 위기》보다 뛰어난 저작이라고 평가한다. 일리가 없지 않다. 다만 분량에서 따로 출판하기 어려워 독자들에 봉사한다는 의미에서 함께 엮었다. 카의 영어는 조금 어렵지만 명문(名文)이다. 어려운 부분을 쉽게 하느라 의역을 많이 했는데 그 과정에서 명문이 훼손되었을까 걱정된다.

출판을 기꺼이 수락해준 녹문당의 김중현 사장과, 그동안 심정적 지원을 보내 준 동료 제현께 감사드린다. 교정을 보아 준 김수미 양도 고생이 많았고 그 노고에 감사한다.

김 태 현

"미래의 평화수립자들에게"

TO THE MAKERS OF THE COMING PEACE

"철학자들은 상상 속의 세계를 위해 상상 속의 법을 만든다. 그들의 담론은 너무 높이 떠있어 밝은 빛을 내지 못하는 별과 같다."

— Francis Bacon, *On the Advancement of Learning*

"권력에 이르는 길과 지식에 이르는 길, 즉 실천의 길과 학문의 길은 서로 가까이 있으며 거의 같다고도 할 수 있다. 그럼에도 불구하고 사람들은 추상에 안주하는 고질병이 있기 때문에 실천적 문제로부터 과학을 시작하고 현실적 문제로 철학적 부분에 봉인을 쳐 두는 것이 안전하다."

— Francis Bacon, *Novum Organum*

재판 서문

출판사로부터 《20년의 위기》 재판을 내자는 요청을 받고 난감함을 금치 못했다. 1939년 여름에 완성된 국제정치학 서적이 아무리 미래를 논했다 하더라도 그 내용과 용어, 시제에 시간의 흔적을 남기지 않을 수 없기 때문이다. 그리고 특히 책에서 빈번히 사용된 "대전"(大戰)이라는 용어에서 1914~18년간의 제1차 세계대전을 연상할 독자는 거의 없을 것이기 때문이다. 그러나 수정작업을 하면서 시간의 흔적을 모두 지우려다간 재판을 내는 것이 아니라 새로운 책을 쓰는 것이 될 것이라는 것을 깨달았다. 마치 새 술을 헌 부대에 담는 꼴이니 우스꽝스럽기 짝이 없다. 《20년의 위기》는 두 차례의 세계대전 사이 20년간의 시기를 그 시기가 끝날 무렵에 다룬 것으로 그 자체가 하나의 가치로 간주되어야 할 것이다. 결국은 시간이 흐름에 따라 그 맥락을 잃어버린 문장은 새로이 맥락을 찾고, 초판에서 제대로 이해되지 못했던 문장들을 손보고, 당시에는 커다란 논쟁거리였지만 시간이 지남에 따라 해결되거나 맥락이 달라진 두세 문구를 삭제하는 선에서 그치기로 했다.

다른 한편으로 내용은 일절 손을 보지 않고, 당시의 의견을 지금 생각이 달라졌다고 해서 손을 대지도 않았다. 따라서 서문을 빌려 그간 바뀐 생각 두어 가지를 쓰고자 한다.

우선 《20년의 위기》는 1919~39년간 영미에서 학계와 대중의 국제문제에 대한 생각을 절대적으로 지배하던, 권력요소를 전적으로 무시한 이상주의적 풍조의 위험성에 대한 일종의 해독제로 쓴 것이다. 따라서 이 책은 이상주의적 주장을 다소 과장하고 있는데 그 후 그러한 풍조는 많이 개선되었다. 둘째, 이 책의 대부분은 강대국이든 약소국이든 근대 국민국가를 국제사회의 기본단위로 전제하고 있다.

다만 결론 부분에서 미래의 정치 경제 단위에 대해 단상을 더하고 있는데 이것으로부터 앞으로 소규모 독립국가의 의미가 약해질 것이라는 것, 그리고 다수 국가를 회원으로 해서는 어떠한 국제기구도 제대로 작동하기 어렵다는 결론을 내릴 수 있다. 이 점에 대한 나의 현재 견해는 최근에 출판된 《민족주의와 그 이후》(*Nationalism and After*)에 나타나 있다.[4] 따라서 이 재판이 1939년의 초판과 크게 다르지 않더라도 양해하기 바란다.

1945년 11월 15일　　E. H. 카

4) [역주] 이 책은 본 역서 부록 참조.

초판 서문

이 책은 1937년에 구상하여 1939년 7월 출판작업에 들어가, 9월 3일 제2차 세계대전이 터졌을 때는 교정단계에 있었다. 급히 몇 문장 고쳐보았자 별 도움이 될 것 같지 않아 아예 고치지 않기로 하였다. 그 책의 집필이 끝났을 때 이미 전운이 감돌고 있었지만 평화에의 일말의 희망이 없었던 것은 아니었다. 따라서 이 책에서 "대전"(大戰), "전전", "전후" 등이란 말이 나오면 이는 1914~18년간의 제1차 세계대전을 의미한다.

전쟁이 터지면 일단 그것을 일부 사람들의 야심이나 오만 탓으로 돌리고 더 이상의 설명을 기피하는 경향이 있다. 그러나 오히려 전쟁이 한창일 때 전쟁의 진정한 원인을 분석해야 할 현실적 필요가 있다. 전쟁이 끝나고 평화가 되찾아오면 〈베르사유 조약〉이 체결된 지 불과 20년 2개월 만에 유럽에서 두 번째 큰 전쟁이 일어난 이유를 곰곰이 따져봐야 할 것이다. 만일 독일 나치스트들을 격파한 이후에 열린 평화회의에서 독일에서 나치즘이 일어나게 된 조건들을 파괴하지 않고 넘어간다면 1919년의 평화회의의 운명이 재연될 위험이 있기 때문이다. 양차에 걸친 세계대전 사이의 〈20년의 위기〉보다 미래의 평화수립자들에게 소중한 교훈을 주는 역사적 시기는 없다. 다음의 평화회의가 과거의 실패를 되풀이하지 않으려면 국경을 긋는 것보다 더욱 근본적인 문제를 따지고 넘어가야 할 것이다. 그런 의미에서 나는 이 책을 〈미래의 평화수립자들〉에게 바친다.

책을 쓰려면 빚을 많이 지는 법이다. 미리 나온 업적들에 대한 지적인 빚도 많다. 특히, 국제정치를 직접 다루고 있는 것은 아니지만 정치의 근본적 문제에 대한 필자의 식견을 넓혀 준 두 권의 책에 진 빚이 크다. 카를 만하임(Karl Mannheim) 박사의 《이데올로기와 유토피아》(*Ideology and Utopia*)와 라인홀드 니부어(Reinhold Niebuhr) 박사의 《도덕적 인간과 비도덕적 사회》(*Moral Man and Immoral Society*)가 그것이다. 피터 드러커(Peter Drucker) 씨의 《경제적 인간의 종말》(*The End of Economic Man*)은 나의 원고가 거의 완성될 즘에야 내 손에 들어왔지만 오늘날 세계위기에 대한 뛰어난 분석과 처방을 내리고 있다. 지난 20년간 국제관계를 여러 측면에서 기술하고 서술한 훌륭한 업적들이 많이 나왔다. 그들에 대한 빚은 따로 참고문헌 목록이 없는 대신 각주에서 언급했다. 그러나 이상의 여러 업적 중 어느 것도 오늘날 국제위기의 보다 근본적인 이유를 제대로 분석하고 있는 것 같지는 않다.

사람에 대한 빚은 더욱 많다. 특히 어려운 시간을 쪼개어 원고를 모두 읽고 훌륭한 도움말을 준 세 분의 친구에 대한 감사의 뜻을 밝히고자 한다. 런던정경대학의 국제관계학 교수 찰스 매닝(Charles Manning) 교수; 옥스퍼드 올 소울즈 대학의 특임교수로 있다가 최근 웨일즈 대학 국제정치학 교수로 자리를 옮긴 데니스 라우스(Dennis Routh); 그리고 공직에 몸을 담고 있는 관계로 이름을 밝혀 감사의 뜻을 표할 수 없는 또 한 분이 그들이다. 이 책의 잘된 부분이 있다면 그 분들의 덕이다. 지난 3년간 나는 〈왕립 국제문제연구소〉의 한 연구회에 몸을 담아왔다. 이 연구회에서는 민족주의의 문제에 대한 연구를 하였는데 그 결과가 곧 책으로 출판될 예정이다.[5] 이 연구회에서 다룬 문제들이 이 책에도 자주 나타난다. 그 연구회의 동료들과 그 연구결과에 기고한 여러 분들이 오랜 토론을 통해 알게 모르게 이 책에 커다란 기여를 하였다. 이분들, 그리고 이 책을 준비하면서 알게 모르게 여러모로 신세를 진 다른 여러 분들에게 심심한 감사의 뜻을 표한다.

1939년 9월 30일 E. H. 카

---

5) *Nationalism*(Oxford University Press), A Study by a Group of Members of the Royal Institute of International Affairs.

제 I 부

과학으로서의 국제정치학

1 과학의 시작

하나의 학문분야로서 국제정치학은 아직 걸음마 단계에 머무르고 있다.

1914년까지만 해도 국제관계는 직업외교관이나 정치가들만의 문제였다. 민주국가에서 외교정책의 문제는 전통적으로 정당정치 범주 밖의 문제였고 의회를 비롯한 여러 대의기관들은 외교라는 신비한 문제를 다룬다는 것이 자신들의 능력 밖이라고 생각했다. 영국의 경우 전통적으로 영국의 세력권 내에 속하는 지역에서 전쟁이 일어나면 여론이 금방 들끓었다. 당시만 해도 필요 불가결하게 여겨지던 해군력의 우위가 위협받을 때도 마찬가지였다. 유럽대륙에서도 징집이나 외국의 침입이 일어나면 국제문제에 대한 대중의 관심이 크게 야기되곤 했다. 그러나 이와 같은 관심은 주로 노동운동의 형태로 나타나, 노동조합들이 때로 학문적인 내용의 반전(反戰)성명을 발표하는 정도에 그쳤다.

미국의 경우는 독특하다. 미국헌법은 대통령이 조약을 체결할 때 "상원의 조언과 동의"를 받도록 요구하고 있는 것이다. 그러나 당시까지만 해도 미국의 경우는 지엽적인 예외에 지나지 않았다. 외교문제는 물론 뉴스거리이다. 그러나 대학이나 기타 지식인 사회에서 현실 국제문제에 대한 체계적이고 조직적인 연구는 찾아볼 수 없었다. 전쟁은 여전히 군인들의 문제였고 국제정치는 외교관들의 문제였다. 국제문제를 이들 전문가들의 손에서 벗어나게 하려는 광범위한 노력은 찾아보기 어려웠다. 심지어 그들이 하는 일에 대한 진지하고 체계적인 관심도 없었다.

1914~18년간의 제1차 세계대전으로 말미암아 이와 같은 경향은 끝이 났다. 전쟁은 더 이상 직업군인들의 일만이 아니게 되었고 국제정치가 직업외교관들의 손에 의해 안전하게 관리될 수 있다는 생각도 사라졌다. (뚜렷한 물증 없이) 밀실외교가 전쟁의 원인이라고 생각한, 주로 영미(英美)의 대중은 국제정치를 대중화하려는 운동을 선도했다. 그러나 밀실외교가 성행했던 이유는 정부가 굳이 국민들 몰래 모종의 일을 하려는 나쁜 의도를 가져서가 아니라 시민들이 무관심했기 때문이었다고 해야 옳다. 그러한 조약이 체결된 사실은 누구나 알고 있었다. 그러나 1914년 전쟁이 일어나기 전에는 조약의 내용에 대해 궁금해하거나 그 내용에 문제가 있다고 생각한 사람은 거의 없었다.[1] 그러나 그러한 대중운동의 내용이 옳고 그름과는 별도로, 핵심은 그 운동 자체가 지닌 중요성에 있다. 그것이야말로 국제정치를 일반인의 문제로 만들어 새로운 학문이 태동하게 되는 최초의 징조였던 것이다.

1. 정치학에 있어서 목적과 분석

따라서 학문으로서 국제정치학은 대중의 요구에 부응하여 등장한 것이었

1) 프랑스의 일부 급진세력이 그 비밀내용에 대해 항의하였던 러불동맹에 대한 최근의 한 연구는 다음과 같이 쓰고 있다. "의회와 여론은 이와 같은 전적인 침묵을 용인하였다. 합의된 내용과 규정에 대한 전적인 무지 속에서 오로지 만족할 따름이었다"(Michon, *L'Alliance Franco-Russe*, p. 75). 1898년 하원에서 아노토(Hanotaux) 외상이 이 조약의 내용을 공개하는 것은 "절대 불가"하다고 선언했을 때 박수가 터져 나왔다.

다. 즉 특정 목적을 위해 창설되었고 이 점에서 다른 많은 학문과 크게 다르지 않았다. 그와 같은 출발은 비논리적인 면이 없지 않다. 학문이라면 마땅히 '사실'(facts)에 대한 자료를 모으고, 분류, 분석하여 결론을 내리는 일이 그러한 사실과 결론이 갖는 현실적 의의를 찾기에 앞서야 하기 때문이다. 그러나 인간의 사고란 이처럼 논리적으로 전개되는 것만은 아니다. 인간의 사고는 때로 거꾸로 거슬러간다. 논리적으로 말하자면 분석 이후에 나와야 할 목적이 바로 그러한 분석을 요구하고 그 방향을 제시하는 경우가 허다한 것이다. 엥겔스(Friedrich Engels, 1820~95)는 "기술에 대한 단 하나의 사회적 필요가 열 개의 대학보다 과학의 진보에 기여하는 바가 크다"고 썼다.[2] 현존하는 최초의 기하학 교과서는 "'둥근 과일의 둘레를 재는 방법', '토지를 정리하는 방법', '거위와 황소가 소비한 사료의 양을 측정하는 방법' 등과 같이 구체적 문제들을 해결하기 위해 개발된 실용적인 법칙을 모은 것"이었다.[3] 칸트는 이성은 "교사가 말하는 모든 것에 귀를 기울이는 학생이 아니라, 증인에게 필요한 질문에 대한 답변을 요구하는 재판관"과 같은 태도로 자연을 탐구하는 것이라고 했다.[4] "별이나 바위, 원자 등을 연구함에 있어서도 그 체계화방식, 주제의 중요성을 선별하는 기준, 혹은 문제를 제기하는 방식 등은 불가피하게 직접적인 이해관계에 의해 결정된다." 한 사회학도의 말이다.[5] 의학을 낳은 것은 건강을 증진시키고자 하는 목적이었고, 공학을 낳은 것은 교량을 건설하기 위한 필요였다. 정치라는 현실 속의 질병을 치료하기 위한 필요가 정치학을 낳았다. 따라서 의식적이든 무의식적이든 목적이 사유(思惟)의 조건이다. 사유를 위한 사유란 마치 구두쇠가 돈을 위해 돈을 모으는 것과 같다. "필요는 발명의 어머니" 혹은 "소망은 사유의 아버지"란 말이야말로 학문이 시작

2) Sidney Hook, *Towards the Understanding of Karl Marx*, p. 279에서 인용.
3) J. Rueff, *From the Physical to the Social Sciences*[영문번역판], p. 27.
4) Kant, *Critique for Pure Reason*(Everyman), p. 11.
5) MacIver, *Community,* p. 56.

되는 방식의 정곡을 찌르는 말이다.

이것이 자연과학에서 사실이라면 사회과학의 한 분야인 정치학에서는 두말할 것도 없다. 자연과학에서 특정 목적을 염두에 두고 사실을 검토하고 분석하는 것은 이론적으로도 타당할 뿐만 아니라 현실에서도 항상 일어나는 일이다. 예를 들어 실험실에서 암(癌)의 원인을 연구하는 연구자는 암의 퇴치라는 목적을 염두에 두지 않을 수 없다. 그러나 엄밀히 말해서 그와 같은 목적은 연구 그 자체와 상관이 없는 별개의 일이다. 그리고 그가 내리는 결론 또한 '사실'에 대한 보고서에 불과하다. 그와 같은 '사실'은 그것에 대해 사람들이 어떻게 생각하든 엄연히 사실로서 존재할 뿐이다.

인간의 행태에 대해 연구하는 정치학에서 그와 같은 '사실'은 존재하지 않는다. 연구자는 대개 정치현실의 어떠한 잘못을 바로잡기 위한 목적에서 출발한다. 그는 문제를 야기하는 요인들 중 하나로 인간이란 모종의 조건에서는 통상 모종의 방식으로 대응한다는 '사실'을 찾아낸다. 그러나 그와 같은 '사실'은 인간의 육체가 모종의 약에 대해 모종의 방식으로 반응한다는 '사실'과 비교될 수 없다. 정치학에서 찾는 '사실'은 그것을 고치고자 하는 의지에 의해 변경될 수 있다. 그와 같은 의지는 시작부터 연구자의 마음속에 있거니와, 연구의 결과에 따라 다른 많은 사람들의 마음속으로 확대되어 결과적으로 사회적으로 유익한 효과를 가져 올 수도 있다. 자연과학과 달리 사회과학에서 목적은 연구와 별개의 것이 아니다. 연구의 목적이란 그 자체로서 하나의 사실인 것이다. 이론적으로 보자면 사실을 찾는 연구자와 행동절차를 찾는 현실 정치인의 역할은 별개라고 할 수 있다. 그러나 현실적으로 이 두 역할은 서로 맞물려 돌아간다. 목적과 분석은 동일한 과정의 서로 다른 부분일 뿐이다.

예를 들어보자. 마르크스(Karl Marx, 1818~83)는 암을 퇴치할 목적으로 암의 원인을 연구하는 연구자와 같이 자본주의 체제를 파괴할 목적으로 《자본론》을 썼다. 그러나 암의 경우와 달리 자본주의의 실체에 관한 사실은 자본주의에 대한 필자의 태도와 별개의 것이 아니다. 마르크스의 분석은 바로 그와 같은 태도를 변경하고자 한 의도에서 비롯된 것이며 결과적으로 성공을 거두었다. 즉 마르크스는 '사실'을 분석하는 과정에서 태도를 변경한 것이다. 과학자로서의 마르크스와 행동가로서의 마르크스를 구분하는 것은 한가로이 머리칼의 숫자나 세는 것처럼 부질없는 일이다.

다른 예를 들어보자. 1932년 여름 영국정부에 대해 전시국채 수익률을 5%에서 3.5%로 낮추는 것이 가능하다고 한 금융전문가들의 권고는 물론 특정 사실에 대한 분석에 근거한 것이었다. 그러나 그들이 그러한 권고를 했다는 바로 그 사실이 금융계에 알려지면서 그들의 권고에 따른 정책조치가 성공할 수 있었던 요인의 하나로 작용하였다. 따라서 분석과 목적은 불가분의 관계이다. 그러나 정치적 사실 혹은 정치현실을 구성하는 것은 직업정치인이나 정치학자들의 생각만이 아니다. 신문의 정치면을 읽거나 정치적 성격의 집회에 참석하고, 이웃 사람과 정치문제에 대해 토론하는 모든 사람들이 어떤 의미에서 정치학자들이다. 그리고 그들이 내리는 판단은—거의 모든 나라에서 그리고 특히 민주주의 국가에서—정치현실에 영향을 미친다.

따라서 이 책의 독자들은 이 책에 기술된 사실의 진위가 아니라 이 책의 결론과 그 사회적 영향에 대해 비판할 수 있다. 암의 원인에 관한 책과 달리 이 책의 경우 그러한 비판은 정당하다. 모든 정치적 판단은 그 대상이 되는 사실을 변경할 수 있다. 정치적 생각은 그 자체로서 정치행위이다. 정치학은 정치적 '현실'(what is)에 대한 학문인 동시에 정치적 '당위'(what ought to be)에 관한 학문이다. 곧 정치학은 '과학'인 동시에 '철학'이다.

2. 이상주의(Utopianism)의 역할

이처럼 목적이 먼저 사고(思考)를 규정하는 것이라면 새로운 학문의 발달이 대개 의지나 목적의 요소가 특별히 강한, 따라서 사실에 대한 분석 측면이 상대적으로 약한 부분에서 출발했다는 사실은 별로 놀랄 일이 아니다. 홉하우스는 미개인들의 특징이 좋은 일은 '좋다'는 사실만으로 '옳다'고 믿는 점에 있다고 썼다.[6] 유치단계, 혹은 "이상주의"적 단계의 정치학도 바로 이와 같다. 이 단계에서 학자들은 현존하는 '사실'이나 인과관계의 분석에는 거의 주의를 하지 않고 전적으로 그들이 목표하는 바를 성취하기 위한 프로젝트를 그리는 데만 몰두한다. 그런 프로젝트들은 단순하고 완벽하여 쉽게 대중에 호소한다. 그러한 프로젝트가 깨어지고 의지만으로 의도하는 목표를 달성하지 못한다는 것이 뚜렷해진 다음에야 그들은 마지못해 분석을 하기 시작한다. 이렇게 하여 유치하고 이상주의적인 단계에서 등장한 연구가 비로소 학문으로서 자리매김을 시작하는 것이다. 긴스버그 교수는 "사회학은 상세한 귀납적 탐구 없는 막연한 일반론에 대한 반발로 등장하였다"고 썼다.[7]

이러한 경향은 심지어 자연과학에서도 나타났다. 중세부터 금(金)이 교환의 수단, 즉 화폐로 쓰이기 시작했다. 그러나 당시 경제현실에서 교환수단으로서의 금에 대한 수요는 크지 않았다. 14~5세기에 들어와 경제활동이 왕성해지고 화폐사용이 빈번해지자 금의 공급이 부족하게 되었다. 이에 따라 당시 현자(賢者)들은 흔히 볼 수 있는 금속을 금으로 바꾸는 방법을 모색하기 시작했다. 연금술은 이처럼 필요에 의해 등장한 것이었다. 연금술사들은 납의 성분과 금의 성분이 전혀 다르다는 생각은 하지 못했다. 금의 생산이라는 목표가 절대적인 만큼 재료와 방법을 따지기 전에 어

6) L. T. Hobhouse, *Development and Purpose*, p. 100.

7) M. Ginsberg, *Sociology,* p. 25.

떻게든 그 목표를 충족시킬 수 있다고 믿었다. 이처럼 환상적인 프로젝트가 실패한 이후에야 학자들은 '사실', 즉 사물의 성분에 대한 탐구를 시작했다. 납으로 금을 만든다는 유토피아적 목적은 환상에 불과했지만 근대 자연과학은 이처럼 유치한 발상에서 출발했던 것이다.

이 책의 주제와 보다 가까운 사례를 찾아보자.

기록에 따르면 정치에 관한 최초의 '학문적' 시도는 기원전 5~4세기경에 있었다. 중국과 그리스에서였는데 이 둘은 물론 관련이 없다. 중국의 공자(孔子, 551~479 BC)와 그리스의 플라톤(Plato, 428~348 BC)이 그러한 시도를 한 것은 물론 당시 정치제도의 영향 때문이었다. 그러나 그들이 추구한 것은 그들이 혐오한 죄악들의 원인이나 당시 정치제도의 본질에 대한 분석이 아니었다. 연금술사들과 마찬가지로 그들이 주창한 것은 현실을 전적으로 부정한 상상 속의 세계였다.[8] 그들이 주창한 새로운 정치질서는 당시의 현실과 마치 금과 납이 서로 다르듯 달랐다. 그들의 정치학은 분석의 산물이 아니라 의욕의 산물이었다.

18세기 서유럽에서 무역의 중요성이 크게 증가하였다. 이에 따라 당시 정부가 중상주의 이론에 따라 시행한 많은 규제조치들에 대한 불만이 생겨났고, 이 불만은 곧 세계자유무역에 대한 환상으로 나타났다. 그리고 이러한 환상으로부터 프랑스의 중농주의자들과 영국의 애덤 스미스(Adam Smith, 1723~90)는 정치경제학이라는 학문을 창설하였다. 이 새로운 학문은 주로 현실에 대한 부정과, 가정 속의 '경제적 인간'(*homo economicus*)의 행태에 대한 인위적이고 아직 입증되지 않은 일반론에 근거한 것이었다. 그리고 현실에서 이 새로운 학문은 매우 유용하고 중요한 결과를 달성했다. 그러나 경제이론은 오래도록 그 유토피아적 성격을 벗어나지 못했다. 심지어 오늘날에도 일부 '고전주의' 경제학자들은—역사상 단 한 번도 존

---

8) "플라톤과 플로티누스, 모어, 캄파넬라 등은 현실 사회의 결점에서 영향을 받아 현실에는 없는 물질로 환상 속의 사회를 만들었다. 《공화국》, 《유토피아》, 《태양의 도시》 등의 저작은 현실에 대한 항의의 표시였다"(Acton, *History of Freedom*, p. 270).

재한 적이 없는 상상 속의 조건인—세계자유무역을 경제학의 기본전제로 삼고, 모든 현실을 이와 같은 유토피아적 조건에 대한 배신으로 간주하고 있다.[9)]

19세기 초 서유럽에서 시작된 산업혁명은 새로운 사회문제를 초래했다. 이 문제의 해결을 시도한 선구자들은 후일 '유토피아 사회주의자'로 불린 프랑스의 생시몽(Saint-Simon, 1760~1825)과 푸리에(Fourier, 1768~1830), 그리고 영국의 로버트 오언(Robert Owen, 1801~77)이었다. 이들은 계급이익과 계급의식, 그리고 그에 따른 계급투쟁의 본질을 분석하고자 노력하지 않았다. 그들은 다만 인간의 행태에 대한 입증되지 않은 가정을 세우고 그러한 가정에 따라 모든 계급이 사이좋게, 필요한 만큼 노동의 과실을 나눠 갖는 이상적 공동체의 그림을 제공하였다. 엥겔스가 말한 바와 같이 이들에게 있어 "사회주의는 절대적인 진실과 이성과 정의의 표현이며, 그 진정한 힘이 세계를 정복하는 것은 단지 시간문제"였다.[10)] 이들 유토피아 사회주의자들은 사람들로 하여금 새로운 문제의 존재와 그 해결의 필요성을 인식하게 하는 데 있어 귀중한 기여를 하였다. 그러나 그들이 주창한 해결책은 그 문제를 만든 현실의 조건과 아무런 논리적 연관이 없었다. 그들 연구 또한 분석의 산물이 아니라 의욕의 산물이었다.

공자든, 플라톤이든, 애덤 스미스든, 생시몽이든 이들이 주장한 세계는 물론 현실과는 거리가 멀다. 아직까지 누구도 실험실에서 금을 만들지 못

---

9) "자유주의 정치경제학은 수많은 유토피아 중 하나이다. 이는 모든 사람들이 완벽한 조화 속에 경제활동에 종사하는 사회를 상정하고 있다. 오늘날 우리는 그러한 이상적 사회가 플라톤의 이상향보다도 더 현실성이 떨어진다는 것을 본다"(Sorel, *Reflexions sur la violence*, p. 47). 이를 로빈스 교수가 자유방임 경제학을 옹호하면서 한 말과 비교해 보라: "보이지 않는 손의 작동을 통해 인간활동을 조정하고 상호이익을 낳는다는 생각은 중앙계획을 통해 모든 행위를 규율한다는 생각에 비해 그 치밀함과 의도에서 조금도 뒤떨어지는 바가 없다. 정신적으로 건전한 사회의 필요를 충족함에 있어서도 마찬가지이다"(Robins, *Economic Planning and International Order*, p. 229). 플라톤의 공화국 헌법 또한 지금까지 있어온 어떤 국가에 비해 그 치밀함과 의도, 정신적 필요에 대한 만족도에서 뒤떨어지는 바가 없다고 해야 할 것이다.

10) Engels, *Socialism, Utopian and Scientific*(영문판), p. 26.

했듯이 아직까지 누구도 플라톤의 '공화국'이나 세계자유무역의 세상에서나, 혹은 푸리에가 그린 이상향 '팔란스테르'(phalanstere)에서 살아보지 못했다. 그럼에도 불구하고 공자와 플라톤을 정치학의 아버지로, 애덤 스미스를 경제학의 창시자로, 그리고 푸리에와 오언을 사회주의의 창시자로 부르는 것은 마땅하다. 목표를 지향하는 초기단계는 인간사고의 핵심기반이다. 의욕이 사상의 아버지이다. 목적은 항상 분석을 앞선다.

국제정치학의 경우도 처음부터 목적론적 측면이 두드러졌다. 그것은 세계대전의 참화에서 비롯되었다. 이 새로운 학문의 창시자들의 한결같은 목적은 국제정치라는 육체에 전쟁이라는 질병이 도지는 것을 막는 것이었다. 전쟁을 방지하자는 열정이 이 학문의 방향과 내용을 지배했다. 다른 모든 유치학문과 마찬가지로 국제정치학은 솔직히 유토피아적 성격이 두드러졌다. 초기 단계에는 소망이 사고를, 이론화가 관찰을 앞섰다. 있는 사실과 쓸 수 있는 수단에 대한 분석은 거의 없었다. 거의 전적으로 목표에만 매달렸다. 목표의 중요성을 강조한 나머지 수단에 대한 분석적 비판은 파괴적이거나 쓸모없는 것으로 치부되었다. 파리강화회의 참석하기 위해 출발하는 미국의 윌슨(Woodrow Wilson, 1856~1924; 재위 1913~21) 대통령에게 한 보좌관이 〈국제연맹〉(League of Nations)에 대한 그의 복안이 성공할 것이라고 믿느냐고 묻자 윌슨은 이렇게 대답했다: "안되면 되게 하라!"[11] 국제경찰, 혹은 집단안전보장이나 기타 국제질서에 대한 여러 복안을 내세우는 사람들이 비판론에 대응하는 방식은 대개 그 복안이 왜, 그리고 어떻게 작동할 것이라고 설명하는 대신 그것이 실패할 경우 초래될 결과를 강조하면서 반드시 되어야 한다고 주장하거나, 아니면 대안을 내어 보라는 식이었다.[12] 연금술사들이나 유토피아적 사회주의자들도 누

---

11) R. S. Baker, *Woodrow Wilson and World Settlement*, i. p. 93. [역주] 원문은 이렇다: "If it won't work, it must be made to work." 가끔 군부대에서 같은 구호를 보고 섬뜩함을 느낀 적이 있다. 그래서 그렇게 번역했다.

12) 1775년 리스본에서 지진이 났을 때 지진에서도 살아남는 알약을 만들었다고 선전하며 판매한 사람이 있었다. 누가 그 알약이 듣지 않을지 모른다고 지적하자 그가 대답했

가 납이 어떻게 금이 되는가, 혹은 인간이 어떻게 사회주의 모델 사회에 살 수 있는가 물으면 아마 이런 식으로 대답했을 것이다. 비판적 사고는 무시되었다. 1919~39년간 국제정치에 대한 저작들은 경제학자 마셜(Marshall)이 성급한 유토피아적 주장의 무책임한 신경질을 마치 실력 없는 장기꾼이 혼자 초(楚)와 한(漢) 말을 다 움직여 장기를 두는 것에 비유한 것과 같았다.[13] 이와 같은 지적 실패를 더욱 악화시킨 것은 이 시기 초기에는 장기꾼의 실력이 워낙 형편없어 실력 있는 훈수꾼조차 게임이 어렵다는 사실을 거의 눈치 채지 못했다는 사실이다. 1931년 이후 드러난 일련의 사태로 인해 의욕만으로 국제정치학의 기반을 삼을 수 없다는 사실을 명백히 드러났다. 국제문제에 대한 비판적이고 분석적인 생각이 발붙일 수 있는 여지가 겨우 마련된 것이었다.

3. 현실주의의 영향

어떠한 '과학'도 스스로 전능하지 않다는 자각을 할 정도의, 그리고 현실에 대한 분석과 당위에 대한 열망을 구별할 정도의 좌절을 겪기 전에는 그 이름값을 못한다. 그러나 정치학의 경우 이와 같은 구별은 결코 절대적일 수 없기 때문에 일부 사람들은 차라리 정치학의 '과학'적 성격을 부인하고자 한다. 자연과학이든 정치학이든 초기 단계의 의욕에 이어 어렵고 때로는 무모한 분석이 뒤따르게 마련이다. 차이가 있다면 정치학의 경우는 이상주의에서 전적으로 벗어나는 것은 거의 불가능하며, 정치학자들의 경우 자연과학자들보다 유토피아적 단계에 대한 미련이 크다는 점이다. 그럴 수밖에 없는 일이다. 세상의 모든 이들이 원한다고 해서 납을 금으로

다. "그러면 당신은 달리 무슨 수라도 있소?"(L. B. Namier, *In the Margin of History*, p. 20).

13) *Economic Journal*(1907), xvii. p. 9.

바꾸는 일이 쉬워지지는 않지만 세상의 모든 이들이 원한다면 "세계정부"나 "집단안전보장"—혹은 이들 용어가 의미하는 "그 무엇"—은 보다 용이하게 달성될 수 있기 때문이다. 또 국제정치학자들의 임무가 모든 이들이 "그 무엇"을 원하게 만드는 일이라고 자위하고 안주할 수도 있다. 그것이 쉽지 않고, 정치적 유토피아는 정치적 현실을 무시하고는 성취할 수 없다는 것을 깨닫기까지는 시간이 필요하다. 일단 이 사실을 깨닫고 나면 과학의 특징인 현실에 대한 어렵고 무모한 분석을 시작한다. 그리고 분석의 대상이 되는 사실의 하나는 바로 "세계정부"나 "집단안전보장"을 원하는 사람이 별로 많지 않다는 사실이다. 그리고 스스로 그것을 원한다고 생각하는 사람들에게조차 그 의미는 서로 다르고 또 서로 모순되는 것이다. 학문을 낳은 목적 그 자체가 바로 분석의 핵심대상이라는 것을 깨달을 때 과학은 시작되는 것이다.

학문의 발전단계에 있어 최초의 환상이 깨어지고, 유토피아적 시기의 끝을 기록하게 되는, 즉 사고가 소망에 미치는 영향을 흔히 현실주의라고 한다. 초기 단계의 소망과 꿈에 대한 반발을 의미하는 현실주의는 비판적이고 때로 냉소적 측면을 지니게 마련이다. 사고의 영역에서 현실주의는 사실을 사실로 수용하고 그 인과관계의 분석에 초점을 둔다. 따라서 현실주의는 목적의 역할을 평가절하하고 묵시적 혹은 명시적으로 사고의 기능이 사태의 진전을 연구하는 것이지 이에 영향을 미치거나 혹은 변경하는 것이 아니라고 주장하게 되는 경향이 있다. 행위의 영역에서 현실주의는 현존하는 세력의 힘에 저항하는 것은 무모하며, 현존하는 추세는 불가피하다는 것을 강조하고, 최고의 지혜란 이들 세력과 추세를 수용하고 이에 적응하는 것이라고 주장하는 경향이 있다. "객관성"이라는 이름하에 주장되는 이러한 태도는 결국 사상을 무력화시키고 행동을 부정하는 수준에 이르기까지 한다. 그러나 학문의 발전단계에서 현실주의는 유토피아주의의 지나침을 교정하기 위해 필요하다. 이상주의가 현실주의의 모자람을 교정하기 위해서 필요한 것과 같다. 미성숙한 사상은 압도적으로 목적론적이고 이상주의적이다. 목적을 전적으로 부정하는 사고는 과거시대의 상상이다. 성숙한 사상은 목적에 관찰과 분석을 겸비한다. 따라서 이상과 현실은 정치학의 두 얼굴이다. 건전한 정치사상과 건전한 정치생활은 이 둘이 제자리를 찾을 때에만 가능하다.

2 이상과 현실

주위를 맴돌 뿐 결코 균형점에 이르지는 못하는 이상과 현실 간의 갈등은 사고체계에서 많은 모습으로 나타난다. 당위를 강조하고 현실을 무시하는 경향과 현실에 앞서 당위를 강조하는 경향은 모든 정치적 문제에 대한 두 가지 대조적 태도를 규정한다. 알베르 소렐이 말했듯이 이것은 "세계를 자기 정책에 맞도록 꾸미는 사람들과 정책을 세계현실에 맞추는 사람들 간의 영원한 논쟁"이다.[1] 이 둘 간의 관계를 오늘날의 국제정치적 위기를 검토하기에 앞서 따져볼 필요가 있다.

1. 자유의지론과 결정론

이상과 현실의 갈등은 '자유의지론'(Free Will)과 '결정론'(Determinism) 간의 갈등과 닮은 점이 많다. 이상주의자는 본질상 자유의지론자이다. 이들

1) Albert Sorel, *L'Europe et al Revolution Francaise*, p. 474.

은 대개 현실을 부정하고 이를 자신의 이상으로 대체하고자 한다. 반면 현실주의자들은 스스로 변경할 수 없는, 주어진 발전단계를 분석한다. 이들이 볼 때 철학이란 언제나 세상을 변경하기에 너무 늦게 온다. 철학이란 기왕의 질서를 변경하는 수단이 아니라 알기 위한 수단이다. 이상주의자들은 미래를 쳐다보며 창조적 자율성으로 사고한다. 현실주의자들은 과거를 돌아보며 인과적(因果的)으로 사고한다. 모든 건전한 인간의 행동과 사상은 이상주의와 현실주의, 자유의지론과 결정론 사이의 균형 위에 서야 한다. 사건의 인과적 전개를 맹목적으로 수용하는 절대적 현실주의자는 현실을 변경할 수 있는 가능성을 전적으로 부인한다. 인과적 전개를 부정하는 절대적 이상주의자는 자신이 변경코자 하는 현실과 그 변경방법을 이해할 수 있는 여지를 남겨두지 않는다. 이상주의의 결점은 순진함이다. 현실주의자의 결점은 황폐함이다.[2)]

2. 이론과 실천

이상과 현실의 갈등은 또한 이론과 실천 간의 갈등과 닮은 점이 많다. 이상주의자에 따르면 정치이론은 정치현실이 따라야 할 규범이다. 현실주의자에 있어 정치이론은 정치현실을 정리한 사전이다. 지난 수년간 이론과 실천 간의 관계는 정치사상의 핵심문제로 떠올랐다. 그리고 이상주의자와 현실주의자 모두 이 관계를 왜곡하고 있다. 이상주의자들은 목적과 사실을 놓고 마치 목적만이 유일한 사실인 양 취급한다. 소망을 사실인 양 설파한다. 미국 독립선언문은 "모든 인간은 평등하게 태어났다"고 선언한다.

2) 다소 무리가 없지 않지만 심리학 용어를 빌려 유추하자면 융(Jung)의 "내향적-외향적" 성향의 구분(Jung, *Psychological Types*) 혹은 윌리엄 제임스의 몇 가지 대조적 성향 구분—합리적-경험적, 지성적-감성적, 유심론적-유물론적, 낙관적-비관적, 종교적-세속적, 자유의지론적-운명론적, 단원론적-다원론적, 교조적-회의적 등—이 이상론과 현실론의 갈등과 대조와 닮은 점이 있다(W. James, *Pragmatism*).

소련외상(1930~39) 리트비노프(Litvinov, 1876~1951)는 "평화란 불가분의 것"이라고 말했다.[3] 영국의 경제학자이자 평화운동가로 1933년에 〈노벨평화상〉을 수상한 노만 엔젤 경(Sir Norman Angell, 1873~1967)은 인류를 서로 전쟁하는 독립국가로 나눈 것은 "과학적 부조리"라고 썼다.[4]

그러나 미국 안에도 모든 인간이 평등하게 태어나지는 않았다. 주변국이 전쟁을 해도 소련은 평화롭게 지낼 수 있다. 아마 식인호랑이를 "과학적 부조리"라고 부르는 동물학자는 없을 것이다. 이들 명제는 사실에 대한 기술처럼 보이지만 실제로는 정치적 프로그램이다. 이상주의자들은 그러한 사실로 이루어진, 그리고 그와는 정반대의 사실들이 즐비한 현실의 세계와 동떨어진, 꿈의 세계에 살고 있다.

현실주의자들은 이러한 이상주의적인 명제가 사실이 아니라 의욕에 불과하며, 직설법이 아닌 소망법으로 기술되어 있다는 것을 쉽게 인식한다. 나아가 그들은 이상주의의 명제가 선험적이 아니라 이상주의자들은 이해할 수 없는 현실세계에 뿌리를 두고 있음을 보여준다. 따라서 현실주의자들의 눈에 '인간평등론'은 '잘나고 싶어 하는 못난이들'의 이데올로기요, '평화의 불가분성'이란 타국의 공격에 취약한 국가가 자국에 대한 공격은 다른 모든 국가의 관심사라고 주장하는 이데올로기이며,[5] '주권국가의 부조리성'은 주권의 원칙이 자국의 이익에 반한다고 여기는 지배국가들의 이데올로기에 불과하다. 이처럼 이상주의적 이론의 숨은 배경을 폭로하는 것은 진지한 정치학 논의에 필요불가결한 조건이다.

그러나 정치이론의 선험적 성격을 부정하고 이들이 실천 속에 자리잡고 있음을 폭로함으로써 현실주의자들은 쉽사리 결정론의 함정에 빠진다. 즉 이론이란 사전에 결정된 목적의 합리화에 지나지 않아서 현실을 바

---

3) *League of Nations: Sixteenth Assembly*, p. 72.
4) Sir Norman Angell, *The Great Illusion*, p. 138.
5) 다른 나라들 또한 자국 못지않게 취약함을 깨달은 소련은 1939년 5월 리트비노프를 외상의 지위에서 해임하고 더 이상 평화의 불가분성을 주장하지 않았다.

꿀 수 없다는 논리이다. 결국 이상주의자들이 목적을 유일하고 궁극적인 사실로 취급하는 오류를 범한다면 현실주의자들은 목적을 단지 다른 사실의 기계적 산물로 취급하는 오류를 범할 위험이 있는 것이다. 인간의 의지와 소망을 이처럼 기계화하는 것이 못마땅한 만큼 결국 이론이란 실천에서 발전해 나오고 또 실천 속으로 녹아 들어가며, 그 과정에서 전환의 역할을 직접 담당하는 것이라는 결론에 이르게 된다. 정치과정은 현실주의자들이 주장하듯 기계적인 인과법칙에 지배되는 현상의 연속만은 아니다. 또 이상주의자들이 믿듯 예지력을 지닌 현자(賢者)들의 내부 양심에서 우러나온 이론적 진실을 실제에 적용하는 것만도 아니다. 정치학은 이론과 실제 사이의 상호의존성을 인정함으로써 출발하며, 그러한 상호의존성의 인식은 이상과 현실을 조합할 때에만 가능하다.

3. 지식인과 관료

정치의 이론과 실천 간의 갈등의 보다 구체적인 표현은 "지식인"과 "관료" 사이의 갈등이다.[6] 지식인은 주로 선험적으로, 그리고 관료는 경험적으로 생각한다. 자연히 지식인들은 현실이 이론을 따르기를 원한다. 지식인이란 자신들의 생각이 외부의 힘에 의해 제약받는 현실을 인정하기 싫어하고, 대신 소위 행동하는 사람들의 동기를 제공하는 이론적 지도자가 되길 원하기 때문이다. 더욱이 지난 2세기 간의 지적 전통은 수학과 자연과학의 영향을 크게 받았기 때문에 더욱 그러하다. 대다수 지식인들은 일반적 원칙을 정립하고 개별사안을 일반적 원칙에 비추어 검증하는 일이

6) 여기서 관료란 정책의 방향에 관심을 가진, 서로 대립하는 여러 부처의 구성원을 모두 포함한다. 지식을 보유한 모든 사람이 지식인이 아니듯 모든 정부관리가 반드시 관료는 아니다. 그러나 '관료'를 관료답게, 또 '지식인'을 지식인답게 하는 모종의 특징적인 사고방식은 엄연히 존재한다.

모든 학문에 필요한 기반이자 출발점이라는 인식을 공유하고 있는 것이다. 따라서 정치에 대한 지식인들의 접근의 특징은 일반적 원칙을 강조하는 이상주의에 있다. 지식인 정치가의 대표격이라고 할 수 있는 우드로 윌슨은 "문제의 근본을 파헤치는 데 탁월한 재능이 있었다.… 그의 정치적 방법은 구체적인 조치를 약속하는 대신 광범하고 단순한 원칙에 호소하는 것이었다."[7] (현실주의자라면 금방 특정한 조건과 이해관계의 구체적 표현에 지나지 않는다고 지적할) "민족자결", "자유무역", "집단안전보장"과 같은 일반적 원칙들이 절대적 기준으로 간주되어 모든 정책은 그러한 원칙에 얼마나 부합하는가에 따라 좋고 나쁨이 가려졌다. 근대에 들어와 모든 이상주의적 운동의 지도자는 지식인이었다. 그리고 그러한 운동이 정치발전에 기여한 공은 대개 지식인들의 몫이었다. 그러나 현존하는 현실과 그것이 주장하는 기준 자체가 현실에 뿌리를 두고 있다는 사실을 깨닫지 못한 것이 이상주의의 가장 두드러진 약점인 동시에 참여지식인들의 약점이었다. 독일정치에서 지식인들의 역할에 대해 마이네케는 "그들이 자신들의 정치적 야망에 대해 줄 수 있었던 것은 순수와 독립의 정신, 철학적 이상주의의 정신, 그리고 이해관계를 초월하는 상승의 정신이었다.… 그러나 현실의 삶에서 나오는 현실적 이해관계에 대한 이해의 부족으로 말미암아 그들은 곧 몽상가요 괴짜의 지위로 전락했다"고 썼다.[8]

지식인들이 공통의 경제적 이해관계로 뭉친 집단들에 비해 생각이 자유롭고 따라서 정치적 이전투구의 현장을 관전하는 입장을 누린다는 생각은 새로운 것이 아니다. 1905년에 이미 레닌은 "계급을 초월하여 존재하는 지식인들의 낡아빠진 사고방식"을 비난한 바 있다. 보다 최근에는 만하임(Karl Mannheim) 박사가 지식인들은 "상대적으로 계급과 무관"하고 "특정 사회세력과 연계된 바 없으며," "대신 사회생활을 구성하는 모든 특정 이익을 분석의 대상으로 삼음으로써" 보다 높은 정도의 불편부당함과

7) R. S. Baker, *Woodrow Wilson: Life and Letters*, iii, p. 90.
8) Meinecke, *Staat und Personlichkeit*, p. 136.

객관성을 얻을 수 있다고 하였다. 이 지적은 일리가 없지 않다. 그러나 이 장점은 동시에 그에 못지않은 단점으로 상쇄된다. 즉 대중으로부터 스스로를 분리한다는 것은 곧 정치의 핵심에서 벗어나는 것을 의미하기 때문이다.

심지어 그들의 지적(知的) 리더십이 최고도에 달했을 때에도 근대의 지식인들의 입장은 평소에는 명령을 잘 따르던 병사들이 전투에 임해서는 별로 믿을 수가 없다는 것을 깨닫게 되는 군의 장교들의 입장과 크게 다르지 않았다. 1919년 이후 독일을 필두로 많은 유럽국가에서 1919년에 제정된 민주헌법은 실로 의무감에 찬 지식인들의 작품이었고, 그런 만큼 이론적 기반이 튼튼하였다. 그러나 위기상황이 닥치자 이 헌법들은 거의 예외 없이 다수 대중의 지속적 지지를 얻는 데 실패하였다. 미국에서도 지식인들이 국제연맹을 창설하는 데 핵심적인 역할을 하였고, 그를 지속적으로 지지했다. 그러나 처음 지식인들의 지도를 따르는 듯 하던 미국의 대중은 결정적인 순간에 등을 돌렸다. 영국에서도 지식인들은 국제연맹을 지지하는 논문을 줄줄이 발표하였다. 그러나 국제연맹규약이 국민들의 실질적 이해관계에 영향을 미칠 정책조치를 요구하자 정부는 손을 놓아버렸고, 지식인들의 항의는 이렇다 할 반향을 일으키지 못했다.

반면 정치에 대한 관료들의 접근방식은 근본적으로 경험에 의존한다. 특정 문제를 해결함에 있어 관료들은 그 문제 자체를 분석하지 일반적 원칙을 적용하지 않는다. 그들이 옳다고 믿는 바는 오랜 경험에서 얻은 일종의 직관이지 논리적 추론이 아니다. 국제연맹 총회에 프랑스 대표로 참가한 한 관리는 "일반적 경우란 없고 오로지 특별한 경우만 있다"고 말했다.[9] 이론을 싫어하는 그는 곧 "행동하는 사람"(man of action)이었다. "행하라, 그러면 알 것이다"란 구호는 한 유명한 장군의 모토만은 아니다. 영국의 행정이 탁월하다는 평판을 받는 것은 영국관료들이 영국정치의 전통

9) *League of Nations: Fifteenth Assembly*, Sixth Committee, p. 62.

에 잘 적응해 왔기 때문이다. 영국에서 뛰어난 행정가와 정치가는 거의 예외 없이 딱딱한 헌법조문이나 엄격한 규약보다는 전례와 본능, 그리고 옳은 일에 대한 감(感)에 따라 행동한다. 이와 같은 경험주의는 물론 영국 정치에 고유한 보수적 관행에 기인한다. 관료란 사회내 어떤 조직보다 현행 질서와 전통을 고수하고 특히 전례를 안전판으로 삼는 경향이 두드러진다. 따라서 관료는 쉽사리 경직되고 결국은 내용이 없는 형식주의로 떨어지고 만다. 그리고 이들의 절차란 외부에서 볼 때는 도저히 이해할 수 없는 구석이 많아지게 된다. "경험이 과학 위에 선다"가 전형적인 관료의 모토가 된다. 브라이스는 "정치란 배워서 터득하는 것이 아니"라고 썼다.[10] 이론이 아니라 실천이, 그리고 지적 뛰어남이 아니라 관료행정에서의 훈련이 정치적 지혜를 배우는 학교라는 것이다. 관료에게 있어서 정치란 그 자체로서 목적이다. 마키아벨리(Niccolo Machiavelli, 1469~1527)와 베이컨(Francis Bacon, 1561~1626)과 같은 사상가가 관료출신이라는 것은 우연이 아니다.

지난 반세기 동안 이와 같은 지식인과 관료들의 사고방식의 차이는 노동운동이라는 엉뚱한 곳에서 부딪쳤다. 1870년대 저작에서 엥겔스는 독일의 노동자들이 "세상에서 가장 이론적인 나라에 있으면서 독일의 소위 '교양인'들이 완전히 잊고 있던 이론적 센스를 지켜왔음"을 찬양했다. 그러면서 그는 "영국의 노동운동이 부진한 이유는 곧 이론에 대해 무관심하기 때문"이라고 지적했다.[11] 이와 같은 엥겔스의 입장은 40년이 지난 후에 다른 독일학자에 의해 반복되었다.[12] 이처럼 마르크스주의 입장을 이론적으로 분석하고자 하는 전통은 독일의 사회민주주의자들의 핵심관심사가 되었고 많은 사람들은 이처럼 일방적인 이론적 취향이 독일에서

---

10) Bryce, *Modern Democracies*, i. p. 89.

11) Lenin, *Works*[러시아어 재판], iv. p. 381.

12) "우리나라 노동운동은 세계에서 가장 이론적이다"(F. Neumann, *Central Europe*, [영어번역판], p. 121).

사회민주당이 몰락한 배경이라고 믿고 있다. 반면 불과 수년 전까지 영국의 노동운동은 전적으로 이론을 무시했다. 지금도 지식인과 노동조합 사이의 불협화음이 영국 노동당의 가장 큰 고민이다. 노동조합의 리더들은 지식인들은 노동운동의 실체를 보지 못하는 이상주의자들이라고 본다. 지식인들은 노동조합 리더들이 관료화되었다고 비난한다. 소련에서 볼셰비키 당내의 파벌싸움은 부하린(Bukharin), 라데크(Radek), 트로츠키(Trotsky) 등과 같은 '당내 지식인파'(party intelligentsia)와 레닌(Lenin), 스베르들로프(Sverdlov, 1919년 사망), 스탈린(Joseph Stalin) 등과 같은 '당료파'(黨僚派, party machine) 간의 갈등에 다름 아니다.[13)]

지식인들과 관료들 간의 갈등과 대립은 전간기(戰間期)[14)] 영국에서 외교문제를 둘러싸고 첨예하게 진행되었다. 제1차 세계대전이 진행되던 중에 이상주의적인 지식인 집단인 〈민주통제연합〉은 전쟁이 일어난 주된 이유가 직업외교관들이 외교문제를 지배하였기 때문이라는 주장을 줄기차게 펼쳐왔다. 우드로 윌슨은 "자기 밥그릇 챙기기에 급급한 외교관이나 정치가가 아닌—지리학자, 인종학자, 경제학자와 같이—문제해결을 위해 연구에 몰두한 순수한 과학자들"이 국제문제를 취급할 때 평화가 보장될 수 있다고 믿었다.[15)] 국제연맹에서 관료, 특히 외교관들은 곱지 않은 시선을 받아왔고, 연맹이 국제문제를 제대로 해결하려면 반동적인 외무관료들의 입김을 벗어나야 한다는 믿음이 주류를 이루었다. 파리강화회의 전체회의

---

13) 1931년에 출판된 미르스키의 레닌전기(Mirsky, *Lenin*, pp. 111, 117~18)에 의거한 이러한 해석은 후일 사태의 전개를 보면 보다 신빙성이 있다. 이들 간의 갈등은 공산당 창건 초기로 거슬러 올라간다. 1904년 레닌은 당내 지식인들이 규율과 조직을 무시한다고 비난했고, 지식인들은 레닌의 관료식 방법을 공격했다(Lenin, *Works*[러시아어 재판], vi. pp. 309~11).

14) [역주] 영어의 interwar years는 역사서적이나 사회과학서적에서 따로 설명이 없으면 제1차 세계대전과 제2차 세계대전 사이의 기간, 즉 1919~39년의 시기를 가리키는 용어로 표준화되었다. 어색하지만 이를 직역하면 '전간기'가 된다. 때로 풀어쓰기도 했지만, 이하에서 '전간기'라는 용어는 이를 의미한다.

15) R. S. Baker, *Woodrow Wilson and World Settlement*, I. p. 112.

에 연맹규약의 초안을 제출하면서 윌슨은 "연맹의 의사기구가 단지 각국을 대표하는 관리들로만 구성된다면, 세계의 시민들은 과거 고집불통 관리들이 저질렀던 실수가 반복되지 않는다는 보장이 없다고 믿을 것이라는 느낌이 있다"고 했다.[16] 후일 영국 하원에서 세실 공(Lord Cecil, 1864~1958; 영국의 외교관으로 국제연맹의 열렬한 지지자)은 보다 통렬한 비난을 퍼부었다.

> 유감스럽지만 본인은 평화회의에서의 개인적 경험으로 '독일병정들'이 독일에만 있는 것이 아니라는 결론에 도달했습니다. 거기에는 또한 관료집단들의 전통과 사고방식이 지배합니다.… 그들간에는 무엇이든 옳다고 여기는 경향이 있다는 결론을 내리지 않을 수 없는 것입니다.

제2차 연맹총회에서 세실 공은 "관료집단"에 대항하여 국제연맹에 대한 "여론"의 지지를 호소했다.[17] 그리고 그와 같은 호소는 10여 년간 계속되었다. 관료라고 해서 얌전히 있었던 것만은 아니었다. 그들은 집단안보라든가 세계질서, 세계적 군비축소와 같은 지식인들의 선교사적인 의욕에 대해 갈수록 의구심을 키워갔다. 그러한 것들은 그들의 경험에 비추어 볼 때 현실과 유리된 순수이론적 몽상에 지나지 않았다. 군비축소 문제에서 이와 같은 견해차이가 단적으로 드러났다. 지식인들에게 있어 이 문제는 간단명료했다. 이를 적용함에 있어 어려움은 오로지 소위 "전문가"들의 방해 때문이었다.[18] 전문가들의 눈에는 세계적 군축이란 무의미한 몽

---

16) *History of the Peace Conference*, ed. H. Temperley, iii. p. 62.

17) *League of Nations: Second Assembly*, Third Committee, p. 281.

18) 벨기에의 사회주의자 드 브루케르(De Brouckere)는 "시민들의 평화에 대한 갈망이 성의를 갖고 제대로 보면 몇 시간이면 해결될 기술적 문제에 파묻혀 자신들이 어디에 있는지도 모르는 전문가들에 의해 박탈되고 있다는 사실을 참을 수가 없다"고 했다(Peace and Disarmament Committee of the Women's International Organizations: Circular of May 15, 1932). 거의 같은 시기에 세실 공은 "전문가들에게만 맡기면 되는 일이 없다. 그들은 의심할 나위 없이 뛰어나고 양심적이고 잘 훈련된 신사들이지만 단지 그들의 전문가로서의 그들이 받은 훈련에만 의존한다"고 했다(*Manchester*

상에 지나지 않았다. 군비를 축소하거나 하지 않는 문제는 "그 자체의 성격에 따라" 결정해야 할 "실제적" 문제였지 일반적인 원칙의 문제가 아니었던 것이다.

4. 좌파와 우파

이상과 현실의 갈등, 또 이론과 실제의 갈등의 또 하나의 표현은 보혁(保革)갈등, 혹은 좌우(左右)갈등이다. 물론 이러한 용어를 당명에 쓰는 정당들이 그 본질적 내용을 다 신봉하는 것은 아니다. 혁신파는 불가피하게 이상주의자들이고 보수파는 현실주의자들이다. 이론의 인물인 지식인들은 자연히 좌파의 기질이 있다. 마찬가지로 실천의 인물인 관료들은 우파의 기질이 있다. 따라서 우파는 이론에 약하고 이념을 이해하기 어렵다. 반면 좌파는 이론을 실천하는 데 약하다. 이들은 이를 때로 관료들의 저항 때문이라고 변명하지만 이상주의적인 그들의 기질에 기인한다고 보는 것이 온당하다. "좌파는 이성을, 우파는 지혜를 가지고 있다"고 나치의 철학자인 묄러 반 덴 브룩은 주장했다.[19] 버크(Edmund Burke, 1729~97; 영국의 보수주의 정치가, 정치사상가) 이래 영국의 보수파들은 논리적 사고를 통해 정치이론에서 정치현실을 도출할 수 있다는 가능성에 대해 매우 부정적이었다. "논리를 따르는 것은 심연의 나락으로 빠지는 것과 같다"고 한 볼드윈 공(Lord Baldwin, 1861~1947; 영국 보수주의 정치가)의 말은 엄격한 논리적 사고를 기피하는 그의 성향의 표현인 동시에 그에 대한 그의 믿음의 표현이기도 하다. 두 차례 영국수상(1940~45; 1951~55)을 지낸 처칠(Winston Churchill, 1874~1965)은 "원칙에 호소하는 것이 영국 유권자들에 대해 호소력이 있다"고 믿기를 거부했다.[20] 외교정책을 둘러싼 좌파와 우파 간의

Guardian, May 18, 1932).

19) Moeller van den Bruck, *Das Dritte Reich*(3rd ed.), p. 257.

사고방식의 차이는 체임벌린(Neville Chamberlain, 1869~1940; 영국수상, 1937~40)이 영국 하원에서 한 노동당 의원의 비판에 대해 한 대답에서 잘 드러났다.

> 의원께서 외교정책이라고 할 때 그 진정한 의미는 무엇인지요? 보기에 그럴듯한 일반적 원칙들인가요? 의원께서 말씀하신 외교정책이란 평화를 유지하고, 영국의 국가이익을 지키고, 정의의 편에 서서 영향력을 행사하는 것인가요? 물론 뭐가 정의이고 무엇이 불의인가를 분간할 때의 일입니다만. 그러나 이와 같은 원칙을 나열하는 것은 정책이 아닙니다. 정책이란 특정 상황에서 어떠한 행동을 취하거나 취하지 않아야 할 때 나타나는 것입니다. 내가 생각하는 정책이란 바로 이런 것입니다. 외교문제란 끊임없이 변하기 때문에 정책이란 영원할 수 없는 것입니다.[21]

좌파가 지적으로 우월함은 의심할 나위가 없다. 좌파만이 정치행동의 원칙을 정하고 정치가들의 행동지침이 될 이념을 제공한다. 그러나 좌파는 현실과의 밀접한 관계에서 얻을 수 있는 실천적 경험이 없다. 1919년 이후 영국에서 잠시 득세했던 좌파정권이 행정실무 경험이 없었고 갈수록 순수이론에 치우치게 되었던 것은 불행한 일이다. 마찬가지로 야당의 경험이 거의 없었던 우파에서 이론과 현실을 대조하려는 노력을 게을리 했던 것도 마찬가지로 불행한 일이었다. 소련에서도 집권세력이 혁명초기의 순수성이 퇴색하면서 현실을 좇아 이론을 버렸다. 좌파 정당이나 정치가들이 정권을 잡거나 정치에 참여하여 현실을 접하면서 이상주의적 원칙론을 잃고 우경화 하는 것은 거의 하나의 역사법칙에 가깝다. 그러면서도 좌파정당의 이름은 그대로 유지하니 좌우의 구별에 대한 일반인들의 혼란만 가중되었다.

---

20) Winston Churchill, *Step by Step*, p. 147.

21) House of Commons, October 21, 1937, N. Chamberlain, *The Struggle for Peace*, p. 33에 재인용.

5. 윤리와 정치

이상과 현실의 갈등의 가장 근본적인 근원은 정치와 윤리 사이의 관계에 대한 서로 다른 관념에 있다. 목적과 사실을 구분할 때 이미 깔고 들어가는 가치의 세계와 자연의 세계 간의 갈등은 인간의 의식과 정치사상에 깊이 내재된 것이다. 이상주의자들은 정치현실과는 별도의 윤리적 기준을 설정한 다음 정치현실이 그를 따르기를 원한다. 현실주의자들은 현실을 떠나 존재하는 가치기준을 받아들일 수 없다. 현실주의적 견해에 따르면 이상주의자들이 주장하는 정치적 기준이란 기존의 사회질서가 설정하는 것이며 따라서 본질적으로 정치적이다. 도덕이란 상대적이지 보편적인 것이 아니다. 기독교 교리에서나 존재했던 절대적 현실과 절대적 선을 같이 보는 것은 현실을 수용하고 이해하는 것만이 선이라는 인식 위에서나 가능한 것이다.

이상과 같은 이상과 현실 간의 갈등은 현재의 세계위기와 국제정치를 깊이 있게 따져볼 때 더욱 확연히 이해될 것이다.

제 Ⅱ 부

위기의 세계

3. 이상주의의 전개
4. 이익의 조화
5. 현실주의의 비판
6. 현실주의의 한계

3 이상주의의 전개

1. 이상주의의 기반

오늘날의 이상주의적 정치사상의 근원은 신권(神權)에 기반한 보편적인 윤리와 정치체제를 전제하였던 중세체제의 붕괴로 거슬러 올라간다. 르네상스 시대의 현실주의자들은 윤리의 최고성을 부인하고 윤리란 단지 정치의 도구일 뿐이라고 주장하며 도덕성의 판단기준으로 교회의 권위가 아니라 국가의 권위를 내세웠다. 이러한 도전에 대해 이상주의자들의 대응은 옹색했다. 이제는 종교적 문제든 세속적 문제든 외부의 권위가 아닌 새로운 윤리기준이 필요해졌기 때문이다. 이에 대한 대답으로 제기된 것이 개인의 이성에 근원을 둔 세속적인 〈자연법〉(Natural Law) 개념이었다. 그리스 시대에 처음 제기된 자연법은 도덕성의 근거를 제공하는 인간 마음의 제도였다. 그리스 극작가 소포클레스(Sophocles, 496~406 BC)의 극중인물 안티고네(Antigone)는 "그것은 영원한 것이며 그것이 어디서 오는지는 아무도 모른다"고 했다. 스토아학파는 자연법을 이성과 동일시했다. 17~8세기에 들어와 이 동의법이 새롭고 특별한 형태로 부활하였다.

과학의 분야에서 자연법은 사물의 본질에 대해 관찰한 사실의 분석에서부터 도출되었다. 쉽게 말하자면 오늘날 뉴턴의 물리법칙이 윤리적 문제에 적용되는 것과 같았다. 자연의 도덕법칙이 과학적으로 확립될 수 있었으며, 도덕성의 근원은 계시나 직관이 아닌 인간본성에 관한 '사실'들로부터의 합리적 추론에 있었다. 이성이 보편적으로 타당한 도덕법칙을 결정하였고, 이러한 법칙이 일단 정립되면 마치 사물이 자연법칙을 따르듯 사람들도 이 법칙을 따른다고 보았다. 계몽이야말로 천년왕국에 이르는 왕도로 간주되었다.

18세기에 이르러 근대 이상주의 사상의 기본 골격이 완성되었다. 개인주의(individualism)와 합리주의(rationalism)가 그것이다. 첫째, 근대 이상주의는 프랑스에서는 세속적인 전통과, 영국에서는 복음주의적 전통과 결부되었지만, 도덕적 문제에서 인간의 양심이 최후의 심판자라고 주장하는 점에서 근본적으로 개인주의적이었다. 둘째, 이는 또한 인간의 양심을 이성의 소리와 동일시함으로써 근본적으로 합리주의적이었다.[1] 그러나 그 이후에도 근대 이상주의는 변천을 거듭하였다. 19세기 이상주의가 그 특징적 모습을 드러낸 것은 산업혁명의 결과 지식의 리더십이 프랑스에서 영국으로 이동한 이후의 일로, 특히 영국의 벤담(Jeremy Bentham, 1748~1832)에 의해서였다. 벤담은 행복을 추구하고 고통을 회피하는 것이 인간의 가장 기본적 본성이라는 전제에서 출발하였다. 이 전제로부터 그는 유명한 "최대 다수의 최대 행복"(the greatest happiness of the greatest number)이라는 말로 좋고 나쁨을 가르는 합리적인 윤리기준을 도출하였다. 그리고 "최대 다수의 최대 행복"은 앞서 자연법이 그랬듯이 절대적인 윤리기준으로 기능하였다.[2] 다시 말해 "최대 다수의 최대 행복"은 자연법의 19

1) 지난 3세기간, 그리고 (어느 정도 약화되기는 하였으나) 지금도 영미국가에서 지배적인 이상주의는 이와 같은 형태를 띠고 있다. 그러나 개인주의와 합리주의가 이상주의의 불가결한 속성이라고 볼 수는 없다. 예로 파시즘은 이상주의적 요소를 포함하고 있으나 전체적으로 반개인주의적이고 비합리적이었다. 그러한 속성은 레닌주의, 혹은 마르크시즘의 이상주의적 측면 속에도 잠재되어 있다고 할 것이다.

세기적 내용을 구성하였던 것이다.

벤담의 공헌은 두 가지이다. 첫째, 옳은 것의 기준으로 행복을 제시함으로써, 도덕적인 자연법의 내용이 일단 합리적으로 결정되면 사람들이 이를 따를 것이라는 18세기의 합리주의자들의 "과학적" 가정을 뒷받침하였다는 점이다. 둘째는 개인주의와 합리주의라는 당시 이상주의의 두 측면을 유지하면서 동시에 그 기반을 확장하였다는 점이다. 18세기의 이성론은 지적이고 귀족적 성향이 매우 강했다. 그 결과는 철학자들의 지적 횡포였다. 철학자들만이 옳은 것을 가릴 수 있는 지적 능력을 가진 것으로 간주되었던 것이다. 그러나 행복이 기준이 되면서 옳고 그른 것을 가릴 수 있는 지적 능력은 행복이 어디에 있는가를 아는 정도면 되었다. 18세기의 철학자들이 옳고 그름을 합리적 과정을 통해 가릴 수 있음을 보여주었다면, 벤담은 그것이 난해한 철학적 성찰이 아닌 단순한 상식을 통해서도 가능함을 보여주었던 것이다. 나아가 그는 여론을 통한 구원이라는 새로운 원칙을 최초로 생각해낸 사람이다. 한 공동체의 구성원들은 "전체로서 〈여론재판〉(The Public-Opinion Tribunal)이라는 일종의 사법기관을 구성한다고도 볼 수 있다"는 것이다.[3] 그러나 여론의 가치를 보다 체계적으로 주장한 사람은 벤담의 제자인 제임스 밀(James Mill, 1773~1836)이었다.

> 이성을 소유한 모든 사람은 증거를 따지고 보다 우세한 증거를 따라 판단하는 데 익숙해져 있다. 증거에 따라 서로 다른 결론이 제시될 경우, 물론 소수의견도 있겠지만, 최대 다수는 옳은 것을 가려내고, 가장 두드러진 증거를 채택한다는 것은 도덕적으로 확실하다.[4]

이것이 정치적 제도로서 민주주의의 장점에 대한 유일한 주장은 아니다. 그러나 대다수 19세기 자유주의자들이 이를 명시적, 혹은 묵시적으로

---

2) Bentham, *Works*, ed. Bowring, i. p. 31.

3) Bentham, *Works*, ed. Bowring, viii. p. 561.

4) James Mill, *The Liberty of the Press*, pp. 22~3.

수용하였다. 모든 문제가 합리적으로 제기될 경우 여론이 올바른 판단기준이 되고 동시에 여론은 그 판단을 따라 움직일 것이라는 믿음은 자유주의 신조의 핵심기반이었다. 영국의 경우 18세기 말, 그리고 19세기 전반을 통해 대중설교와 정치유세가 성행했다. 이성의 소리를 통해 사람들이 비도덕적 정신에서 해방되어 정치적 계몽과 진보로 나아갈 수 있다고 믿었기 때문이다. 19세기의 낙관주의는 (1) 올바른 논리를 통해 옳은 것을 추구하는 것은 제대로 된 추론을 하는 것과 같으며, (2) 지식의 전파에 따라 조만간 모든 사람들이 중요한 문제에 대해 제대로 추론을 할 수 있는 능력을 갖추게 될 것이며, (3) 올바르게 추론을 하는 사람은 반드시 올바르게 행동을 할 것이라는 세 가지의 확신에 기반한 것이었다.

같은 패턴을 따라 이들 원칙은 국제문제에도 적용되었다. 국제연맹의 최초 제안자의 한 사람인 아베 생피에르(Abbe Saint-Pierre, 1658~1743)는 "자신의 프로젝트가 합리적임을 확신한 나머지 각 강대국이 이를 제대로 보기만 하면 채택하지 않을 수 없을 것이라는 믿음을 한 번도 버린 적이 없었다."[5] 루소(Jean Jacques Rousseau, 1712~78)와 칸트(Immanuel Kant, 1724~1804) 모두 전쟁이란 자신의 이익만 챙기고 국민들의 이익은 돌보지 않는 군주들이 일으키는 것이기 때문에 공화정(共和政)에서는 전쟁은 일어나지 않을 것이라고 주장했다. 따라서 그들은 여론이 제 효과를 발휘하면 그것으로도 전쟁을 막기에 충분하다고 믿었다. 이와 같은 주장은 19세기 유럽에서 널리 회자되었는데, 그 이유는 그것이 논리적 사고를 통해 올바른 도덕적 신념을 가지고 올바르게 행동하는 것이 가능하다는 기왕의 믿음에 합리주의적 색채를 더해주었기 때문이다. 이처럼 지성이 최고라는 믿음이 강했던 적은 역사상 달리 없었다. 콩트(Auguste Comte, 1798~1857)는 "그것이 궁극적으로 사회현상의 흐름을 결정한 지식의 진화"라고 썼다.[6] 1857~61년간에 그 유명한 《문명사》를 출간한 버클은 전쟁에 대한

5) J. S. Bury, *The Idea of Progress*, p. 131.
6) Comte, *Course de Philosophie Positive*, Lecture LXI.

혐오는 "지식인들에 국한된 계발된 취향"이라고 주장했다. 그리고 그는 당시 영국의 사상가답게 영국의 새로운 적으로 등장한 러시아의 호전성을 예를 들었다. 그는 "러시아가 호전적인 나라인 이유는 그 나라 사람들이 도덕성이 모자라서가 아니라 지식이 모자라기 때문이다. 잘못은 머리에 있는 것이지 가슴에 있는 것이 아니다"라고 썼다.7)

이처럼 버클 외에도 당대 및 후대의 많은 사상가들이 교육의 확산이 국제평화를 가져올 것이라고 믿었다. 가장 최근의 주장은 《커다란 착각》과 기타 저작을 통해 전쟁을 통해 득을 보는 이는 아무도 없다는 것을 전 세계에 전파시키려고 노력한 노만 엔젤 경에게서 찾을 수 있다. 그는 그러한 주장을 모두가 믿을 때 전쟁은 일어나지 않을 것이라고 믿어 의심치 않았던 것이다. 그에게 있어 전쟁은 단지 "이해의 실패"였다. 전쟁을 통해 이득을 볼 수 있다는 환상을 머릿속에서 쫓아내면 가슴이 스스로를 되찾게 될 것이라고 믿었다. 1913년 10월 창간호를 낸 월간지 《전쟁과 평화》는 발간사에서 다음과 같이 썼다. "십자군이 쳐들어가고 이교도가 쳐들어오던 세계는 '잘못된 의도'(badly-meaning)의 세계가 아니라 '잘못된 생각'(badly-thinking)의 세계였다.… 그러한 세상을 우리가 벗어난 것은 생각의 잘못을 고쳤기 때문이다. 정치적 전쟁과 무장평화가 횡행하는 오늘날의 세계 또한 같은 방식으로 벗어날 수 있을 것이다."8) 이성을 통해 국제적 무정부가 터무니없음이 드러날 것이었다. 지식의 진보를 통해 많은 사람들이 그처럼 터무니없는 세상이 끝나야 한다는 것을 확신하게 될 것이고, 그를 통해 그러한 세상은 끝날 것이었다.

---

7) Buckle, *History of Civilisation*(World's Classics ed.), i. pp. 151~2.

8) Angell, F*oundations of International Polity,* p. 224에서 재인용. 이 문구는 노만 엔젤 경이 직접 쓴 것이었다.

2. 벤담주의의 이식(利殖)

19세기가 끝나기 전에 이미 적지 않은 사람들이 벤담식의 합리주의에 대해 심각한 의문을 제기하기 시작했다. 심리학자들은 이성만으로 올바른 행동이 보장된다는 믿음에 도전했다. 철학자들은 계몽된 자기 이익이 바로 '덕성'(*virtue*)이라는 주장에 충격을 받았다. 여론이 무조건 옳다는 생각은 여론이 교육받고 계몽된 사람들의 의견이라는 초기 공리주의적 전제 위에서 매력이 있었다. 스스로 교육받고 계몽된 사람이라고 생각하는 이들에게 여론이 다수 대중의 의견이라는 주장은 별로 매력이 없었다. 일찍이 1859년에 J. S. 밀(John Stuart Mill, 1806~73)은 그의 저작 《자유론》(*On Liberty*)에서 "다수의 횡포"가 지니는 위험성에 대해 경고했다. 20세기에 들어와서는 영국 혹은 기타 어느 유럽국가에서도 벤담의 주장을 무조건 수용하는 사상가는 찾기 어려웠다. 그러나 이처럼 이미 반쯤은 잊어버린 19세기적 가정이 1920~30년대에 국제정치라는 특별한 분야에서 새로이 등장해 새로운 이상주의적 건축물의 초석이 된 것은 역사의 아이러니였다. 이를 1914년의 전쟁에 충격을 받은 사람들이 19세기의 평화와 안전의 초석을 이룬 것처럼 보인 그러한 사상에서 새로운 이상향을 찾았다는 자연발생론적인 관점에서 이해할 수도 있다. 그러나 보다 결정적인 것은 미국의 영향이다. 미국은 그때까지 빅토리아 시대의 번영과 벤담주의라는 빅토리아 시대의 지적 신조 속에 살고 있었던 것이다. 한 세기 전에 벤담은 18세기의 이성론을 19세기라는 새로운 세기의 필요에 따라 재구성했었다. 이제 19세기의 합리주의적 전통을 국제정치라는 처녀지에 옮겨 심어 새로운 활력을 불어넣은 뒤 유럽으로 가져온 이는 브라이트(John Bright, 1811~89)와 글래드스톤(William E. Gladstone, 1809~98)의 신봉자인 우드로 윌슨이었다. 전간기(戰間期; interwar years; 즉, 1919~39)에 널리 회자된 거의 대부분의 국제정치이론은 미국이라는 거울에 비친 19세기 자유주의 사상의 잔영(殘影)이었다.

일부 나라에서 19세기의 자유민주주의는 대단한 성공을 거두기도 했다. 그것이 성공을 거둔 이유는 그 이론적 전제가 그들 나라의 발전단계와 맞아 떨어졌기 때문이었다. 즉 당시의 시대정신이 이론과 맞아 떨어져 사람들은 의식적, 혹은 무의식적으로 그들의 행동패턴을 이론에 맞추었고 또 이론을 행동에 맞추었던 것이다. 공리주의와 자유방임사상은 또한 당시의 산업과 상업의 발달과 맥을 같이했다. 그러나 19세기의 자유 민주주의가 특정한 국가의 특정한 발전단계에 존재했던 여러 세력간의 균형에 기반한 것이 아니라 모종의 선험적인 합리주의 원칙에 기반하여, 다른 맥락에 적용되더라도 같은 결과를 가져올 것이라는 생각은 전적으로 이상론적인 것이었다. 바로 그와 같은 이상론이 윌슨의 주도아래 제1차 세계대전 후의 세계를 지배했다. 자유민주주의가 순전히 지적인 과정을 통해 발전단계와 실질적 필요가 19세기의 서유럽과 다른 나라에 적용되었을 때, 실패와 좌절은 당연한 귀결이었다. 합리주의는 하나의 이상향을 만들 수는 있으나, 그것을 현실로 만들 수는 없다. 1919년의 강화조약에 따라 세계 곳곳에 이식된 자유민주주의는 추상적인 이론의 산물이었고 토양에 뿌리를 내리지 못한 채 곧 시들어 버렸다.

3. 합리주의와 국제연맹

이와 같이 일방적인 지성주의적 국제정치관의 영향을 받은 제도들 중 가장 중요한 것은 "로크(John Locke, 1632~1704)의 자유주의 원칙을 국제질서의 기제를 건설하는 데 적용하려 한" 하나의 시도였던 〈국제연맹〉(the League of Nations)이었다.[9] "연맹규약은 우리 인류역사상 가장 뛰어난 업

9) R. H. S. Crossman in J. P. Mayer, *Political Thought*, p. 202.

적의 하나인 자유민주주의 사회의 정신을 그대로 세계에 옮긴 것"이라고 남아프리카 수상 스머츠(Jan Smuts, 1870~1950) 장군은 말했다.[10] 그러나 민주적 합리주의를 국내적 영역에서 국제적 영역으로 이식하는 것은 무수한 예기치 않은 어려움을 가져왔다. 경험주의자는 구체적 문제를 그 자체의 성격에 따라 취급한다. 합리주의자는 이를 추상적인 일반원칙에 따라 취급한다. 모든 사회질서는 어느 정도의 표준적 질서, 즉 추상화를 요구한다. 한 사회의 모든 구성원에 서로 다른 규칙을 적용할 수는 없기 때문이다. 그리고 그러한 표준화를 수백만의 사람들이 어느 정도 정리된 기준에 따라 행동하는 하나의 국내사회에 적용하는 것은 비교적 쉽다. 그러나 그것을 크기와 국력, 정치, 경제, 문화적 발전수준이 서로 크게 다른 60여 개의 국가에 적용하는 것은 수많은 문제를 야기한다. 국제정치문제를 합리적 기준에 따라 표준화하려는 최초의 시도인 국제연맹은 그러한 문제에 직면하지 않을 수가 없었다.

정치적 경험을 가진 사람들과 정치적 사상을 가진 사람들이 고루 섞인 연맹의 창설자들은 추상적 완벽함이 지닌 위험성을 물론 잘 알고 있었다. 1919년 발표된 연맹규약에 대한 영국정부의 공식 논평은 "현재 존재하는 정치현실을 수락하는 것이 이사회가 따랐던 원칙 중의 하나였다"고 했다.[11] 그리고 그러한 시도가 연맹이 세계기구에 대한 기왕의 많은 논의와 국제경찰이라든가, 〈브리앙-켈로그 조약〉(Briand-Kellogg Pact, 1928), 그리고 유럽합중국과 같은 순수 이상론적 프로젝트와 구별되는 점이었다. 따라서 연맹규약은 이론적으로 불완전한 몇 가지 측면이 있었다. 예컨대 모든 회원국을 평등하게 취급한다고 하면서 강대국들이 연맹이사회에서

---

10) 제네바 국립방송의 송년 메시지에서. *The Times*, January 1, 1939.

11) *The Covenant of the League of Nations and a Commentary Thereon,* Cmd. 151 (1919), p. 12. 몇 년 후 영국정부는 "연맹규약의 커다란 장점은 후일 전례가 없는, 따라서 현재로서 예상할 수 없는 새로운 문제가 발생할 경우 이를 다룰 수 있도록 연맹이사회와 총회에 커다란 재량권을 부여한 점이다"라고 했다(*League of Nations: Official Journal*, May 1928, p. 703).

항상 다수가 될 수 있도록 하였다.[12] 연맹규약은 모든 전쟁을 금지하지는 않았다. 다만 합법적인 경우로 제한할 따름이었다. 규약을 위반한 국가를 제재하기 위한 회원국의 의무를 규정함에 있어 연맹규약은 애매한 점이 없지 않았다. 그리고 이 애매함은 1921년 총회에서 통과된 일련의 "해석" 결의안을 통해 더욱 커졌다. 연맹규약 제10조에 규정된 영토보장의 절대성은 1923년 총회에서 거의 만장일치로 완화되었다. 마침내 연맹은 이상과 현실 속에서 타협점을 찾아 효과적인 국제정치의 수단으로 등장하는 듯 했다.

그러나 불행히도 연맹이 그 모습을 갖추어 가는 가장 결정적인 초기 시절에 유럽의 가장 영향력 있는 정치인들이 연맹에 제대로 주의를 기울이지 않았다. 추상적인 합리주의가 득세하기 시작했고 1922년 이래 제네바의 추세는 이상주의적 색채를 강하게 띠기 시작했다.[13] 비판적 시각을 빌리면 "(국제연맹 본부가 있던) 제네바든 각국 외무부든, 사건을 혹은 '상황'을 잘 정리한 일종의 카드색인이 있어서 사건이나 상황이 발생하면 연맹이사회의 간부 혹은 외무장관은 그냥 카드만 뒤지면 그 상황에 적합한 대응책을 제시한 파일을 찾을 수 있다"는 믿음이 지배했다.[14] 그래서 기제를 완벽하게 갖추고 절차를 표준화하며 모든 전쟁에 대해 무조건 거부권을 행사함으로써 규약의 "허점"을 메우고 제재의 적용을 "자동화"하려

---

12) 그러나 미국이 연맹에 가입하지 않음으로써 그 의도는 좌절되고 4대 강대국 대 4대 약소국의 형태로 되었다. 1923년 이후 회원국의 수가 급격히 증가하면서 약소국들이 항상 다수가 되었다. 따라서 연맹이사회는 보다 "민주적"으로 된 반면 정치적 수단으로서 효율성을 상실했다. 즉 현실이 추상적 원칙에 눌린 것이다. 스위스의 한 대표는 1922년 신입회원국의 문제가 최초로 대두되었을 때 이 점을 예측하였었다(*League of Nations: Third Assembly*, First Committee, pp. 37~8).

13) 이러한 추세가 연맹에 참가하지 않았던 미국 지식인들에 의해 고무되었다는 것은 흥미로운 아이러니이다. 유럽의 열성파들은 이러한 추세를 통해 미국의 여론을 달랠 수 있다고 믿었다. 영국에서 1932년 이래 나타났던 지식인들의 이론과 정부의 실천 간의 갈등은 미국에서는 이미 1919년에 시작되었던 것이다.

14) J. Fischer-Williams, *Some Aspects of the Covenant of the League of Nations*, p. 238.

고 한 집요한 노력이 있었다. 〈상호원조조약〉의 초안, 〈제네바 의정서〉, 〈제네바 법안〉, 그리고 〈브리앙-켈로그 부전조약〉을 연맹규약에 포함시키려는 계획, "침략자에 대한 정의" 등이 모두 합리화라는 위험한 노선을 따른 이정표였다. 이 기간 동안 제네바에서 준비된 이상주의적 요리가 당시 주요 강대국 정부의 입맛에 맞지 않았다는 사실은 이론과 실천 간의 괴리가 점차 커지고 있다는 징조였다.

연맹 내에서 통용되는 용어조차 구체적 현실을 회피하고 추상적 일반화를 추구하는 추세를 드러내 보이고 있었다. 〈상호원조조약〉 초안을 유럽에만 우선 적용하자는 안이 나왔을 때 그 문안은 그것의 적용시점은 "대륙별로" 결정한다는 것이었다. 유럽대륙 이외의 대륙사람들이 보았을 때 웃기지도 않는 말이었다. 제네바의 각국 대표들과 연맹열성파들이 사용한 것은 통상적 용어였지만 반복되는 사용을 통해 곧 현실감을 상실했다. 1932년 처칠은 "정치가들이 사용하는 단어와 각국에서 실제로 일어나는 상황 간의 괴리가 지금처럼 큰 적은 기억에 없다"고 말했다.[15] 독일에 대항한 방어적 동맹이었던 소련-프랑스간 조약의 문구는 일반인들에 대한 설득을 염두에 두고 다듬어졌고 "집단안보"원칙의 두드러진 예로 불렸다. 1936년 6월 이탈리아에 대한 제재를 놓고 영국 하원에서 토론이 벌어졌을 때 한 의원은 이탈리아와의 전쟁을 감수할 용의가 있냐는 질문에 대해 "침략국에 대해 연맹규약을 적용함으로써 따르는 모든 결과"를 감수할 준비가 되어있다고 답했다.[16] 이와 같은 말장난에 따라 추상적 논리의 세계와 정치적 현실의 세계 간의 구분은 점차 모호해졌다. "형이상학자들은 야만인같이 말과 물질 사이에 마술 같은 연결을 상정하는 경향이 있다"고 버트런드 러셀은 말했다.[17] 제네바에 모인 형이상학자들은 전쟁을 막기 위한 많은 문서들이 실제로 전쟁을 막지 못할 수 있다는 것을 믿지 못했

15) Winston Churchill, *Arms and the Covenant*, p. 43.

16) Toynbee, *Survey of International Affairs*, 1935, ii. p.448에서 인용.

17) Bertrand Russell in *Atlantic Monthly*, clix.(Feb. 1937), p. 155.

다. 1924년 총회에서 〈제네바 의정서〉에 대한 제안설명에서 체코의 베네시(Benes) 외상은 "우리의 목적은 전쟁을 불가능하게, 즉 전쟁을 죽이고 말살하려는 것"이라고 말했다.[18] 그 의정서는 하나의 "체계"로 간주되었던 것이다. 그러한 과욕은 단지 부작용만 불러일으킬 뿐이었다. 잘 갖추어진 카드색인을 통해 구원의 달성이 가능하다는 믿음, 그리고 무질서한 국제정치의 흐름을 19세기 자유민주주의 원칙에 따른 몇 개의 논리적으로 완벽한 추상적 공식으로 정리할 수 있다는 믿음이 국제연맹 내부에 팽배하면서 하나의 효과적인 정치적 도구로서의 국제연맹의 종말은 예견되었다.

4. 여론의 신격화

여론에 대한 자유민주주의적 신뢰를 국제정치에 적용하려는 시도의 운명도 별로 나을 바 없었다. 두 가지 잘못된 믿음 때문이다. 여론에 대한 19세기적 믿음은 두 가지 요소로 구성되어 있다. 첫째는 여론은 궁극적으로 이기게 되어 있다는 신념으로 민주사회에서는 대체로 옳다. 둘째는 (벤담류의 생각으로) 여론은 항상 옳다는 신념이다. 이 두 가지 신념은 때로 서로 구분이 되지 않은 채 국제정치 문제에 무비판적으로 수용되었다.

국제무대에서 여론을 하나의 힘으로 이용하고자 한 최초의 시도는 미국에 의해 이루어졌다. 1909년 미국의 태프트(William Howard Taft, 1857~1930) 대통령(제27대; 1909~13)은 미국과 기타 강대국들 간의 모든 국제분쟁을 중재(arbitration)에 붙이도록 의무화하는 조약을 채결코자 했다. 그러나 중재법정의 결정을 어떻게 집행할 수 있는가 하는 문제가 대두되었다. 태프트는 이를 가볍게 생각했다. 그는 미국과 같은 민주국가에서 판결

18) *League of Nations: Fifth Assembly*, p. 497.

의 집행이 문제시되는 것을 본 적이 없었고 스스로 이 문제를 걱정해 본 적이 없다고 말했다. "일단 문제를 법정으로 가져가서 판결이 내려지면 감히 국제여론을 무시하고 그 판결에 불복할 나라는 거의 없을 것"이라고 믿었다.[19] 민주국가에서와 마찬가지로 여론은 반드시 승리하게 되어 있고, 벤담주의자들이 주장하듯이 여론의 판단은 항상 옳은 것이었다. 그러나 미국 상원에서 이 안을 거부함으로써 "국제여론"을 검증할 기회는 오지 않았다. 4년 후 윌슨 행정부의 초대 국무장관이었던 브라이언(William Bryan, 1860~1925)이 새로운 조약안을 제안했다. 이 안에서는 중재라는 용어 대신에 조정(conciliation)이라는 용어를 사용했다. 이 조약안의 가장 참신하고 중요한 부분은 분쟁이 발생한 12개월 이내에는 당사국들이 전쟁에 호소하지 못하도록 한 규정이었다. 이 조약안은 사람들이 흥분한 상태에서는 이성의 소리에 귀를 기울이지 않을 수 있다는 사실을 인정하면서 일단 냉각기를 거치면 이성이 국제여론이란 모습으로 제 힘을 발휘할 것이라는 믿음에 근거한 것이었다. 실제로 미국은 몇 개의 조약을 체결하였는데 이들 중 몇은 제1차 세계대전이 발발한 이후에 체결되었다. 이들 조약의 "핵심은 어떠한 어려움이 발생하더라도 모종의 조치를 취하기 전 일 년 동안은 빛이 꺼지지 않고, 일 년 동안 그 빛을 쬐고 나면 모종의 조치를 취할 필요가 없게 될 것이라는 것이 나의 예측이다. 즉, 무슨 일이 일어났는가를 알게 되면 누가 옳고 누가 그른지를 알게 될 것이라는 뜻이다." 윌슨의 말이다.[20]

이성이 사람들의 목소리, 즉 여론을 통해 커다란 힘을 발휘한다는 믿음은 특히 윌슨에게는 매우 익숙한 것이었다. 그가 1910년 뉴저지 주지사 후보로 정치에 입문했을 때 그의 유세는 정치 보스들에 대항하여 "인민"에 대한 호소를 앞세운 것이었다. 윌슨은 "충분히 많은 수의 사람들에게

19) W. Taft, *The United States and Peace*, p. 150.

20) *The Public Papers of Woodrow Wilson: The New Democracy*, ed. R. S. Baker, i. p. 206.

연설을 하면 사람들은 그를 따를 것이라는 거의 환상에 가까운 믿음"을 지니고 있었다. 그리고 선거결과 윌슨이 승리하자 그는 자신의 입을 통해 나온 이성의 목소리가 가진 힘에 대해 더욱 큰 확신을 가지게 되었다. 그는 전지전능한 여론이라는 이성의 힘에 의해 통치할 것이었다. "정치 보스들이 숨을 죽이면 국민들에게만 호소하면 되었다.… 국민들은 고상하고, 올바르고, 참된 것들만을 원하게 마련이었다."[21]

미국이 결국 유럽의 전쟁에 참전하게 되었지만 대중의 판단이 올바르다는 윌슨의 신념은 퇴색하지 않았다. 그는 미래 평화의 조건을 논하면서 다음과 같이 말했다:

> 이번 전쟁이 특이한 점은 정치가들은 때로 그들의 목적에 대해 회의하고, 견해와 입장을 바꾸기도 하지만 그들이 지도하고 이끌어야 할 대중은 무엇을 위해 싸우고 있는지에 대해 보다 큰 확신을 가지게 되었다는 점이다. 개별 국가들의 목적은 점차 뒤로 사라지고 계몽된 인류의 공동 목적이 전면에 떠올랐다. 보통 사람들은 보다 단순하고 뚜렷하며 보다 단합되어 있다. 반면 뛰어난 사람들의 의견은 아직도 그들이 보다 높은 목적을 위한 권력게임을 하고 있다는 망상을 버리지 못했다. 이것이 바로 내가 이 전쟁을 정치가들의 전쟁이 아니라 인민의 전쟁이라고 부르는 이유이다. 정치가들이 이처럼 보다 분명한 공동의 생각을 따르지 못하면 파멸을 면치 못할 것이다.[22]

파리강화회의에 가는 길에 윌슨은 "회의가 인류의 의견을 따르고 지도자들이 아닌 인민의 의지를 대표할 준비가 되어 있지 않으면 우리는 또 한 번의 세계 분열에 빠지게 될 것"이라고 말했다.[23]

이와 같은 윌슨의 생각은 실제로 강화회의에서 매우 큰 영향을 미쳤다. 이탈리아 대표단이 피우메(Fiume)와 아드리아 해안에 대한 영토적 주

---

21) R. S. Baker, *Woodrow Wilson: Life and Letters*, iii. p. 173.

22) *The Public Papers of Woodrow Wilson: War and Peace*, ed. R. S. Baker, i. p. 259.

23) *Intimate Papers of Colonel House*, ed. C. Seymour, iv. p. 291.

장을 굽히지 않았을 때에도 윌슨은 그가 지도자들이 아닌 인민들에게, 그리고 (뉴저지 주지사 선거 때처럼) "충분히 많은 수의 사람"들에 직접 호소할 수 있다면 이성의 목소리가 지배할 것이라는 확신을 버리지 않았다. 강화회의에서 "이탈리아 국민에게 고함"이라는 메시지가 채택되고 이에 따라 이탈리아 대표단이 철수하게 된 배경에는 이와 같은 윌슨의 확신이 큰 작용을 했다. 군비축소의 문제도 같은 시각에서 접근하였다. 일단 패전국이 군축을 강요당한 이상 연합국들의 군축 또한 이성의 목소리, 즉 여론을 통해 달성될 것으로 믿었다. 윌슨과 영국수상 로이드 조지(David Lloyd George, 1863~1945)는 모두 "독일의 군대가 제한되면 프랑스의 군대도 그 뒤를 따를 것이라고 믿었다. 그러한 조건에서 프랑스가 엄청난 군대를 보유하기는 어려울 것"이었기 때문이다.[24] 만일 당시 프랑스가 굳이 군축을 해야 할 이유가 무엇이냐고 물으면 여론의 힘이라고밖에 대답할 수 없었을 것이다. 무엇보다 중요한 것은 당시 국제연맹의 전체 개념은 여론은 항상 이기며 여론은 항상 옳다라는 두 가지 신념과 밀접할 관련이 있었다. 만일 "공개적으로 합의된 공개된 규약"이 법칙이 된다면 보통 사람들이 그 내용이 최고의 도덕률인 이성의 요구와 합치한다는 것을 보장할 것이었다. 새로운 질서는 각국 정부의 "이기심과 타협의 규약"이 아닌 "전 세계 곳곳에 있는 보통사람들, 특권을 누리지 않고 무엇이 옳고 그른가에 대해 단순하고 확고한 생각을 가지고 있는 사람들의 생각"에 근거해야 했다.[25] 즉, 이는 "조직된 인류의 의견에 의해 지지"되어야 했다.[26]

미국은 물리적 제재라는 문제를 매우 껄끄러워 했다. 영국도 크게 다르지 않았다. 태프트가 그랬듯이 앵글로-색슨 국가들은 이 문제에 대해 "거의 걱정을 하지 않았다." 제재가 필요하다는 것을 인정하는 것 자체가 합리적인 여론의 품격을 떨어뜨리는 것이었기 때문이다. 연맹에서 만장일

24) D. Lloyd George, *The Truth about the Treaties*, i. p. 187.
25) *The Pubic Papers of Woodrow Wilson: War and Peace*, ed. R. S. Baker, i. p. 133.
26) *Ibid.* i. p. 234.

치로 결정한 것을 따르지 않을 수 있다는 것은 상상조차 할 수 없었다. 어쩌다 결정 자체가 만장일치가 되지 않더라도 "다수결의 결정은 내려질 것이고… 이는 세계의 여론에 따라 커다란 무게를 가지게 될 것"이라고 세실 공은 파리회의에서 말했다.[27] 연맹규약에 대한 영국정부의 공식적인 논평도 같은 입장이었다:

> 국제연맹은 그 가맹국들의 자유로운 동의에 의거해야 한다. 이는 거의 모든 조항에서 명백하다. 궁극적이고 가장 효과적인 제재는 문명세계의 여론이어야 한다. 만일 훗날 어느 나라가 이기적, 탐욕적, 호전적이 된다면 어떠한 도구나 장치로도 막을 수 없다. 평화로운 협력을 용이하게 하고, 관행적으로 만드는 기구를 설치하여 관행의 힘으로 여론을 형성하는 것은 가능하다.

제재에 관한 조항은 변명투로 얼버무려졌고, 대신 위로의 추신을 달았다:

> 해결과정의 일부분으로 명기된 문제를 공개하면 중요한 압력으로 작용할 것이다. 국제분규의 원인이 된 모호한 문제들이 한낮의 밝은 빛에 노출됨으로써 올바른 여론의 형성을 가능케 할 것이기 때문이다.[28]

영국하원에서 베르사유 조약의 비준여부를 놓고 토론할 때 세실 공은 연맹규약의 대변인 역할을 자임했다:

> 원칙적으로 초국가와 같은 것에 의존하려는, 즉 연맹 이사회나 총회의 결정을 집행하기 위해 무력에 의존하려는 뜻은 없습니다. 그와 같은 것은 현재로는 실현이 거의 불가능합니다. 우리가 의지하는 것은 여론입니다.… 만일 이 점에서 우리가 잘못 생각하고 있는 것이라면, 모든 것이 잘못된 것입니다.[29]

---

27) Miller, *The Drafting of the Covenant*, ii. p. 64.

28) *The Covenant of the League of Nations with a Commentary Thereon*, Cmd. 151, pp. 12, 16.

1923년 제국회의에서 연맹에 대해 연설하면서 세실 공은 “그것의 방법은… 정부의 강제가 아닌 동의라는 방법이며, 그 수단은 폭력이 아니라 여론”이라고 했다.[30] 그리고 그는 제1차 연맹총회에 영국대표로 참석하여 같은 철학을 다음과 같이 설파했다:

> 지금까지 국제연맹이 보유한 가장 강력한 무기는 경제, 군사, 혹은 기타 어떤 물리적 성격의 무기가 아닙니다. 지금껏 우리가 가진 가장 강력한 무기는 여론이라는 무기입니다.[31]

세실 공에 비해 회의적이고 복합적인 견해를 견지해 온 영국외상 밸푸어(Arthur James Balfour, 1848~1930)조차 1921년의 〈워싱턴 군축조약〉에 제재규정이 없는 이유를 설명하면서 이렇게 말했다: “만일 어느 나라가 있어 이 은혜로운 해에 워싱턴에서 합의한 단체행동에서 고의로 일탈하려 한다면 세계의 비난을 면치 못할 것이다.”[32] 이와 같은 비난이 효과를 발휘할 것이라는 믿음은 바로 자유민주주의의 핵심 전제의 하나였다. 그러나 여론이 전지전능한 무기라는 것은 양날의 칼과 같다. 1932년 만주사변 당시 영국외상이었던 사이먼 경(Sir John Simon, 1873~1954)도 여론 이외에 어떠한 행동도 불필요할 것이라고 말했다. 하원에서 그는 “여론, 즉 세계의 여론이 일치하여 단호한 도덕적 비난을 가할 수 있다면 제재는 불필요한 것이 사실”이라고 말했다.[33] 벤담과 윌슨의 이론에 따르면 이와 같은 명제는 반증(反證)이 불가능하다. 만일 여론이 일본의 침략을 억제하지 못한다면, 세실 공이 1919년에 말한 것처럼 “모든 것이 잘못된 것”이기 때문이다.

---

29) House of Commons, July 21, 1919: *Official Report*, cols. 990, 992.
30) *Imperial Conference of 1923*, Cmd. 1987, p. 44.
31) *League of Nations: First Assembly*, p. 395.
32) Zimmern, *The League of Nations and the Rule of Law,* p. 399에서 인용.
33) House of Commons, March 22, 1932: *Official Report*, col. 923.

5. 이상주의의 천적(天敵)

국제정치에서 이상주의의 천적은 갑자기 나타났다. 1930년 9월 콜롬비아 대학교의 총장인 버틀러(Nicholas Murray Butler, 1861~1947) 박사는 "다음 세대에는 코브던(Richard Cobden, 1804~65; 영국의 정치가, 자유무역론자)의 견해에 대한 지지가 꾸준히 늘어나 현실 정치에 실질적 영향을 미칠 것이라고 예측해도 큰 무리가 아니다"고 말하였다.[34] 1931년 9월 10일에 세실 공은 국제연맹 총회에서 "인류역사상 지금처럼 전쟁의 가능성이 낮은 적은 따로 없었다"고 말했다.[35] 그로부터 정확히 8일 후인 9월 18일 일본이 만주사변을 일으켰다. 그리고 그로부터 한 달 이내에 자유무역원칙을 끝까지 고수해 온 강대국이 일반관세를 도입하기 위한 최초의 절차를 개시했다.

이때부터 갑자기 그리고 급작스럽게 전개된 일련의 사태로 말미암아 모든 사상가들은 현실과 유리되어 온 전제를 재고하기 시작했다. 만주사변으로 말미암아 태프트와 그 후 많은 사람들이 주장해 온 "국제여론의 비난"은 마치 '부러진 갈대'처럼 믿을 수 없게 되었다. 미국도 마지못해 이와 같은 결론을 내리지 않을 수 없었다. 1932년 미국 국무장관은 여전히 "여론의 제재는 여전히 세상에서 가장 힘 있는 무기가 될 수 있다"고 주장했다.[36] 1938년 9월 체코슬로바키아 사태에 미국이 개입하게 된 배경을 설명하면서 루스벨트 대통령은 미국이 "여론의 도덕적 힘"과 함께 있기 때문이라고 했다.[37] 1939년 4월 미 국무장관 헐(Cordell Hull, 1871~

---

34) N. M. Butler, *The Path to Peace*, p. xii.

35) *League of Nations: Twelfth Assembly*, p. 59.

36) 1932년 8월 8일 미국 외교위원회(Council on Foreign Relations)에서 스팀슨이 한 연설(*New York Times*, August 9, 1932).

37) "현 정부가 그러하듯이 여론의 도덕적 힘을 믿는다는 것은…"(Sumner Welles in *State Department Press Releases*, October 8, 1938, p. 237)

1955)은 "평화를 위한 모든 힘 중에서 가장 강력한 힘인 여론이 세계 전역에서 보다 강력히 형성되고 있다"고 주장했다.[38] 그러나 국제위기가 진행되면서 그러한 믿음은 부질없는 자위에 지나지 않는다는 생각이 직접적인 위협에 직면한 많은 나라에서 나타나기 시작했다. 미국의 정치가들이 여론을 언급할수록 이는 미국이 보다 강한 무기를 사용할 의도가 없음을 보여줄 뿐이라고 믿었다. 1932년에 이미 처칠은 낡은 신조를 고집하고 있는 국제연맹의 "오랜, 그리고 끝이 없는 어리석음"을 비난했다.[39] 오래지 않아 국제연맹의 "물리적 힘"이 중요하지 않다고 주장해 온 지식인 집단이 국제질서를 유지하기 위해서는 경제 및 군사적 제재가 필요하다고 큰 소리로 주장하기 시작했다. 독일이 오스트리아를 합병하자 세실 공은 분연히 "물리력의 사용이 비현실적이며 국제연맹이 '제재'를 포기하고 도덕적 힘에만 의지해야 한다고 믿는지" 수상에게 물었다.[40] 정답은, 만일 체임벌린 수상이 실제로 그렇다고 답했다면 이는 세실 공의 오래 전 주장에서 영향을 받아왔다는 점이다.

회의론자들은 이제 여론이 이긴다는 명제뿐만 아니라 여론은 항상 옳다는 명제도 공격하기 시작했다. 파리강화회의의 경우만 보더라도 정치가들의 견해가 그들이 대표하는 국민여론보다 더 합리적이고 온건하였다. 심지어 윌슨조차도 "전 세계의 보통 사람들에게 호소할 때" 이성이 반드시 이긴다는 그의 신념과 반대되는 주장을 한 적이 있다. 국제연맹 운영위원회에서 일본대표가 한때 인종평등의 문제를 제기하였다. 이에 대해 윌슨은 "이 방을 나가면 (시끄러워져서) 그 문제 자체로서 다룰 수 없는 문제를 이 조용한 방에서 어떻게 그 문제 자체로 다룰 수 있는가"라고 반문했다.[41] 이러한 예는 역사에서 많이 찾을 수 있다. 제네바에서, 또 세계

---

38) *The Times*, April 18, 1939.
39) Winston Churchill, *Arms and the Covenant*, p. 36.
40) *Daily Telegraph*, March 24, 1938.
41) Miller, *The Drafting of the Covenant*, ii. p. 701.

곳곳에서, 정치가들이 본인들은 합리적이고 싶지만 국내여론이 말을 듣지 않는다는 식의 핑계를 대는 일은 이제 상투적이 되었다. 물론 이는 대개 핑계이거나 혹은 전략적인 수단이겠지만, 현실을 반영하는 측면도 없지 않았다. 이에 따라 여론의 위신도 추락했다. 최근 국제연맹 열성파의 한 사람은 "분노나 환호를 보내는 군중들에 둘러싸이는 일은 중재자, 조정자 혹은 재판관에 결코 도움이 되지 않는다"고 썼다.[42] 윌슨이 말한 "세계 전역의 보통 사람들" 또는 "계몽된 인류의 공통이익"의 대변자들이 어쩌다가 일관성이 없고 도움이 되지 않는 잡음만 내는 무질서한 폭도로 전락한 것이다. 국제문제에 있어 여론은 거의 항상 방향을 잘못 잡고 또 무기력하다는 것은 부인하기 어렵다. 그러나 1919년에 전제했던 많은 것들이 한꺼번에 무너지는 상황에서 이상주의 지식인들은 그들의 무기를 고집했다. 그 결과 영국과 미국에서, 그리고 그 정도는 덜하지만 프랑스에서도 이론과 현실 간의 괴리가 위험한 수준에 이르렀다. 연구실에 앉은 국제문제 이론가들은 한 목소리로 정치적, 경제적 정책방향을 처방했다. 각국의 정부는 그 처방과 정반대의 정책을 취하였다. 그리고 여론은 정부 편이었다.

6. 진단(診斷)의 문제

재앙이 닥치자 그 이유를 굳이 멀리서 찾지 않았다. 코민테른(COMINTERN; Communist International)을 연구한 한 역사가는 이 조직의 역사를 보면 "모든 실패—객관적 실패가 아니라 현실이 이상을 따르지 못한 실패—는 배반자의 탓으로 돌려졌다"고 하였다.[43] 원칙이란 널리 적용되게 마련이고 인간 본성의 깊은 곳을 건드리게 마련이다. 실망한 이상주의자들은 여러

---

42) Lord Allen of Hurtwood, *The Times*, May 30, 1938.

43) F. Borkenau, *The Communist International*, p. 179.

나라의 정치가들을 국제질서를 파괴하였다는 이유로 칼을 씌웠다. 이 단순한 설명을 넘어선 이상주의자들은 두 가지 이유 중의 하나를 택했다. 국제관계에서 인류가 합리적 선(善)에 도달하는 데 실패한 이유는 사람들이 너무 어리석어 그 좋은 것을 이해하지 못했거나, 너무 사악하여 그것을 추구하지 않았기 때문이었다. 짐먼(Alfred Zimmern) 교수는 버클과 노만 엔젤 경의 저서를 자자구구(字字句句) 짚어가며 '우둔론'을 펼쳤다 :

> 우리의 길에 장애는… 도덕적 영역에 있는 것이 아니라 지적 영역에 있다.… 인간이 세계의 양심을 가르칠 수 없을 만큼 사악해서가 아니다. 그들이—솔직히 말해 "우리"가—보수적 성격과 제한적 지능을 가졌기 때문이다.

세계질서를 건설하려는 시도가 실패한 것은 "자만심이나 야망, 욕심" 때문이 아니라 "멍청한 생각" 때문이라는 것이다.[44)] 반면 토인비(Arnold Toynbee) 교수는 인간의 사악함 때문이라고 주장한다. 연간 《국제문제편람》에서 그는 이탈리아는 "적극적이고, 강경하며 공격적인 자기중심주의 국가"로, 영국과 프랑스는 "소극적이고, 미온적이며, 비겁한 자기중심주의 국가"로, 서구 기독교문명은 "천박한" 범죄집단, 아비시니아를 제외한 국제연맹의 전 회원국들은 "탐욕스럽거나" "비겁자"이며 미국은 "심술궂은 험담꾼"이라고 비난했다.[45)] 일부는 또한 어리석음과 사악함을 함께 비난했다. 국제문제에 대한 대부분의 평론은 이상주의적 처방을 따라가지 못하는 현실에 대한 조소에 그쳐 지루할 뿐 내용이 없었다.

국제위기가 심각해지고 복잡해질수록 이에 비례하여 설명과 처방은 단순해져갔다.[46)] 일반인들이 느낀 인상은 다음과 같은 이든(Anthony Eden,

---

44) *Neutrality and Collective Security*(Harris Foundation Lectures: Chicago, 1936), pp. 8, 18.

45) *Survey of International Affairs, 1935*, ii. pp. 2, 89, 96, 219~20, 480.

46) 18세기 프랑스 합리주의자들처럼 "그들의 추상성은 문제의 단순함을 과장한 때문"이었다(Sabine, *A History of Political Theory*, p. 551).

1897~1977)의 표현에 잘 나타난다:

> 유럽에서 지금의 위기가 올 때처럼 조용히 사라질 것이라고 믿는다면 터무니 없는 일이다. 현재의 위기는 전 세계 인류의 위기이다. 현재는 인류역사상 그 책임과 결과에서 엄청났던 일부 변혁기에 해당한다. 엄청난 힘, 태풍과 같은 힘이 풀려 나왔다.[47]

우리는 토인비 교수가 주장한 것처럼 특별히 사악한 시대에 살고 있는 것은 아니다. 또 짐먼 교수가 암시하듯이 특별히 어리석은 시대에 살고 있는 것도 아니다. 그렇다고 해서 비교적 낙관적인 라우터파흐트(Hersch Lauterpacht) 교수가 주장하듯 우리의 사고를 지나치게 지배해서는 안 되는 "일시적인 퇴행기"를 겪고 있는 것은 더욱 아니다.[48] 지금의 실패가 국제연맹의 실패가 아닌 단지 연맹과 협력하기를 거부하는 사람들의 실패라고 주장하는 것은 자기기만에 지나지 않는다. 1930년대의 붕괴는 특정 개인의 작위나 부작위로 설명하기에는 너무나 압도적이고 엄청난 사건이다. 그것의 붕괴는 그것이 기반한 모든 명제의 파산을 의미한다. 19세기 신념의 기반이 의심받고 있다. 사람들이 어리석거나 사악하여 옳은 원칙을 따르지 못하거나 안 한 때문이 아니라 원칙 자체가 잘못되었거나 현실에 맞지 않는 것이다. 사람들이 국제정치에 대해 올바르게 사고한다고 올바르게 행동한다는 보장이 없다. 사람들이 자신의 혹은 자국의 이익을 올바르게 추론한다고 해서 그것이 세계의 낙원을 보장하지 못한다. 19세기 자유주의의 전제가 과연 맞지 않는 것이라면 이를 국제문제에 적용한 국제이상주의가 현실에 자취를 남기지 못한 것은 당연하다. 그러나 그것이 오늘날 맞지 않는다면 19세기에는 어떻게 그토록 널리 수용되고 결과적으로 큰 자취를 남길 수 있었는가를 설명해야 한다.

---

47) Anthony Eden, *Foreign Affairs*, p. 275.
48) *International Affairs*, xvii.(September-October 1938), p. 712.

4 이익의 조화

1. 이상주의의 종합

사람들이 규칙을 따르지 않으면 국내, 국제를 막론하고 어떠한 정치사회도 존재하지 못한다. 사람들이 왜 규칙을 따라야 하는가는 정치철학의 근본적인 문제이다. 이 문제는 민주정체에서든 다른 어떠한 정부형태에서든, 또 국제정치에서든 국내정치에서든 끊임없이 제기되고 있다. 예를 들면, "최대 다수의 최대 행복"이라는 명제는 소수가 왜 그들 자신의 최대 행복을 추구하는 대신 최대 다수의 이익에 따라 제정된 규칙에 복종해야 하는지를 설명하지 못한다. 이러한 의문은 대체로 앞의 제2장에서 논의한 상호 갈등적인 명제들의 맥락에서 이해할 수 있다. 정치를 윤리의 함수로 파악하는 입장과 윤리를 정치의 함수로 파악하는 입장 간의 갈등이 특히 관련이 높다.

윤리가 정치에 우선한다고 믿는 이들은 수적으로 우세하거나 혹은 달리 보다 자격 있는 사람들의 이익을 위해 개인이 자신의 이익을 희생하고 사회 전체의 규칙에 복종하는 것이 의무라고 주장한다. 개인 이익에 내재하는 '선'은 충성심과 자기희생에 내재하는 '선'에 종속되어야 한다. 그러한 복종의 의무는 무엇이 옳은가에 대한 직관 혹은 '감'에 따른 것이지 달리 합리적으로 설명할 수 있는 것이 아니다.

반면 정치가 윤리에 우선한다고 믿는 이들은 지배자가 지배하는 것은 강하기 때문이고 피지배자가 지배당하는 것은 약하기 때문이라고 주장한다. 반드시 독재국가만을 의미하는 것이 아니라 민주국가에서도 마찬가지이다. 민주사회에서 다수는 강하기 때문에 지배하고 소수는 약하기 때문에 복종한다. 말하자면 민주주의란 머리를 자르는 대신 머릿수를 셀 뿐이다. 따라서 차이란 겉보기뿐이고 원칙은 똑같다. 따라서 이들 〈현실주의자〉들은 〈직관주의자〉와 달리 왜 개인들이 공동체를 위해 복종해야 하는가에 대해 완벽한 논리적 설명을 하고 있다. 개인이 복종하는 것은 항거해보았자 소용이 없기 때문이다. 그리고 강제로 복종할 바에야 자발적으로 복종하는 것이 여러모로 낫기 때문이다. 따라서 의무란 〈힘=정의〉라는 명제를 깨달음으로써 도출되는 일종의 허구적 윤리에 지나지 않는다.

물론 이 두 가지는 어느 것도 완전하지 않다. 인간 이성의 위대함을 목도해 온 현대인들은 이성과 의무가 때로 갈등의 관계에 선다는 사실을 인정하려 하지 않는다. 동시에 사람들은 의무가 오로지 강자의 법 때문에 존재한다는 주장에 안주하지 않는다. 18, 19세기의 이상주의자들의 가장 큰 장점은 이상과 같은 불만을 동시에 해소할 수 있었다는 점이다. 이상주의자들은 윤리우위론의 입장에서 출발하기 때문에 의무란 본질적으로 윤리의 문제이지 힘의 함수가 아니라고 믿게 마련이다. 그러면서도 이들은 규칙에 복종하는 개인의 의무가 합리적 논리로 정당화될 수 있다고 믿었다. 즉, 최대 다수의 최대 행복은 최대 다수에 포함되지 않은 사람들에게도 합리적 목적이 될 수 있다고 믿은 것이다. 상충되는 두 입장을 이처럼 종합할 수 있었던 것은 개인에게 최고의 이익과 사회의 최고 이익은 자연발생적으로 같다는 주장에 의해서 가능해졌다. 즉, 개인의 이익을 추구하면서 동시에 공동체의 이익을 촉진하게 되고 공동체의 이익을 촉진할 때 개인의 이익도 동시에 촉진된다는 주장이다. 이것이 바로 그 유명한 〈이익의 조화〉(harmony of interests)라는 명제이다.

이 명제는 이성에 의해 도덕적 법칙을 도출할 수 있다는 명제의 하나의 추론이다. 이익이 상반될 수 있다는 것은 이 명제에 치명적이기 때문에 이익의 상충은 반드시 잘못된 계산의 결과로 설명될 수밖에 없다. 버크(E. Burke)가 "편의(expediency)란 사회 전체 및 그 구성원 모두에 좋은 것"이라고 정의하였을 때 그는 바로 이 동일의 법칙을 수용한 것이었다.[1] 그것은 18세기 합리주의자들에게서 벤담으로, 또 벤담에게서 빅토리아시대의 도덕주의자들에게 전수되었다. 공리주의 철학자들은 다른 사람들의 이익을 증진함으로써 자기의 이익도 자동적으로 증진된다는 논리로 도덕을 정당화할 수 있었던 것이다. 정직이 최상의 정책이다. 만일 사람들이나 나라들이 잘못된 행동을 하면 이는 필연적으로 지성적이지 못하고, 단견적이며, 동시에 멍청한 때문이라고 버클, 노만 엔젤, 그리고 짐먼 교수 등은 하나같이 믿었다.

2. 자유방임의 낙원

이익의 조화라는 명제가 유명하게 된 것은 애덤 스미스(Adam Smith)가 창설한 정치경제학의 자유방임(*laissez-faire*)학파에 의해서였다. 이 학파의 목적은 경제문제에 대한 국가의 규제를 철폐하는 것이었고 이 정책을 정당화하기 위해서는 사회의 이익이 곧 개인의 이익이기 때문에 굳이 외부적 통제 없이도 개인들이 사회의 이익을 증진시킬 수 있다는 것을 보여줄 필요가 있었다. 이것을 증명하는 것이 《국부론》(*The Wealth of Nations*)의 과제였다. 이에 따르면 사회는 지대(地代)로 사는 사람, 임금으로 사는 사람,

---

1) Burke, *Works*, v. 407.

그리고 이윤으로 사는 사람으로 구성된다. 그리고 이들 셋의 이익은 "사회의 일반적 이익과 굳게 그리고 불가분으로 연관되어 있다."[2] 개별 행위자가 이 사실을 모르더라도 조화는 실재(實在)한다. 개인은 "공공이익의 증진을 염두에 두지도 않고, 어떻게 증진하는지도 모르고 있다.… 다만 자신의 이득만 염두에 두고 그러면서도 보이지 않는 손에 이끌려 의도하지 않았던 목적을 증진하게 된다."[3] 애덤 스미스는 아마 '보이지 않는 손'이라는 용어를 하나의 비유로 썼겠지만 이는 빅토리아 시대의 신심(信心) 속에서 자연스럽게 융화되었다. "현명하고 은혜로운 신의 섭리에 의해 사람들이 자신의 이익만 생각할 때 공공에 최상의 봉사를 한다는 것은 참으로 신비롭다"고 19세기 중반 〈기독교지식전파협회〉가 발행한 작은 논문은 썼다.[4] 같은 시기에 영국의 한 성직자는 《기독교 사상의 현세적 이익에 대한 설명》이라는 책을 썼다. 이익의 조화는 공고하고 합리적인 도덕의 기반이 되었다. 이웃을 사랑하는 것은 곧 자신을 사랑하는 계몽된 방법이었다. 1930년 미국의 자동차왕 헨리 포드(Henry Ford)는 "이제 우리는 경제적으로 옳은 것은 도덕적으로도 옳다는 것을 안다. 좋은 경제와 좋은 도덕 사이에 갈등은 없다"라고 말했다.[5]

언뜻 보기에 모든 이익이 근본적으로 조화를 이룬다는 주장은 모순이기 때문에 그것이 널리 수락된 배경을 보다 자세히 검토할 필요가 있다. 애덤 스미스가 이를 처음으로 주장했을 때 이는 18세기 경제구조에 잘 적용이 될 수 있었다. 그것은 생산과 교환의 극대화에 주력하고, 기동성이 뛰어나고 부의 분배에는 관심이 없는 소규모의 생산자와 상인들로 구성된 사회를 전제하였다. 그와 같은 전제조건은 《국부론》이 출간될 당시에는 잘 맞아 떨어졌다. 생산은 고도의 특화와 고정자산에 대한 투자를 요구하

---

2) Adam Smith, *The Wealth of Nations*, Book I. ch. xi. conclusion.
3) *Ibid.*, Book IV. ch. ii.
4) J. M. Keynes, *A Tract on Monetary Reform,* p. 7에서 인용.
5) J. Truslow Adams, *The Epic of America*, p. 400에서 재인용. 원전을 찾는 데는 실패했음.

지 않았다. 생산의 극대화보다는 부의 공정한 분배에 보다 관심이 큰 계급의 존재는 미미했다.

그러나 《국부론》이 출간된 바로 그 해에 제임스 와트가 증기기관을 발명했다는 사실은 참으로 재미있는 우연이다. 즉, 자유방임이론이 최초로 등장하였을 때, 이동이 어렵고 고도로 특화된 거대한 산업과, 생산보다는 분배에 관심이 많은 대규모의 막강한 프롤레타리아의 등장을 가져올 기계가 발명되어 그 이론의 전제조건을 잠식하기 시작한 것이다. 산업자본주의와 계급체계가 사회구조로 자리를 잡자 이익의 조화는 새로운 중요성을 띠기 시작했다. 곧 자신들의 이익이 곧 사회 전체의 이익이라고 주장함으로써 그 우월적 지위를 유지하고자 하는 지배세력의 이데올로기가 된 것이다.[6]

이익의 조화라는 사상이 널리 수락된 데는 한 가지 조건이 필수적이었다. 즉, 국부론이 출판되고 증기기관이 발명된 이후 100년 동안 생산, 인구, 그리고 물질적 풍요가 유례가 없는 정도로 팽창하였던 것이다. 팽창하는 풍요는 세 가지 측면에서 이 사상의 인기를 도왔다. 첫째, 새로운 시장을 계속 창출함으로써 시장을 둘러싼 생산자들간의 경쟁을 완화시켰다. 둘째, 보다 중요한 것으로 계속 팽창하는 풍요를 풍요롭지 못한 계층에 일부 나누어줌으로써, 즉 중산층을 창출함으로써 계급갈등의 등장을 지연시켰다. 셋째, 현재와 미래의 복지에 대한 일종의 확신을 심어줌으로써 이익의 조화와 마찬가지로 세계질서 자체도 조화롭다는 신념을 가져왔다.

시장이 끊임없이 확장될 것이라는 묵시적 가정이 바로 이익의 조화의 근본을 이루고 있었다. 만하임 박사가 지적한 바와 같이 자동차의 수에 비해 도로공간이 여유 있는 한 교통통제란 불필요한 법이다.[7] 그리고 도로사용자들간에 자연스런 이익의 조화가 있다는 생각도 있을 법하다.

개인간의 관계에 적용된 이러한 주장이 국가간의 관계에도 적용되었

---

6) 후술 제5장 참조.

7) K. Manheim, *Mensch und Gesellshaft im Zeitalter des Umbaus*, p. 104.

다. 개인들이 자신의 이익을 추구할 때 무의식적으로 전체 사회의 이익을 이루듯이 국가이익을 추구하는 개별 국가들도 인류의 이익을 위해 봉사한다고 믿었다. 세계자유무역론의 근거는 바로 개별 국가의 경제적 이익이 극대화될 때 전체 세계의 경제이익도 극대화된다는 믿음에 있었다. 순수이론가라기보다는 현실적 개혁론자에 가까웠던 애덤 스미스는 정부가 국방을 위해 일종의 산업을 보호할 필요가 있음을 인정하였다. 그러나 그와 같은 양보는 그와 그의 추종자들에게 사소한 예외에 불과했다. J. S. 밀은 "자유방임이… 일반 법칙이 되어야 한다. 매우 큰 이익을 위해 필요한 경우가 아니면 이로부터의 후퇴는 하나의 죄악이다"라고 썼다.[8] 이익의 조화 사상을 보다 폭넓게 적용한 사람들도 나왔다. 18세기말의 한 작가는 "국가의 진정한 국가이익은 결코 인류의 일반이익과 배치되지 않는다. 박애심과 애국심이 상반되는 요구를 하는 경우는 결코 없을 것이다"라고 썼다.[9]

헤겔의 사상을 19세기 영국 자유주의에 맞게 새로 적용한 그린(T. H. Green, 1836~82)은 "한 나라가 자국의 이익에 따라 한 어떠한 행동도 전체 국제사회의 진정한 이익이나 정의와 배치될 수 없다"고 주장했다.[10] 굳이 '진정한'(*true*)이라는 형용사를 붙인 것도 재미있지만, 18세기에는 나라의 이익이었던 것이 19세기에는 전체 국제사회로 전용된 것도 흥미롭다. 19세기의 자유주의적 민족주의 사상을 정립한 이탈리아의 마치니(Giuseppe Mazzini, 1805~72)는 국가들 사이에 일종의 분업이 가능하다고 믿었다. 즉 각국은 그 특수성에 따라 특수한 과업을 수행하며 그것이 인류의 복지에 기여한다는 것이다. 만일 모든 나라가 이러한 정신에 따라 움직인다면 국제적 차원에서 이익의 조화가 실현될 것이었다.

앞에서 무한한 경제적 팽창의 가능성이 경제적 이익의 조화에 대한

8) J. S. Mill, *Principles of Political Economy*, II. Book V. ch. xi.
9) Romily, *Thoughts on the Influence of the French Revolution*, p. 5.
10) T. H. Green, *Principles of Political Obligation*, § 166.

믿음을 낳았듯이 비슷한 팽창의 가능성이 적대적인 국가들 사이에 정치적 이익의 조화가 가능하다는 믿음을 낳았다. 마치니와, 그와 같은 시대에 살았던 사람들이 민족주의가 좋은 것이라고 믿은 이유 중의 하나는 세상에 나라가 아직 많지 않고, 따라서 앞으로도 많은 나라가 생겨날 수 있었기 때문이었다. 게르만족, 체코족, 폴란드족, 우크라이나족, 마자르족, 그리고도 대여섯 민족이 불과 수백 평방 마일의 영토를 놓고 다투기 이전이었던 당시만 해도 각 민족이 자국의 민족주의를 발전시켜 국제적 차원에서 이익의 조화를 이루는 것은 비교적 쉬워 보였다. 1918년까지도 많은 자유주의자들은 각 민족이 민족주의를 추구하면 결국 국제주의를 증진시킬 것으로 믿었다. 윌슨을 비롯한 평화조약 체결에 참여한 많은 사람들이 민족자결의 원칙이 세계평화의 핵심을 이룬다고 믿었던 것은 바로 이러한 맥락에서였다. 이 글을 쓰고 있는 지금, 즉 1930년대 말까지 아무런 생각 없이 마치니식의 옛 명제를 읊는 앵글로-색슨계 정치가들이 적지 않다.[11)]

3. 정치적 진화론

1876년 《국부론》 출간 100주년을 맞았을 때 이미 몰락의 조짐은 농후했다. 영국을 제외하고는 국제적 차원에서 경제적 이익의 조화를 신봉할 만큼 강한 나라는 없었다. 영국 밖에서 자유무역의 원칙은 늘 잠시, 그리고 마지못해 채택되었을 뿐이었다. 미국은 아예 처음부터 자유무역을 거부했다. 1840년경 미국의 산업발전을 오래 연구한 독일 경제학자 리스트(Friedrich List, 1789~1846)는 자유무역은 영국과 같이 산업력이 뛰어난 나라에는 옳은 정책일지 몰라도 작고 약한 나라의 경우는 보호무역만이 살

11) 이든 영국외상은 1938년에 "각 나라가 서로 발전하고 번영하며 다양한 삶의 방식에 자국만의 특수한, 최선의 기여를 할 수 있는 국제의례(*a comity of nations*)"를 제창했다(Anthony Eden, *Foreign Affairs*, p. 277).

길이라고 역설하기 시작했다. 실제로 관세장벽의 보호아래 독일과 미국의 산업은 곧 전 세계에서 영국산업의 독점적 우위를 심각하게 잠식하기 시작했다. 재정정책의 자율권을 새로이 획득한 영국 자치령들도 영국의 공산품으로부터 자국의 산업을 보호하기 위한 장벽을 설치하기 시작했다. 경쟁의 압력이 모든 방향에서 증가하고 있었다. 민족주의는 그 부정적 색채를 드러내어 제국주의로 전락했다. 현실이란 영원히 되풀이되는 사상의 갈등이라고 주장한 헤겔 철학의 영향력이 확산되어갔다. 헤겔의 뒤를 이어 마르크스는 헤겔식의 갈등을 경제적 이익을 중심으로 뭉친 계급 간의 투쟁으로 구체화시켰다. 노동자 계급을 위주로 한 정당이 나타나 자본과 노동 간 이익의 조화를 거부하기 시작했다. 그리고 무엇보다 다윈(Charles Darwin, 1809~82)이 "끊임없는 생존경쟁과 자연도태를 통한 진화"에 관한 생물학 이론을 개발하고 널리 유포시켰다.

한동안 진화론은 자유방임주의와 같은 맥락에서 논의되어 자유방임주의가 새로운 조건과 새로운 사조(思潮)에 적응할 수 있는 기초를 제공하였다. 자유방임주의의 사고체계에서 자유경쟁은 늘 은혜로운 신으로 간주되었다. 경쟁이란 "늘 진보를 개인의 소유로부터 위대한 인류가족의 공동유산으로 만드는 인본주의적 힘이다."12) 프랑스 경제학자 바스티아(Frederic Bastiat, 1801~50)가 《경제적 조화》라는 의미심장한 제목의 저서에서 한 주장이다. 19세기 후반, 긴장이 점차 고조되는 상황에서 경제적 분야에서의 경쟁은 곧 다윈이 자연의 생물학적 법칙이라 이름한 것, 즉 약자의 희생 위에선 강자의 생존으로 간주되었다. 소규모의 생산자나 상인은 점차 보다 큰 규모의 경쟁세력에 밀려 사라져 갔다. 그리고 이러한 변화는 곧 진보와 전체 사회가 요구하는 것이었다. 자유방임이란 곧 무주(無主)의 땅이며 강자에게 주어지는 포상이었다. 이익의 조화라는 사상이 눈에 보이지 않는 가운데 묘한 변천을 거쳐 간 것이다. 사회—혹은 당시 유

12) Bastiat, *Les Harmonies Economiques*, p. 355.

행했던 용어로는 종(種)—의 선(善)은 여전히 그 구성원인 개인의 선과 동일시되었지만 여기서 구성원은 생존경쟁에서 살아남는 사람들만을 의미했다. 인간성이란 강자에서 강자로 전수되는 것이며, 그 과정에서 약자는 낙오(落伍)했다. 마르크스는 "종의 발전은… 다시 말해 개인의 발전은 역사적 진보를 통해서만 확보되며 그 과정에서 개인의 희생은 불가피하다"고 말했다.[13] 경제적 경쟁이 심화되면서 스펜서(Herbert Spencer, 1820~1903) 학파가 주장하여 1870~80년대에 영국에서 널리 유행한 새로운 사조는 바로 그런 것이었다. 프랑스에서 애덤 스미스를 신봉한 최후의 경제학자인 이브 기요(Yves Guyot)가 《우발의 도덕》이라는 책을 썼을 때 그는 "우발"(concurrence)이라는 프랑스어가 "협조"와 "경쟁"이란 의미를 동시에 내포하고 있음에 착안했음직하다. 국제정치에 다윈류의 진화론을 적용한 영국인들 중 가장 유명한 사람이 바로 《이코노미스트》(*The Economist*)의 편집인 배지헛(Walter Bagehot, 1826~77)이었다:

> 정복은 자연이 그 나라의 관습이 전쟁에서의 승리에 가장 적합한 민족성에 부여한 특권이다. 모든 민족성 중에서 승리하는 민족성이야말로 '물질적'(material) 측면에서 최선의 것이다. 전쟁에서 승리를 가져다주는 민족성이야말로 우리가 전쟁을 통해 획득하고자 하는 것이다.[14]

거의 같은 무렵에 러시아의 한 사회학자는 국제정치를 "사회유기체들이 생존을 위해 투쟁하는 기술"이라고 정의했다.[15] 1900년에 한 저명한 교수는 한때 유명했던 책에 이 원칙을 다음과 같이 적나라하게 표현하였다:

---

13) Marx, *Theorien uber den Mehwert*, II. i. p. 309.

14) Bagehot, *Physics and Politics*(2nd ed.), p. 215. 그러나 여기서 '물질적'(material)이란 도대체 무슨 의미인가? 단순히 '해당사항이 많은'(relevant)이란 뜻인가? 아니면 그가 '물질적'인 것과 '도덕적'인 것 사이의 불편한 긴장관계를 염두에 둔 것인가?

15) J. Novicow, *La Politique Internationale*, p. 242.

> 진보를 향한 길은 패망한 민족의 잔해로 포장된다. 열등한 인종, 보다 나은 곳을 향한 좁은 길을 찾지 못한 희생자들의 유해가 곳곳에 널려있다. 그러나 이들 죽은 사람들이야말로 오늘날 인류가 누리는 보다 높은 지성과 보다 깊은 정서적 삶을 위한 디딤돌이었다.16)

독일에서는 트라이치케(Heinrich von Treitschke, 1834~96)와 체임벌린(Houston Stewart Chamberlain, 1855~1927)이 같은 주장을 펼쳤다. 부적(不適)한 민족을 제거함으로써 역사가 진보한다는 생각은 부적(不適)한 개인을 제거함으로써 진보를 달성할 수 있다는 생각과 일맥상통하였다. 드러내놓고 주장한 것은 아니었지만 그와 같은 믿음이 19세기 제국주의에 암묵적으로 깔려있었다. 19세기 말엽 미국의 한 역사가는 "국제관계의 기본문제는 누가 희생자들을 나눠 갖는가"의 문제라고 주장했다.17) 이익의 조화는 아프리카와 유럽의 '부적한' 민족의 희생 위에 구축되었던 것이다.

그 와중에 한 가지 중요한 점이 간과되었다. 백 년이 넘는 세월 동안 이익의 조화라는 사상이 도덕성의 합리적 근거를 이루어왔었다. 개인들은 사회의 이익이 곧 개인의 이익이라는 명분하에 사회이익을 위해 봉사하도록 강요받았었다. 이제 그 근거가 바뀌었다. 장기적으로 사회의 정의와 개인의 정의는 여전히 동일한 것이었다. 그러나 이와 같은 궁극적인 조화는 개인간의 생존경쟁을 통해서만 얻어지는 것이며 여기서 패자는 자신의 정의뿐만 아니라 그 생존 자체를 상실하는 것이다. 이러한 조건에서 약자에게 도덕이란 아무런 의미가 없다. 모든 윤리체계는 약자의 희생 위에 수립되는 것이다. 현실정치에서는 거의 모든 국가가 고전적 원칙을 버리고 경제적 약자를 보호하는 사회법안을 제정했다. 그러나 그 원칙과 사상 자체는 사라지지 않았다.

1870년대에 러시아 작가 도스토예프스키(Fyodor Dostoyevsky)는 영국

16) Karl Pearson, *National Life from the Standpoint of Science*, p. 64.
17) W. L. Langer, *The Diplomacy of Imperialism*, ii. p. 797.

인이나 경제학자에 아무런 편견이 없었지만 이반 카라마조프로 하여금 '영원한 조화'에 들어가기 위한 입장료가 무고한 사람의 희생을 포함한다면 너무 비싸다고 선언케 하였다. 거의 동시대에 영국의 작가 리드(Winwood Reade)는 진화론에 포함된 고통과 낭비가 얼마나 큰가를 보여주는 《인간의 순교》라는 제목의 소설로 별로 달갑지 않은 센세이션을 일으켰다. 1890년대에 헉슬리(Thomas H. Huxley, 1825~95)는 과학의 이름을 빌려 '자연의 과정'(cosmic process)과 '윤리적 과정'(ethnic process) 사이에 괴리가 있음을 고백하였다.[18] 이 문제를 철학적 시각에서 접근한 밸푸어는 "'이기주의'와 '이타주의' 사이, 자신의 최고 행복의 추구와 다른 사람들의 최고 행복의 추구 사이의 완전한 조화란 이생에서 행한 행위와 습득한 성격이 내생으로 넘어가고 이생에서는 가능하지 않은 상충되는 원칙들이 내생에서는 조화될 수 있다고 생각할 때에만 가능하다"고 말했다.[19] 자유경쟁의 긍정적 측면에 대한 논의는 점차 사라져갔다. 비록 영국의 유권자들과 경제학자들은 여전히 국제 자유무역 정책을 지지하고 있었지만 1914년이 되기 전에 자유방임주의 사상의 근본을 이루었던 윤리적 명제는 어떠한 사상가에게도 더 이상 매력적이 아니었다. 생물학적으로, 그리고 경제학적으로 이익의 조화란 사상은 구석에 몰린 약자들의 이익을 완전히 무시하거나 이생의 불균형이 내세에는 고쳐질 것이라고 자위하지 않는 한 유지될 수가 없었던 것이다.

4. 국제이익의 조화

1914년 제1차 세계대전이 일어나기 전에 이미 쓸모없어진 사상이 전후에 미국인들에 의해 국제문제라는 특정 분야에 부활한 것은 참으로 재미있

---

18) Huxley, Romanes Lecture, 1893, reprinted in *Evolution and Ethics*, p. 81.

19) Balfour, *Foundations of Belief*, p. 27.

다. 이익의 조화라는 자유방임주의 사상이 특히 그렇다. 미국에서 자유방임의 역사는 독특하다. 19세기 전부, 그리고 20세기초까지 미국은 국제적으로 높은 관세장벽으로 유럽으로부터 보호를 받은 가운데, 국내적으로는 무제한한 시장의 팽창을 경험했다. 1914년까지 세계무역을 지배해 왔지만 갈수록 국내적 긴장과 갈등이 증가해 온 영국에서 J. S. 밀 이래 경제학자들은 국제적으로는 자유무역의 원칙을 굳게 믿었지만 국내문제에서는 자유방임에 점차 회의를 갖기 시작했다. 반면 미국의 경우는 이와 정반대였다. 미국에서는 캐리(Henry C. Carey, 1793~1879)의 뒤를 이은 경제학자들이 보호관세의 정당성을 주장하였지만, 그 외 모든 분야에서는 자유방임의 원칙이 굳게 지켜졌던 것이다. 1919년 이후 유럽에서는 자연에 의한 이익의 조화란 존재하지 않고 따라서 국가의 개입에 의해 인위적으로 이루어져야 한다는 전제에서 계획경제가—이론적으로는 아니더라도—최소한 실천적으로 거의 모든 국가에서 관행이 되었다. 반면 미국에는 무한히 팽창하는 국내시장이 존재하였기 때문에 이 필요성이 적어도 1929년까지는 나타나지 않았다. 자연에 의한 이익의 조화는 미국인들의 인생관의 한 부분을 이루었다. 다른 측면이 없는 것은 아니지만, 오늘날 국제정치이론들이 미국의 전통에 서 있다는 것은 바로 이러한 이유에서이다.

이 원칙이 국제무대에 쉽게 수용된 또 하나의, 매우 특별한 이유가 있다. 국내문제의 경우 자연에 의한 이익의 조화가 이루어지지 않을 경우 국가가 자연의 역할을 맡는다는 것은 명백하다. 국제정치에는 조화를 창출하는 역할을 수행할 조직적 권력이 없고, 따라서 자연에 의한 이익의 조화가 존재한다고 믿고 싶은 충동이 강하다. 물론 이것이 변명이 될 수는 없다. 이익의 조화를 정치적 행동의 목표로 삼는 것과 자연에 의한 이익의 조화가 존재한다고 주장하는 것은 별개의 문제이기 때문이다.[20] 바로 이

20) 이익의 조화를 위해 정치적 행동이 필요하다는 것과 이익의 조화가 자연스러운 현상이라는 두 가지 명제 사이의 혼동은 영국하원에서 애틀리(Clement Attlee, 1883~1967) 씨가 한 말에서 잘 드러난다: "평화의 유지가 세계 공동의 이익이라는 것이 정

두 번째 생각, 즉 국제문제에도 자연스러운 이익의 조화가 존재한다는 생각이 전간기 국제문제에 대한 생각, 나아가 국제문제 그 자체에 무수한 혼선을 초래하였다.

5. 평화에 대한 공동이익

정치적 의미에서 모든 국가의 이익이 같다는 것은 곧 모든 국가가 평화에 공통의 이해를 갖고 있고 따라서 평화를 해치는 어떠한 나라도 비합리적이고 비도덕적이라는 것을 의미하였다. 이와 같은 견해는 명백히 앵글로-색슨적인 기원을 갖고 있다. 1918년 이후 영어사용 국가에서 전쟁에서 이득을 얻는 나라는 아무도 없다는 주장은 큰 설득력을 가졌다. 그러나 1866년 오스트리아와, 그리고 1870년 프랑스와 전쟁하여 많은 것을 얻었던, 그리고 작금의 어려움이 1914년의 전쟁 그 자체 때문이 아니라 그 전쟁에서 졌기 때문이라고 믿는 독일인들에게는 별 호소력이 없다. 혹은 전쟁 자체를 원망하기보다는 평화협상에서 배반한 동맹국들을 미워하는 이탈리아인들, 전쟁을 개탄하기는커녕 전쟁 덕분에 독립을 얻은 폴란드인이나 체코슬로바키아인들, 전쟁 덕분에 잃었던 알자스-로렌 지방을 도로 찾은 프랑스인들, 혹은 기타 과거 영국과 미국이 전쟁을 통해 얼마나 많은 것을 얻었던가를 기억하는 많은 민족들에게도 마찬가지이다. 이들은 다만 영미를 중심으로 한, 최근 국제정치이론을 형성하는 과정에 거의 아무런 영향을 미치지 못했을 따름이다. 영미의 학자들은 여전히 전쟁의 무모함은 제1차 세계대전으로 잘 드러났다고 믿었고, 이 사실을 제대로 이해하

확히 국제연맹을 설립한 목적이다"(House of Commons, December 21, 1937: *Official Report*, col. 1811). 여기서 애틀리 씨는 자연스러운 이익공동체의 존재와 국제연맹이 그러한 이익공동체를 설립하게 위해 성립되었다는 두 가지 명제를 구별하지 못하고 있는 것이다.

는 것이 미래의 평화를 보장하는 데 필수적이라고 믿었다. 다른 나라 사람들의 생각이 그들과 다름을 발견했을 때 그들은 한편으로는 어리둥절해하면서, 다른 한편으로는 매우 실망했다.

혼동은 다른 나라들이 영미의 비위를 맞추기 위해 영미의 슬로건을 복창함으로써 더욱 가중되었다. 제1차 세계대전으로부터 15년 동안 (아마 이탈리아를 제외한) 모든 강대국들이 평화야말로 그들 정책의 핵심 목표의 하나라고 선언함으로써 영미의 주장에 동조했다.[21] 그러나 레닌이 오래 전에 지적했듯이 평화란 그 자체로는 아무런 의미가 없는 목표이다. "일반적으로 말하자면 모든 사람들이 평화를 사랑하는 것은 절대적으로 사실이다. (영국의) 키치너(Kitchener) 장군, (프랑스의) 조프르(Joffre) 장군, (독일의) 힌덴부르크(Hindenburg) 장군, 심지어 러시아의 폭군 니콜라스 2세도 모두 전쟁을 끝내기를 원한다"고 레닌은 이미 1915년에 썼다.[22] 모든 나라가 평화에 공통된 이익을 가지고 있다는 것을 강조한 나머지 전쟁을 하지 않고 현상(現狀, the *status quo*)을 유지하기를 원하는 나라가 있는 반면, 전쟁을 하지 않고 현상을 변경하기를 원하는 나라도 있다는 사실이 무시되었다.[23] 이럴 때 평화의 유지가 세계 전체에 이득이라는 주장은 평화를

---

21) "평화는 반드시 그리고 무엇보다 먼저 와야 한다"(Briand, *League of Nations: Ninth Assembly*, p. 83). "평화의 유지는 영국외교정책의 제1목표이다"(Eden, *League of Nations: Sixteenth Assembly*, p. 106). "평화는 우리가 가장 아끼는 재산이다"(1937년 1월 30일 독일제국 의회에서 히틀러가 행한 연설에서, *The Times*, 1937년 2월 1일자에 보도). "소련 국제정책의 주된 목표는 평화의 유지이다"(Chickerin in *The Soviet Union and Peace*(1929), p. 249). "누가 뭐라도 일본의 목표는 평화이다"(Matsuoka, *League of Nations: Special Assembly 1932～33*, iii. p. 73). 이탈리아는 평화애호선언을 기피하는 경향이 있었는데 이는 이탈리아 군대가 전쟁을 잘못한다는 평판과 관계가 있다. 즉 무솔리니는 평화에 대한 선호를 지나치게 강조하면 이탈리아는 전쟁을 무서워한다는 것을 인정하는 것으로 여겨질까 우려했던 것이다.

22) Lenin, *Collected Works*[영어판], xviii. p. 264. 다음과 같은 윌킨슨의 주장과 비교 참고하라: "진정한 목적은 평화가 아니라 지배이다. 평화가 정책의 목적이 될 수 없다는 점은 아무리 강조해도 지나치지 않다. 평화란 전쟁을 떠나서 정의될 수 없는데 전쟁이야말로 수단이지 목적이 될 수 없기 때문이다"(Spencer Wilkinson, *Government and the War*, p. 121).

위해 현상을 유지해야 한다는 주장과 평화를 위해 현상을 변경해야 한다는 두 가지 상반된 주장을 동시에 대변할 수 있는 것이다. 현상의 유지든 변경이든 어쨌든 결론은 평화적 방법으로 나야 한다는 것이 전 세계의 이익이라는 주장은 많은 사람들의 동감을 사겠지만 사실은 아무런 의미가 없이 공허할 뿐이다. 평화의 유지가 전 세계의 이익이며 동시에 모든 나라의 이익이라는 이상주의적 가정은 현상유지를 원하는 국가와 현상변경을 원하는 국가들 사이에 화해할 수 없는 이익의 갈등이 있다는, 인정하고 싶지 않는 사실을 외면할 수 있는 명분을 정치가들에게, 그리고 정치평론가들에게 제공할 뿐이었다.[24] 이처럼 그릇되고 진부한 명제가 국제문제에 대한 정치가들의 성명에 빠지지 않는 것이 되었다. 체코슬로바키아의 한 수상은 "이 다뉴브 강 유역 전역에 분쟁과 질시를 원하는 나라는 없다. 많은 나라가 다만 독립을 원할 뿐이다. 다들 협력할 준비가 되어있다. 여기서 내가 특히 염두에 두는 것은 (체코슬로바키아, 유고슬라비아, 루마니아의) 소협상국(*Little Entente*)과, 헝가리, 그리고 불가리아이다"라고 말했다.[25] 말로는 옳게 들릴지 모른다. 그러나 분쟁과 질시야말로 1919년 이래 다뉴브 강 유역 국제정치의 참모습이었고 모든 나라가 준비되어 있다고 한 협력은 찾을 수 없었다. 이해의 차이가 존재한다는 사실은 갈등을 회피하고

---

23) "한 성인(聖人)이 사람들이 '그들의 평화'에 속하는 것들을 모르고 있다고 개탄할 때 그의 진정한 의미는 사람들이 '그의 평화'에 속하는 것들에 충분한 주의를 하지 않고 있음을 말하는 것이다"(*The Note-Books of Samuel Butler*, ed. Festing-Jones, pp. 211~12). 이 말은 오늘날의 성인들, 즉 현상에 만족하고 있는 강대국들에게도 해당됨직하다.

24) 모든 나라는 평화뿐만 아니라 전쟁도 선호하지만 (맞는 측면이 없지 않다) 전쟁은 심지어 승자에게도 비용을 감당할 만한 이익을 가져다주지 못한다는 주장이 있다. 이 주장은 과거에는 맞지 않았겠지만(Bertrand Russell, *Which Way Peace*?에서 주장하듯이) 현대전의 경우에는 일리가 있다. 이와 같은 견해가 수용된다면 절대적 평화주의의 결과를 가져올 수 있을 것이다. 왜냐하면 비용이 이득을 초과하는 것은 "공격전쟁"이나 "방어전쟁"이나 마찬가지이기 때문이다. 물론 공격전쟁과 방어전쟁의 구분이 말이 될 때의 이야기이다.

25) *Daily Telegraph*, August 26, 1938.

자 하는 진부하고 일반적인 소망 속에 감추어지고 또 부인되었던 것이다.

6. 국제경제이익의 조화

이익의 조화에 대한 믿음은 국제경제관계에서 더욱 두드러졌다. 자유방임의 사상은 원래 경제적 현상에 기반한 것으로, 국제문제에도 바로 적용이 될 수 있었기 때문이다. 그리고 우리는 바로 여기서 이 사상에서 파생되는 딜레마를 똑똑히 볼 수 있다. 19세기 자유주의자들이 최대 다수의 최대 행복을 이야기할 때 소수의 행복은 희생될 수밖에 없다는 가정이 깔려 있었다. 이 원칙은 국제경제관계에도 그대로 적용되었다. 예컨대 러시아나 이탈리아가 관세의 보호 없이 공업을 발전시킬 수 없다면—자유방임 자유주의자들이 주장하듯이—이들 국가는 영국과 독일 시장에 밀과 오렌지를 공급하고 대신 그들의 공산품을 수입하는 데 만족해야만 했다. 누가 그러한 정책은 러시아와 이탈리아로 하여금 영원히 경제적 후진국, 군사적 종속국으로 남게 한다고 이의를 제기한다면 자유방임 자유주의자들은 그것은 신의 소명이며 이는 보편적 이익의 조화원칙이 요구하는 바라고 대답할 것이다.

오늘날의 이상주의적 국제주의자는 19세기 자유주의자들이 누렸던 그처럼 단호한 이론적 입장을 지키지 못한다. (미국이나 독일과 같은) 상대적 약소국들이 보호무역을 통해 산업발전에 성공했다는 엄연한 사실 앞에서, 또 새로이 등장한 국제주의의 정신 아래에서 이익의 조화는 경제적으로 부적합한 민족의 희생 위에 존재한다고 차마 주장할 수 없기 때문이다. 그러나 이 전제를 포기하는 것은 곧 이 사상 전부를 포기하는 것이기 때문에 오늘날의 이상주의자는 사회 내부의 특정 구성원의 이익을 희생하지 않고도 공동의 이익을 달성할 수 있다고 믿기에 이르렀다. 따라서 국제분쟁은 이제 불필요한 환상에 지나지 않았다. 단지 필요한 것은 최고의 선(善)인 공동선(共同善)을 발견하는 일이었다. 정치가들의 우매함만이 이 공동선의 발견을 가로막는 유일한 장애물로 간주되었다. 이러한 공통의 이익을 잘 알고 있다고 자처한 이상주의자들은 스스로 지혜를 독점하고 있다고 믿었다. 아울러 전 세계의 모든 정치가들은 모두 그들이 대표하는 사람들의 이익에 대해 놀랄 만큼 무지하다고 치부되었다. 이것이 바로 영국과 미국의 논객들과 적지 않은 경제학자들이 진심으로 믿었던 국제정치의 모습이었다.

이러다 보니 현대에 들어와 경제전문가들이 내세우는 이론과 각국 정부의 경제정책을 책임지는 실천가들의 관행 사이에는 전에 없는 정도의 괴리가 생겼다. 그리고 그러한 괴리는 하나의 단순한 사실에서 비롯되었다. 자유방임의 주류경제학에 압도된 전문가들은 세계 전체의 경제적 이익이 존재한다는 가설에서 출발하여 그것이 곧 개별국가의 이익과 동일하다는 가정에 안주하였다. 반면 정치가들은 자국의 구체적 이익의 추구에서 출발하여 필요하다면 그것이 곧 세계이익을 대변한다는 가정에 안주하였던 것이다. 전간기에 열렸던 모든 국제회의는 모든 나라에 이익이 되고 어느 나라도 차별하지 않는 이익의 균형점을 찾기 위한 '해결책'(solution) 혹은 '계획'(plan)의 모색을 기치로 내세웠다.

> [1927년 국제연맹 경제전문가 회의는 선언하기를] 민족주의적 정책은 그 나라는 물론이고 다른 나라에도 유해하므로 자멸적일 뿐이다. 이 회의에서 주창하는 새로운 마음가짐이 즉각 효과를 보려면 그 실천안은 그 핵심요소의 하나로서 많은 나라의 행동의 '일치' 혹은 '조정'의 원칙을 포함해야 한다. 그렇게 될 경우 각국은 자국에 요구되는 양보는 다른 나라의 상응하는 양보에 의해 보상된다는 것을 알게 될 것이다. 그리고 자국의 입장에서뿐만 아니라 '이 회의에서 제안하는 계획 전체의 성공이라는 측면에서도' 문제의 조치를 수락하는 것이 가능할 것이다.26)

그러나 이 회의에서 만장일치로 채택된 정책제안은 전적으로 무시되

26) *League of Nations*: C.E.I. 44, p. 21(강조는 원문을 따른 것임).

었다. 따라서 세계지도자들이 악인(惡人) 혹은 광인(狂人)이라고 결론을 내리지 않는 한 당초 가정의 타당성을 재검토할 필요가 있다. 경제 민족주의적 관행이 해당국가에 반드시 해로운가도 재고의 여지가 있다. 19세기에 독일과 미국은 '철저한 민족주의적 정책'을 통해 세계무역에서 거의 독점에 가깝던 영국의 지위에 도전하기에 이르렀다. 경제전문가회의가 1880년에 열렸더라면 영국과 독일, 미국에 모두 유리한 방향으로 경제적 경쟁을 조정할 수 있는 '일반 계획'이나 '행동의 일치 또는 조정'을 결코 도출할 수 없었을 것이다. 1927년의 회의가 몇 년 후에 열렸더라도 모든 당사국에 '유리한 계획'을 도출할 수는 없었을지 모른다. 1930~33년의 경제위기 때조차 경제학자들은 문제의 진정한 본질을 깨닫지 못하고 있었다. 1933년 세계경제회의 〈의제 초안〉을 준비한 전문가들은 "경제발전 노선을 명백히 저해할 민족 자급자족의 원칙이 범세계적으로 수용되고 있음"을 비난했다.[27] 그러면서 그들은 소위 '경제발전노선'이 일부 나라, 그리고 아마 세계 전체에 도움이 될지 몰라도 다른 일부 나라에는 불가피하게 해가 되며 따라서 이들이 자위의 목적으로 경제민족주의의 수단을 사용할 수 있다는 생각은 하지 못한 것 같다. 1938년 1월의 〈반 질랜드(Van Zeeland) 보고서〉는 "함께 국제통상체계를 구성하는 여러 방법이… 근본적으로… 자급자족식 방법에 비해 우월한지"에 대한 의문을 최초로 제기하였다. 이 보고서의 결론은 "그렇다"는 것이었지만, 그럼에도 불구하고 모든 강대국들이 최소한 그 역사의 한 시점에서, 그리고 대개 상당한 기간 "자급자족식 방법"을 택했었던 것은 사실이다. 그리고 그러한 방법을 택한 것이 설사 어쩔 수 없이 택한 차악의 선택이었더라도 그것이 반 질랜드 보고서의 기본 전제와 배치됨은 부인할 길이 없다. 그러나 문제는 갈수록 심각하다. 동 보고서는 계속하여 "우리는 이제 새로운 체제가 모든 참여국들에게 현재보다 나은 상태를 가져다줄 수 있도록 우리의 성향을 바

27) *League of Nations*: C.48, M.18, 1933, ii. p. 6.

꾸어야 한다"고 썼다.[28] 참으로 극단적인 경제적 이상주의의 표현이다. 이 보고서는 1927년과 1933년의 보고서와 마찬가지로 모든 국가에 유리하고 피해를 보는 국가는 아무도 없는, 그러한 경제정책의 기본 원칙이 존재한다고 믿었다. 그러다 보니 앞의 두 보고서와 마찬가지로 사문화(死文化)되는 운명을 면치 못했다.

경제관행과 별도로 전간기의 경제이론은 이익의 조화에 철저히 지배되어 당시 세계지도자들을 당황케 할 현실적 문제를 지적하는 논문은 그 많은 출판물 사이에서 찾기가 힘들었다. 아마 그나마 솔직한 표현은 1931년 1월 유럽연합 이사회에서 유고슬라비아의 외상이 한 말일 것이다. 영국 대표단의 일원이었던 헨더슨은 네덜란드 대표 콜린 박사의 뒤를 이어 전반적 관세 축소를 호소했다. 그럼으로써 "생산과 국제적 교역의 확대를 가져와 인류 공동의 복지를 증진시킬 따라서 각 및 모든 나라에 도움이 될" 것이었기 때문이었다.[29] 뒤를 이어 유고의 마린코비치(Marinkovitch)는 각국 정부가 1927년(국제연맹 경제전문가) 회의의 제안을 따르지 못한 것은 "극도로 중요한 이유가 있기 때문"이라고 말했다:

> 요는 경제적 문제뿐만 아니라 정치적 및 사회적 문제도 있다는 사실입니다. 과거 경제학자들은 "모든 것이 잘 될 것"이라고 믿었습니다. 그냥 내버려두기만 하면 만사는 경제논리를 따라 자연스럽게 굴러가서 경제적 균형이 저절로 이루어질 것이라고 말입니다. (굳이 따지지는 않겠지만) 옳은 말일지도 모릅니다. 그러나 균형이란 어떻게 이루어지는 것입니까? 약자의 희생 위에 이루어지는 것이 아닙니까? 잘 아시겠지만, 이제 이와 같은 경제이론에 대해 강력한 반론이 제기되어 갈수록 힘을 얻어 온 지가 근 70년이 지났습니다. 유럽과 세계에 사회주의 정당들이 우후죽순처럼 등장한 것은 모두 경제문제를 이와 같은 시각에서 보는 것에 대한 반발에 지나지 않았습니다.

---

28) *Report ... on the Possibility of Obtaining a General Reduction of the Obstacles to International Trade*, Cmd. 5648.

29) *League of Nations*: C.144, M.45, 1931, vii. p. 30.

> 관세장벽을 낮추고 나아가 없애야 한다는 말을 자주 듣습니다. (우리나라를 포함한) 유럽의 농업국가들이 1927년의 약속—만일 1927년의 합의가 약속을 포함하고 있다면—을 지켜 이에 따른 정책을 추구하더라도 해외경쟁으로부터 우리의 농산물을 지킬 수 있을지도 모릅니다. 그러나 그러려면 우리는 폴란드, 루마니아, 유고슬라비아 등지에 캐나다와 아르헨티나와 같은 조건을 만들어야 합니다. 적은 인구와 광활한 토지, 기계를 이용한 농업 등과 같은 조건 말입니다.… 그런 조건을 만들기 위해서 우리 국민들을 총으로 쏘아 죽일 수는 없습니다. 그래도 어차피 굶어 죽을 터이니 결국 같은 조건입니다만.
>
> 콜린 씨가 말한 핵심조건이 존재하지 않는다는 점에 대해서는 아무런 의문이 없습니다. 한 가지 공식을 적용하여 해결하기에 경제적, 사회적 삶은 너무나 복잡합니다. 보다 복잡한 해결책이 필요한 것입니다. 다양한 지리적, 정치적, 사회적 등 여러 가지 조건을 고려하지 않을 수 없습니다.[30]

마린코비치는 계속하여 "궁극적인" 이익의 조화 이론을 공격하였다:

> 작년 본인이 유고슬라비아의 산악지대를 방문했을 때 한 작은 마을 이야기를 들었습니다. 그곳 사람들은 먹고 살 밀이나 귀리를 경작하지 못해 산의 나무를 잘라… 시장에 내다 팔아 먹고산다는 것이었습니다.… 그래서 본인은 그 동네에 가서 주민들을 모아 놓고 토론을 시작했습니다. 이 자리에서 많은 선진국들이 우리와 토론하듯이 말입니다. 본인은 그들에게 이렇게 말했습니다: "당신들은 상식을 지닌 사람들이다. 이제 숲의 나무가 점점 없어지고 있질 않는가? 그러다가 마지막 남은 한 그루 나무마저 잘라 팔고 나면 무엇을 하고 살겠는가?" 그러자 그들이 말했습니다: "각하! 듣고 보니 정말 옳으신 말씀입니다. 그렇지만 저희들이 나무를 자르지 않으면 무얼 하고 살겠습니까?"
>
> 본인은 세계의 많은 농업국가들이 정확히 이와 같은 상황에 있다고 감히 말씀드릴 수 있습니다. 여러분들은 미래에 닥쳐올 재앙을 가지고 그들을 겁주려고 하지만 그들은 이미 재앙을 겪고 있는 것입니다.[31]

---

30) *League of Nations*: C.144, M.45, 1931, vii. p. 31.
31) *Ibid.* p. 32.

이에 못지않게 진솔한 표현이 있다. 1937년 9월 미국의 한 방송망을 통해 연설하면서 콜롬비아 공화국의 대통령은 다음과 같이 말했다:

> 오늘날 국가간 관계, 특히 미주대륙 국가들간의 관계처럼 위기가 이익을 가져다주는 인간활동의 분야가 없습니다. 경제관계가 보다 엄밀해지고 때로 냉혹해진 것도 사실이지만 동시에 보다 민주적으로 바뀐 것도 사실입니다.
>
> 위기로 인해 많은 나라가 그때까지 국제시장과 정책을 지배하던 국가들의 심리적 및 재정적 제국주의에서 해방되었습니다. 위기를 통해 많은 나라들이 배운 것은 국제우호를 너무 믿어서는 안 된다는 것, 그리고 비록 초기에는 어려움이 많지만 짧은 시간 안에 강력한 이익을 가져다주는 독자적인 삶을 추구해야 한다는 것이었습니다. …
>
> 오늘날 세계를 지배하는 자의적 체계가 완화되면 국제무역은 약화되겠지만 동시에 보다 많은 나라들이 경제적으로 강해질 것입니다.
>
> 오늘날의 경제협력은 과거 선진 산업국가와 금융가들이 그들의 편의에 따라 옳다고 가르치는 협력과 매우 다르고 또 고상한 형태의 것입니다. 오늘날 많은 약소국들이 외국의 이익에 종속되지 않고 보다 확실하게 자국의 활동영역을 주장할 수 있게 됨으로써 국제관계에 새로운 차원의 솔직함과 공정함을 가져왔습니다. …
>
> 현재의 위기가 우리 문명상 뛰어난 원칙을 다수 파괴한 것도 사실이지만 동시에 이처럼 일종의 원시적인 생존투쟁으로 복귀함으로써 인류의 복지의 보장에 대한 환상과 위선에서 해방시켜준 것도 사실입니다. …
>
> 국제경제 자유의 기본을 이루는 것은 강대한 나라도 수세에 처하면 약소한 나라와 마찬가지로 행동한다는 것, 그리고 강대국, 약소국을 막론하고 자국의 자원을 이용하여 자국의 이익을 보호할 동등한 권리를 보유하고 있다는 인식입니다.

콜롬비아 공화국의 입장에서 한 이상과 같은 주장은 과장된 점이 없지 않다. 그러나 요는 유고슬라비아와 콜롬비아의 입장에서 한 이와 같은 주장은 이익의 조화 사상에 대한 강력한 도전을 대변하고 있다는 점이다. 무역장벽의 제거가 영국과 미국에 이익이 된다고 해서 유고슬라비아와 콜롬비아에도 마찬가지로 이익이 된다고 믿는 것은 오류이다. 국제통상 흐름은 약화될지 모른다. 그리고 유럽과 기타 세계의 경제적 이익이 손상을 입게 될지도 모른다. 그러나 최소한 유고슬라비아와 콜롬비아는 그들을 위성국의 지위로 전락시키는 유럽의 혹은 세계의 레짐하에 있는 것보다 나을 것이다. 독일 경제장관 샤흐트(Hjalmar Schacht, 1877~1970) 박사는 후일 "자국의 부유함으로 인해 잘사는 이들의 처방에 따라 고생을 하느니 차라리 자신의 법칙에 따라 살고자 하는 용기를 지닌 가난한 나라의 입장을 전혀 이해하지 못하는, 최혜국 정책의 맹목적 추종자"들을 논박하였다.[32] 노사관계에서의 자유방임주의와 마찬가지로 국제관계에서의 자유방임주의도 경제적으로 강한 자들의 입장에서만 낙원일 뿐이다. 보호주의적 법안이나 관세와 같은 국가의 통제는 경제적 약자들이 매달리는 방어적 무기일 뿐이다. 이익의 갈등은 현실에서 항상 존재하는 것이며 불가피하다. 문제의 본질이 그것을 호도하고자 하는 노력으로 인해 왜곡되었을 따름이다.

7. 조화의 붕괴

따라서 국제도덕이 전체 사회의 이익과 그 개별 성원의 이익을 동일시하는 소위 이익의 조화 사상에 근거한다는 생각은 부적절한 동시에 진실을 왜곡하고 호도 하는 이데올로기에 지나지 않는다. 이와 같은 생각은 19세기에는 경제가 계속 팽창하는 덕분에 널리 수락되었었다. 그 당시는 점진적인 번영의 시기였고 어려움은 일시적인 것에 지나지 않았다. 당시 국제경제구조는 미국의 국내경제구조와 닮은 점이 많았다. 압력은 일시적이나마 미개척지로의 팽창을 통해 완화될 수 있었다. 아직 정치적 의식이 미약

32) 1938년 11월 29일 독일학술원 경제분과위원회(*the Economic Council of the German Academy*)에서 행한 연설.

한 값싼 노동력과 후진국들이 지천에 널려 있었다. 진취적인 개인들은 이민을 통해, 진취적인 국가들은 식민을 통해 경제문제를 해결할 수 있었다. 팽창하는 시장은 인구팽창을 가져왔고 늘어난 인구는 시장의 확대를 가져왔다. 이 경쟁에서 뒤진 이들은 부적격자로 간주되어도 무방했다. 개인들의 진취성과 자유경쟁에 기반한 적자(適者)들간의 이익의 조화는 하나의 이론으로 형성되기에 충분할 정도의 현실성을 지니고 있었다. 문제가 없지는 않았지만 이 환상은 1914년까지 지속되었다. 독일과 미국으로부터 도전을 받았던 영국의 번영도 계속되었다. 1913년 영국의 무역은 사상 최고에 달했다.

이익의 조화에서 이익의 충돌로 넘어가는 전환기는 대체로 19세기에서 20세기로 넘어가는 전환기와 일치했다. 그 최초의 표현은 식민정책에서였다. 영국인들의 마음속에서는 남아프리카 사태와 직접적인 관련이 있다. 처칠은 "이처럼 폭력적인 시기"는 〈보어전쟁〉(The Anglo-Boer War, 1899~1902)의 계기가 된 1895년의 〈제임슨 폭동〉(Jameson Raid)에서 비롯되었다고 본다.[33] 북아프리카와 극동에는 얼마 남지 않는 무주지(無主地) 쟁탈전이 벌어졌다. 유럽에서 미국으로 이민이 폭주해 긴장의 원인이 되었다. 유럽에는—경제적 어려움이 있을 때마다 일어나곤 했던—반(反)유태주의가 오랜만에 러시아와 독일, 프랑스에서 다시 등장했다.[34] 영국에는 무제한한 외국인의 이민을 반대하는 소요가 1890년대에 시작되어, 이민을 제한하는 최초의 법이 1905년에 통과되었다.

이처럼 점증하는 긴장 끝에 일어난 제1차 세계대전은 그 근본원인을 배가시킴으로써 그 정도를 10배나 악화시켰다. 유럽, 아시아, 아메리카의 많은 참전국, 혹은 중립국에서 농·공산품의 생산이 인위적으로 부풀려졌

---

33) Winston Churchill, *World Crisis*, p. 26.

34) 같은 맥락에서 시온주의(*Zionism*)도 성장했다. 1937년 〈왕립 팔레스타인 위원회〉(Palestine Royal Commission)에서 지적했듯이 시온주의의 "이면에는 대탈주에 대한 믿음"이 깔려 있기 때문이다. Cmd. 5479, p. 13.

다. 전쟁이 끝나자 모든 나라는 이처럼 확대된 생산수준을 유지하기 위한 투쟁을 전개했고, 그 투쟁을 정당화하기 위해 민족의식을 고양했다. 베르사유 평화조약 내용이 특히 그 경제적 조항에서 전례 없이 가혹했던 이유의 하나는 현실적인 사람들이—50년 혹은 100년 전과 달리—이제는 더 이상 승자와 패자 간의 이익의 조화를 믿지 않게 되었기 때문이다. 경쟁국을 제거하는 것이 목표가 되었다. 경쟁국이 다시 번영하는 것은 곧 자국의 번영을 위협하는 것이기 때문이었다. 유럽에서는 새로운 나라와 새로운 국경이 생겨남으로써 투쟁과 갈등의 정도는 더욱 심해졌다. 아시아에서는 인도와 중국이 유럽수입품을 대체할 대규모의 공업시설을 건설했다. 일본은 섬유제품 및 기타 저가 공산품의 순수출국이 되어 세계시장에서 유럽의 점유율을 잠식했다. 무엇보다 중요한 것은 세계 어디에도 값싼 노동력과 높은 이윤율을 보장해줄 새로운 진출지역이 더 이상 없었다는 점이다. 전전(戰前)의 경제적 압력을 해소해 주었던 이민길은 이제 막혔고 살길을 찾아 떠나던 이민길은 강제로 추방당한 난민들이 차지했다.[35] '경제민족주의'라고 불린, 그러나 보다 복합적인 새로운 현상이 세계를 휩쓸었다. 이와 같은 근본적인 이익의 충돌은 세계의 모든 사람들의 눈에 명백히 보였다. 다만 영어사용권 국가의 경제적 사고방식을 지배한 골수 이상주의자들만 예외였다. 남을 해치는 것이 누구에게도 이득이 되지 않는다는 19세기 진부한 사상의 공허함이 명백히 드러났다. 이상주의의 기본전제가 무너진 것이다.

오늘날 국제정치에서 우리가 직면한 것은 지난 150여년 동안 정치적, 경제적 사고를 지배해 온 도덕률의 철저한 붕괴이다. 국제문제에서 논리적 추론을 통해 덕성을 도출해 내는 것이 더 이상 가능하지 않게 되었다. 각국이 세계 전체의 이익을 추구함으로써 동시에 개별 국가의 이익을 얻

35) "난민이 존재한다는 사실은 곧 경제적, 정치적 자유주의가 실종되었음을 의미한다. 난민은 자유로운 이민을 중단시킨 경제적 고립주의의 부산물인 것이다"(J. Hope Simpson, *Refugees: Preliminary Report of a Survey*, p. 193).

을 수 있다는 것도 불가능해졌고, 개별국가의 이득을 추구함으로써 세계 전체의 이익을 극대화하는 것도 불가능해졌다. 19세기 자유주의에서 가능했던 도덕과 이성의 종합은 불가능하다. 오늘날 세계위기의 내부적 의의는 이익의 조화를 핵심으로 한 이상주의의 전체 구조가 붕괴했다는 점이다. 오늘의 세대는 새로운 출발점을 찾아야 한다. 그러나 그러기 전에, 그리고 파멸의 구렁텅이에서 벗어나기 전에 그 붕괴를 가져온 구조적 결함을 먼저 따져 봐야 한다. 최선의 방법은 이상주의의 전제에 대한 현실주의의 비판을 살펴보는 것이다.

5 현실주의의 비판

앞 장에서 든 이유로 현실주의는 이상주의가 먼저 등장한 다음에 그에 대한 반발로서 등장했다. "정의는 강자의 권리"라는 명제는 헬레니즘 시대에도 널리 회자되었었다. 그러나 이는 정치이론과 정치현실 간의 괴리에 대해 회의를 느낀 일부 소수의 항변에 불과했을 뿐 큰 영향을 미치지는 못했다. 로마제국, 나아가 기독교의 절대적 권위 아래 이론과 현실의 괴리라는 문제는 거의 일어나지 않았다. 우선은 제국에 대해, 나중에는 교회에 대해 정치적으로 옳은 것은 도덕적으로도 옳은 것으로 간주되었기 때문이다. 정치이론과 정치현실 사이의 괴리가 첨예한 문제로 대두한 것은 중세체계가 붕괴된 이후의 일이었다. 플로렌스의 마키아벨리(Niccolo Machiavelli, 1469~1527)가 최초의 정치현실주의자였다.

마키아벨리의 출발점은 당시 정치사상에 팽배했던 이상주의에 대한 반발이었다 :

> 이 글을 쓰는 목적은 그 내용을 이해하는 이들에게 유용한 지식을 제공하는 것이다. 나는 사물을 상상하는 것보다 그 진정한 진실을 따르는 것이 더 중

요하다고 생각한다. 많은 사람들이 공화국이니 공국이니 하여 한 번도 나타난 적도 생각해 본 적도 없는 것들을 그리지만 누가 어떻게 사는가는 어떻게 살아야 하는가와 별개의 문제이고 무엇을 해야 하는가를 생각하느라 무엇을 하는가를 생각하지 못한 사람은 곧 패망의 길을 걷게 될 것이기 때문이다.

마키아벨리 사상에 내재한 세 가지 핵심 주장이 현실주의 철학의 초석을 이룬다. 첫째, 역사란 인과관계의 연속으로 이것을 이해하고 분석하는 것은 지적 노력에 의해서이지 (이상주의자들이 믿듯이) "상상"에 이끌려서는 안 된다. 둘째, (이상주의자들이 가정하는 것과는 달리) 이론이 실천을 창조하는 것이 아니라 실천이 이론을 창조한다. 마키아벨리 스스로의 말을 빌리면 "좋은 제안이란 군주의 지혜에서 얻어지는 것이지 좋은 제안에서 군주의 지혜를 얻을 수 있는 것이 아니다." 셋째, (이상주의자들이 믿듯이) 정치가 윤리의 함수가 아니라 윤리가 정치의 함수이다. 인간은 "제약 때문에 정치한다." 마키아벨리는 도덕의 중요성을 인정하기는 하였지만 효율적인 권위가 없는 곳에는 효율적인 도덕이 있을 수 없다고 믿었다. 즉 도덕이란 권력의 산물이다.1)

당시 마키아벨리의 도전이 얼마나 충격적이었던가는 그로부터 4세기가 지나서도 정적(政敵)을 공격하는 가장 효과적인 방법이 '마키아벨리의 제자'라고 부르는 것이었다는 점에서 두드러지게 나타난다.2) 일찍이 베이컨은 마키아벨리가 "가식 없이 솔직하게 사람들이 무엇을 해야 하는가가

1) Machiavelli, *The Prince*, chs. 15 and 23(영어번역, Everyman's Library, pp. 121, 193).

2) 최근의 두 가지 사례만 들기로 한다. 《국제문제연감》에서 나치혁명을 다루면서 토인비 교수는 나치즘, 즉 국가사회주의는 "마키아벨리가 만든 이상을 집행하는 것"이라고 썼다. 그는 같은 장에서 이 주장을 두 번에 걸쳐 자세히 논하고 있다(*Survey of International Affairs*, 1934, pp. 111, 117~19, 126~8). 다른 하나는 1936년 8월 모스크바에서 지노비에프, 카메네프 등을 재판하는 과정에서 담당검사 비신스키가 카메네프의 저술을 인용한 사례이다. 비신스키는 카메네프가 그의 저술에서 마키아벨리를 "정치적 용어의 마술사이자 뛰어난 변증법론자"로 칭찬하고 있으며, 나아가 "마키아벨리의 법칙을 수용하여 파렴치하고 부도덕한 수준으로 발전시켰다"고 비난하였다(*The Case of the Trotskyite-Zinovievite Terrorist Centre*, pp. 138~9).

아닌, 사람들이 습관적으로 무엇을 하고 있는가"를 말하고 있다고 칭찬하였다.[3] 그때부터 아무도 마키아벨리를 무시하지 못했다. 프랑스에서는 보댕(Jean Bodin, 1530~96)이, 영국에서는 홉스(Thomas Hobbes, 1588~1679)가, 네덜란드에서는 스피노자(Benedict de Spinoza, 1632~77)가 이 새로운 사상과 절대적 윤리적 기준을 구성해 온 "자연법" 사이에 합치점을 찾아내었다고 주장하였다. 그러나 이들은 모두 현실주의자들이었다. 뉴턴(Isaac Newton, 1642~1727)의 시대에 들어와 처음으로 정치물리학의 가능성을 인식하기 시작했다.[4] 라스키 교수에 따르면 보댕과 홉스의 저작은 "윤리를 정치에서 분리하여, 마키아벨리가 실천적으로 하였던 정치와 윤리의 구별을 이론적 수단으로 하려는 시도"였다.[5] "정의와 불의가 구별되려면 강제력이 있어야 한다"고 홉스는 주장하였다.[6] 스피노자는 현실정치가들이 이론가들, "그리고 특히 신학자들보다" 정치의 이해에 기여한 바가 크다고 주장하였다. 왜냐하면 "그들은 경험학파에 속하여 현실적 필요에 기초하지 않은 것은 아무것도 가르치지 않기" 때문이다.[7] 헤겔의 탄생을 예견하기나 한 듯이 스피노자는 "모든 사람은 자기본성의 법칙, 곧 자연의 최고 법칙에 따라 행동한다"고 주장했다.[8] 이리하여 결정론의 길이 열렸고 윤리학은 현실을 연구하는 학문이 되었던 것이다.

그러나 한 가지 중요한 점에서 오늘날의 현실주의는 16~7세기의 현실주의와 다르다. 이상주의와 현실주의는 모두 진보에 대한 18세기적 신념을 수용하였고, 그 결과 적어도 외형상으로는 현실주의가 이상주의보다

---

3) Bacon, *On the Advancement of Learning*, vii. ch. 2.
4) 이것이 바로 홉스의 노력이다 : "이론적으로 따져 처음부터 운동의 법칙을 넘어서는 새로운 힘이나 원칙이 있을 수 없다. 단지 기계적 인과가 보다 복잡할 뿐이다"(Sabine, *History of Political Thought*, p. 458).
5) Introduction to *A Defense of Liberty against Tyrants*(*Vidiciae contra Tyrannos*), ed. Laski, p. 45.
6) Hobbes, *Leviathan*, ch. xv.
7) Spinoza, *Tractatus Politicus*, i pp. 2~3.
8) *Ibid.* Introduction.

더욱 "진보적"인 것 같은 모순을 낳았다. 이상주의는 진보에 대한 믿음을 (가설에 따르면) 본질적으로 정태적인 절대적 윤리기준에 대한 신념과 접목시켰다. 그러한 버팀목이 없는 현실주의는 갈수록 동태적이고 상대주의적이 되었다. 진보란 역사적 과정의 핵심부분의 하나였다. 인류는 앞으로 나아가지만 그 목표는 아직 미정이거나 서로 다른 철학자들이 정의하는 대로 서로 다른 것이었다. 독일 "역사학파"란 이름의 현실주의자들은 그 기원을 헤겔과 마르크스와 같은 위대한 이름에서 찾았다. 그러나 서유럽의 어떠한 나라도, 또 어떠한 사조(思潮)도 19세기 중, 후반의 이들 역사학파의 영향을 벗어나지 못했다. 그리고 그 덕분에 현실주의는 마키아벨리나 홉스와 같은 사상가들의 염세주의적 색채에서 벗어나 보다 강한 결정론적 성향을 띠게 되었다.

역사에서 인과의 문제는 역사 그 자체처럼 오래된 것이다. 그러나 인간사가 신의 소명에 따라 움직이는 것이라는 믿음이 지배하는 한 인과관계의 패턴에 따라 역사가 움직인다는 역사철학이 설 땅이 없었다. 이성이 신의 소명을 대체함에 따라 헤겔(Georg Wilhelm Friedrich Hegel, 1770~1831)은 합리적인 역사과정의 인식에 기반한 철학을 발전시킬 수 있었던 것이다. 질서정연하게 반복되는 과정을 전제한 헤겔은 역사를 이끌어 가는 힘을 '시대정신'(*Zeitgeist*)이라는 형이상학적 존재로 추상화하는 정도에 만족했다. 그러나 일단 현실에 대한 역사적 인식이 자리를 잡은 이상 추상적인 시대정신을 모종의 물리적 힘으로 대체하는 것은 시간문제였다. 마르크스는 역사에 대한 경제적 해석을 창조한 것이 아니라 단지 발전시켜 유명하게 만들었을 뿐이다. 마르크스와 거의 동시대에 버클은 역사에 대한 지리적 해석을 주창하여 "인간사란 하나의 위대한 불변법칙에 의해 지배된다"고 믿었다.[9] 이러한 믿음은 지리정치학 혹은 지정학(*Geopolitik*)의 형태로 부활되어 그 주창자는 지리를 "하나의 정치적 지상명제"라고

---

9) Buckle, *History of Civilisation*의 결론 부분.

불렀다.[10] 독일의 슈펭글러(Oswald Spengler, 1880~1936)는 역사가 문명의 성쇠(盛衰)를 지배하는 준(準)생물학적 법칙에 의해 결정된다고 믿었다. 보다 세속적인 사상가들은 역사란 다양한 물리적 요인의 산물이며, 집단이나 국가의 정책은 그 집단이나 국가의 이익을 구성하는 모든 물리적 요인을 반영하는 것이라고 믿기에 이르렀다. 미국 국무장관을 지낸 휴스(Charles Evans Hughes, 1862~1948) 씨는 재임중(1921~25)에 "외교정책이란 추상 위에 건설되는 것이 아니다. 그것은 눈앞의 필요에 의해 혹은 역사적 안목에서 뚜렷이 드러나는 국가이익의 산물이다"라고 주장했다.[11] 현실을 시대정신이든, 경제적 요인이든, 지리적 요인이든, 혹은 "역사적 안목"에서든 이와 같이 해석하는 것은 궁극적으로 결정론적이다. 마르크스는 "철석 같은 필요에 따라 불가피한 목표를 향해 나아가는 경향"을 믿었다.[12] (그러나 마르크스는 행동계획을 가지고 있었던 만큼 철저한 결정론자로 보기는 어렵다.) 레닌은 "정치란 이런저런 사람 혹은 단체가 내리는 처방과는 별도로 스스로 객관적 논리를 가지고 있다"고 썼다.[13] 1918년 1월에 레닌은 유럽에 사회주의 혁명이 임박했다는 자신의 소신이 "하나의 과학적 예측"이라고 했다.[14]

현실주의자들의 "과학적" 가설에 따르면 현실이란 역사진화의 전과정과 마찬가지이며, 그 법칙성을 찾아내는 것이 철학자의 임무이다. 역사적 과정을 떠나 독자적으로 존재하는 현실이란 있을 수 없다. "역사를 진화와 과정으로 인식하는 것은 그것이 그 모든 부분에 필요한 것이고, 따라서 그를 판단하는 것은 합당치 않다는 것을 인정하는 것과 같다"고 이탈리아

10) Kjellen, *Der Staat als Lebensform*, p. 81. 이것을 크로(Eyre Crowe, 1864~1925)의 유명한 영국 외교정책 비망록의 서두 문구와 비교하라: "영국 외교정책의 일반적 성격은 그 지리적 위치라는 변할 수 없는 조건에 의해 결정된다"(*British Documents on the Origins of the War*, ed. Gooch and Temperley, iii. p. 397).

11) *International Conciliation,* No. 194, January 1924, p. 3.

12) Marx, *Capital*, Preface to 1st ed.(영어번역판, Everyman's Library, p. 863).

13) Lenin, *Works*[러시아어 제2판], x. p. 207.

14) *Ibid.* xxii, p. 194.

의 역사학자 크로체(Benedetto Croce, 1866~1952)는 말하였다.[15] 과거를 윤리적 기준에 맞추어 비판하는 것은 아무런 의미가 없다. 헤겔의 말을 빌리자면 "철학은 부당해 보이는 현실을 합리적으로 바꾸기" 때문이다.[16] 과거에 옳았던 것은 지금도 옳다. 역사는 역사적 기준 이외로는 판단할 수 없다. 중요한 것은 우리의 역사적 판단은 항상 역사적 사실들은 일어날 수밖에 없었다는 전제에서 출발한다는 것이다. 그리스의 수상을 지낸 베니젤로스(Eleftherios Venizelos, 1864~1936)는 1919년 그리스가 소아시아의 미노르를 침공한 것이 실수였다고 쓴 피셔(Herbert A. L. Fisher)의 《유럽사》(*History of Europe*)를 읽고 나서 쓴웃음을 지으며 "실패한 사업은 모두 실수다"라고 말했다고 한다.[17] 1381년 영국 최초의 농민반란을 이끈 와트 타일러(Wat Tyler)가 성공했더라면 그는 영국의 국가적 영웅이 되었을 것이다. 만일 미국 독립전쟁이 실패로 끝났더라면 미국의 '개국의 아버지'들은 몽상주의적 혁명가로 역사에 짤막하게 기록되는 것에 그쳤을 것이다. 성공하도록 미리 예정된 것은 없다. 헤겔이 시인 실러(Friedrich von Schiller, 1759~1805)에게서 빌려온 유명한 말처럼 "세계사는 곧 세계법정이다." "힘이 곧 정의다"(*Might is Right*)라는 유명한 말이 틀렸다면 "힘"이라는 것을 너무 좁게 개념한 경우이다. 역사가 정의를 만들기 때문에 역사는 곧 옳다. 적자생존이란 명제는 생존자가 곧 적자임을 의미한다. 마르크스가 프롤레타리아의 승리가 정당하다고 믿은 이유는 곧 그들의 승리가 역사적 필연이라고 믿은 것 외에는 달리 없는 것 같다. 루카치(Gyorgy Lukacs, 1885~1971)가 경솔하지만 골수 마르크시스트로 평가되는 이유는 프롤레타리아의 "옳음"이 역사적 "사명"에 있다고 주장했기 때문이다.[18] 히틀러도 독일민족의 역사적 사명을 믿어 의심치 않았다.

---

15) Croce, *Storia della storiografia italiana,* i. p. 26.

16) Hegel, *Philosophie der Weltgeschichte*(Lasson's ed.), p. 55.

17) *Conciliation Internationale*, No. 5-6, 1937, p. 520.

18) Lukacs, *Geschichte und Lassenbewusstsein*, p. 215.

1. 사고의 상대성

그러나 근대 현실주의의 뛰어난 업적은 역사과정의 결정론적 측면을 강조한 것보다 사고 자체가 상대적이고 실용적임을 밝힌 데 있다. 지난 50년 동안 주로—전적으로는 아니지만—마르크스의 영향을 입어 역사학파의 원칙이 사고의 분석에 응용되었다. 이로써 "지식사회학"이라는 새로운 학문의 기초가 주로 독일 학자들에 의해 마련되었다. 현실주의자들은 이제 이상주의의 이론과 윤리적 기준이 절대적이고 선험적인 원칙의 표현이 아니라 역사적으로 조건 지어진 것이며, 그것을 주장하는 사람들이 처한 상황과 이익의 산물인 동시에 그러한 이익을 더욱 높이기 위한 무기임을 밝힐 수 있게 된 것이다. "윤리적 관념이 원인이 된 적은 거의 없고 거의 항상 결과였다. 우리가 즐겨 상상하듯이 우리의 선호를 구성하는 실질적 근거가 아니라 그 선호에 보편적 권위를 부여하는 수단인 것이다"라고 버트런드 러셀은 말하였다.19) 이것이야말로 이상주의에 대한 가장 결정적인 공격이었다. 현실주의의 비판은 바로 이상주의의 뿌리를 흔든 것이다.

일반적으로 말해 사고의 상대적 성격은 오래 전부터 지적되어 왔다. 17세기에 이미 버넷(Gilbert Burnet) 주교는 사고의 상대성에 대해 마르크스에 못지않은 설득력으로 설파하였다:

> 지난 영국내전(1642~51) 당시에 오늘날과 같은 정부에 대한 생각이 유행했다. 왕당파를 타파했을 때 우리는 이 사실을 정당화하기 위해 무엇이 필요한가를 알고 있었다. 그리고 그 목적을 위해 편리했기 때문에 정부란 인민에 그 기원을 두며 군주는 단지 대리인에 불과하다는 생각이 받아들여지게 된 것이다.… 그러나 후일 왕당파가 다시 집권했을 때 정부에 대한 또 다른 생각이 등장하였다. 즉 정부는 그 기원을 오로지 하나님에 두고 군주는 단지

19) *Proceedings of the Aristotelian Society*, 1915-16, p. 302.

> 하나님에 대해서만 책임을 진다는 것이다.… 오늘날 사람들이 자유를 이야기함에 따라 또다시 생각이 바뀌었다. 소극적 복종은 실수이며, 압정을 감수하는 대신 그것에 항거하는 것이 영광스러운 일로 간주되었다. 하나님이 상처를 치유시켜 주기를 기다리는 대신 우리 스스로 그것을 치료할 천부의 권리를 가지게 된 것이다.[20]

근대세계에서 이러한 현상은 널리 인정되고 있었다. 19세기 노예제도를 둘러싼 의견의 분열에 대해 영국의 법학자 다이시(Albert Venn Dicey, 1835~1922)는 다음과 같이 말했다. "신념, 아니 보다 공평하게 말하자면 정직한 신념은 대개 논쟁의 산물도 아니고, 심지어 직접적인 이해관계의 산물도 아니며 단지 상황의 산물일 뿐이다.… 상황이 대부분 사람들의 의견을 결정하는 것이다."[21] 마르크스는 이 비교적 애매한 관념을 보다 좁혀 모든 생각은 생각하는 사람의 경제적 이익과 사회적 지위에 의해 결정된다고 선언하였다. "국가"이익의 존재를 부정한 마르크스는 특히 민족주의가 개인들의 생각을 규정하는 힘으로 작용할 가능성을 과소평가하였다. 그러나 마르크스가 문제를 좁고 명쾌히 규정한 덕분에 이 원칙은 널리 받아들여지게 되었다. 생각이 사람들의 이익과 상황에 따라 상대적이라는 믿음이 마르크스 이래 널리 받아들여지고 이해되었던 것이다.

이 원칙은 매우 널리 적용되었다. 이론이 사태의 진전을 지도하는 것이 아니라 그것을 설명하기 위해 개발된 것이라는 생각은 이제 상식이 되었다. "제국이 있음으로써 제국주의가 생겼다."[22] 18세기 영국은 "자유방임이론이 등장하기 이전에 자유방임정책을 실행하고 있었고 자유방임이론은 그 정당화에 불과했다."[23] "하나의 사상으로서 자유방임 이론의 몰락은… 현실세계에서 자유방임의 쇠퇴의 뒤를 따른 것이지 앞선 것이 아니

---

20) Burnet, *Essays upon Government,* p. 10.
21) Dicey, *Law and Opinion*(1905 ed.), p. 27.
22) J. A. Hobson, *Free Thought in the Social Sciences*, p. 190.
23) Halevy, *The Growth of Philosophic Radicalism*[영어번역판], p. 104.

었다."[24] 소련이 1924년에 내세운 "일국사회주의" 이론은 소련이 다른 나라에 소비에트 정권을 세우는 데 실패한 결과였다.

그러나 따로 추상적 이론의 발달이 아무런 실질적 연관이 없는 사태에 의해 영향을 입는 일도 있다:

> [최근의 한 사회사상가는 쓰기를] 정치사상사에 있어 사건은 논리 못지않게 중요하다. 특정한 원칙을 내세운 제도의 성패와 국가의 승패는 그 원칙의 찬반론자들에게 새로운 힘과 결의를 가져다주었다.… 오늘날 지상에 존재하는 철학은 보통 사람들과 마찬가지로 치통을 앓기도 하고, 보통 사람들과 마찬가지로 새로운 사태의 발생에 영향을 입고 지적인 유행의 유혹에 넘어가기도 하는 철학자들의 말에 불과하다.[25]

1860~70년대 독일의 극적인 성장은 차세대 영국철학자들—케어드(Edward Caird, 1835~1908), 그린(T. H. Green, 1836~92), 보즌켓(Bernard Bosanquet, 1848~1923), 맥태거트(J. M. E. McTaggart, 1866~1925) 등—을 열렬한 헤겔 추종자로 만들었다. 그 후 빌헬름 독일황제에 의한 소위 〈크루거 전문사건〉(1896년 1월)이 터지고 독일이 야심찬 해군력 증강계획을 추진하자 영국 철학자들 사이에는 헤겔이 원래 생각했던 것보다 못한 철학자라는 확신이 유행처럼 번졌고 1914년 이후에 헤겔학파를 자처하는 영국의 철학자는 아무도 없었다. 1870년 이후 스텁스(William Stubbs, 1825~1901)와 프리만은 영국의 초기 역사를 튜턴(Teuton)의 뿌리에서 찾았고, 프랑스에서도 프랑스 문명의 뿌리가 라틴에 있다는 쿨랑주(Fustel de Coulanges, 1830~89)의 주장은 점차 궁지에 몰렸었다. 반면 20세기에 들어와 영국 역사가들은 영국과 튜턴 족과의 연관을 가급적 눈에 띄지 않도록 노력하였다.

---

24) M. Dobb, *Political Economy and Capitalism*, p. 188.

25) L. T. Hobhouse, *The Unity of Western Civilization*, ed. F. S. Marvin(3rd ed.), pp. 177~8.

전문적 지식인들만 그러한 세속적 사태에 영향을 입은 것은 아니었다. 대중여론도 이에 압도되었다. 프랑스의 삶이 천박하고 부도덕하다는 것은 나폴레옹을 기억하는 19세기 영국사람들의 지배적인 생각이었다. "내가 어렸을 때 프랑스사람들은 개구리를 먹었고 '개골'이라고 불렸다. 그러나 1904년 영불협상을 맺은 이후 프랑스 사람들은 더 이상 개구리를 먹지 않나 보다. 적어도 그때 이후로는 그에 관한 이야기를 들어본 적이 없다"고 버트런드 러셀은 말하였다.[26] 몇 년 후 1905년에 "작고 용감한 일본인"이라고 불렸던 것이 반대로 "동방의 프러시아인"으로 불렸다. 19세기에는 영국인들 사이에 독일인들은 유능하고 지성적이며 러시아인들은 후진적이고 야만적이라는 것이 일반 상식이었다. 1910년 이후 (프러시아인들이 압도적으로 많은) 독일인들은 거칠고, 잔혹하고 편협한 반면 러시아인들은 슬라브족의 정신을 가지고 있다고 이야기되었다. 거의 동시에 영국에서 러시아 문학이 크게 유행한 것은 러시아와의 정치적 화해가 가져온 직접적인 결과였다. 러시아에서 볼셰비키 혁명이 성공하였을 때부터 어느 정도 관심을 끌기 시작한 마르크시즘은 1934년 이후 소련이 독일에 대항해 군사적 동맹국이 될 수 있다는 사실로 인해 영국과 프랑스에서 크게 유행하기 시작했다. 대부분의 사람들은 그들의 생각이 이렇게 형성된다고 지적하면 화를 내게 마련이다. 오래 전에 액턴 공(Lord Acton, 1834~1902)은 "속셈을 들키는 것보다 곤혹스러운 것은 없다"고 말했다.[27] 사고를 지배하는 것은 결국 무의식적인 과정인 것이다.

2. 목적에 따른 생각의 조정

생각이란 단지 생각하는 사람들의 상황과 이익에 따라 상대적일 뿐이다.

---

26) Bertrand Russell, *Which Way Peace?* p. 158.

27) Acton, *History of Freedom*, p. 62.

또한 목적을 수행하기 위해 수정되고 정리된다는 점에서 실용적이기도 하다. 현실주의자에게 있어 진실이란 "일시적으로 특정한 목적을 위해 실용적으로 조정된 불편한 경험에 지나지 않는다"고 한 재담가는 말하였다.[28] 생각이 목적지향적이라는 점은 앞에서 지적하였으므로, 여기서는 이러한 현상이 국제정치적으로 어떠한 의미를 지니는가를 보여줄 몇 가지 사례를 들고자 한다.

현재 혹은 잠재적 적을 깎아내리기 위해 개발된 이론이 목적지향적 사고의 가장 전형적 형태이다. 적 혹은 희생물을 신의 뜻에 따라 열등한 존재로 묘사하는 것은 구약성경 시대부터 유행한 방법이다. 과거와 현재의 모든 인종차별적 이론이 이에 속한다. 한 민족 혹은 계급이 다른 민족이나 계급을 지배하는 것은 항상 피지배자의 지적, 도덕적 열등성에 의해 정당화되곤 했다. 그런 이론에서 흔히 지적되는 것이 성적(性的)인 부도덕이나 성범죄이다. 미국의 백인들이 흑인을 욕할 때, 남아프리카의 백인들이 카피르(Kaffir)족을 욕할 때, 영국계 인도사람들이 힌두족을 욕할 때, 그리고 나치 독일인들이 유태인을 욕할 때 모두 그러했다. 러시아 혁명 초기에 볼셰비키에 대한 비난 중 가장 유명하고 또 가장 말도 안 되는 것은 그들이 난혼(亂婚)을 즐긴다는 것이었다. 이처럼 악의적인 비난은 대개 전쟁의 산물이다. 아비시니아를 침공하기 직전에 이탈리아는 아비시니아인들의 악랄함을 비난하는 정부 자료를 배포했다. 제네바 국제연맹에서 아비시니아 대표가 제대로 지적했듯이 "에티오피아를 정복하고 파괴할 작정을 한 이탈리아 정부는 에티오피아에 악명을 부여함으로 그 침략을 시작한" 것이다.[29]

그러나 이러한 현상은 때로 보다 교묘하여 쉽게 눈에 띄지 않을 때도 있다. 후일 유명해진 1908년 3월 외무성 각서에서 크로(Eyre Crowe)가 쓴 것이 대표적 예이다:

---

28) Carl Becker, *Yale Review*, xxvii, p. 461.

29) *League of Nations: Official Journal*, November 1935, p. 1140.

> 독일(구 프러시아) 정부는 늘 전쟁의 가능성이 있는 나라에 대해 격렬하고 성(聖)스럽기까지 한 증오감을 불러일으키는 데 탁월한 능력을 발휘하였다. 오늘날 영국을 이기심과 욕심으로 똘똘 뭉친, 양심이라곤 찾아볼 수 없는 괴물로 만들어 독일사회를 지배하고 있는 영국에 대한 적개심을 불러일으키고 유지해 온 것이 바로 이런 방법이다.[30]

이 진단은 매우 정확하고 정곡을 찌르는 것이었다. 그러나 크로와 같이 날카로운 식견을 가진 사람이 그 스스로 정치가들과 관리들을 상대로 독일정부가 하고 있다고 비난하는 똑같은 일을 하고 있다는 사실을 알아채지 못한 것은 참으로 이상하다. 왜냐하면 그가 쓴 비망록과 각서를 읽는다는 것은 곧 자국의 미래의 적에 대해 "격렬하고 성스럽기까지 한 증오감을 불러일으키는" 노력을 의미하는 것이기 때문이다. 자신은 다른 사람들의 생각이 조건적이고 목적지향적이라고 즉각 깨달으면서 스스로의 생각은 전적으로 객관적이라고 믿는 괴상한 예가 아닐 수 없다.

적국을 깎아내리기 위한 이론을 유포하는 것과 정반대되는 현상이 자국과 자국 정책의 도덕적 정당성을 내세우는 이론을 유포하는 것이다. 비스마르크(Otto von Bismarck, 1815~98)는 1857년 프랑스 외상 왈레프스키(Walewski, 1810~68)가 그에게 한 충고, 즉 '외교관의 임무란 자국의 이익에 세계적 정의란 이름의 옷을 입히는 것이라는 충고'를 충실히 따랐다. 보다 최근에 처칠은 영국 하원에서 "영국의 재무장과 외교정책에는 도덕적 근거가 있어야 한다"고 말했다.[31] 그러나 오늘날 이처럼 솔직한 정치가는 드물다. 그리고 현재 영국과 미국의 정치무대에서 막강한 영향력을 행사하는 이는 정책이 윤리적 원칙에서 도출되지 그 반대가 아니라고 확신하는 이상주의적 정치가들이다. 그럼에도 불구하고 현실주의자들은 그러한 신념이 허황되다는 것을 밝혀야 한다. "정의는 평화보다 소중하다"

---

30) *British Documents on the Origins of the War*, ed. Gooch and Temperley, vi. p. 131.

31) House of Commons, March 14, 1938: *Official Report,* cols. 95-99.

고 우드로 윌슨은 1917년 미국의회에서 말하였다.[32] 10여 년 후에 국제연맹총회에서 프랑스 외상 브리앙(Aristide Briand, 1862~1932)은 "평화는 모든 것에 우선한다. 심지어 정의에도 우선한다"고 말하였다.[33] 이 두 가지 상반되는 주장은 하나의 윤리적 원칙으로서 모두 그럴듯하고 실제로 적지 않은 지지를 받았다.

그렇다면 우리는 지금 윤리적 기준의 충돌을 보고 있는가? 윌슨과 브리앙의 정책이 서로 다른 이유가 서로 반대되는 원칙에서 나왔기 때문인가? 물론 그렇다고 대답할 정치학자는 없을 것이다. 이들이 내세운 원칙이 정책에서 나온 것이지 원칙에서 정책이 나온 것이 아니라는 것은 삼척동자라도 알 만한 일이다. 1917년에 윌슨은 독일과의 전쟁을 정책으로 결정하였고 그 정책에 정의라는 옷을 입혔다. 1928년에 브리앙은 정의란 이름으로 프랑스에 유리한 평화회의의 결과가 교란되는 것을 두려워하였고, 윌슨과 마찬가지로 그의 정책에 맞는 도덕적 명분을 찾았을 뿐이었다. 윌슨과 브리앙의 원칙을 윤리적 기준에 비추어 옳고 그름을 따지는 것은 허황된 일이다. 이들 원칙은 서로 다른 조건에 대응하여 결정된 국가정책을 반영하였을 뿐이었다.

잠재적 적국을 깎아내리고 자국의 도덕성을 내세우는 이중의 과정은 전간기 군비축소를 논의하는 과정에서 흔히 일어났다. 해군력에 압도적 우위를 가지고 있으면서 잠수함 때문에 곤욕을 치른 영국과 미국은 이 신무기의 부도덕성을 주장하였다. 파리강화회의에 미국대표단의 해군보좌관으로 참석한 사람은 잠수함을 폐기함으로써 "해전을 수면 위에서 치르는 것은 문명의 요구"라고 주장하였다.[34] 그러나 불행히도 당시 해군력이 상

---

32) *The Public Papers of Woodrow Wilson: War and Peace*, ed. R. S. Baker, I. p. 16.

33) *League of Nations: Ninth Assembly*, p. 83.

34) R. S. Baker, *Woodrow Wilson and World Settlement*, iii. p. 120. 19세기에도 이와 비슷한 사실이 있었다는 것이 재미있다. (크리미아 전쟁 이후) 1856년 파리회의에서 빅토리아 여왕은 "사략선(私掠船)은 문명에 오점을 남기는 해적행위이다. 전세계에서 이를 폐기한다면 커다란 문명의 진보이다"라고 말했다. "당시 사략선은 지금의 잠수

대적으로 약했던 프랑스, 이탈리아, 일본 등은 잠수함을 매우 편리한 무기라고 생각했고 따라서 이 '문명의 요구'는 수용되지 않았다. 세실 공이 1922년 국제연맹이사회에서 한 연설이 더욱 재미있다:

> 세계의 일반 평화는 단순히 해군력의 감축으로 보장되지 않을 것이다.… 만일 모든 해군력을 없애거나 크게 줄이더라도 전쟁의 위험이 줄어들거나 늘어날 것이라고 생각하지 않는다. 왜냐하면 해군력은 주로 방어용이기 때문이다. 군사무기란 모름지기 공격용을 일컫는 말이다.35)

자국의 핵심무기체계를 방어용이며 선하다고 여기고 다른 나라의 것을 공격용이며 사악하다고 여기는 예는 매우 많다. 정확히 10년 후에 '군축회의'의 3대 위원회는 무기체계를 '공격용'과 '방어용'으로 구분하기 위해 몇 주일을 허비했다. 모든 나라에서 온 대표들은 순수하고 객관적인 이론에 기반하여 자국이 주로 의존하는 무기체계는 방어적이고 잠재적 적국의 무기체계는 기본적으로 공격적이라는 것을 입증하기 위해 온갖 재주를 다 부렸다. 경제적 '무기'에 대해서도 마찬가지였다. 영국에서는 19세기말엽—그리고 어느 정도는 1931년에 이르기까지—보호관세는 부도덕한 것으로 간주되었다. 1931년 이후에 직접관세는 오명을 벗었지만 쌍무적 직접거래, 공산품에 대한 쿼터의 적용(농산품은 예외였지만), 외환에 대한 통제, 기타 유럽대륙의 많은 나라가 시행한 무기는 여전히 부도덕의 오명을 벗지 못했다. 1930년에 이르기까지 미국은 몇 차례의 관세개정을 통해 관세를 올렸다. 자유방임주의자들이였던 미국의 경제학자들은 이구동성으로 관세는 정당한 것이며 관세를 올린 것은 잘한 일이라고 했다. 그러나 미국

함과 마찬가지로 해군력이 약한 나라의 무기였다"라는 지적은 매우 합당하다(Sir William Malkin, *British Year Book of International Law*, viii. pp. 6, 30).

35) *League of Nations Union Pamphlet* No. 76, p. 8. 영어에서 '군사주의'(*militarism*)란 용어는 육군의 사악함을 의미했다. 미국의 역사가 랑거(W. L. Langer) 박사가 이에 대항하는 '해군주의'(*navalism*)란 용어를 개발했지만 거의 수용되지 않았다.

이 채무국에서 채권국의 지위로 바뀌자 입장이 달라졌다. 미국의 대변인들은 관세율의 인하를 국제도덕의 입장에서 옹호하였던 것이다.

3. 국가이익과 보편적 선

하지만 현실주의자들은 이처럼 이상주의의 맹점 몇 군데를 바늘로 찌르는 것에 그쳐서는 안 된다. 그들의 임무는 이상주의 사상의 물질적 기반이 공허하다는 것을 폭로함으로써 그 구조를 통째로 뒤집어엎는 일이다. 사고의 상대성이란 무기는 정책과 행동을 판단하는 이상주의의 고정되고 절대적 기준을 파괴하는 데 사용해야 한다. 이론이 현실의 반영이요 정치적 필요에 따른 원칙이라면, 이상주의 신조의 근본적 이론과 원칙에도 적용되어야 한다. 이상주의 사상의 핵심을 이루는 이익의 조화 사상도 예외가 아니다.

이상주의자들이 이익의 조화 사상을 내세우면서 결국은 무의식중에 왈레프스키의 충고를 따라 자국의 이익에 보편적 이익이라는 이름을 붙여 전 세계에 팔아먹으려고 하였다는 사실을 밝히는 것은 어려운 일이 아니다. "사람들은 자신에 유리한 것은 남에게도 좋다고 여기는 경향이 있다"고 다이시는 썼다.[36] 공공의 이익에 관한 많은 이론들이 사실은 특수한 사적 이익을 그럴듯하게 포장한 것에 지나지 않는다는 것은 국제문제에서도 국내문제에서 못지않게 비일비재하다. 절대적 기준을 수립하는 일에 아무리 열심인 이상주의자라도 자국 정부가 세계의 이익을 자국의 이익에 우선해야 한다고 주장하지는 않는다. 왜냐하면 모든 이들의 이익이 결국은 각자의 이익과 합치한다는 이론에 반하기 때문이다. 세계를 위해 최선인 것이 자국을 위해서도 최선이라고 주장하고 나서는 바로 순서를 뒤집

36) Dicey, *Law and Opinion in England*(2nd ed.), pp. 14~15.

어 자국을 위해 최선인 것이 세계를 위해서도 최선이라고 주장한다. 이 둘은 이상주의적 입장에서 볼 때는 동일한 것이다. 이와 같은 오늘날 이상주의자들의 무의식적인 냉소주의는 왈레프스키나 비스마르크의 보다 노골적이고 솔직한 냉소주의에 비해 훨씬 더 효과적이었다. 지난 반세기 동안 영국의 저술가들은 영국의 지배를 유지하는 것은 인류에 대한 의무를 수행하는 것이라는 이론을 명쾌하게 펼쳤다. "대영제국이 석탄창고와 대장간으로 바뀐 것은 영국뿐만 아니라 인류 전체를 위한 일이다"라고 1885년에 《더 타임스》지는 썼다.[37] 다음은 당시 공직자들의 회고록에서 찾을 수 있는 수많은 것들 중의 한 전형적인 것이다:

> 나는 이 세상에서 오로지 하나의 위대한 목적만을 가지고 있는데 그것은 바로 (대영)제국의 위대함을 보존하는 일이다. 그러나 이것은 나의 존 불(John Bull) 감정 때문만은 아니다. 나는 그렇게 함으로써 기독교와, 평화와, 문명과, 그리고 전 인류의 행복을 위해 일한다고 확신한다.[38]

"나는 우리가 세상에서 제일가는 인종이며, 따라서 우리가 지배하는 땅이 넓어질수록 인류를 위해서 좋다고 주장한다"고 세실 로즈(Cecil Rhodes, 1853~1902)는 말하였다.[39] 1891년 당시 가장 인기가 있고 머리가 좋은 저널리스트였던 스테드(William T. Stead, 1849~1912)는 *Review of Reviews*라는 잡지를 창간하였는데 그 창간사에서 다음과 같이 썼다: "우리는 하나님과, 영국과, 인류를 믿는다.… 영어사용 인종은 인류 운명의 개선이라는 사명을 수행하기 위해 하나님의 종으로 선택된 인종이다."[40] 1912년 옥스퍼드 대학교의 한 교수는 영국 역사의 비밀은 "자국의 독립을

37) *The Times*, August 27, 1885.
38) Maurice and Arthus, *The Life of Lord Wolseley*, p. 314. John Bull은 미국의 Mickey Mouse에 해당하는 영국의 상징이다[역주].
39) W. T. Stead, *The Last Will and Testament of Cecil J. Rhoses*, p. 58.
40) *Review of Reviews*, January 15, 1891.

위해 싸우는 과정에서 유럽의 자유를 위해 싸웠고, 유럽과 인류에 대한 그와 같은 봉사로 말미암아 제국이라는 보다 큰 봉사를 할 수 있게 되었다"는 점이라고 썼다.41)

제1차 세계대전은 이와 같은 확신을 정서적 격앙의 극치로까지 끌어올렸다. 당시 영국 정치가들의 어록 중 영국의 참전이 인류를 위한 봉사라고 주장한 것을 모은다면 수십 페이지는 족히 채울 수 있을 것이다. 1917년 외상 밸푸어는 뉴욕상공회의소에서 "1914년 8월 이래 전쟁은 곧 인류의 영적인 우위를 위한 것이었다. 편협한 생각이나 야심은 조금도 없었다"고 말했다.42) 파리강화회의 기간 및 그 후 몇 년 동안 영국의 우위가 인류의 몇 안 되는 도덕적 자산 중 하나라는 생각에 일말의 회의가 없지 않았다. 그러나 환상에서 깨어나 겸손을 되찾은 것은 일순간에 지나지 않았다. 국제적인 긴장이 있으면, 그리고 특히 전쟁의 가능성이 나타나면 국가이익과 도덕성을 동일시하는 추세는 어김없이 되살아났다. 아비시니아 사태가 절정에 달했을 때 캔터베리 대주교는 한 파리신문과의 인터뷰를 통해 프랑스 국민들에게 다음과 같이 충고하였다:

> 우리는 도덕적, 영적 고려에 따라 일어난 것입니다. 나는 이와 같은 오해를 불식하기 위한 나의 역할을 포기할 생각은 추호도 없습니다.… 우리를 앞으로 나가도록 떠밀고 있는 것은 이기주의적 욕심이 아닙니다. 여러분도 이기심 때문에 뒤로 물러나서는 안 됩니다.43)

그 이듬해 토인비 교수는 다시 한 번 대영제국의 안전보장은 "또한 전 세계 최대의 이익"이라고 주장하였다.44) 1937년에는 세실 공이 국제연맹 총회에서 "우리나라, 우리 제국, 그리고 전 인류에 대한 우리의 의무"

---

41) Spencer Wilkinson, *Government and the War*, p. 116.
42) Beard, *The Rise of American Civilisation*, ii. p. 646에서 인용.
43) *Manchester Guardian*, October 18, 1935에서 인용.
44) Toynbee, *Survey of International Affairs, 1935*, ii. p. 46.

에 대해 말하면서 다음과 같은 시를 인용했다:

> 우리의 황량한 섬의 역사에
> 한 번도 아니고 두 번도 아니고
> 의무의 길은 곧 영광의 길[45]

극작가 버나드 쇼(Bernard Shaw, 1856~1950)는 《운명의 인간》(*The Man of Destiny*)에서 "영국인이라면 이익과 의무를 별개로 취급하는 민족은 결국 패망한다는 사실을 결코 잊어서는 안 된다"고 말했다. 한 미국인 비평가는 영국인들을 "신학에서는 실패했으면서 정치적으로는 승리한 제수이트 교단"에 비유하였다.[46] 이와 같은 현상이 두드러지기 오래 전에 전직 이탈리아 외상은 "영국이 부여받은 소중한 선물, 즉 구체적인 외교적 행위에 최고의 도덕적 명분을 완벽히 부여하여, 필연적으로 영국에 도덕적 이익을 가져다주는 유능한 작가와 성직자들"에 대해 이야기하였다.[47]

근년에 들어와 같은 현상이 미국에도 번졌다. 미국의 25대(1897~1901) 대통령 매킨리(William McKinley, 1843~1901)가 신의 인도를 받아 필리핀을 합병하기로 결정한 이야기는 미국근대사의 고전이다. 그리고 이 합병은 미국보다는 영국의 외교정책에서 보다 흔히 나타나는 대중들의 도덕적 자부심 발로의 한 유형이었다. 과거 어떠한 미국 대통령보다 "짐이 곧 국가다"라는 믿음을 굳게 지켰던 26대(1901~09) 시어도어 루스벨트(Theodore Roosevelt, 1858~1919) 대통령은 한술 더 떴다. 1915년 루스벨트가 태머니(Tammany)파에 의해 명예훼손죄로 고소당해 법정에 섰을 때 법정심문에서 다음과 같이 희한한 대화가 있었다:

---

45) *Headway*, November 1937.

46) Carl Becker, *Yale Review*, xxvii. p. 452.

47) Count Sforza, *Foreign Affairs*, October 1927, p. 67.

질문 : 실질적 정의가 수행되었다는 것을 어떻게 알았습니까?
루스벨트 : 왜냐하면 바로 내가 했기 때문이고, 또 나는 최선을 다했기 때문입니다.
질문 : 당신의 말뜻은 당신이 무슨 일을 하면 실질적 정의가 수행된다는 뜻이군요.
루스벨트 : 그렇습니다. 내가 무슨 일을 하면, 나는 실질적 정의가 수행되도록 합니다. 진심입니다.[48)]

루스벨트의 뒤를 이은 우드로 윌슨은 그처럼 순진하리만큼 자기중심적이지는 않았지만 미국의 정책과 세계정의가 같은 것이라는 데는 보다 확고한 신념을 가지고 있었다. 1914년 멕시코 베라 크루즈(Vera Cruz)를 폭격한 이후 그는 "미국은 인류를 위해 봉사하기 위해 멕시코에 갔다"는 말로 세계를 안심시키려고 했다.[49)] 제1차 세계대전 중에 그는 미국 해군사관생도들에게 "항상 미국을 먼저 생각할 뿐만 아니라, 동시에 인류도 먼저 생각하라"고 했다. 말장난 같지만 "미국은 인류를 위해 건국되었기 때문"이라는 설명을 들으면 그럴 듯 해지는 말이다.[50)] 미국이 제1차 세계대전에 참전한 직후 미국 상원에서 전쟁 목적을 설명하면서 미국이 곧 세계임을 보다 직설적으로 강조했다 : "이것은 미국의 원칙이고, 미국의 정책입니다.… 이는 또한 인류의 원칙으로 반드시 지켜져야 합니다."[51)]

이와 같은 말장난은 거의 예외 없이 영미의 정치가와 작가들에게서만 발견된다. 한 유명한 국가사회주의자, 즉 나치스트가 "독일에 좋은 것은 무엇이든 옳고 독일을 해치는 것은 나쁘다"[52)]고 했을 때 그는 영국과 미국에서 윌슨, 토인비, 세실 등 매우 많은 사람들이 해 온 대로 자국의 이

48) H. F. Pingle, *Theodore Roosevelt*, p. 318에서 인용.
49) *Public Papers of Woodrow Wilson: The New Democracy*, ed. R. S. Baker, i. p. 104.
50) *Ibid.*, pp. 318~19.
51) *Ibid.*, ii. p. 414.
52) Toynbee, *Survey of International Affairs, 1936*, p. 319에서 인용.

익과 세계의 이익을 동일시했을 뿐이었다. 그러나 똑같은 내용이 영어가 아닌 언어로 주창되자 매우 생경한 느낌을 주었다. 이와 같은 생경함에 대해서는 두 가지 설명이 가능하다. 첫째는 영미에서 널리 수락되는 것으로 영어사용 국가의 정책은 대륙국가들의 정책에 비해 실제로 덜 자기중심적이어서 윌슨, 토인비, 세실 등이 미국과 영국의 국가이익과 세계의 이익을 동일시할 때 타당한 면이 있다는 설명이다. 둘째는 대륙국가들에서 널리 수락되는 것으로 영미사람들은 자국의 이기적 국가이익을 보편적 이익의 이름으로 위장하는 데 뛰어난 재능을 보여 왔으며, 이와 같은 위선이야말로 영미의 특징이라는 것이다.

이상 두 가지 주장 중 택일하는 것은 불필요한 일이다. 해결책은 간단하다. 사회도덕이론은 곧 지배집단의 작품이다. 지배집단은 항상 자신과 사회를 동일시하고 피지배집단이나 개인들에게 이와 같은 견해를 강요할 수 있는, 피지배집단들에게는 없는 수단들을 가지고 있기 때문이다. 국제도덕이론도 마찬가지로 지배국 혹은 지배국들의 산물이다. 지난 수백 년 동안 그리고 특히 1918년 이래 영어를 사용하는 사람들이 세계의 지배집단을 이루어 왔다. 그리고 국제도덕에 대한 오늘날의 이론들은 이들의 지배를 영속시키기 위해 고안된 것으로 그들에게 고유한 용어로 표현되었을 뿐이다. 18세기의 전통을 어느 정도 유지하고 있고 1918년 이후 잠시 동안이나마 지배적 위치로 복귀했던 프랑스도 주로 도덕적 질서에서 법의 역할을 강조하는 방법으로 오늘날 국제도덕을 창출하는 데 작으나마 기여를 하였다. 한 번도 지배국가였던 적이 없고 1918년 이후에는 가망이 없는 지위로 떨어진 독일은 국제도덕의 창조자라는 특권층에 가입할 수가 없었다. 영어사용 민족들이 국제도덕을 독점하고 있다는 의견과 그들은 단지 완벽한 국제적 위선자들에 불과하다는 의견은 결국 오늘날 국제도덕이 바로 그들이 자연스럽고 불가피한 과정을 통해 만든 것이라는 사실을 반영하는 데 지나지 않는다.

4. 이익의 조화에 대한 현실주의의 비판

이익의 조화 사상도 이와 같은 원칙에서 쉽사리 분석할 수 있다. 즉 이익의 조화란 사회내부에서 압도적 목소리를 가지고 있고 따라서 자연히 자신의 이익과 사회의 이익을 동일시하기 쉬운, 번영하고 특권적인 계급들이 흔히 전제하는 가정이라는 것이다. 이와 같은 견지에서 볼 때 지배집단의 이익에 대한 도전은 곧 사회 전체의 이익에 도전하는 것으로 간주되고 결과적으로는 도전자 자신의 이익을 해치는 것이 된다. 이익의 조화란 사상은 특권집단들이 그들의 지배적 지위를 정당화하고 유지하기 위해 주장하는 탁월한 도덕적 장치인 것이다. 그러나 이것으로 끝나지 않는다. 특권집단의 전체 사회 내에서의 지위가 압도적이어서 이들이 잘될 때 다른 이들도 잘되고, 이들의 몰락이 사회 전체의 몰락을 가져올 수 있기 때문에 결국 이들의 이익이 사회의 이익이 되는 경우가 없지 않기 때문이다. 그러므로 이익의 조화라는 자연법칙이 일말의 현실적 타당성을 가지는 한 특권집단은 압도적인 힘으로 이 원칙을 창출하고, 결과적으로 도덕이 곧 힘의 산물이라는 마키아벨리적인 격언의 탁월한 사례로 나타나는 것이다. 몇 가지 예를 더 들어보자.

19세기에 영국의 상공인들은 자유방임정책에 따라 커다란 번영을 누렸다. 그리고 그들의 번영이 전 영국의 번영임을 믿어 의심치 않았다. 이럴 때 이익의 조화는 진실인 것처럼 보였다. 당시 상공인들의 지위는 너무나 압도적이어서 이들의 번영이 곧 영국의 번영이라는 '사실'도 증명이 가능한 듯 보였다. 이러한 전제에서 한 발짝만 나가면 영국노동자가 파업을 하면 이는 영국 상공인의 번영을, 따라서 영국의 번영을 해치는 것이며, 결국은 스스로의 이익을 해치는 것이라는 주장이 가능해진다. 따라서 그러한 노동자는 토인비 교수가 말했듯이 '부도덕'하거나 짐먼 교수가 말했듯이 '어리석다'는 비난을 면키 어려웠다. 그리고 그러한 일련의 논리전개는 어떤 점에서 사실로서도 옳은 것이었다. 그러나 이익의 조화와 계층간의 일체감이란 소외된 노동자에게는 일종의 조롱으로 비춰진다. 그들의 열등한 지위와 '영국의 번영' 속에서의 미미한 역할은 바로 그러한 신화에 의해 만들어졌다고 믿는다. 따라서 지금 당장 자유방임을 포기하고 그 대신 '사회보장'의 제도화를 강요할 힘이 있는 이상 이를 마다할 이유가 없다. 이 경우 이익의 자연적 조화란 결국 부인되고 인위적 수단에 의한 새로운 조화를 창출하게 되는 것이다.

국제관계에도 같은 분석이 적용될 수 있다. 자유무역이 영국의 번영을 가져왔다는 것을 안 19세기 영국의 정치가들은 그를 통해 세계의 번영 또한 올 것이라는 것을 믿어 의심치 않았다. 당시 세계무역에서 영국이 차지하는 비중이 너무나 컸기 때문에 영국의 이익과 세계의 이익 간에 조화가 있었다는 사실은 부인하기 어렵다. 영국의 번영은 다른 나라로 전파되었고 영국의 경제적 붕괴는 곧 세계 전체의 멸망을 가져올 수도 있었다. 영국의 자유무역론자들은 자기중심적인 보호무역 국가들이 세계 전체의 이익을 해치고 있을 뿐만 아니라 어리석게도 스스로의 이익을 해치고 있다고 주장했다. 그들의 행위는 결국 부도덕하고 또 어리석은 것이었다. 영국인들의 눈에 국제무역은 불가분의 일체로 함께 융성하든지 함께 침체할 따름이었다. 그러나 국제적 이익의 조화란 소외된 국가들에게는 일종의 조롱으로 비춰진다. 그들의 열등한 지위와 국제무역에 있어서 미미한 역할은 바로 그러한 신화에 의해 만들어졌다고 믿는다. 이에 대한 반발이 그 이론의 경험적 기반을 제공하였던 영국의 지배적 지위를 파괴하였다. 경제적으로 19세기 영국은 전 세계에 국제경제도덕에 관한 자신의 개념을 강요할 만한 지위에 있었다. 만인에 대한 만인의 경쟁이 일국에 의한 세계시장 지배를 대신하게 되자 국제경제도덕의 개념은 필연적으로 혼돈에 빠질 수밖에 없었다.

정치적으로도 평화의 유지라는 공동의 이익은 결국 지배국가 혹은 지배국가 집단에 의해 창출된 것이다. 국내사회에서 지배집단이 자신의 안전과 번영을 보장해주고 자신의 지위를 위협할 계급투쟁을 막아줄 평화를 갈구하듯이 국제평화도 지배국가들의 기득권을 대변한다. 과거 로마와 영국의 제국주의는 〈팍스 로마나〉(*pax Romana*)와 〈팍스 브리타니카〉(*pax Britannica*)란 이름으로 정당화되었다. 세계를 홀로 지배할 만큼 강한 국가가 없는 지금, 그리고 지배권이 여러 국가에 나누어진 지금 "집단안보"니 "침략에 대한 항거"니 하는 슬로건이 지배집단과 전체 세계의 이익을 평화의 유지라는 이름으로 동일시하면서 같은 기능을 수행하고 있다. 게다가 역사적 예에서 보듯이 지배집단의 우위가 현저한 경우 이익의 조화가 정말 존재하는 것처럼 여겨진다. "영국은 철저히 자기중심적인 국가계획을 가지고 전세계에 대해 세계가 간절히 원하는 것들, 즉 질서, 진보, 그리고 영원한 평화를 약속하는 외로운 나라이다"라고 1920년의 한 독일 교수가 썼다.[53] 처칠이 "대영제국의 재산과 그 영광은 세계의 재산과 떼려야 뗄 수 없는 관계"라고 말했을 때,[54] 이 말은 19세기 영국 상공인들의 영화가 영국 전체의 영화와 불가분의 관계라고 하는 것과 같은 맥락이었다. 더욱이 그와 같은 말을 한 목적도 같았다. 즉, 대영제국의 방어 혹은 영국 상공인들의 번영이 전체 사회의 공동이익이며, 따라서 이에 대한 공격은 부도덕하거나 어리석은 일이라는 원칙을 세우는 것이 그 공통된 목적인 것이다. 특권층이 비특권층을 평화를 파괴한다고 하여 도덕적으로 폄하하는 일은 흔한 수법이다. 그리고 이 수법은 국내사회에서뿐만 아니라 국제사회에서도 흔히 찾아볼 수 있다. 토인비 교수는 최근의 위기에 대해 논평하면서 "국제법과 질서는 진정한 인류 전체의 이익이다.… 반면 국제문제에서 폭력을 지속시키려는 욕구는 반사회적 욕구로, 이처럼 미개하고 시대착오적인 신조를 공식 선언한 일부 국가의 시민들에게도 이익이 되지 않는다"고 썼다.[55] 이것은 일찍이 영국과 미국에서 노동운동에 대해 한

53) Dibelius, *England*, p. 109.
54) Winston Churchill, *Arms and the Covenant*, p. 272.
55) Toynbee, *Survey of International Affairs, 1935*, ii. p. 46.

주장과 똑같았다. 즉, 사용자측이 그들 편인 언론의 도움을 받아 노동조합 지도자들의 반사회적 태도를 비난하고, 그들이 법과 질서를 어기고 "폭력의 지배"를 도입한다고 공격하며, 노동자들의 "진정하고" "궁극적인" 이익은 사용자와의 평화적 협력에 있다고 선언하는 것은 거의 예외 없이 나타나는 패턴이다.[56] 국내사회에서 이 말이 맞지 않다는 것은 이미 잘 알려져 있다. 그러나 프롤레타리아에 의한 계급전쟁이 "특권층이 계급갈등을 호도하기 위해 양 계급 간에 존재하는 쥐꼬리만 한 공동이익을 과장하고 강조하는 데 대한 자연발생적이고 냉소적인 반응"이듯이,[57] 불만스러운 국가들이 전쟁을 도발하는 것도 평화에 공동의 이익이 있다는 만족스러운 국가들의 감정적이고, 부정직하며, 진부한 주장에 대한 자연발생적이고 냉소적인 반응이었다. 히틀러가 "일부 나라가 세계를 먼저 힘으로 강점하고 나서 도덕이론으로 그 강점을 정당화하도록 한 것이 신의 뜻"이라는 주장에 대한 신봉을 거부했을 때[58] 그는 유산계급과 무산계급 간의 공동이익의 존재를 부정하고, "부르주아 도덕률"의 숨은 이해관계를 밝혀내고, 재산을 몰수한 사람들의 재산을 다시 몰수할 것을 주장하는 마르크스주의자들의 입장을 다른 맥락에서 되풀이한 것에 지나지 않는다.

1938년 9월의 위기는 평화에 대한 공동이익을 언급하는 것 자체가 커다란 정치적 의미를 지닌다는 사실을 단적으로 보여준 사례였다. 프랑스 외상 브리앙(Aristide Briand)이 "평화는 모든 것에 우선한다"고 말했을 때, 혹은 영국외상 이든(Anthony Eden)이 "평화적 수단으로 해결할 수 없는 분쟁은 없다"고 말했을 때[59] 그 속셈은 평화가 유지되는 한 프랑스나

---

56) "진심으로 정의가 승리하기를 기원하라"고 필라델피아의 한 탄광주는 광부조합에서 조직한 파업에 대해 말했다. 그리고 "전지전능하신 우리 주님께서 여전히 지배하시며, 그의 지배는 법과 질서의 지배이지 폭력과 죄악의 지배가 아님을 명심하라"(H. F. Pringle, *Theodore Roosevelt*, p. 267).

57) R. Niebuhr, *Moral Man and Immoral Society*, p. 153.

58) 1939년 1월 30일 '제국의회'(Reichstag)에서 행한 연설.

59) *League of Nations: Eighteenth Assembly*, p. 63.

영국에 불리한 현상변경은 없을 것이라는 것이었다. 1938년 영국과 프랑스는 자신들이 불만족 국가들을 비난하기 위해 만들었던 슬로건의 노예가 되었고, 독일은 이제 프랑스와 영국이 누려왔던, 평화에 대한 희망을 이용하여 자국의 이익을 챙길 위치를 차지할 만큼 강대해졌다. 이 무렵부터 독일과 이탈리아의 독재자들의 태도에서 중대한 변화를 목격할 수 있다. 히틀러는 독일이야말로 전쟁광 민주국가들의 위협에서 평화를 지킬 수 있는 보루라고 주장했다. 1939년 4월 28일 제국의회에서 행한 연설에서 히틀러는 국제연맹은 "문제아"이고 집단안보는 "끊임없는 전쟁의 위협"이라고 말했다. 무솔리니는 모든 국제분규를 평화적 방법으로 해결할 수 있다는 영국의 표현을 빌려 "오늘날 유럽에서 자동적으로 세계대전이 될 전쟁을 정당화할 만큼 중대하고 현저한 문제는 없다"고 말했다.[60] 이와 같은 표현은 독일과 이탈리아가 영국과 프랑스가 지금까지 누려온 평화에 대한 기득권을 차지하고, 민주국가들을 평화의 적으로 규정함으로써 자신의 입장을 정당화시킬 수 있는 때를 미리 내다보고 있다는 증거라고 하겠다. 이 점에서 "전쟁을 반대하는 프로파간다는 곧 전쟁 프로파간다이다"라고 한 할레비의 관찰은 참으로 예리하다 아니 할 수 없다.[61]

5. 국제주의에 대한 현실주의의 비판

국제주의(internationalism)란 개념은 이익의 조화 사상의 한 특수한 형태이다. 따라서 이 개념을 이익의 조화와 같은 맥락에서 분석할 수 있으며, 이 또한 이를 주창한 이들의 이익이나 정책과 분리된 하나의 절대적 기준으로 간주하기에는 어려움이 많음을 알 수 있다. 중국의 손문은 "사해동포주의(cosmopolitanism)는 2000년 전에 제기된 중국의 세계제국이론과 같은

---

60) *The Times*, May 15, 1939.

61) Halevy, *A History of the English People in 1895-1905*, i. Introduction, p. xi.

것이다.… 중국은 한때 지구상의 주권적 주인이 되어 다른 모든 나라 위에 군림하기를 원했다. 그래서 사해동포주의를 주창했던 것이다"라고 말했다.[62] 이집트의 제18왕조에서는 "제국주의가 하나의 보편성이자 일신론으로 종교에 반영되었다"고 프로이트가 말했다.[63]

로마가, 그리고 후일 가톨릭교회가 주창한 단일 세계국가론은 세계지배에 대한 주장의 상징이나 마찬가지였다. 근대 국제주의의 뿌리는 유럽에서 패권적 지위가 절정에 이르렀던 17~8세기의 프랑스에 있다. 설리(Sully, 1560~1641)가 《대구상》(*Grand Dessin*)을, 그리고 아베 생피에르(Abbe Saint-Pierre, 1658~1743)가 《영구평화구상》(*Projet de Paix Perpetuelle*)을 내세웠던 바로 그 시기였다. 이 두 가지는 모두 프랑스 왕국에 유리한 국제적 현상을 영속화시키려는 계획이었는데, 그 결과 계몽시대의 인본주의와 세계주의적 사상의 배경을 이루었고, 프랑스어를 지식인들의 모국어로 만들었다.

19세기에 들어와 국제정치의 주도권이 영국으로 넘어오면서 영국이 국제주의의 본산이 되었다. 영국의 세계재패를 상징적으로 보여준 1851년 〈만국박람회〉 전야제에서 빅토리아 여왕의 남편 알버트 공은 "역사의 위대한 종말, 즉 인류 단합의 실현"에 대해 감격적인 연설을 하였다.[64] 시인 테니슨 남작(Tennyson, 1809~92)은 "인간의 의회, 세계의 연방"을 노래했다. 1920년대 프랑스는 유럽에서 우세를 반영하여 "유럽연맹"(European Union)을 제안했고, 일본도 뒤를 이어 통일 아시아의 지도자가 될 계획을 세우기 시작했다. 1930년대 후반에 한 미국 평론가가 쓴, 미국이 주도하는 세계민주주의 연방을 주창하는 책이[65] 베스트셀러가 된 것도 미국의 국제적 지위가 성장하고 있음을 상징적으로 보여주었다.

---

62) Sun Yat-sen, *San Min Chu I*[영어번역판], pp. 68~9.
63) Sigmund Freud, *Moses and Monotheism*, p. 36.
64) T. Martin, *Life of the Prince Consort*, iii. p. 247.
65) Clarence Streit, *Union Now*.

국내정치에서 "민족단결"이라는 구호는 항상 지배집단이 사회에 대한 그들의 지배를 강화하기 위한 수단으로 주창한다. 마찬가지로 국제정치에서도 국제적 단결과 세계연합의 구호는 지배적 위치에 있는 국가들이 통합된 세계에 대한 지배를 행사하기 위해 주창한다. 지배국가에 대항하는 위치에 있는 나라들은 지배국가들의 국제주의 주장에 대해 민족주의로 맞선다. 16세기에 영국은 교황청과 신성로마제국의 국제주의 주장에 대해 막 발아하기 시작한 민족주의로 맞섰다.

지난 한 세기 반 동안 독일은 처음에는 프랑스의, 다음에는 영국의 국제주의에 맞서 새로이 태동한 자국의 민족주의로 맞섰다. 이러한 상황에서 18세기 프랑스나 19세기 영국에서 유행했던 일반론적이고 인도주의적인 원칙들이 독일에 먹혀들 리가 없었다. 국제주의에 대한 독일의 반감은 영국과 프랑스가 그들의 우위를 지키기 위한 수단으로 새로운 "국제질서"를 창출하고자 한 1919년 이래 더욱 높아졌다. "'국제적'이란 말은 다른 나라를 우리의 위에 놓는 개념으로 이해한다"고 《더 타임스》지의 독일주재원이 썼다.[66] 그럼에도 불구하고 독일이 유럽을 지배하게 되면 스스로 국제주의적 슬로건을 내세워서 그 힘을 받쳐줄 국제기구를 설립할 것이라는 것은 의심할 나위가 없다. 장관을 지낸 한 영국 노동당 정치가는 한때 국제연맹규약 제16조의 효력을 정지시킬 것을 주장한 바 있다. 그 근거는 전체주의 국가들이 연맹을 장악하고 이 조항을 이용해 그들의 무력사용을 합리화할지도 모른다는 것이었다.[67]

전체주의 국가들이 〈반코민테른 조약〉(Anti-Comintern Pact)을 모종의 국제기구로 발전시키는 것이 보다 현실적으로 보인다. 1939년 1월 30일 제국의회에서 히틀러는 다음과 같이 말하였다. "반코민테른 조약은 후일 세계평화와 문화를 위협하는 악령(惡靈)에 대항하여 일군의 국가들을 엮어

---

66) *The Times*, November 5, 1938.
67) 1938년 11월 30일 영국 상원에서 말리(Marley) 공이 한 연설. *Official Records*, col. 258.

줄 수단이 될 것이다." 거의 같은 시기에 이탈리아의 한 잡지는 "유럽이 스스로 단합하지 아니면 '추축'(axis)이 단합을 강제할 것"이라고 썼다.[68] 나치독일의 선전장관 괴벨스(Joseph Goebbels, 1897~1945)는 "국가사회주의의 독일과 파시즘의 이탈리아의 지적 리더십 아래 전 유럽은 이제 새로운 질서와 모습을 갖추어가고 있다"고 했다.[69] 이러한 수사(修辭)의 변화는 마음이 변해서가 아니라 독일과 이탈리아가 국제주의를 주창할 만큼 충분히 강해졌다고 스스로 느끼고 있음을 반영하는 증거였다. "국제질서"와 "국제단결"은 앞으로도 늘 강자들의 슬로건일 것이다.

이상주의에 대한 현실주의의 비판 중에서 가장 치명적이고 설득력 있는 부분은 바로 국제정치에서 흔히 주장되는 추상적 원칙들의 현실적 배경을 들춰내는 것이다. 현실주의에 항변하는 이들은 이와 같은 현실주의적 비판의 본질을 잘못 이해하고 있다. 현실주의는 사람들이 원칙에 충실하지 않다고 비판하는 것이 아니다. 정의가 평화에 우선한다고 믿은 윌슨이나, 평화가 정의에 우선한다고 생각한 브리앙, 그리고 집단안보에 대한 신념을 버리지 않은 이든은 결국은 실패했다. 그들이 신념을 지키지 못했기 때문일 수도 있고, 자국의 국민들을 동원하는 데 실패했기 때문일 수도 있고, 혹은 스스로 이들 원칙을 실천하지 않았을 수도 있지만, 중요한 것은 그것이 아니다. 중요한 것은 이들 원칙이 추상적이고 보편적인 원칙인 것처럼 보이지만 실제로는 특정 시점에 특정한 방식으로 이해한 국가이익에 기초한 국가정책을 무의식적으로 반영한 데 지나지 않는다는 사실이다. 국가, 계급, 혹은 개인들 사이의 평화와 협력이 이해의 갈등과 정치적 분열에도 불구하고 보편적인 목표가 되어야 한다는 주장에는 일리가 있다. 국제질서든, 국내사회에서의 "법과 질서"든 질서를 유지하는 것이 모든 이에 좋다는 주장도 일리가 있다. 그러나 이와 같은 추상적 원칙들을

68) *Relazioni Internazionali*, *The Times*, December 5, 1938에 인용.

69) *Voelkischer Beobackter*, April 1, 1939.

구체적인 정치적 상황에 적용하는 순간 그것이 이기적인 기득권의 위장에 불과함이 드러나고 마는 것이다. 이상주의가 붕괴한 것은 그 원칙을 따르지 못했기 때문이 아니라 국제문제에 대한 절대적이고 불편부당(不偏不黨)한 기준을 제시하는 것이 불가능하다는 것이 드러났기 때문이다. 특정한 이익을 반영한 기준이 붕괴할 때 이상주의자는 기준을 따르지 못한 현실을 비난함으로써 도피처를 구하려고 한다. 제1차 세계대전이 끝난 직후 독일 역사학자 마이네케가 쓴 말은 당시 국제정치에서 이상주의의 역할을 내다 본 가장 탁월한 판단이다:

> 서구 자연법 사상의 근본적 약점은 현실에 적용되었을 때 그것은 사문(死文)에 지나지 않는다는 점이다. 정치가들의 의식을 뚫고 들어가지도 못하고, 오늘날 너무나 비대해진 국가조직의 이익을 바꾸지도 못하여 결국 맹목적인 불평, 혹은 교리적 가설에 그치거나, 내부적 허구와 공염불에 불과해지기 때문이다.[70]

전간기에 영국과 미국에서 나온 국제정치에 대한 저술을 공부하면 “맹목적인 불평”, “교리적 가설”, “내부적 허구와 공염불”이란 용어가 참으로 어울린다는 사실을 알게 될 것이다.

---

70) Meinecke, *Staatsraeson*, p. 533.

6 현실주의의 한계

이상주의가 빛 좋은 개살구에 불과하다는 것을 폭로하는 현실주의의 비판은 정치사상가가 되기 위한 첫 번째 단계일 뿐이다. 그 외장을 허물고 나서야 그 자리에 보다 견실한 건물을 지을 수 있는 여지가 생기기 때문이다. 그러나 순수한 현실주의가 최종의 안주지가 될 수는 없다. 왜냐하면 현실주의는 논리적으로는 맞을지 몰라도 사상을 행동으로 옮기는 실마리를 제공하지 못하기 때문이다. 실로 현실주의는 바로 그 잣대로 보더라도 이상주의 혹은 기타 어떠한 사고체계와 마찬가지로 현실적 제약이 있다. 정치에서 어떤 일은 바꿀 수 없고 어떠한 흐름은 저항할 수 없다고 믿게 되면 이는 곧 그를 바꾸거나 그것에 저항하려는 의도나 관심이 없음을 말하는 것에 지나지 않는다. 철두철미한 현실주의자가 되는 것은 절대 불가능하다는 것이 정치학에서 얻을 수 있는 가장 확실하고 또 가장 이상한 교훈이다. 철저한 현실주의는 모든 정치사상의 핵심을 이루는 네 가지 요소를 배제한다 : (1) 확고한 목표, (2) 정서적 호소, (3) 도덕적 판단, 그리고 (4) 행동의 기준이 그것이다.

정치가 무한한 과정이라는 생각은 오래 유지되기 어렵다. 세상사람들에게 읽히는 책을 쓰고자 하는 정치사상가는 누구나 의식적, 혹은 무의식적으로 확고한 목표를 제시하게 마련이다. 트라이치케는 마키아벨리의 교훈 중 가장 "끔찍한 것은 그가 권하는 방법의 부도덕함이 아니라 국가라는 것이 알고 보면 아무런 내용이 없다는 점이다. 국가란 단순히 존재하기 위해 존재하는 것이다"라고 했다.[1] 실로 마키아벨리도 철저한 현실주의자는 아니었다. 그의 현실주의는《군주론》의 마지막 장, "자유 이탈리아가 야만인들에게서 얻을 수 있는 교훈"에 이르면 무너지고 만다. 이는 현실주의적 전제에서 얻을 수 있는 것이 아니기 때문이다. 인간의 사고와 행동을 변증법이라는 상대주의로 해체한 마르크스는 변증법이 더 이상 적용되지 않는 계급 없는 사회를 그리고 있다. 곧 하나의 이상향을 그리고 있는 것이다. 따라서 현실주의자는 역사적 과정 밖에 존재하는 궁극적 현실을 그림으로써 스스로의 명제를 부정하고 마는 것이다. 엥겔스가 헤겔을 이와 같은 시각에서 비판한 최초의 사람이다. "헤겔사상 체계의 모든 독단적 내용은 절대적 진리라고 주장되고 있는데 이는 모든 독단론을 해체하는 속성을 지닌 그의 변증법적 방법론과 상호모순인 것이다."[2] 그러나 마르크스도 마찬가지의 비판을 면치 못한다. 그의 변증법적 유물론도 프롤레타리아의 승리로 귀결되고 있기 때문이다. 따라서 이상주의는 항상 현실주의의 아성을 침범한다. 그리고 특정한 목표를 향한, 무한하지는 않더라도 최소한 지속적인 과정을 그리는 것이 정치사상의 조건인 것이다. 그리고 그것이 내포하는 정서적 호소가 클수록 그 목표는 가까워지고 구체적이 된다. 제1차 세계대전을 견딜 수 있었던 것은 그것이 모든 전쟁의 마지막이라는 믿음이 있었기 때문이다. 우드로 윌슨의 도덕적 권위는 그가 인류의 정치적 해악을 포괄적으로, 그리고 완전히 종식시킬 수 있는 핵심 인물이라는 신념을 사람들이, 그리고 윌슨 자신이 가지고 있었기 때문이다. 거의 모든 종교가 완전한 축복이라는 최종지향점을 가지고 있다는 것

1) Treitschke, *Aufsaetze*, iv. p. 428.
2) Engels, *Ludwig Feuerbach*[영어번역판], p. 23.

은 주목할 만한 일이다.

확고한 목표는 일종의 계시적 성격을 띠고 있어 정서적이고 비합리적인 호소력을 가지는데, 현실주의는 이를 정당화하거나 설명할 수 없다. 계급이 없는, 천국과 같은 사회에 대한 마르크스의 유명한 예측은 모르는 사람이 없다:

> 노동이 단순히 삶의 한 방편이 아니라 그 자체로서 삶의 필요조건이 될 때, 그리고 개인이 모든 점에서 발전하여 생산력 또한 발전하며, 집단적 부의 모든 자원이 풍요롭게 흐를 때만 부르주아의 좁은 시야를 초월하여 사회 전체의 이름으로 깃발을 올리는 것이 가능해질 것이다. 능력에 따른 사회에서 필요에 따른 사회로.[3]

소렐은 혁명적 교리가 효과적이기 위해서는 '신화'가 필요하다고 주장하였다. 처음에는 세계혁명이란 이름으로, 다음에는 '사회주의 조국'이란 이름을 내건 소비에트 러시아가 신화를 이와 같은 목적으로 사용한 좋은 예다. 라스키 교수가 한 말, 즉 "공산주의는 그 현실주의가 아니라 이상주의에 의해, 그 물질적 약속이 아니라 정신적인 약속에 의해 가능했다"라는 말은 정곡을 찌른다.[4] 근년에 한 신학자는 이와 같은 상황을 다음과 같이 매우 냉소적으로 분석했다:

> 초합리적인 희망과 종교적 열정 없이 절망을 딛고 일어나 불가능한 일을 시도할 수 있는 사회는 없다. 정의사회라는 비전은 불가능하다. 오로지 그것이 불가능하지 않다고 믿는 사람들에 의해 비슷한 것이 만들어질 뿐이다. 이처럼 종교의 가장 진실된 측면도 환상이다. 확고한 신앙을 가진 사람들에 의해 그 일부만 실현될 뿐이다.[5]

---

3) Marx and Engels, *Works*[러시아어판], xv. p. 275.
4) Laski, *Communism*, p. 250.
5) R. Niebuhr, *Moral Man and Immoral Society*, p. 81.

이 구절은 《나의 투쟁》에서 히틀러가 "프로그램 제작자"와 정치가를 대비시킨 구절과 거의 일치한다.

> 그[즉 프로그램 제작자]의 중요성은 거의 전적으로 미래에 있으며 비현실적, 이상주의적이란 단어로 묘사된다. 왜냐하면 정치가의 기술이 진정 가능성의 예술이라면, 프로그램 제작자는 불가능한 것을 요구하여 신을 기쁘게 하는 그런 부류의 사람이기 때문이다.[6)]

'실현불가능한 신조'가 정치사상의 한 종류로 자리 잡은 것이다. 철저한 현실주의는 역사의 전 과정을 있는 그대로 받아들일 뿐 그에 대한 도덕적 판단은 배제한다. 인간이란 대개 과거에 대한 역사적 판단을 수용하여 성공사례를 칭찬하고 실패사례를 비난한다. 이와 같은 심판은 현대정치에도 널리 적용된다. 국제연맹이나, 소비에트 혹은 파시스트 정권과 같은 실험적 체제는 그것이 지향하는 목적을 얼마나 달성하였는가에 의해 평가된다. 그리고 그 체제 스스로 배포한 선전에서 그러한 평가기준이 합당함을 인정하고 있다. 왜냐하면 체제의 선전은 항상 성공사례를 과장하고 실패사례를 축소하고 있기 때문이다. 그러나 전체 인류가 항상 그러한 합리적 평가를 정치적 판단의 기준으로 수용하는 것은 아니라는 점은 명백하다. 무엇이든 이기는 것이 옳고, 따라서 그것을 단지 이해하고 수용해야 한다는 생각은 목적의식을 황폐화시킬 뿐이다. 또한 도덕적 판단의 가능성을 배제하는 철학을 가진 사람들이라고 해서 도덕적 판단을 하지 않는 것도 아니다. 도덕과는 거리가 먼 프리드리히 대제(Frederick the Great, 재위 1740~86)도 "속임수는 한번밖에 통하지 않기"때문에 모든 조약은 준수되어야 하며 따라서 조약의 위반은 "어리석고 악랄한 정책"이라고 주장하였다.[7)] 마르크스의 철학은 자본가들의 행위패턴에 대한 과학적 설명이

---

6) Hitler, *Mein Kampf*, p. 231.

7) *Anti-Machiavel*, p. 248.

라고 할 수 있지만 그의 《자본론》이 가장 큰 영향을 미친 부분은 바로 그러한 자본가들의 사악한 행위패턴을 비난한 부분이었다. 모든 정치가들은 국내외 문제를 막론하고 특정한 이익에 도덕적 원칙의 옷을 입힐 필요가 있음을 인정한다. 그리고 그 필요성이야말로 현실주의가 실제로는 맞지 않음을 상징적으로 보여주고 있는 것이다. 모든 시대에 사람들은 그 시대만의 독자적인 가치를 창출하고 그에 기반하여 도덕적 판단을 내릴 수 있는 권리를 주장하지만, 결국은 자신들의 가치가 절대적이라고 믿기에 이른다. '당위'라는 단어가 무의미하다는 현실주의의 핵심을 거부하는 것이다.

철저한 현실주의가 있을 수 없는 가장 큰 이유는 목적론적이고 의식적인 행동의 기준을 부정하기 때문이다. 원인과 결과 간의 인과적 흐름이 사태전개에 대한 "과학적 예측"을 가능케 할 정도로 확고하고 우리의 사고가 사회적 지위와 이해관계에 의해 지배된다면, 우리의 행동과 사고는 목적 없이도 가능할 것이다. 쇼펜하우어(Arthur Schopenhauer, 1788~1860)가 말한 것과 같이 "진정한 역사철학이 끊임없이 변하는 현실 속에서 과거, 현재, 미래를 통해 변치 않는 존재를 찾아내는 통찰력을 의미하는 것"이라면8) 소극적 명상만이 개인이 할 수 있는 유일한 일일 것이다. 그러나 그러한 결론을 그대로 받아들이는 사람은 거의 없다. 인간사가 인간의 행동과 생각에 의해 지배되고 변화한다는 명제를 부정하는 것은 곧 인간의 존재 자체를 부정하는 것과 마찬가지이기 때문이다. 그리고 실제로 역사에 이름을 남긴 현실주의자들도 그러한 명제를 부정한 적은 없다. 마키아벨리도 그의 동포들에게 충성스러운 이탈리아인이 되라고 충고하면서 명백히 그들의 자유의지에 따라 자신의 권고를 따르기도 혹은 따르지 않기도 할 것이라는 것을 인정하고 있는 것이다.

부르주아로 태어나서 자란 마르크스도 스스로 자유로이 프롤레타리아인 것처럼 생각하고 행동할 수 있다고 믿음으로써 스스로의 행동의 자유

---

8) Schopenhauer, *Welt als Wille und Vorstellung*, ii. ch. 38.

를 믿었다. 또 다른 사람들을 설득하는 것이 자신의 사명이라고 생각한 것은 다른 이들 또한 자유로이 생각하고 행동할 수 있다는 것을 전제한 것이다. 세계혁명이 임박한 것이 "과학적 예측"이라고 주장한 레닌도 "절대적으로 불가피한 상황이란 존재하지 않는다"는 것을 인정하고 있다.[9] 위기의 순간에 레닌은 그의 추종자들에게 "결정적인 순간과 장소에서 여러분들은 보다 '강'하고 승자임을 '입증해야 한다'"고 호소하였다.[10] 인간의 지를 철저히 믿은 무솔리니나, 기타 어떠한 시대의 어떤 지도자도 그랬을 것이다. 직업이 무엇이든 모든 현실주의자는 결국 인간사에는 '마땅히' 생각하고 행동해야만 하는 것만 있는 것이 아니라, '능히' 생각하고 행동할 수 있는 것들도 있어서, 인간의 행동과 생각은 기계적인 것도 아니고 무의미한 것도 아니라는 사실을 인정하지 않을 수 없게 되는 것이다.

그러므로 우리는 모든 건전한 정치사상은 이상과 현실 모두에 기반해야 한다는 결론에 이르게 된다. 이상주의가 공허하고 특권층의 기득권을 대변하는, 참을 수 없는 겉치레가 되면 현실주의는 그 가면을 벗기는 중요한 역할을 한다. 그러나 순수한 현실주의는 적나라한 권력투쟁 외에는 대안적인 모습을 제공하지 못하기 때문에 국제사회란 불가능해진다. 현실주의라는 무기로 오늘날 유행하는 유토피아를 파괴하고 나면 우리는 새로운 우리의 유토피아를 건설하지 않을 수 없다. 물론 이 또한 언젠가는 현실주의라는 무기의 표적이 되겠지만, 인간의 의지는 끊임없이 현실주의의 논리적 결론에서 탈출하여 새로운 국제질서의 모습을 추구한다. 그리고 그것이 정치적 모습으로 구체화되면 곧 자기이익과 위선으로 오염되고 또다시 현실주의의 공격을 받게 되는 것이다.

여기에 모든 정치적 삶의 복잡함과 멋과 비극이 있다. 정치란 결코 서로 만날 수 없는 두 개의 판에 떨어져 존재하는 이상과 현실이라는 요소

---

9) Lenin, *Works*[러시아어 재판], xxv. p. 340.

10) Lenin, *Collected Works*[영어번역판], xxi. pt. i. p. 68.

로 구성되어 있다. 목표와 제도, 즉 이상과 현실을 구분하지 못하는 것처럼 정치적 사고에 장애가 되는 것은 없다. 공산주의를 민주주의에 대항하는 것으로 생각하는 공산주의자는 대개 공산주의란 평등과 형제애의 순수한 이상이고 민주주의란 영국, 프랑스, 미국 등에 존재하는 제도로 모든 정치제도에 고유한 기득권과 불평등 그리고 압제를 대표하는 것으로 생각한다. 민주주의자들은 순수한 이상의 형태로서의 민주주의와, 소련에 존재하는 계급간의 분열, 반동분자 색출, 강제수용소라는 형태의 제도로서 공산주의를 비교한다. 이상과 현실 간의 비교는 의미가 없다. 어떠한 이상도 제도화되면 더 이상 이상이 아니라 이기적인 이해관계의 한 표현으로 전락하여 새로운 이상에 의해 타도의 대상이 되는 것이다. 이처럼 양립할 수 없는 세력간의 끊임없는 상호작용이 바로 정치이다. 모든 정치적 상황은 이상과 현실, 도덕과 권력이라는 서로 양립할 수 없는 두 요소를 모두 포함한다.

정치의 이와 같은 모습은 이제 권력의 본질에 대한 분석을 통해 보다 명백히 드러날 것이다.

제 III 부

정치, 권력 그리고 도덕

7 정치의 본질

인간은 항상 집단을 이루어 살아왔다. 가장 작은 집단인 가족은 물론 종(種)의 유지를 위해 필요한 것으로 굳이 인간이 다른 종과 다른 점이라고 할 수 없을 것이다. 그러나 지금까지 알려진 바로 인간은 원시시대부터 단일 가족보다는 큰 단위의 반영구적인 집단을 형성해 왔다. 그리고 그러한 집단이 수행하는 기능의 하나는 그 구성원간의 관계를 조정하는 것이었다. 정치란 그처럼 조직된 영구적 혹은 반영구적 집단 내부의 인간행위와 관련된 것이다. 사회의 성격을 홀로 사는 인간의 행위에서 추론하는 것은 단지 이론적인 시도에 불과하다. 홀로 사는 인간이 존재했는지도 확실치 않기 때문이다. 인간은 본질적으로 정치적 동물이라고 한 아리스토텔레스의 말이야말로 모든 정치사상의 근본을 이루는 것이다.

사회 속에 사는 인간이 동료에 대하는 방식에는 두 가지가 있다. 때로 인간은 이기적이다. 즉 타인의 희생 위에 스스로를 주장한다. 때로 인간은 사회적이다. 즉, 타인과 협력하여 상호우호와 선린관계를 설정하고 심지어 스스로 타인에게 복종하기도 한다. 이와 같은 두 가지 성격은 모든 사회에서 나타난다. 구성원의 상당수가 협력과 상호우호에 대한 최소한의 욕구도 가지고 있지 않으면 어떤 사회도 존재할 수 없다. 그러나 동시에 어떠한 사회도 그 유지를 위해서는 어느 정도의 결속이 필요하고, 결속을 위해서는 제재가 필요하다. 그리고 그 제재는 사회의 이름으로 행동하는 지배집단 혹은 개인에 의해 집행된다. 대부분의 사회는 가입과 탈퇴가 자유로운 자발적인 사회이고, 따라서 그러한 사회에서 궁극적인 제재수단은 추방이다.

그러나 정치사회는 특이하다. 오늘날 정치사회는 국가라는 형태를 띠고 있고 가입과 탈퇴의 자유가 없다. 물론 국가도 다른 사회나 마찬가지로 어느 정도 구성원 사이의 공동의 이익과 의무감에 기반해야 한다. 그러나 통치집단은 충성과 복종을 강제하기 위해 정기적으로 제재를 내린다. 그리고 그 제재는 불가불 통치자가 피치자를 지배하고 자신들의 목적을 위해 "착취"하는 것을 의미한다.[1)]

이처럼 정치사회의 이중성은 널리 주목을 받아왔다. 라스키 교수는 "모든 국가는 인간의 양심에 기반한다"고 말한다.[2)] 반면 인류학에 따르면, 또 최근의 역사가 증명하듯이 "국가를 만드는 주된 방법은 전쟁을 통해서"이다.[3)] 라스키 교수 본인도 "우리의 문명이 하나인 것은 선의 때문이 아니라 두려움 때문이다"라고 쓰고 있다.[4)] 그러나 이 두 가지 반대되는 명제는 서로 모순이 아니다. 《인간의 권리》(*Rights of Man*)에서 토마스 페인(Thomas Paine, 1737~1809)이 "정부가 국민 '아래'에 있는지, 아니면 '위'에 있는 것인지"를 놓고 버크(Edmund Burke)와 논쟁했을 때 그 답은 명백했다. '둘 다 맞다'가 정답이다. 강요와 양심, 적대와 우호, 자기주장

1) "나는 항상 부유한 사람들이 공동체라는 이름으로 자신의 이익을 추구하는 모종의 음모를 보았다"(More, *Utopia*). "사회의 한 부분이 다른 부분을 착취하는 것은 지난 모든 세기에 공통된 현상이었다"(*Communist Manifesto*).

2) Laski ed., *A Defence of Liberty against Tyrants*(*Vindiciae contra Tyrannos*), Introduction, p. 55.

3) Linton, *The Study of Man*, p. 240.

4) Laski, *A Grammar of Politics*, p. 20.

과 자기복종은 모든 정치사회에 존재한다. 국가는 이처럼 서로 상충하는 두 가지 인간본성 위에 건설되는 것이다. 유토피아와 현실, 이상과 제도, 도덕과 권력은 처음부터 국가의 불가결한 두 가지 속성이다. 최근 미국의 저술가가 썼듯이 미국을 건설함에 있어 "해밀턴은 힘과 부와 권력을 주장했고 제퍼슨은 미국의 꿈을 주장"했으나 권력과 꿈은 모두 필요한 요소였던 것이다.[5)]

그렇다면 한 가지 중요한 결론이 가능하다. 정치현실에서 자기주장의 요소를 제거하여, 도덕기반만으로도 정치체제를 세울 수 있다고 믿는 이상주의자는 본질을 크게 잘못 짚은 것이다. 이타주의(利他主義)란 환상일 뿐이다. 또한 모든 정치적 행위는 자기주장에 기반한다고 믿는 현실주의자도 잘못이기는 마찬가지다. 이러한 잘못은 일상용어에도 잘 나타나고 있다. "권력정치"(power politics)라는 용어가 마치 정치에서 권력 또는 자기주장의 요소가 비정상적이며, 건전한 정치생활을 위해서 제거되어야 될 것인 양 부정적 의미로 쓰이고 있는 것이다.

역으로 현실주의자가 아니더라도 정치학이란 권력과 자기주장에 관한 학문이며 따라서 도덕적 의식에서 나온 행동은 분석의 대상이 아니라고 믿는 경향이 없지 않다. 캐틀린(Catlin) 교수는 '정치적 인간', 즉 '호모 폴리티쿠스'(*homo politicus*)를 "자신의 목적을 보다 용이하게 달성하기 위해 다른 사람들의 의지를 자신의 의지에 따르게 하기를 원하는 사람"이라고

---

5) J. Truslow Adams, *The Epic of America*, p. 112. 국가가 권력의 기반뿐만 아니라 국민의 동의라는 도덕적 기반도 아울러 가지고 있다는 사상은 로크와 루소가 주장하였고 미국과 프랑스의 혁명으로 널리 유포되었다. 이 사상을 최근에 주장한 두 가지 예를 들어보자. 1918년 10월 18일의 체코슬로바키아의 독립선언문은 오스트리아-헝가리제국을 "존재할 명분이 없는 국가이며 (민족자결이라는) 현대 세계조직의 근본적 기반을 수용하지 않기 때문에 단지 인위적이고 비도덕적인 존재"라고 불렀다. 1938년 2월 히틀러는 당시 오스트리아 총통인 슈슈니크에게 "법적 기반이 없이 오로지 힘에 의해 유지되는 정권은 장기적으로는 반드시 여론과 끊임없이 충돌하게 마련"이라고 충고했다(1938년 3월 17일 제국의회에서 행한 연설). 또 히틀러는 국가의 두 기둥은 "폭력"과 "인기"라고 주장했다(*Mein Kampf*, p. 579).

정의한다.[6]

그러나 이와 같은 용어는 본질을 호도하고 있다. 정치를 권력과 떼어서 생각하는 것은 물론 불가능하다. 그러나 '정치적 인간'을 권력밖에 모르는 사람으로 보는 것은 '경제적 인간', 즉 '호모 에코노미쿠스'(*homo economicus*)를 돈밖에 모르는 사람으로 정의하는 것과 마찬가지로 비현실적이다. 하나의 신화에 지나지 않는 것이다. 정치행위란 도덕과 권력의 조정 위에 존재해야 한다.

이는 이론과 실천에서 모두 중요하다. 정치에서 권력을 무시하는 것은 도덕을 무시하는 것과 마찬가지로 치명적 결과를 가져온다. 19세기 중국의 운명은 자신의 문명이 도덕적으로 우월하다고 믿고 권력의 수단을 멸시한 나라가 어떻게 되는가를 단적으로 보여준 예이다. 1914년 봄 영국의 자유당 정부는 효과적인 군사력의 뒷받침 없이 도덕적 권위만을 앞세워 아일랜드 정책을 추진한 결과 커다란 재앙을 만날 뻔했다. 독일통일을 논의한 1848년의 〈프랑크푸르트 회의〉는 권력을 무시한 이념이 얼마나 무기력한가를 보여준 고전적 사례이다. 독일 바이마르 공화국이 붕괴한 이유는 그것이 추구한 거의 모든 정책이 (반공정책을 예외로 하면) 효과적인 군사력의 뒷받침이 없었기 때문이다.[7] 민주주의는 폭력이 필요하지 않다고 믿는 이상주의자는 실은 그처럼 달갑지 않는 현실을 믿고 싶지 않을 따름이다.

반면 '권력을 추구하라, 그러면 도덕적 권위는 자연히 뒤따를 것이다'라고 믿는 현실주의자도 잘못하기는 마찬가지이다. 같은 맥락에서 "폭력의 기능은 도덕적 이상이 뿌리를 내릴 때까지 시간을 벌어주는 것이다"라는 최근의 유행어가 있다. 국제정치에서 이 말은 1919년 〈베르사유 조약〉

---

6) Catlin, *The Science and Method of Politics,* p. 309.

7) '현실정치'(*Realpolitik*)란 단어가 1848년 프랑크푸르트 회의의 교훈에서 영감을 얻어 1853년에 출판되어 한때 유명했던 폰 로차우(von Rochau)의 *Grundsaetze der Realpolitik*에서 처음 쓰였다는 것은 주목할 만하다. 히틀러가 바이마르 공화국의 경우에서 얻은 교훈에서 이 용어를 사용하게 된 것은 명백하다.

을 방어할 도덕적 명분이 궁색하여 일단 권력을 잡고 나면 도덕적 유화가 따라올 것이라고 주장한 사람들이 사용한 것이다. 그러나 이와 같은 낙관론은 경험적 근거가 약하다. 이 오류는 한때 지지를 받았던 영국의 정책목표에도 묵시적으로 드러난다. 영국의 정책목표는 "국제연맹을 재건하여 무력으로써 정치적 침략자를 통제할 수 있도록 한 다음 정당하고 실제적인 불만을 달래도록 충실히 노력하는 것"이었다.[8] 그러나 일단 적국을 무력으로 붕괴시키거나 "침략국"을 제어하고 나면 "그 다음"은 결코 오지 않는다. 일단 권력에 우선순위를 두고 나면 도덕은 자연히 따라올 것이라는 환상은 도덕적 권위에 우선순위를 두면 권력이 자연히 따라올 것이라는 환상과 마찬가지로 위험한 것이다.

정치에서 권력과 도덕의 역할이 어떤 것인지를 살펴보기 전에 여기서 우선 현실주의자가 아니면서도 정치를 권력의 측면에서만 보며 도덕적 개념을 무시해야 한다고 믿는 이들의 주장을 살펴보자. 이 주장에 따르면 정치와 도덕은 어울릴 수 없는 존재이다. 따라서 도덕인(道德人)은 정치와는 아무런 관련이 없다고 생각한다. 이와 같은 주장은 큰 매력이 있어 역사의 여러 시점에서 다양한 맥락에서 제기되곤 했다. 그 형태는 최소한 세 가지였다.

(1) 그 가장 단순한 형태는 비저항주의(the doctrine of non-resistance)이다. 도덕적 인간은 하나의 죄악으로서 정치권력이 존재함을 인정한다. 그러나 권력에 저항하기 위해 권력을 사용하는 것은 그보다 더 큰 죄악이다. 이러한 믿음이 예수나 간디의 비저항주의 혹은 오늘날의 평화주의의 기반을 이룬다. 이 주장의 핵심은 정치를 보이콧하는 것이다.

(2) 둘째는 무정부주의(anarchism)이다. 정치권력의 주된 기구로서 국

---

8) Winston Churchill, *Arms and the Covenant*, p. 368. "정당한" 불만을 해소하기 위해서 권력이 필요한 힘이라는 주장은 pp. 209~216에 보다 구체적으로 전개된다.

가는 "가장 극악하고 냉소적인, 인간성의 완벽한 부정"이다.9) 무정부주의자는 국가를 전복시키기 위해서는 권력을 사용할 것이다. 그러나 이와 같은 혁명적 권력은 정치권력으로 간주되지 않고 분노한 개인의 양심에 따른 자발적 반발이다. 혁명권력은 옛 정치사회를 새로운 정치사회로 대체하려고 노력하지 않는다. 따라서 정치는 영원히 사라진다. "산상수훈(the Sermon on the Mount) 원칙"은 곧 "문명사회의 횡사(橫死)"를 의미하는 것이라고 영국의 한 신학자는 최근 말했다.10) 무정부주의자들은 산상수훈의 이름으로 "문명사회"를 파괴하려는 사람들이다.

(3) 셋째는 앞의 둘과 마찬가지로 정치와 도덕이 양립할 수 없다는 전제에서 출발하지만 전혀 다른 결론에 도달한다. "시저의 것은 시저에게, 하나님의 것은 하나님에게"라고 한 예수의 가르침은 정치와 도덕이라는 두 개의 서로 다른 영역이 공존하고 있음을 의미한다. 그러나 도덕인은 정치인들이 그들에게 고유한 비도덕적 기능을 수행하는 것을 보조하거나, 적어도 방해하지 않을 의무가 있다. "모든 영혼을 보다 높은 권력에 복종케 하라. 이는 하나님이 정한 권력이니라." 따라서 여기서 정치는 필요한 것이며 비도덕적인 것이 아니다. 이러한 전통은 교회의 권위와 세속적 권위가 이론적으로 하나였던 중세시대에는 잠자고 있었다. 그러다가 종교개혁을 주도한 마틴 루터가 그의 개혁교회와 국가 사이에 타협을 정당화하기 위해 다시금 주장하였다. 루터는 "당시 '하나님의 나라'를 '지상의 나라'로 바꾸는 데 대한 두려움에 떨고 있는 농부들에게 복음의 원칙은 이 세상에서도 중요하다고 역설하였다."11) 시저가 하는 일과 하나님이 하는 일이 서로 다르다는 것은 "국교"의 개념에서 잘 드러난다. 그러나 그와 같

9) Bakunin, *Œuvres*, I. p. 150; cf. vi. p. 17: "만일 모든 인류역사에 악마가 존재한다면 그것은 곧 지배와 권위의 원칙이다."

10) 세인트 폴(St. Paul) 대학의 학장이 한 말. *The Times*, August 2, 1937자에서 인용.

11) R. Niebuhr, *Moral Man and Immoral Society*, p. 77.

은 전통은 다른 어떤 나라보다 루터의 조국인 독일에서 보다 지속적이고 효율적이었다. 19세기 독일의 한 자유주의적 목사는 말했다: "우리는 국가의 건설과 경제의 영역에 속하는 문제에 대해서는 예수님께 여쭈어보지 않는다."[12] 베른하르디는 "기독교적 도덕률은 개인적이고 사회적일 뿐, 본질적으로 정치적일 수 없다"고 했다.[13] 칼 바트(Karl Barth)의 근대신학에서도 마찬가지의 태도를 찾을 수 있다. 즉, 정치사회의 죄악은 인간의 사악한 본성에서 불가피하게 초래되는 것으로 이의 근절은 불가능하다는 것이다. 또한 기독교적 도덕률이 정치와 관련이 없다는 것은 나치 정권에서 강력히 주장해 온 것이기도 하다. 이와 같은 견해는 도덕을 정치의 함수로 보는 현실주의와는 기본적으로 다르다. 그러나 현실정치에서는 이를 현실주의와 구별하기 어렵다.

정치의 영역과 도덕의 영역이 별개라는 주장은 겉으로 보기에 그럴듯하다. 폭력사용의 정당화라는 해결할 수 없는 문제를 피해갈 수 있기 때문이다.[14] 그러나 이는 궁극적인 해결책은 되지 못한다. 비저항주의와 무정부주의는 정치적 행동을 통해 무엇을 성취하는 것이 불가능하다고 느끼는 사회에서 인기가 있는 자포자기의 한 표현이다. 하나님과 시저를 엄격히 구분하는 것도 자신의 세계관에 모종의 도덕적 질서를 부여하고자 하는 인간의 본연적 욕구에 어긋나는 것이다. 사람들은 정치적으로 옳은 것이 도덕적으로는 그를 수 있다는 생각을 오래 유지하지 못한다.[15] 권력을 도

---

12) W. F. Bruck, *Social and Economic History of Germany*, p. 65에서 인용.

13) Bernhardi, *Germany and the Next War*[영어번역판], p. 29.

14) 맥스턴(J. Maxton) 씨는 하원에서 "폭력을 제대로 쓴다"는 것은 의미가 없다고 지적하였다. "왜냐하면 나의 입장에서 제대로란 결국 내가 원하는 때란 의미이기 때문이다. 그의 입장에서도, 또 모든 이의 입장에서도 마찬가지이다"(House of Commons, November 7, 1933: *Official Record*, col. 130). 정치에서 폭력이란 항상 집단이익의 한 수단이다.

15) 액턴(Acton)은 즐겨 "위대한 인물은 거의 예외 없이 악인"라고 말했다. 또 "착한 사람들이 나라를 지킨 경우는 전혀 없다"는 월폴의 말을 즐겨 인용했다(*History of Freedom*, p. 219). 로즈베리의 예리함은 다음에서 드러난다: "영국사람들이 위대한 사람에 관한

덕과 조화시키거나 정치현실에서 권력을 제거하는 일이 불가능하기 때문에 이 딜레마를 완전히 해소하는 것은 불가능하다. 이상과 현실은 결코 만나지 못한다. 이상을 제도화하거나 제도에 이상을 부여하는 것은 불가능하다. 신학자 라인홀드 니부어(Reinhold Niebuhr, 1892~1971)는 "정치는 역사가 끝날 때까지 양심과 권력이, 인간 삶의 윤리적 요소와 폭력적 요소가 만나 한시적이고 불편한 타협을 시도하는 장"이라고 말했다.[16] 타협이란 인간문제의 다른 해법과 마찬가지로 한시적이고 불편한 것이다. 그러나 두 가지 요소를 모두 포함하는 것은 모든 타협에 있어 핵심적인 사항이다.

이제 권력과 도덕이라는 두 가지 핵심요소가 국제정치에서 어떻게 나타나는지를 검토할 필요가 있다.

이야기를 들을 때 꼭 물어보는 말이 있다 : 그 사람은 착한 사람이었는가?"(*Napoleon: The Last Phase*, p. 364).

16) Niebuhr, *Moral Man and Immoral Society*, p. 4.

8 국제정치와 권력

정치란 항상 권력정치(power politics)이다. 통상적으로 말하는 "정치적"이란 용어는 국가가 행하는 모든 행위에 적용되는 것이 아니라 권력의 갈등을 포함하는 문제에 한정된다. 이 권력의 갈등이 해소되고 나면 그 문제는 더 이상 "정치"가 아니라 "행정"의 문제가 된다. 마찬가지로 국가 사이에 일어나는 모든 문제가 "정치적"인 것은 아니다. 다수 국가가 우편이나 철도의 유지, 전염병의 확산 방지, 마약거래의 단속 등을 위해 서로 협력하는 것은 "비정치적" 혹은 "기술적" 문제라고 불린다. 그러나 국가간의 관계에서 권력이 포함된 혹은 포함되었다고 생각되는 문제가 발생하는 순간 문제는 "정치적"이 된다. 권력을 떠나서 정치를 정의할 수 없는 한 권력은 항상 정치의 한 필수요소라고 말해도 무리가 없다. 정치문제는 (기술적 혹은 법률적 문제와 달리) 문제의 내용을 안다고 해서 이해할 수 있는 것이 아니다. 무엇보다 누가 당사자인가를 아는 것이 매우 중요하다. 같은 문제라도 고립된 소수의 사람들이 제기하는 것과 막강하고 조직된 노동조합이 제기하는 것은 정치적으로 같은 사실이 아니다. 영국과 일본 사이에 일어나는 정치적 문제는 영국과 니카라과 사이에 일어나는 문제와 그 내용이 같더라도 전혀 다른 성격을 띤다. 레닌은 "정치는 다수가 있는 곳에서 시작한다. 수천 명이 아니라 수백만 명이 있는 곳, 그곳이 바로 심각한 정치가 시작하는 곳이다"라고 썼다.[1)]

이러한 말이 너무나 명백하고 "폭력과 무자비함이 없이는 역사에서 아무런 것도 성취할 수 없다"는 엥겔스의 말이 진부하게 들릴지도 모른다.[2)] 그러나 역사적으로 모든 시기가 그러했던 것은 아니다. 비교적 평온했던 19세기 자유주의 시대에는 정치권력의 강압적 요소가 잘 위장되어 정치권력이 조용히 그리고 지속적으로 작동하였다. 어쨌거나 민주주의 국가에서 이와 같은 위장은 부분적으로나마 효과를 발휘했다.[3)] 제1차 세계대전이 끝나고 이러한 자유주의적 전통이 국제정치로 전이되었다. 영미의 이상주의적 논객들은 국제연맹의 설립으로 국제정치의 권력정치적 측면이 사라지고 토론이 육해군을 대체할 수 있다고 진심으로 믿었다. "권력정치"는 과거 사악한 시대의 유물로 간주되었고 따라서 부정적인 의미로 쓰였다. 이러한 믿음이 10년 이상 지속되었다는 사실은 현상의 유지를 원하는 강대국들이 사실상 권력을 독점하고 있었다는 상황에 기인한다. 세계 챔피언과 초등학생이 두는 체스게임은 너무나 빨리 그리고 쉽게 끝나기 때문에 잘 모르는 사람들은 체스를 두는 데는 별다른 기술이 필요 없다고 생각하게 된다. 마찬가지로 단순한 사람들은 1920~31년 사이의 국제정치를 보면서 국제정치 게임이란 권력이 별로 문제되지 않는 게임이라고

---

1) Lenin, *Selected Works*[영어번역판], vii. p. 295.

2) Marx and Engels, *Works*[러시아어판], vii. p. 212.

3) 심지어 볼드윈 공(Lord Baldwin)조차 1925년에 "민주주의는 토론과 대화에 의한 지배"라는 위험한 반푼의 진실을 믿었다(*On England*, p. 95). 《더 타임스》지에 보낸 최근 편지에서 해리슨(Frederic Harrison) 씨는 영연방에 대해 다음과 같이 썼다 : 이것은 "정복에 의해 건설되고 무력에 의해 유지되는 것이 아니다. 이는 우리의 해군과 육군의 힘으로 성취한 것이 아니라 개성의 힘으로 성취한 것이며 동정, 공동의 이익과 공동의 언어, 그리고 공통된 역사의 유대로 유지된다"(*The Times*, June 30, 1938). 이 또한 위험한 반푼의 진실이다. 왜냐하면 이것은 진실의 다른 반쪽을 무시하고 있기 때문이다. 즉 영연방이 유지되는 것은 영국의 엄청난 군사력과 경제력 때문으로, 그 힘이 상실되면 영연방은 즉시 붕괴될 것이었다.

생각하였다. 흔히 1931년의 "권력정치의 복귀"라고 부르는 현상은 사실은 현상유지 국가들이 누렸던 권력의 독점이 끝났음에 다름 아니다. 스탈린은 "'요즘 세상에서' 약소국의 입장을 생각하는 것은 관행이 아니다"라고 개탄하였다. 네빌 체임벌린도 "우리가 '오늘날' 보는 세계에서 무력이 없는 나라는 목소리를 내기 어렵다"고 하였다.[4] 이와 같은 말은—19세기 영국의 자유주의적 전통을 계승한 체임벌린은 몰라도 스탈린과 같은 마르크시스트가 했다는 것은 놀라운 사실인데—한때 약하고 무력이 없는 나라들도 국제정치에서 효과적인 역할을 한 적이 있었다는 사실을 상기시켜 줄 뿐이다.

정치에서 권력을 제거할 수 있다는 생각은 정치문제에 대한 전적으로 무비판적인 태도에서만 나올 수 있다. 〈국제연맹〉의 문제에서 공식적 평등이나 모든 나라가 토론에 참가했었다는 사실 때문에 권력의 요소가 중요하지 않은 것은 결코 아니다. 국제연맹을 창설한 사람들도 그렇게 생각하지 않았다. 연맹을 최초로 제안한 하우스(Edward M. House, 1858~1938) 대령은 원래 강대국만을 회원국으로 구상하였다.[5] 미국과 영국이 처음 마련한 연맹규약초안을 보면 연맹 자체 혹은 적어도 연맹의 이사회는 강대국들만으로 구성되어 있었다. 세실 공도 이 초안의 하나에 대해 "약소국들은 제대로 영향을 행사할 수 없을 것"이라고 말했다.[6] 이들은 역시 선견지명이 있었다. 한 이탈리아 대표는 그가 제네바에 정기적으로 참석했을 때 "중요한 분쟁이 강대국들간의 합의 이외의 방식으로 해결된 적은 한 번도 없었다"고 증언하고 있다. 즉, 연맹의 절차는 "모든 것이 결국은 영국, 이탈리아, 프랑스, 독일 4대 강국간의 합의 유무로 귀결되는 다수의

---

4) 스탈린의 말은 러시아 공산당 제6차 대회 보고에서 한 것으로 *L'Union Sovietique et la Paix*, p. 25에 수록. 체임벌린의 말은 *The Times*, June 26, 1939. 양 인용구에서 반인용부호로 강조한 것은 저자가 한 것임.

5) *Inmate Papers of Colonel House*, ed. C. Seymour, iv. p. 24.

6) Miller, *The Drafting of the Covenant*, ii. p. 61. 연맹이사국의 수를 늘린 결과에 대해서는 전술(제3장 각주 12) 참조.

우회로로 구성된 체계"였다는 것이다.[7] 아일랜드의 드 발레라(Eamon De Valera, 1882~1975)도 후일 "법적 평등에도 불구하고 유럽의 평화문제와 같은 경우에 약소국들은 아무런 발언권이 없었다"고 말했다.[8] 1935~6년 겨울에 이탈리아에 대한 제재를 결정한 것은 전적으로 당시 지중해역에서 상당한 군사력과 경제력을 보유하고 있었던 영국과 프랑스의 작품이었다. 약소국들은 단지 그들의 주도를 추종할 뿐이었고, 그중 한 나라는 영국과 프랑스에 의해 그 대가를 "보상"받기도 했다.

약소국들이 강대국들의 주도를 따라 움직인 것은 제네바의 국제연맹에서 있었던 일만은 아니었다. 1931년 9월 영국이 금본위제를 포기했을 때 몇몇 약소국들은 그 뒤를 따르지 않을 수 없었다. 1936년 9월 프랑스가 금본위제를 포기했을 때에도 (최후까지 금본위제를 유지하던) 네덜란드와 스위스가 그 뒤를 따르지 않을 수 없었고, 기타 몇몇 약소국들은 통화가치를 변경해야만 했다. 19세기 유럽에서 프랑스가 막강한 군사적 지위를 누릴 때 많은 약소국들은 그 보호막 속으로 모여들었다. 그러다가 독일의 군사력이 프랑스를 앞지르자 대부분의 약소국들은 중립을 선언하거나 독일 쪽으로 모였다. 때로 이상주의적 논객들이 일부 국가들이 고의적으로 채택하는 사악한 정책인 양 비난하는, 소위 "강대국들의 독재"란 국제정치에서 일종의 "자연법"과 같은 하나의 사실인 것이다.

현상에 만족하고 "안보"를 내세우는 국가들의 정책이 현상에 불만인 국가들의 정책에 비해 권력문제에 덜 민감하고, 따라서 "권력정치"라는 용어가 주로 후자에 적용된다는 생각은 환상에 지나지 않는다. 현상에 만족한 국가의 입장에서 볼 때 그와 같은 환상은 매우 매력적이어서, 오늘날 국제정치 문제에 대한 사고의 혼란을 초래하였다. 만족한 국가들이 "안보"를 추구하는 것 그 자체가 때로 바로 권력정치의 적나라한 사례이다. 과거 승전국들은 패배한 적국의 보복으로부터 자국의 안보를 유지하기 위해서

---

7) *The Foreign Policy of the Powers*(1935: *Foreign Affairs*에 재게재), pp. 86 ~7.
8) *League of Nations: Sixteenth Assembly*, Part II. p. 49.

인질을 잡거나 젊은 남자들을 병신으로 만들고 또 노예로 끌고 가기도 했다. 근년에는 영토를 할양받거나 정복하고 때로 무장해제를 강요하기도 했다. 만족한 국가와 불만족한 국가 사이의 투쟁을 도덕 대(對) 권력의 투쟁으로 보는 것은 참으로 잘못된 생각이다. 도덕의 문제와 상관없이 양자 모두에 권력정치적 요소가 그 근본을 이루고 있는 것이다.

권력정치가 어떻게 작동하는가는 〈로카르노 조약〉(Locarno Treaty, 1925)의 역사를 보면 잘 알 수 있다. 독일의 서부국경을 보장하기 위한 조약이 최초로 제안된 것은 1922년 12월 독일에 의해서였다. 프랑스의 외상 포앙카레(Raymond Poincare, 1860~1934)는 이를 단호히 거부했다. 프랑스군의 루르(Luhr) 점령을 앞두고 있던 이 시점에 독일은 모든 점에서 프랑스를 두려워했고, 프랑스는 독일을 두려워할 아무런 이유가 없었다. 따라서 그 조약은 프랑스에 아무런 매력을 갖지 못했다. 2년 후에 입장이 뒤바뀌었다. 루르를 점령한 결과 프랑스는 아무것도 얻은 것이 없었고 그 대책을 놓고 부심하고 있었다. 독일이 언젠가 다시 강대국이 될 것이 명백했기 때문이다. 반면 독일은 여전히 프랑스의 군사적 우위를 두려워하여 일종의 보장을 갈망하고 있었다. 프랑스가 독일을 두려워하는 동시에 독일이 프랑스를 두려워하는 이와 같은 심리적 균형으로 인해 조약이 가능했다. 2년 전에 불가능했었고, 5년 후라면 또 불가능했을 조약이 양측에 의해 모두 환영을 받았던 것이다. 게다가 권력에 대한 영국의 이익 또한 독일과 일치하였다. 독일은 서부국경의 변경에 대한 희망을 포기하는 대신 다른 쪽 국경선 변경에 대한 희망을 가졌다. 영국도 독일의 서부국경만을 보장할 용의가 있었다. 독일은 라인란트의 점령군 철수를 안달하였지만 베르사유 조약의 무장해제규정에 의해 부과된 다른 제약조건들의 해제는 아직 바랄 수 없었다. 따라서 독일은 그러한 규정을 재확인하는 동시에 이를 보장하는 새로운 합의를 수락할 용의가 있었던 것이다.

이것이 바로 그 유명한 로카르노 조약의 배경이었다. 그 성공은 참으로 놀랄 만한 일이었고 다른 분야에서도 유사한 합의를 도출하기 위한 시도가 잇달았다. 지중해와 동유럽판 로카르노 조약을 위한 시도가 실패하자 사람들은 실망하고 또 어리둥절했다. 그들은 왜 같은 국제정치 문제를 같은 기준으로 해결할 수 없는지 이해하지 못했다. 즉, 로카르노 조약이 특정의 시점과 지점에서 나타난 권력정치의 한 독특한 표현이라는 사실을 이해할 수 없었던 것이다. 10년이 지나 로카르노 조약을 가능케 했던 미묘한 균형이 붕괴되었다. 프랑스는 과거에 비해 더욱 독일을 두려워했다. 그러나 독일은 이제 프랑스를 두려워하지 않게 되었다. 그 조약이 독일에 대해 지닌 의미 중 국경의 보장은 이제 의미를 상실하였다. 독일에게 이 조약은 단지 불공정하고 파기의 대상인 비무장 규정만을 의미하였다. 로카르노 조약의 내용 중 권력정치의 내용과 부합한 유일한 규정이 프랑스와 벨기에에 대한 영국의 보장이었다. 독일이 조약의 기타 내용을 공공연히 비난하는 가운데 영국은 이 부분만을 되풀이하여 강조하였다. 로카르노 조약의 역사는 권력정치의 한 고전적 예인 것이다. 그 역사는 안보문제를 선험적이고 단일한 기준으로 이해하고자 하는 이, 그리고 권력정치를 위기시에만 나타나는 비정상적 현상으로 여기는 이에게는 여전히 불가해(不可解)한 것일 것이다.

모종의 국제정부를 설립하려는 모든 시도는 권력이 정치의 핵심부분임을 이해하지 못한 데 기인한 것으로, 문제의 논의에 많은 혼란이 초래되었다. 권력은 떼려야 뗄 수 없는 통치수단이다. 통치를 국제화하는 것은 결국 권력을 국제화하는 것과 같다. 그리고 국제적 통치는 결국 통치목적을 위해 필요한 힘을 제공하는 국가에 의한 통치이다. 베르사유 조약에 따라 유럽의 여러 곳에서 생긴 국제적 통치는 한시적 성격의 것이고 따라서 장기적인 정책문제를 해결할 수 없었다. 라인란트 점령지에서 연합군의 안전에 관한 문제를 처리한 〈연합국 고위위원회〉(Inter-Allied High Commission)는 영국과 프랑스의 정책이 일치하는 한 그 기능을 순조롭게 수행하였다. 그러나 루르 위기로 인해 영국과 프랑스 정부 간에 심각한 견해차이가 생기자 프랑스와 벨기에 점령지역에는 프랑스의 정책이, 영국

점령지역에는 영국의 정책이 시행되었다. 북실레지아 지방에서 주민투표를 시행하기 위해 설치된 연합국 위원회는 폴란드에 유리한 프랑스의 정책을 따랐다. 당시 그 지역에 파견된 연합군은 거의 프랑스군 일색이었기 때문이었다. 영국군이 지역에 추가로 파견됨으로써 그 정책은 변하였다. 어떠한 정부도 효과적인 통제력을 발휘하기 위해서는 힘의 뒷받침이 있어야 하는 것이다.

국제적 통치와 권력의 문제는 주로 위임통치나 일부 혹은 모든 식민영토가 "국제화"되어야 한다는 제안에서 보다 첨예하게 드러난다. 문제는 장기적 정책을 수립하는 항구적 정부가 아닌, 전쟁 중 혹은 공동조약을 실행하기 위한 목적으로 연합국간에 시행된 한시적 국제협력의 경우이다. 팔레스타인 문제에서 그 본질이 잘 드러난다. 팔레스타인 정책에서 핵심사안은 군사력이 얼마나 필요한가였고 따라서 이를 결정하는 것은 군사력이 없는 위임통치위원회가 아니라 군사력을 제공하는 영국이었다. 위임통치위원회가 어떻게 생각하든 영국군이 영국정부나 영국유권자들이 인정하지 않는 정책을 수행하는 것은 상상도 할 수 없는 일이었다.9) 어떠한 국제적 통치체계에서도 중요한 정책은 그 통치에 필요한 권력을 제공하는 국가의 결정에 달려있다. 늘 그렇지만 서로 다른 국가 병력들이 영토를 지리적으로 나누어 지배하는 경우 각 지역은 지배국가들간의 관계에 따라 때로 서로 맞지 않은 정책을 추구하는 경우가 허다하다. 이에 따라 이들 국가들간의 오랜 적대관계가 고도의 위험성을 안고 새로운 형태로 재연되는 것이다. 경제개발의 문제도 예외는 아니다. 식민지를 국제적으로 관리할 경우 "지역정서에 둔감하고 질식할 것 같은, 애국심에만 가득 찬 초(超)관료들에 의해 모든 정책적 창의성이 사장됨으로써 관련 국가들에게 커다

9) 1926년 위임통치위원회에서 팔레스타인 문제를 논의하는 자리에서 라파드(W. Rappard)는 "병력의 부족으로 인해 임무를 수행하지 못할 경우 위임통치는 중대한 책임을 면치 못할 것이라고 생각했다. 그리고 위임통치위원회가 이 위험성을 미리 지적하지 못할 경우 그 책임을 공유해야 할 것이었다"(Permanent Mandates Commission, *Minutes of Ninth Session*, p. 184). 여기서 위원회의 책임은 단지 "지적"하는 것에 그치고 있는 것이다.

란 불이익을 초래할 것"이라고 경험 많고 뛰어난 관리자이기도 한 루가드(Lugard)가 말했다.10) 통치의 핵심기반인 권력을 국가단위로 조직할 경우 진정한 의미의 국제적 통치는 불가능한 것이다. 국제연맹의 사무국이 제 기능을 발휘할 수 있었던 것은 그 직원이 정책에 대해 책임이 없는 비정치적 요원으로 구성되어 권력과 분리되어 있었기 때문이다.

국제문제에서 정치권력은 논의의 목적상 세 가지로 나누어 볼 수 있다. (1) 군사력, (2) 경제력, (3) 생각에 대한 통제가 그것이다. 그러나 이들 셋은 서로 밀접히 연관되어 있고 개념상으로는 이들의 구분이 가능할지 몰라도 실제로는 어떤 나라가 이 중 한 가지만 장기간 유지하는 것은 상상하기 어렵다. 결국 권력이란 불가분의 일체인 것이다. 최근의 한 비평가에 따르면 "사회적 동학에서 법칙이란 권력의 이름으로만 이야기할 수 있는 것이지 이러저러한 형태의 권력이란 이름으로 이야기할 수 있는 것이 아니다."11)

제 1 절 군사력

군사적 수단이 가장 중요한 이유는 국제관계에서 권력의 궁극적 시험은 전쟁을 통해서 이루어지기 때문이다. 권력의 측면에서 국가의 모든 행위는 전쟁으로 집약되며 여기서 전쟁은 바람직한 무기는 아니지만 최후의 수단으로 사용할 수 있는 무기이다. "전쟁은 단지 다른 수단으로 전개되는 정치의 연속일 뿐이다"라는 클라우제비츠(Carl von Clausewitz, 1780~1831)의 유명한 말은 레닌과 코민테른에 의해서도 거듭 수용되었다. "전

10) Lugard, *The Dual Mandate in Tropical Africa*, p. 53.

11) B. Russell, *Power*, p. 11. 저자가 권력의 요소를 삼분한 것은 권력을 "사회과학의 근본개념"으로서 권력을 잘 분석한 러셀의 이 책에서 빌려 온 것이다.

쟁을 염두에 두지 않은 동맹은 무의미하고 무용하다"고 한 히틀러의 본심도 이와 다름없다.[12] 같은 맥락에서 호트리(Hawtrey)도 외교를 "잠재적 전쟁"이라고 불렀다.[13] 이상과 같은 말들은 반만 맞는 말이다. 그러나 중요한 것은 다들 이를 전적인 진실로 여기고 있다는 사실이다. 국내정치의 이면에 항상 혁명이 잠복해 있듯이 국제정치의 이면에는 늘 전쟁이 잠복해 있다. 유럽에서 지난 30년간 혁명의 가능성이 정치의 중요 변수가 아니었던 나라는 거의 없다.[14] 이렇게 볼 때 국제사회는 혁명의 가능성이 가장 자주 또 가장 두드러지게 거론되는 한 나라에 비유될 수 있다.

전쟁의 잠재적 가능성이 국제정치에서 지배적인 요인인 한 군사력은 정치적 가치의 주된 기준으로 인정될 수밖에 없다. 역사에 위대한 문명으로 기억되는 것 치고 당시 군사력의 우위를 누리지 않는 문명은 없다. 그리스의 도시국가들이 부상한 것은 그들의 중무장 보병이 페르시아의 유목민 군대보다 우월함이 드러난 이후의 일이다. 근대에 들어와 열강(Powers; 단어 그 자체만으로도 그 의미가 명백하다)은 그들이 보유한 병력과 장비의 양과 질에 따라 평가되었다. 강대국(Great Power)으로 인정받기 위해서는 대개 대규모 전쟁에서 승리해야만 했다. 〈보불전쟁〉(普佛戰爭, the Franco-Prussian War) 이후의 독일, 제1차 세계대전 이후의 미국, 러일전쟁 이후의 일본이 최근의 예다. 이탈리아가 강대국인지를 놓고 논란의 여지가 있는 것은 이탈리아가 1급 전쟁에서 그 군사적 용맹성을 입증한 적이 한 번도 없다는 사실에 기인한다. 강대국이 군사적으로 무능하거나 준비가 덜된 조짐이 나타나면 이는 정치적 지위에 반영된다. 1931년 9월 인버고든에서 발생한 해상반란은 영국의 위신에 치명타를 가하여, 영국으로 하여금 그 통화를 평가절하하지 않을 수 없게 만들었다. 1937년 6월 소련의 주요 장

12) Hitler, *Mein Kampf*, p. 749.

13) R. G. Hawtrey, *Economic Aspects of Sovereignty*, p. 107.

14) 영국의 경우도 1914년 보수당이 얼스터(Ulster)에서 일어난 혁명활동을 지지하겠다는 위협을 한 바 있다.

성들이 국가반역죄의 이름으로 처형된 것은 소련군대의 취약함을 보여주는 것으로 간주되어 소련의 정치적 영향력이 급격하고 심각한 타격을 입었다. 모든 강대국의 정치가들은 정기적으로 자국의 육해공군이 유능함을 칭찬하는 연설을 한다. 시가행진과 사열의 목적은 군사력을 세계에 과시함으로써 정치적 지위를 높이기 위한 것이다. 국제위기시에 함대나 병력 혹은 항공기 편대를 중요 지점에 파견하는 것도 같은 목적을 위해서다.

이러한 사실들은 곧 외교정책은 결코 전략과 분리될 수도 없고 되어서도 안 된다는 것을 의미한다. 한 나라의 외교정책은 그 목적뿐만 아니라 그 군사력에 의해, 보다 정확히 말하면 그 나라와 다른 나라의 군사력 비율에 의해 제약을 받는다. 외교정책에 대한 민주적 통제의 가장 심각한 문제는 어떠한 정부도 자국의 군사력에 대해 완전하고 솔직한 정보를, 그리고 타국의 군사력에 대해 알고 있는 바를 모두 공개할 수 없다는 점이다. 따라서 외교정책에 대한 일반인들의 논쟁은 그 핵심요소의 하나에 대한 충분한 정보 없이 이루어지고 있는 것이다. 다선(多選)우선의 헌법규정에 따르면 의회의 초선의원은 국고사용을 포함하는 법안을 제출할 수 없게 되어 있다. 전쟁의 위험을 안고 있는 정책을 제안하는 경우도 유사한 제약을 둘 수 있을 것이다. 정부관료들만이 관련사실에 대한 완전한 정보를 가질 수 있기 때문이다.

일상의 국가활동에 필수적 요소인 군사력은 수단일 뿐만 아니라 그 자체로서 하나의 목적이기도 하다. 지난 100여 년 동안 일어난 중요한 전쟁 중 무역이나 영토를 늘리기 위한 목적으로 일어난 전쟁은 거의 없다. 대신 자국의 군사력을 보다 강하게 유지하기 위해, 혹은 다른 나라가 군사적으로 보다 강해지는 것을 막기 위해 일어났다. "전쟁의 주된 원인은 바로 전쟁 그 자체이다"라는 경구는 타당한 점이 많다.[15] 나폴레옹 전쟁의 각 단계는 그 다음 단계를 준비하기 위한 것이었다. 나폴레옹이 러시아를

---

15) R. G. Hawtrey, *Economic Aspects of Sovereignty*, p. 105.

침공한 것은 영국과의 전쟁에 대비하여 힘을 키우기 위한 것이었다. 영국과 프랑스가 〈크리미아 전쟁〉(Crimean War, 1853~56)에서 러시아와 전쟁을 한 것은 러시아가 근동(近東)의 세력권을 공격할 힘을 키우지 못하게 하기 위해서였다. 1924년 국제연맹에서 소련정부가 밝힌 바에 따르면 〈러일전쟁〉(1904)의 원인은 다음과 같다: "1904년 일본의 어뢰정이 포트 아서(Port Arthur)의 러시아 함대를 공격한 것은 기술적 측면에서 보면 일본의 침략행위이지만 정치적 측면에서 보면 일본에 대한 제정 러시아의 공격적 정책에 대항하여 일본이 위험을 예방하기 위해 선제공격한 것에 불과하다."[16] 1914년 오스트리아는 세르비아가 오스트리아-헝가리 제국의 붕괴를 기도하고 있다고 생각하여 최후통첩을 보냈다. 러시아는 오스트리아-헝가리가 세르비아를 격파할 경우 러시아를 위협할 정도로 강대해질 것을 우려했다. 독일은 러시아가 오스트리아-헝가리를 격파할 경우 독일을 위협할 정도로 강대해질 것을 우려했다. 프랑스는 독일이 러시아를 격파할 경우 프랑스를 위협할 정도로 강대해질 것을 우려하여 러시아와 러-불동맹을 체결했다. 영국은 독일이 프랑스를 격파하고 벨기에를 점령할 경우 영국을 위협할 정도로 강대해질 것을 우려했다. 마지막으로 미국은 독일이 전쟁에서 승리할 경우 미국을 위협할 정도로 강대해질 것을 우려했다. 따라서 제1차 세계대전에서 모든 당사국의 입장은 방어적 혹은 예방적이었다. 그들이 전쟁을 한 이유는 후일의 전쟁에서 열세한 입장에 처하지 않기 위해서였다. 식민지의 획득도 때로 같은 동기에서 촉발되곤 했다. 영국이 호주 정착지를 공식적으로 합병한 것은 나폴레옹이 그곳에 식민지를 건설하려 한다는 의구심 때문이었다. 제1차 세계대전중 독일 식민지를 점령하고 전후에 이의 반환을 거부한 것은 경제적 이유라기보다는 군사적 이유에서였다.

권력을 가지면 가질수록 더 많은 권력을 원하는 것은 아마도 이런 이

16) *League of Nations: Official Journal*, May 1924, p. 578.

유에서일 것이다. 니부어 박사가 말했듯이 "생존의지와 권력의지를 뚜렷이 구별하는 것은 불가능하다."[17] 민족주의는 일단 민족의 단합과 독립이라는 최초의 목적을 달성하고 나면 거의 자동적으로 제국주의로 전개된다. 국제정치의 역사에는 "인간은 항상 남으로부터 더 많은 것을 얻지 못하면 자신이 가진 것에 대해 안심하지 못한다"고 한 마키아벨리의 말이나[18] 인간은 "좀 더 많은 것을 얻기 전에는 지금 가지고 있는 것만으로 잘 살 수 있다는 확신을 가질 수 없다"고 한 홉스의 말이[19] 옳음을 보여주는 예가 허다하다. 안보를 목표로 한 전쟁은 곧 침략과 팽창을 위한 전쟁으로 바뀐다. 1898년 미국의 매킨리 대통령이 스페인에 대항하여 쿠바에 개입하기로 한 것은 "스페인 정부와 쿠바 인민들 사이의 적대관계를 완전히 그리고 영구히 종식시키고 쿠바에 안정된 정부를 설립"하기 위해서였다.[20] 그러나 전쟁이 끝날 무렵 필리핀의 합병이라는 팽창에의 유혹을 뿌리치는 것은 불가능하였다. 제1차 세계대전에 참전한 거의 모든 나라는 처음에는 이를 자위를 위한 전쟁으로 규정했다. 이러한 생각은 특히 연합국 쪽에 강했다. 그러나 전쟁이 진행되면서 모든 연합국 정부는 전쟁의 목적에 적국으로부터 영토를 획득하는 것이 포함된다고 선언했다. 오늘날 제한된 목적을 위한 전쟁은 제한된 책임을 지는 전쟁처럼 거의 불가능하다. 집단안보이론의 오류 중 하나가 바로 전쟁이 "침략에 대한 저항"이라는 구체적이고 제한된 목적으로 수행될 수 있다고 믿은 데 있다. 1935년 가을 국제연맹이 영국의 지도하에 이탈리아에 대해 "군사적 제재"를 결정했더라도 군사적 행동이 이탈리아군을 아비시니아에서 몰아내는 것에 그치기는 거의 불가능했을 것이다. 아마 영국과 프랑스는 동아프리카의 이탈리아 식민지를, 유고슬라비아는 트리스테와 피우메, 그리고 알바

17) R. Niebuhr, *Moral Man and Immoral Society*, p. 42.

18) Machiavelli, *Discorsi*, I. i ch. v.

19) Hobbes, *Leviathan*, ch. xi.

20) *British and Foreign State Papers*, ed. Hertslet, xc. p. 811.

니아를, 그리스나 터키는 도데카니사 제도를 점령하는 쪽으로 확대되었을 것이고, 전쟁의 목적은 여러 가지 이유를 들어 이들 영토를 이탈리아에 반환할 필요가 없도록 수정될 것이었다. 영토에 대한 욕심은 전쟁의 원인이기도 하지만 전쟁의 결과이기도 한 것이다.

제 2 절 경제력

대개 군사적 수단과의 관련을 통해서이긴 하지만, 경제력은 항상 정치권력의 수단이었다. 가장 원시적인 전쟁만이 경제적 요인과 별개일 수 있다. 가장 부유한 왕이나 도시국가가 가장 막강한 용병(傭兵)을 고용할 수 있었다. 따라서 당시 모든 정부는 보다 많은 부를 획득하기 위한 정책을 추구하지 않을 수 없었다. 문명사는 전쟁사인 동시에 경제발전사이다. 따라서 근대로 오면서 군사력과 경제력이 갈수록 밀접한 관련을 맺어 온 것은 놀랄 일이 아니다. 서유럽에서 중세를 마감한 오랜 전쟁, 즉 30년 전쟁(The Thirty Years' War, 1618~48)에서 조직된 경제력에 의존한 도시의 상인들이 개인의 군사적 능력에 의존한 지방의 봉건영주들에게 승리를 거두었다. 거의 모든 나라에서 근대 민족은 산업과 상업에 경제적 기반을 둔 새로운 중산층의 대두와 함께 등장하였다. 르네상스 시대 이탈리아 도시국가들, 그리고 네덜란드가 잠시나마 정치적 패권을 장악한 것은 무역과 금융의 힘이었다. 르네상스 시대에서 18세기 중반에 이르기까지 주요한 국제전쟁은 모두 무역전쟁이었다. 그리고 이들 중의 일부는 이름도 무역전쟁으로 불리었다. 이 기간 중에는 부가 정치권력의 기반이었기 때문에 국가는 부의 획득을 적극적으로 추진해야 한다는 믿음이 지배했다. 그리고 한 나라를 보다 강대하게 하기 위해서는 국내생산을 늘리고 외국으로부터는 가급적 적게 사들여 관리하기 편한 보석의 형태로 국부를 축적할 필요가 있다고 믿었다. 이러한 주장을 한 사람들은 후일 중상주의자(mercantilist)라고 불리었다. 중상주의는 국부를 늘리는 것이 국가의 정상적 기능의 일부라는 전제 위에 선 경제정책의 한 체계였다.

1. 정치와 경제의 분리

고전 경제학자들이 자유방임주의를 내세워 이와 같은 전제에 대해 일대공격을 시작하였다. 자유방임주의의 내용과 의의에 대해서는 이미 앞에서 논의하였다. 이 장의 논의와 관련하여 자유방임주의가 갖는 의의는, 그것이 경제와 정치를 이론적으로 완전히 분리시켰다는 점이다. 고전 경제학자들은 경제질서를 정치와 분리하여 그 자체의 법칙에 따라 움직이는 것으로 파악하였다. 그리고 이 질서는 그 자동적 작동에 대한 정치적 개입이 최소화될 때 모든 이들에게 가장 큰 이득을 가져다준다고 믿었다. 이와 같은 믿음이 19세기의 경제사상과 어느 정도까지는 (특히 영국에서) 경제관행을 지배하였다. 19세기 자유주의 국가이론은 정치체계와 경제체계라는 두 개의 체계가 별도로 존재한다고 전제하였다. 정부와 통치의 영역인 정치체계는 법과 질서의 유지, 몇몇 필수불가결한 서비스의 제공을 담당하는 것으로, 대개 하나의 필요악으로 간주되었다. 사기업의 영역인 경제체계는 물질적 필요를 제공하고 그를 통해 다수 시민들을 조직하는 기능을 담당한다.[21] 오늘날 영국에서 정경분리는 놀라울 정도로 오랜 역사를 지녔다. "부와 번영과 복지가 그 나라의 정치권력에 달려있다는 것이, 혹은 이 둘이 어떠한 형태로든 서로 관련되었다는 말이 사실인가?"라고 노만 엔젤은

21) 생시몽이 "산업정권"이 "군사정권"을 그리고 "행정"이 "통치"를 대체할 것이라고 예측했을 때 정치와 경제라는 두 체계의 구분은 이미 묵시적으로 전제되어 있었다. 이 말은 "사물의 관리"(administration of things)가 "사람의 통치"(government of men)를 대신한다는 엥겔스의 말로 더 유명하다(Halevy, *Ere des Tyrannies*, p. 224에서 인용).

질타하였다.[22] 그의 모든 주장은 지성인이면 누구나 이에 대해 아니라고 대답할 것이라는 확신에서 출발한다. 1915년까지도 한 영국철학자는 "부를 지배하고 누리는 것은 생산계층에, 그리고 권력과 위신은 전문계층에 귀속된다는 뿌리 깊은 경향"을 목도하고 이와 같이 정치와 경제를 분리하는 경향은 뿌리 깊을 뿐만 아니라 "문명사회에 필수적"이라고 했다.[23]

1900년 이전에 이미 정치와 경제의 분리가 환상에 지나지 않음이 급속히 드러나고 있었다. 19세기말의 제국주의가 정치적 무기를 이용한 경제행위인지 아니면 경제적 무기를 이용한 정치행위인지는 여전히 논쟁의 여지가 있다. 그러나 경제와 정치가 손을 맞잡고 한 가지 목적을 향해 나아간 것만은 분명하다. "정치적 힘을 이용해 경제적 이득을 취하고 모든 경제적 이득을 정치권력으로 전환하는 것이 바로 영국정치가들의 전매특허가 아닌가?"라고 히틀러는 말했다.[24] 제1차 세계대전은 국내 및 외교정책에서 동시에 경제와 정치를 명시적으로 접합시킴으로써 이미 진행중이던 과정을 보다 촉진시켰다. 경제를 정치의 영역에서 완전히 배제하였던 19세기의 관행이 실제로는 전례 없이 막강한 경제무기를 국가정책적 목적으로 사용한 것에 지나지 않았음이 드러났다. 1880년대 한 독일관리는 엥겔스에게 "전쟁의 기본은 주로 인민의 일반 경제생활"이라고 말했다.[25] 이와 같은 생각이 현실과 같다는 것이 1914~18년간의 전쟁에서 확인되었다. 그때까지는 전시라 하여도 정치권력이 교전국의 경제생활을 이처럼 완전히, 그리고 무모하게 조직한 적은 없었다. 군사와 경제가 양팔처럼 서로 동맹을 맺은 지는 오래되었지만 경제라는 팔이 처음으로 동등한 힘을 가지게 된 것이다. 적국의 경제체계를 마비시키는 것이 적국의 육해군을 격파하는 것과 마찬가지로 하나의 전쟁 목표가 되었다. 국가가 정치적 목

22) Angell, *The Great Illusion*, ch. ii.
23) B. Bosanquet, *Social and International Ideals*, pp. 234~5.
24) Hitler, *Mein Kampf*, p. 158.
25) Engels, *Anti-Duehring*[영어번역판], p. 105.

적으로 경제활동을 통제하는 것을 의미하는 '계획경제'(planned economy)는 제1차 세계대전의 산물이었다.[26] '전쟁잠재력'(war potential)이라는 용어는 경제력의 또 다른 표현이기도 하다.

이렇게 하여 19세기 자유방임주의라는 중요하지만 비정상적인 단절기를 지나 경제가 솔직히 정치의 일부임으로 인정받는 입장으로 복귀하였다. 이제 우리는 19세기적 발상과 용어의 산물인 소위 역사의 경제적 해석에 대한 논쟁을 해소할 수 있게 되었다. 정치에 경제적 요소가 차지하는 역할이 갈수록 커질 것이라고 주장한 마르크스는 절대적으로 옳다. 그리고 마르크스 이후의 역사가 그 이전의 역사와 같을 수는 없다. 그러나 마르크스도 자유방임 자유주의자들과 마찬가지로 국가와 별도로 작동하는 경제체계의 존재를 굳게 믿고 있었다. 그에게 있어 국가란 경제체계의 부속물이자 도구에 지나지 않았다. 경제와 정치가 별개의 영역으로 존재하고 하나가 다른 하나에 종속된다고 주장한 마르크스는 "역사의 주된 법칙은 정치적 법칙이고 경제적 법칙은 제2차적"라고[27] 주장하는 그의 반대파들과 마찬가지로 19세기적 사고방식의 틀을 벗어나지 못했다. 경제적 힘이란 결국 정치적 힘이다. 경제는 역사의 작은 부속품도 아니지만 그렇다고 그에만 비추어 역사를 해석할 수 있는 독자적 과학도 아니다. '경제학'(economics)이라는 추상적 이름이 아니라, 애덤 스미스가 처음 이름 붙인 대로, 그리고 심지어 영국에서도 19세기말까지 사용되었던 '정치경

---

26) 계획경제는 국제적 갈등만이 아니라 국가 내부의 사회적 갈등의 산물이기도 하였다. 따라서 이는 "경제민족주의"처럼 국가주의적 정책이기도 하고 사회주의적 정책이기도 하다. 그러나 사회주의적 측면은 본문의 주장과 관련이 적기 때문에 본문에서는 다루지 않았다. 브룩(Bruck, *Social and Economic History of Germany*, p. 157)에 따르면 '계획경제'(*Planwirtschaft*)라는 용어는 제1차 세계대전중 독일에서 처음 쓰였다. 그러나 '국가경제계획'(*der staatliche Wirtschaftsplan*)이라는 문구는 이미 전쟁전 튀빙겐에서 출판된 《사회경제의 기본》(*Grundriss der Sozialoekonomik*, i. 424)이라는 책에서 '국가경제정책'(*state economic policy*)이라는 의미로 사용되고 있다.

27) Moeller van den Bruck, *Germany's Third Empire,* p. 50. 이와 같은 발상은 나치 및 파시스트 논객들에게 흔히 발견된다.

제'(political economy)라는 이름으로 복귀할 경우 많은 문제가 해결될 것이다.[28] 경제학은 주어진 정치질서를 전제하고 있기 때문에 정치와 분리해서는 제대로 공부할 수 없다.[29]

2. 정경분리의 오류

정경분리의 문제가 지니는 중요성이 단순히 역사적이거나 이론적인 것에 그친다면 이처럼 길게 논의할 필요가 없다. 정경분리의 환상은—19세기 자유방임주의의 뒤늦은 유산인데—현실과는 조금도 일치하는 면이 없다. 그럼에도 불구하고 이는 국제정치 문제에 대한 생각 속에 살아남아 적지 않은 혼란을 야기하고 있다. (1927년 경제회의에서처럼)[30] 오늘날의 정치적 문제가 경제적 원인에 기인한 것인지, 혹은 (반 질랜드 보고서가 쓰고 있는 것처럼)[31] 경제적 문제가 정치적 원인에 기인한 것인지, 혹은 천연자원의 문제가 정치적 문제인지 경제적 문제인지와 같이 무의미한 문제를 놓고 많은 토론이 있었다. 1922년 영국정부가 팔레스타인으로 유입되는 유태인 이민의 수는 "그 나라의 경제적 수용능력"에 의해 결정될 것이라고 선언하고, 1931년에 다시 "수용능력의 한계에 대한 고려는 순전히 경제적 고려"라고 했을 때 많은 혼란이 야기되었다. 한 왕립위원회가 "아랍인들이

---

28) 독일에서는 '정치경제'는 처음에는 '국가경제'(*Nationaloekonomie*), 나중에는 '사회경제'(*Sozialoekonomie*)로 번역되었다.

29) [역주] 원문은 다음과 같다: The science of economics presupposes a given political order, and cannot be profitably studied in isolation from politics.

30) "경제적 갈등과 경제적 이해의 불일치가 아마도 세계평화를 위협하는 모든 위험요소들 중에서 가장 심각하고 지속적인 문제이다"(*League of Nations*: C.E.I. 44, p. 7).

31) "나는 가급적 전적으로 정치적인 측면에 대해서는 언급을 삼가고 있다.… 그러나 우리가 정치의 그늘 속에서 일하고 있다는 사실을 무시할 수 없다"(*Report… on the Possibility of Obtaining a General Reduction of the Obstacles to International Trade*, Cmd. 5648).

유태계 이민에 적대적이기 때문에 '두 민족 간의 적대감'이라는 요소가 당장 경제적 중요성을 띨 수밖에 없다"는 것을 발견한 것은 1937년에 가서였다.[32] 실로 이민과 난민과 관련된 모든 문제는 수용능력에 대한 객관적인 검증이 가능하다는 생각 때문에 복잡해졌다. "불가리아로 하여금 에게해(海)로 진출할 수 있는 경제적 통로를 확보하기 위한" 〈뇌이 조약〉(Treaty of Neuilly, 1919)의 약속이 정반대의, 그러면서도 똑같이 정당한 해석을 낳은 것도 경제라는 단어를 너무 가볍게 사용한 데서 나온 혼란의 한 예이다. 정치를 무시하고 경제원칙을 적용하여 국제문제를 해결하려는 노력은 황당할 따름이다.

정경분리라는 19세기적 환상이 지속된 결과로 초래된 현실적 실패의 가장 두드러진 예가 1936년의 국제연맹 제재체계의 붕괴이다. 연맹규약 제16조를 자세히 보면 그 책임이 규약의 초안자들에게 있지 않음을 알 수 있다. 이 조항은 연맹규약을 위반할 경우 제1항에서는 경제무기를, 제2항에서는 군사무기를 사용할 수 있다고 쓰고 있다. 즉, 제2항은 명백히 제1항을 보완하면서 "연맹규약을 보호하기 위해서는 무력"이 필요할 것이라는 것을 전제하고 있는 것이다. 이 두 절간의 유일한 차이는 경제무기의 경우 모든 연맹가맹국이 이를 적용할 것을 요구하는 데 반하여, (당연한 말이지만) 필요한 무력의 경우는 충분한 힘을 보유하고 지역적으로 근접한 가맹국에 의존할 것을 전제한다는 점이다.[33] 그러나 경제와 정치가 별개라는 생각에 사로잡힌 사람들은 제16조의 1항과 2항의 내용이 상호보완적이 아니라 대체적이며, "경제제재"는 의무적인 반면에서 "군사적 제재"는

---

32) 유태이민과 관련한 모든 인용문구는 1937년 팔레스타인에 관한 왕립위원회 보고서, Cmd. 5479, pp. 298~300에서 인용.

33) 이와 같은 해석은 제16조의 본문이 기초하고 있는 필리모어위원회의 보고서에서 확인되고 있다. 즉 동 위원회는 "경제적, 재정적 제재가 단순히 침략을 예방하는 데 기여할 것이며, 이는 실질적 군사원조를 제공할 입장에 있지 않는 국가들에 의해 작동할 것이라고 생각"한 것이다(*International Sanctions: Report by a Group of Members of the Royal Institute of International Affairs*, p. 115).

선택적이라는 해석을 개발했다. 이와 같은 해석은 연맹이 수백만 명의 생명이 아니라, 수백만 파운드의 무역의 가치가 있다고 생각한 사람들에 의해 열렬한 지지를 받았다. 그 유명한 1934년 영국에서 열린 평화투표에서 2백만여 명의 현혹된 유권자들이 경제제재에 대해서는 찬성표를, 군사적 제재에 대해서는 반대표를 던졌다. 이때 볼드윈 공은 "내가 내린 많은 결론 중의 하나는 성공한 제재 치고 전쟁을 의미하지 않는 것은 없다는 것"이라고 말했다.[34] 그러나 1935~36년의 쓴 경험에서 얻은 교훈은 전쟁과 마찬가지로 제재에서도 유일한 모토는 "전부 아니면 전무"이며 군사무기가 준비되지 않는 경제적 무기는 무력하다는 것이다.[35] 권력이란 불가분의 것이다. 그리고 군사무기와 경제무기는 단지 권력의 서로 다른 수단에 불과하다.[36]

정경분리의 환상의 또 다른 형태는 '권력'과 '복지'의 구별 혹은 '총'과 '버터'의 구분이라는 형태로 드러나고 있다. "복지는 '경제'의 문제이고 권력은 '정치'의 문제"라고 한 미국작가는 썼다.[37] 오늘날의 모든 정부와 의회는 군사예산과 사회복지 예산 사이의 딜레마에 늘 부딪치고 있다. 이러한 사실이 '권력'과 '복지', 즉 정치적 총과 경제적 버터 사이에 정말로 선택의 여지가 있는 것과 같은 환상을 부추기고 있다. 그러나 이는 사

---

34) House of Commons, May 18, 1934: *Official Report*, col. 2139.

35) 이 말은 군사무기가 항상 사용되어야 한다는 뜻은 물론 아니다. 대영제국의 함대는 제1차 세계대전 중에 거의 사용되지 않았다. 그럼에도 불구하고 영국정부가 그것을 사용할 준비가 되어 있지 않았더라면 결과는 많이 달랐을 것이다. 1935~36년의 제재가 실패한 것은 연맹의 강대국들이 군사무기를 사용할 준비가 되어 있지 않았기 때문이라는 것은 상식의 일이다.

36) 독일이 국제연맹에 가입했을 때 독일 외상 슈트레제만(Stresemann)이 이 점을 완벽하게 알고 있었다는 것은 주목할 만한 일이다. 사무총장이 독일이 군사적 제재에서는 면제되더라도 경제제재에는 여전히 참여할 수 있다고 주장하자 슈트레제만은 다음과 같이 대답하였다: "우리는 그것도 할 수 없습니다. 만일 우리가 막강한 이웃나라에 대해 경제적 보이콧에 참여하면 그 나라는 자연히 독일에 대해 전쟁을 선언할 것입니다. 왜냐하면 인구 6천만의 나라와 교역을 중단한다는 것은 적대적 행위가 아닐 수 없기 때문입니다"(Stresemann's *Diaries and Papers*[영어번역판], ii. p. 69).

37) F. L. Schuman, *International Politics*, p. 356.

실이 아니다. 혼란이 야기되는 이유는 질문이 핵심인 “총을 원하는가 아니면 버터를 원하는가?”라는 형태로 제기되고 있지 않고 있기 때문이다. 이 경우라면 (아마 비저항 안보의 오랜 전통을 이어 온 영미의 일부 평화주의자를 제외하고는) 모든 사람들이 필요하다면 총이 버터에 우선한다고 대답할 것이다. 그러나 지금까지 이 문제는 “이제 충분한 총을 갖추었으니 버터를 찾을 여력이 있는가?” 혹은 “우리는 *x*만큼의 총이 필요한데 보다 많은 버터도 동시에 추구할 만큼의 세수를 확보할 수 있는가?”라는 식으로 제기되었었다. 그러나 이러한 형식의 문제제기가 오류임은 짐먼 교수의 펜 끝에서 드러났다. 그는 국가를 소위 ‘복지’를 추구하는 국가와 ‘권력’을 추구하는 국가로 나누는 통상적 분류법을 따르면서도 “복지국가는 대체로 다른 나라에 비해 힘과 자원에서 압도적으로 우세한 나라”임을 지적하고 있다.[38] 따라서 ‘복지국가’(welfare states)는 권력에서 압도적인 지위를 누리기 때문에 굳이 이를 더 늘리는 대신 버터를 추구할 여유가 있는 나라이고, ‘권력국가’(power states)는 권력에서 열세이기 때문에 권력의 증진에 주된 관심을 갖고 자원의 대부분을 이에 할애하는 나라인 것이다. 이렇게 볼 때 ‘복지국가’는 압도적인 권력을 누리는 나라이고 ‘권력국가’는 그렇지 못한 나라이다. 이 분류법은 얼핏 비논리적인 것 같지만 결코 비논리적이지 않다. 모든 강대국은 필요하다고 간주되는 정도의 권력을 행사하기 위해 필요한 최소한의 총을 확보하는 것이 버터를 추구하는 것에 앞서야 하고, 이 최소한이 달성될 다음에야 ‘복지’를 추구할 수 있다는 입장을 취하고 있다. 1933년 이전 오랫동안 영국은 그 권력에 만족한 결과 ‘복지국가’를 자처했다. 그러다가 1935년 이후 그 권력이 도전을 받고 또 적정수준이 아니라고 느낀 나머지 ‘권력국가’의 입장을 취했다. 야당조차 사회보장에 우선순위를 둬야 한다는 주장을 그만 두었다. 요는 ‘권력’과 ‘복지’의 문제도 아니요, ‘정치’와 ‘경제’의 문제도 아니라, 권력요소간 차이의 문제

---

38) Zimmern, *Quo Vadimus*? p. 41.

인 것이다. 권력을 추구함에 있어 군사적 수단과 경제적 수단은 항상 겸용될 것이다.

3. 자급자족경제(Autarky)

경제가 정치의 한 측면으로 이해되어야 한다고 주장한 이상 이제 경제력이 국가정책을 위해 사용되는 두 가지 방법을 따져보자. 첫째는 '자급자족경제'라고 흔히 불리는 방법이고, 둘째는 다른 나라에 대한 직접적인 영향력을 증대하기 위해 쓰이는 여러 가지 경제적 수단이다.

자급자족경제는 중상주의 정책의 목표 중 하나로 오래 전부터 많은 나라에서 추구해 온 것이다. 그러나 이것이 문제가 된 것은 결코 오래지 않다. 중세에는 자급자족경제가 경제생활의 자연스럽고 필요한 조건이었다. 크기나 부피가 작으면서 가치가 높은 물건을 제외하곤 장거리를 수송하는 것이 수지가 맞지 않았기 때문이다. 중세가 끝나면서 수송은 점차 안전하고 값싸고 빨라졌다. 이에 따라 각국은 점차 완전히 자기의존적이지 않게 되었고 특화된 상품을 국제적으로 교환함으로써 삶의 질도 높아졌다. 그러나 증기기관의 발명으로 육상 및 해상교통이 속도가 빨라지고 비용이 저렴해져서 대부분의 상품에서 운송비가 생산비에 비해 무시할 정도가 되고 생산지가 500마일이 떨어졌건 5,000마일이 떨어졌건 별로 중요하지 않게 된 것은 불과 지난 100년간의 일이다. 대량생산수단의 발달로 같은 장소에서 물건이 많이 생산되면 될수록 값이 싸지게 된 것도 한 요인이었다. 이는 오늘날의 삶이 과거에 비해 고도로 특화되었다는 의미만은 아니다. 역사상 최초로 비용만 따지자면 인류가 소비하는 모든 밀은 캐나다에서, 그리고 모직물은 호주에서, 모든 자동차는 디트로이트에서, 그리고 면직물은 영국이나 일본에서 생산하는 것이 가능하고 또 일면 바람직한 것이 된 것이다. 절대적인 자유방임주의의 결과는 국내사회보다는 국제사회에서 더욱 환상적인 동시에 또 수락할 수 없는 것이 되었다. 오늘날의 조건에서는 어느 정도의 자급자족 정책을 인위적으로 추구하는 것이 질서 있는 사회적 존재의 필요조건이 된 것이다.

그러나 자급자족경제는 하나의 사회적 필요일 뿐만 아니라 정치권력의 한 수단이기도 하다. 곧 전쟁을 준비하는 한 형태인 것이다. 중상주의 시대에는 영국을 비롯한 도처에서 국가의 군사력은 공산품의 생산에 달려 있다고 주장하였다. 애덤 스미스가 자유방임주의의 예외로 영국의 〈항해조례〉(The Navigation Act, 1651)와 영국제 항해복과 영국제 화약에 대한 정부 보조금 지급을 인정한 것은 유명한 사건이다. 그러나 자급자족경제원칙은 1791년 당시 미국의 재무장관이었던 알렉산더 해밀턴(Alexander Hamilton, 1755~1804)이 하원에 낸 보고서에 잘 정의되어 있다. 당시 해밀턴이 의회에서 받은 요청은 "미국이 군사 및 기타 필수품에서 외국으로부터 독립을 유지할 수 있도록 하는 상품의 생산을 증진시키기 위한 수단"에 관한 것이었다. 그 보고서의 한 단원을 인용하면 다음과 같다:

> 한 나라의 공업의 융성과 직접 관련되어 있는 것은 부(富)만이 아니다. 그 나라의 독립과 안전도 마찬가지이다. 모든 나라는 이와 같이 위대한 목적을 염두에 두고 국가공급에 필요한 모든 핵심자원들을 직접 보유하고자 노력해야 한다.… 지난 전쟁에서 그러한 물품들을 조달하지 못해 미국이 겪었던 극도의 곤혹스러움은 아직도 생생한 기억으로 살아있다. 미래의 전쟁은 여전히 그러한 물품 조달능력의 보유 여부에 따라 일어날 수 있는 손실과 위험을 극명하게 보여줄 것이다.

나아가 해밀턴은 의도한 결과를 달성하기 위한 모든 방법—관세, 금수, 보조금 및 할증금 등—에 대해 자세히 논의하고 있다.[39] 정확히 50년 후 독일에서 리스트(Friedrich List)가 "독일민족의 존재와 독립, 그리고 미

---

39) *Works of Alexander Hamilton*, iv. pp. 69 *sqq*.

래는 독일의 보호무역체계를 어떻게 발전시키는가에 달려 있다"고 주장했다.[40] 그리고 19세기 후반 프러시아의 계속적인 승리는 고도로 발달된 산업체계와 군사력이 밀접하게 연관되어 있다는 사실을 여실히 보여주었다.

이 기간 동안 영국은 압도적인 공업력 덕분에 거의 모든 산업분야에서 완전한 자급자족체계를 유지하였다. 다만 공업생산에 필요한 자연자원은 예외였다. 1830년경 식량의 자급자족도 끝이 났다. 그러나 이와 같은 자원의 부족은 우월한 해군력 덕분에 문제가 되지 않았다. 그리고 그 때문에 해군력의 유지가 초미의 관심사가 되었다. 〈전시 식량 및 자연자원 공급에 관한 왕립위원회〉는 1905년 영국 안에 비축물량을 마련하는 안을 토의한 끝에 부결시켰다. 국내생산을 증진시키는 문제는 아예 논의되지도 않았다. 오로지 지금까지 유지해 온 무역채널을 보호하여 국내 공급의 부족을 메우는 데 필수적인 해군력에만 전적으로 의존하였다.[41] 19세기 정치가들이 자급자족체계의 정치적 효과에 대해 무관심하였다는 오늘날의 생각은 사실과 다르다.

제1차 세계대전이 경제개념에 미친 영향에 대해서는 이미 논의하였다. 전쟁이 각국으로 하여금 자급자족을 추구토록 한 효과는 즉각적이고 강력하였다. 전시 봉쇄로 인해, 또 해로의 많은 부분이 군수품 수송에 장악됨으로 인해 전쟁당사국이나 중립국을 막론하고 어느 정도의 자급자족체계를 구축하지 않을 수 없었다. 전쟁 4년 동안 〈중심국〉(The Central Power)들은 전적으로 자국의 자원에 의존하지 않을 수 없어 피히테(Johann G. Fichte, 1762~1814)가 주장한 소위 〈폐쇄된 통상국가〉(The Closed Commercial State)의 이상을 실현한 결과를 가져왔다. 〈연합국〉(The Allied Powers)의 입장에서도 잠수함이라는 새로운 무기로 인해 자급자족체계 대신 해외로부터의 수입에 의존하던 기왕의 방법이 생각보다 안전하지 않음을 깨닫게 되었다. 실제로 연합국 정부들은 한 번도 자급자족체계를 마지

40) List, *The National System of Political Economy*[영어번역판], p. 425.
41) *Supply of Food and Raw Materials in Time of War*, Cmd. 644.

못해 하는 한시적인 도피책이라고 생각한 적이 없었다. 1916년 6월 연합국 정부들은 전후 경제정책을 논의하기 위해 파리에서 회합을 가지고, "그들의 정상적 경제활동을 위해 필수 불가결한 자연자원과 공산품들의 수급을 위해 적국에 의존하지 않게 하기 위한 조치를 즉시 취할 것"을 결의하였다.42) 이듬해 영국 〈왕립위원회〉는 "특히 자연자원의 공급에 대한 통제력을 지닌 외국의 경제적 압력의 가능성을 경계하고 경제적 자립을 증진하기 위해 정부의 조치가 필요함"을 강조하는 일련의 논문 목록을 작성, 공표하였고, 이와 같은 정책은 1921년 〈산업보호법〉(the Safeguarding of Industries Act)으로 현실화되었다. 국내적 공급이 불가능한 경우에는 해외공급에 대한 확고한 통제권을 장악하는 것이 우선목표가 되었다. 영국이 여러 산유국에 대해 보다 적극적인 정책을 취했던 배경에는 석유의 적정공급을 확보하려는 욕구가 있었던 것이다.

국제적으로도 국제연맹규약에 '경제제재'가 핵심내용으로 등장한 배경에는 제1차 세계대전에서 승리하는 데 경제봉쇄가 큰 역할을 하였다는 인식이 있었다. 또 앞으로의 전쟁에서 봉쇄가 보다 적극적으로 적용될 것이라는 것도 명백해졌다. 이에 따라 자급자족체계는 자연히 봉쇄라는 무기에 대항하는 방어적 수단으로 떠올랐다. 1935년 이탈리아에 대해 이 무기를 실제로 사용함에 따라 이 문제는 도덕성의 문제로까지 떠올랐다. "1935년 11월 18일은 이탈리아 역사에 새로운 장을 연 날이었다"고 무솔리니는 1936년 3월 25일 전국조합회의에서 말하였다. "…이제 이탈리아의 새로운 역사는 바로 이 명제에 의해 결정될 것이다. 즉, 가장 짧은 시간 내에 경제적 자립을 위한 가능한 최대의 조치를 확보한다는 것이다." 사실상 이 주장에서 새로운 내용은 없다. 이는 단지 해밀턴, 리스트, 그리고 1917년의 영국 왕립위원회가 말했던 것의 반복에 불과하다. 그러나 당시 점증하던 국제적 긴장 속에서 이 말은 커다란 반향을 불러일으켰다. 유명한 미국

---

42) 이 결의문은 *History of the Peace Conference*, ed. Temperley, v. pp. 368~9에 수록되어 있다.

의 한 유명한 평론가는 영국과 미국이 공동으로 "전략적으로 중요한 금속"을 사들여 "독재적이고 '가진 것이 없는' 국가들이 이들 중요한 금속을 시장에서 사들일 수 없도록" 해야 한다고 주장하였다.43) 영국의 한 평론가도 이에 동조하여 "독일의 재무장계획을 약화시키기 위해서는 영국이 스웨덴의 철광석을 전부 사들이는 것보다 나은 방법이 없다"고 말하였다.44) 그러나 정부로 하여금 자급자족체계가 가지는 군사적 가치를 깨닫게 하기 위해서 굳이 그와 같은 경고를 할 필요가 없었다. 독일이 합성물질을 개발하고 영국이 식량과 핵심 자연자원을 비축하였다는 사실은 모든 정부들이 그것의 가치를 잘 알고 있었다는 사실을 보여주는 두 가지 사례에 지나지 않는다. 그러나 자급자족체계는 권력의 다른 요소들과 마찬가지로 비용이 많이 든다. 전함을 건조하기 위해 조선분야에서 자급자족체계를 유지하는 것과 같은 식의 비용이다. 그 비용은 대개 낭비이고 그 효과가 비용에 못 미칠 수도 있다. 그러나 자급자족체계가 권력의 한 요소임을 부인하는 것은 경제적으로는 바람직할지 몰라도 현실을 호도하는 것이다.

4. 정책도구로서 경제력

경제무기를 사용하는 두 번째 방법, 즉 경제력을 해외의 권력과 영향력을 확대하기 위해 사용하는 것은 너무나 널리 그리고 공개적으로 논의되어 왔기 때문에 여기서는 짧게 언급해도 무방하다. 구체적 방법으로 두 가지가 있다: (1) 자본의 수출과 (2) 해외시장의 장악이 그것이다.

(1) 최근 자본수출은 강대국들이 흔히 사용하는 방법이 되었다. 영국이 19세기 전 기간 동안 정치적 우위를 지켜온 것은 런던이 세계금융의

43) W. Y. Elliott in *Political Quarterly*, April-June 1938, p. 181.
44) G. D. H. Cole in *Political Quarterly*, January-March 1939, p. 65.

중심지였다는 사실과 밀접한 관련이 있다. 영국이 굳이 정치적 영향력을 확보하고자 하지 않았던 유럽에 대한 영국의 투자는 총해외투자의 5% 정도로 미미하였다. 금세기 들어와 미국이 정치적 강대국으로 부상한 것은 미국이 세계시장에서, 우선 중남미에서, 그리고 1914년 이후에는 유럽에서 주요 채권국으로 등장한 덕분이다. 정부가 직접투자를 통해 정치적 목표를 달성한 예로 영국이 수에즈 운하회사와 영-이란석유회사의 지분을 구입한 경우와 러시아 정부의 자본으로 중국의 만주철도를 건설한 경우를 들 수 있다. 정부가 국가권력을 이용하여 은행 혹은 개인으로 하여금 국가정책에 이익이 되는 곳에 투자를 하도록 권장한 예는 더욱 흔하다. 러불동맹은 프랑스 투자가들이 러시아 정부에 빌려준 4억 파운드로 인해 더욱 공고해졌다. 독일에서도 "공동투자 은행은 단순한 신용기관이 아니라 정치경제적 도구였다. 곧 독일의 권력정책의 일환"이었던 것이다.[45] 19세기 제국주의 정책의 기반은 유럽자본의 투자를 통해 세계의 후진지역들을 개발시키는 것이었다. 민간투자가들은 정부의 직·간접적인 후원을 받아 정치적 이해관계를 발전시키는 데 일조했다.[46] 마르크스는 이와 같은 정책을 "중상주의적 방법으로 봉건적 전쟁방식을 바꾸는 것, 즉 자본으로 대포를 바꾸는" 한 방식이라고 말했다.[47] 이와 같은 외교를 묘사하는 최근의 용어가 미국의 소위 '달러 외교'이다.

> [1912년 태프트 대통령은 말하기를] 현 행정부의 외교팀은 통상과 교역의 새로운 이념에 대한 대응책을 찾기에 노력해 왔다. 그 특징은 총알 대신 달러를 쓰는 것이다. 이것은 이상주의적이고 인도주의적인 정서와, 건전한 정책

45) W. F. Bruck, *Social and Economic History of Germany*, p. 80.

46) 이 문제에 대한 철저한 분석과 예시는 Eugene Staley, *War and the Private Investor* 참조. 이 책의 주된 결론은 정부의 공적 정책이 민간투자에 의해 큰 영향을 받은 적은 별로 없지만 민간투자 자체는 늘 정부정책의 도구로서 지도를 받고 고무되어 왔다는 것이다.

47) Marx, *Gesammelte Schriften*, i. p. 84.

과 전략 개발의 필요성, 그리고 정당한 통상이익에 모두 부합하는 것이다.[48]

중남미 근해에 미국함대가 자주 출몰하는 것은 (기타 해역에 영국함대가 출몰하는 것과 마찬가지로) 달러가 총알에 대한 인도주의적 대용품이라면, 그것은 필요시 총알에 의해 보완될 수 있고, 또 보완될 것이라는 것을 보여주는 것이었다.

1919년 이후 해외 자본투자를 정책의 도구로 사용하는 예가 감소한 이유는 세계 전역에서 잉여자본의 축적이 급속히 감소하고 또 많은 잠재적 대부자들의 지불능력이 약화되었기 때문이다. 그러나 자본이 정책의 도구로 사용된 예는 여전히 많다. 프랑스는 폴란드와 소연맹 국가들에 공공 및 민간 차관과 신용을 공여함으로써 그 국가들에 대한 영향력을 강화시켰다. 오스트리아에 차관을 제공하거나 약속한 많은 몇몇 국가들의 의도는 오스트리아의 독립을 지속시키기 위한 것이었다. 1931년 오스트리아가 독일과의 관세동맹 계획을 포기한 것은 프랑스의 재정적 압력 때문이었다. 그리고 그로 인해 프랑스가 중유럽 국가들에 재정적 원조를 할 수 없게 됨으로써 중유럽에서의 프랑스의 영향력은 급속히 쇠퇴하였다. 1938년 12월 프랑스의 〈스나이더-크뤼소 그룹〉이 체코슬로바키아 정부를 대표하는 한 그룹에 〈스코다 작업〉에 대한 이권을 매각했을 때 《더 타임스》지의 기자는 "이 거래는 중유럽에서 프랑스의 세력이 쇠퇴하고 있다는 또 다른 증거이며 프랑스의 정치적 팽창의 한 장을 닫는 사건"이라고 썼다.[49] 1932년 영국시장에서 대외차관에 대한 비공식적 금지조치가 시행되면서 영국의 해외차관은 이제 정치적 감독을 받게 되었다고 할 수 있다. 1938년과 1939년간 영국과 독일은 터키에, 그리고 미국과 영국은 중국에 "상업"차관을 제공하였는데, 그 배후에 정치적 동기가 있다는 것은 더 이상 비밀이 아니었다.

---

48) Annual Presidential Message to Congress, December 3, 1912.

49) *The Times*, December 29, 1938.

(2) 해외시장을 장악하기 위한 투쟁은 정치와 경제가 상호작용하고 있음을 보여주는 또 다른 좋은 예이다. 실제로 정치권력을 사용하여 시장을 획득하는 것이 시장이 지닌 경제적 가치를 추구해서인지 아니면 정치권력을 세우고 강화하기 위한 것인지를 구별하기가 어려운 경우가 많기 때문이다. 시장을 둘러싼 경쟁이야말로 양차 세계대전간에 일어난 경제전쟁의 가장 특징적인 모습이었다. 곳곳에서 일어난 수출경쟁이 단지 정치적 경쟁관계 때문이라는 것은 물론 무리가 있다. 현대 산업의 구조상 대부분의 경우 생산능력은 한 나라의 국내시장을 넘어서고 보호된 국내시장에서 비싸게 팔고 해외의 자유경쟁시장에서 싸게 파는 것, 즉 덤핑은 상업적 관점에서 보면 매우 합당한 정책이기 때문이다. 그러나 덤핑을 정책의 도구로 사용한다는 것은 의문의 여지가 없다. 그리고 강대국들은 그들의 정치적 이해관계가 존재하고 정치적 영향력을 쉽게 행사할 수 있는 곳에서 "자연스러운" 시장을 찾곤 했다. 중유럽과 남동유럽이 독일의 "자연스러운" 시장이 된 것은 독일 군사력이 가까이 있었기 때문이다. 독일의 재무장과 이 지역 시장에 대한 독일의 침투는 동시에 진행되었다. 그러나 이 또한 전혀 새로운 현상만은 아니다. 정치권력과 경제력이 뒤섞여 나타난 가장 좋은 예가 바로 이집트와 영국의 경우이다. 1880년대와 1890년대 영국이 이집트 시장에 침투한 것은 영국의 군사적 점령에서 비롯된 것이다. 그리고 영국의 군사적 점령은 영국의 통상해로와 전략적 통신망을 보호한다는 명분으로 획득한 수에즈 운하의 영국이익을 보호하기 위해서였던 것이다.

수출을 장려하여 외국시장을 장악하는 방법은 너무나 널리 알려져 있기 때문에 새삼 논의할 필요가 없다. 가장 간단한 방법은 수출에 대해 차관과 신용을 제공하는 것이다. 1914년 이전에 영국은 시장문제에 신경을 쓰지 않았기 때문에 외국이 런던에서 얻은 차관을 어떠한 목적으로 쓰든 상관하지 않았다. 다만 다른 곳에서 얻은 차관의 경우는 채무국이 그 차관의 일부를 채권국에서 사용해야 한다는 조건이 붙는 경우가 허다했다.[50]

1919년부터 이 조건은 거의 모든 나라에서 적용되었다. 영국의 경우 〈식민지발전기금〉(the Colonial Development Fund)과 〈수출신용보장국〉(The Export Credits Guarantee Department)이라는 두 개의 공공기관이 우선은 식민지 국가에, 나아가 기타 외국에 대한 수출 지원에 동원되었다. 수출신용보장국은 1939년 이전에는 순전히 상업적 성격을 지닌 것으로 공언되었었다. 그러나 1939년에 통과된 법안을 통해 수출신용보장국이 공여할 수 있는 신용한도가 확대되었는데, 그중 총 1,000만 파운드가 "신용보장이 국가이익을 위해 필요하다고 인정되는" 교역에 사용하도록 규정되었다.[51] 이 법안을 하원에 제출하면서 통상위원회 위원장은 영국이 "독일에 무역전쟁을 선언해야 한다"는 주장을 일축하면서도 그 법안이 "경제적 재무장"의 일환이며 "지금 취하고자 하는 경제적 재무장은 정확히 우리가 취하는 다른 어떤 형태의 재무장과도 똑같은 것"이라고 강조했다.[52] 1939년 7월 1,000만 파운드의 한도는 6,000만 파운드로 증액되었다. 수출장려금과 화폐조작은 단지 수출신용의 한 간접적 형태에 불과하였다.

오늘날 시장과 이에 부수적으로 따르는 정치권력을 획득하기 위한 방법 중 가장 대표적인 것은—결국 물물교환의 또 다른 표현에 지나지 않는—상호무역협정이다. 영국이 아르헨티나에서 육류와 시리얼을 구매하고 덴마크를 비롯한 발트해 지역국가로부터 베이컨과 버터를 구매한 것은 이들 국가에 영국의 석탄과 공산품 시장을 확보하고자 한 노력의 일환이었다. 〈오타와 협정〉도 결국은 같은 내용을 보다 복잡한 형태로 표현한 것에 지나지 않았다. 이렇다 할 시장이 못되는 중유럽과 발칸반도에서 독일이 (주로 시리얼과 담배로 구성된) 그 지방의 생산품을 굳이 구매한 것은 독일산 물품에 대한 시장확보 이상으로 정치적 영향권을 유지하기 위한 조

50) 프랑스와 오스트리아의 예는 C. K. Hobson, *The Export of Capital*(1914), p. 16에 소개되어 있다. 이와 같은 조건을 부과한 또 다른 나라로는 러시아와 벨기에가 있다.

51) 이와 관련하여 1938년 외무성의 한 관리가 수출신용보장국의 직원으로 전보되었다는 사실은 중요한 사건이다.

52) House of Commons, December 15, 1938 : *Official Report*, col. 2319.

치였다. 당시 이 지역에서의 프랑스의 정치적 영향력이 인위적이었다는 증거의 하나는 이 지역에 대한 프랑스의 교역이 보잘것없었다는 점이다. 결국 구매력은 국제적 자산의 하나가 되었다. 그리고 (독일이 남동유럽에서 수입한 가격이 세계시장가격보다 높았다는 사실에서 잘 드러났듯이) 가격이 더 이상 핵심요소가 아니라는 사실은 생산자가 아니라 구매자가 곧 주인임을 말해주는 것이다. 따라서 구매력이라는 새로운 권력요소는 생활수준이 높고 인구가 많은 나라가 누릴 수 있는 것이었다. 다만 이 새로운 권력자산은 자칫 과도하게 사용될 경우 스스로를 파멸의 구렁텅이에 빠뜨릴 수 있는 소모적인 자산이었다.

5. 경제력과 국제도덕

경제무기가 정치권력의 수단으로 사용될 수 있다는 지금까지의 논의를 종합해보자. (마르크스가 자본과 대포의 대체라고 표현한) 경제무기에 의한 군사무기의 대체는 경제무기가 군사무기에 비해 도덕적으로 우월해서가 아니라 효과가 뛰어나기 때문이다. 예를 들어보자. 모스크바에서 메트로비커스사(社)의 엔지니어를 재판한 것에 분개한 영국은 소련상품에 대해 금수령을 내림으로써 만족할 만한 결과를 얻을 수 있었다. 반면 자국 외교관의 피살에 분개한 이탈리아는 (그리스 상품에 대한 금수령은 효과가 없을 것이므로) 그러한 경제적 무기를 보유하지 못했다. 대신 코르푸에 대한 폭격이라는 잔인한 군사적 방법에 만족해야만 했다. 1931년 영국은 대체로 비정치적이고 겉보기에는 자연스러운 방법을 통해 소위 "스털링 블록"을 형성하였다. 중유럽 및 남동유럽에 유사한 "마르크 블록"을 형성하기 위해 독일은 무력의 사용 및 그 위협을 포함한 정치적 방법을 드러내놓고 사용하였다. 영국은 그 막강한 경제적, 재정적 힘 덕분에 스페인 내전에 개입을 회피할 수 있었다. 영국정부는 "스털링 총탄"만을 사용하고도 독일과 이탈리아가 스페인에 확고한 세력을 구축하는 것을 막을 수 있었던 것이다. 극동지역에 대해 당시의 영국수상은 "전쟁이 끝나고 중국이 재건을 시작하더라도 우리나라의 도움 없이는 불가능할 것"이라고 말했다.[53] 국제통상과 금융 분야에서 미국의 힘이 증대한 것이 바로 미국이 전통적으로 취해왔던 정책, 즉 중남미의 여러 나라의 영토에 해병대를 보내는 대신에 소위 "선린"정책을 취하게 되었던 이유의 하나임은 부정할 수 없다.

그러나 요는 이와 같은 논리를 소위 "침략"과 영토적 합병의 문제에 그대로 적용할 수 있다는 점이다. 권력의 이와 같은 측면을 가장 잘 보여주는 문서가 1910년 북경주재 러시아 공사가 보낸 전문이다:

> [이 솔직한 외교관은 쓰기를] 만일 우리가 경제적으로 충분히 강력하다면 단순히 경제적 내용의 조약을 맺어 우리의 목표를 간단히 달성할 수 있을 것이다. 그러나 본인이 우려하듯이 우리가 경제조약을 맺은 결과 외국에게 좋은 일만 하고 우리의 이익은 챙기지 못한다면 (그리하여 예로 1881년 통상조약에 규정된 특권의 이익을 누리지 못한다면) 우리가 지금껏 취해온 기본 정책, 즉 영토의 취득이라는 정책을 포기할 이유가 없는 것이다.[54]

극동에 대해 최근 영국에서 출판된 한 저작도 비슷한 주장을 하고 있다:

> 19세기 영국이 앞장서 온 자유무역은 순전히 상업적 경쟁에서 강한 자들의 논리이다. 특권을 누리는 "세력권"이란 그러한 경쟁에서 상대적으로 약한 나라들이 정치권력을 직접 적용하여 그 약세를 보완하려는 노력이다.[55]

19세기 동안 누려왔던 해군력과 경제력의 우세로 인해 영국은 중국에

53) House of Commons, November 1, 1938, reprinted in N. Chamberlain, *The Struggle for Peace,* p. 340.
54) B. de Sibert, *Entente Diplomacy of the World War*, p. 20.
55) G. F. Hudson, *The Far East in World Politics*, p. 54.

서 최소한의 군사력과 경제적 차별만으로도 압도적인 지위를 구축할 수 있었다. 러시아와 같이 상대적으로 약한 나라들은 노골적인 침략과 합병을 통해서만 비슷한 결과를 바랄 수 있었다. 일본도 후일 이와 같은 교훈을 깨달아 시행했다. 1907년 1월의 유명한 비망록에서 크로(Crowe)는 영국이야말로 "약소국들의 자연적 보호자"이며, 개방된 시장에서 자유무역정책을 통해 "영국은 다른 나라들과 상호이익에 기반한 우호를 강화시킬 수 있음이 틀림없다"고 주장했다.[56] 이 주장을 발전시키면 영국은 그 경제력과 자유무역정책을 통해 다른 강대국들이 그 나라들의 정치적 독립을 침해함으로써만 얻을 수 있는 간접적인 영향력과 통제력을 행사할 수 있으며, 바로 그러한 이점 때문에 영국은 약소국의 정치적 독립을 옹호하는 것처럼 보일 수 있다는 것이다. 예를 들어 영국은 이집트의 정치적 독립을 유지하면서도 군사적 및 경제적으로 우월한 지위를 유지할 수 있었다. 반면 상대적으로 약한 강대국은 합병의 형식을 통하고도 그 효과는 오히려 작은 경우가 있었다. 영국은 이라크에서 공식적 식민지배의 형식을 포기하고서도 그 나라에서 자국의 이익을 유지할 수 있었으나 프랑스는 시리아에서 같은 조치를 취할 수 없었다. 따라서 경제적 무기는 압도적으로 강한 나라의 무기이다. 1931년 소련정부가 제안한 "경제적 불가침"조약은 당시 가장 강대하였던 세 나라, 즉 영국, 프랑스, 미국에 의해 단호히 거부되었다.

그럼에도 불구하고 경제적 무기가 군사적 무기보다 그 사용에 있어 상대적으로 보다 도덕적이라는 일반적 인식을 불식하는 것은 여전히 어렵다. 실로 경제무기의 사용이 군사무기의 사용보다 항상 도덕적인 것은 아니다. 전시 항만봉쇄는 공습 못지않은 어려움을 초래하기도 하는 것이다. 그러나 그 궁극적 목적은 같더라도 달러가 총탄보다 인간적이라는 것이 말이 될 때도 있다. 소련상품에 대한 금수조치는 그리스에 대한 폭격보다

---

56) *British Documents on the Origins of the War*, ed. Gooch and Temperley, iii. p. 403.

는 그 부도덕성이 약하다. 정치적 주권에 대해 마찬가지로 제한을 가져오더라도 (미국이 중미 국가들에 대한 것과 같이) 간접적인 경제통제가 (독일이 1939년에 보헤미아와 모라비아에 설정한 것과 같은) 직접적인 정치적 지배보다 낫고 따라서 비교적 덜 비도덕적이라는 것은 부인하기 어렵다. 이러한 것은 설사 미국이 경제적으로 독일과 같은 입장에 있었더라면 마찬가지 행동을 취했을 것이라는 점을 지적하더라도 변함이 없다. 가난한 사람이 부자에 비해 좀도둑질을 할 개연성이 높고 그러한 차이가 절도라는 개별 행위에 대한 우리의 도덕적 판단에 영향을 준다. 그러나 절도는 대개 비도덕적으로 간주된다. 요는 도덕 그 자체도 권력의 문제로 귀결된다는 점이다.

도덕의 문제는 후술한다. 여기서 강조하고자 하는 바는 경제력과 군사력에 대한 일반적 구분은 환상에 지나지 않는다는 점이다. 모든 정치행위에 있어서 한 요인을 차지하는 권력은 그 자체로서 하나이고 불가분이다. 군사적 무기든 경제적 무기든 결국은 같은 목적을 위해서이다. 강자는 비교적 사소하고 보다 '문명화된' 무기를 사용하는 경향이 있다. 그것만으로 정치적 목적을 달성할 수 있기 때문이다. 그리고 그것으로 충분한 경우 굳이 위험한 군사적 무기에 호소할 필요가 없다. 그러나 군사력이 경제력과 구분될 수 없듯이, 경제력은 군사력에서 구분될 수 없다. 양자는 모두 정치권력의 핵심부분이며 궁극적으로 다른 하나가 없는 하나는 무능하고 무망하다.

제 3 절 생각에 대한 지배

생각을 지배하는 것이 힘의 제3요소이다. "배도 있고 사람도 있고 돈도 있다"고 한 국수주의자들의 노래는 군사력과 인력과 경제력이라는 정치권력의 3대 요소를 정확히 표현하고 있다. 그러나 인력이란 단순히 사람 머릿

수만 세어서 측정할 수 있는 것이 아니다. "이집트의 술탄이나 로마의 황제라면 그 무고한 신민들을 그들의 정서나 취향을 무시한 채 한낱 짐승처럼 몰아붙일 수 있을 것이다. 그러나 그들 또한 그들의 노예군단 혹은 근위병대를 최소한 독자적 의견을 지닌 인간으로써 통솔했음이 틀림없다"고 흄(David Hume, 1711~76)이 지적하였다.[57] 생각, 특히 다수의 생각, 즉 여론에 대한 통제란 따라서 정치적 목적을 달성하기 위해서 군사력이나 경제력 못지않게 중요한 것으로 항상 권력의 다른 요소들과 밀접한 관련을 맺어왔다. 또 설득의 기술은 항상 정치지도자에게 필수적인 자격요건의 하나였다. 국가지도자의 전기를 보면 웅변과 연설이 항상 중요한 부분을 차지했음을 알 수 있다. 그럼에도 불구하고 그 핵심에 있어 프로파간다가 기본적으로 오늘날의, 즉 현대적 무기라는 일반적 인식은 옳다.

1. 현대세계의 프로파간다

근래에 들어와 여론에 대한 지배가 갈수록 중요성을 띠게 된 이유는 명백하다. 곧 정치의 저변이 확대되고 이에 따라 그 여론주도층의 숫자가 크게 확대되었기 때문이다. 비교적 최근까지 여론주도층은 그 수에서 적고 서로 이해관계에 따라 밀접히 연관되어 있었으며, 고등교육을 받은 사람들이었다. 동시에 설득의 수단도 상당히 제한되어 있었다. 히틀러의 말을 빌리면 "과학적 설명"은 인텔리를 위한 것이고, 프로파간다라는 현대적 무기는 대중을 위한 것이다.[58] 대중적 호소력을 지닌 최초의 운동은 바로 기독교라고 할 수 있다. 따라서 대중여론에 대한 지배가 가진 잠재성을 최초로 이해하고 이용한 것이 바로 천주교회라는 것은 놀랄 일이 아니다. 중세의 교회는 바로 특정한 여론을 전파하고 그에 배치되는 다른 여론을 배

57) *The Philosophical Works of David Hume*, iv p. 31.
58) Hitler, *Mein Kampf*, p. 196.

척하기 위한 제도였고, 그러한 측면은 비교적 제한적이나마 여전히 살아 있다. 언론에 대한 검열과 프로파간다 조직을 최초로 만든 것이 바로 교회였다. 따라서 중세교회야말로 최초의 전체주의 국가였다는 한 역사가의 논지는 일리가 있다.[59] 종교개혁은 유럽의 많은 지역에서 교회로부터 로마제국의 군사력이 부여하였던 부와 권위뿐만 아니라 여론에 대한 지배력도 동시에 박탈한 운동이었다.

오늘날 여론에 대한 지배가 대중의 형식으로 등장하게 된 것은 경제 및 군사기술의 발달과 무관하지 않다. 즉 개별 장인에 의한 생산체계가 대량생산체계로 바뀌고, 의용병에 의한 군대가 징집시민병의 군대로 바뀐 것이다. 현대정치는 정치적으로 깨인 다수 대중의 의견, 곧 여론을 떠나 생각할 수 없고, 그들 중 가장 목소리가 크면서도 동시에 프로파간다에 취약한 사람들은 대개 대도시에 몰려있다. 이 문제를 무시하는 정부란 오늘날 존재하지 않는다. 이 문제를 접근하는 방법에 있어서 민주국가와 전체주의 국가는 정반대인 것처럼 보인다. 외형상 민주주의 국가는 대중의 의견을 추종하고 전체주의 국가는 스스로 기준을 설정하고 그에 대한 추종을 강요하는 것이다. 그러나 현실은 그처럼 단순하지 않다. 전체주의 국가라 하더라도 그 정책을 결정할 때에는 대중의 의사를 따른 것이라고 공언(公言)하고 있으며, 그러한 공언이 늘 공언(空言)인 것만은 아니다. 또 민주주의 국가들 혹은 그 지배집단들이라고 해서 여론을 조작하고 지도하지 않는 것도 아니다. 마르크시스트나 파시스트와 같은 전체주의 국가의 선전가들은 항상 민주주의 국가에서 누리는 의견의 자유란 환상에 지나지 않는다고 주장해 왔다. 물론 민주주의 국가와 전체주의 국가가 여론에 접근하는 방식에는 근본적인 차이가 있고, 특히 위기가 닥쳐오면 그 차이가 결정적인 요인으로 작용할 수도 있다. 그러나 체제를 불문하고 여론의 중요성을 인식하고 있다는 점에서는 차이가 없다.

---

59) G. G. Coulton, *Mediaeval Panorama*, p. 458 et al.

현대정치에서 대중여론이 압도적으로 중요하게 된 경제적 사회적 조건들은 또한 여론을 조작하고 지도하는 방법의 범위와 효용성에도 엄청난 영향을 미쳤다. 가장 오래되고 여전히 가장 효과적인 방법은 초등교육이다. 교육을 제공하는 것이 국가이기 때문에 그 내용을 결정하는 것도 국가일 수밖에 없다. 그런 국가가 미래의 국민들이 그 체제의 기본 원칙을 부정하는 교육을 학교에서 받도록 허용할 리 없다. 따라서 민주국가에서 어린이들은 민주주의의 자유를 찬양하는 교육을 받는다. 전체주의 국가에서는 전체주의의 강점과 규율을 찬양하도록 교육받는다. 체제를 막론하고 어린이들은 자신이 속한 나라의 전통과 신조와 제도를 존경하고 그것이 다른 어떠한 체제보다 낫다고 생각하도록 교육받는다. 이와 같은 초기 교육을 통해 무의식적으로 주입되는 교육효과의 중요성은 아무리 강조해도 지나침이 없다. "노동자에게는 조국이 없다"라고 주장한 마르크스의 말은 바로 그 노동자가 국가교육 과정을 거침으로써 타당성을 잃게 되었다.

오늘날 프로파간다는 대중교육이 아닌 다른 수단을 말한다. 라디오, 영화, 대중신문이 바로 그것이다. 라디오, 영화, 신문 등은 현대 산업의 특징을 전적으로 공유하고 있다. 즉, 대량생산, 준독점, 표준화가 곧 경제적이고 효과적인 작동의 조건이 된 것이다. 따라서 대중매체의 경영권은 자연히 소수의 손에 집중되었고 이 집중효과가 여론을 중앙에서 통제하는 것이 용이하고 한편 불가피한 현상이 되도록 한 것이다. 여론을 대량생산한다는 것은 곧 상품을 대량생산한다는 것에 다름 아니다. 경제력이 성장하고 또 집중됨에 따라 19세기적인 정치적 자유가 대다수 대중에게는 환상에 지나지 않게 되었듯이 이처럼 새롭고 극단적인 여론의 통제수단이 개발됨에 따라 19세기적인 사상의 자유 또한 근본적인 수정이 불가피해졌다. 프로파간다라는 단어가 오늘날 많은 사람들에게 주는 거부감은[60] 산

---

60) 1939년 7월 28일 영국 하원에서 당시 내무장관은 "본인은 전 세계 어느 곳에서도 정부가 필요 없는 세상이 되기를 소망한다. 나는 아직도 이 전쟁의 유산이 이 세상에서 사라지는 날까지 수명을 누리는 소망을 버리지 않고 있다"고 말했다. *Official Report*,

업과 무역을 국가가 통제하는 것에 대한 거부감과 유사한 점이 많다. 무역과 산업의 흐름이 인위적인 제약이 없이 자체적인 채널을 통하듯이 여론 또한 그 자체의 흐름을 따라야 한다는 것이 과거 자유주의적 관념이었다. 이와 같은 관념은 무역이 그렇듯이 여론도 인위적 통제를 벗어나지 못한다는 엄연한 사실 앞에 깨어지고 말았다. 이제 문제는 사람들이 그 정치적 의견을 표현함에 있어 자유로워야 한다는 것에 있지 않고 다수 대중에게 있어 의사의 자유가 도대체 의미가 있는 것인가에 있다. 다시 말해 기득권층이 주도하는 프로파간다의 홍수 속에서 대중들이 어떻게 의지의 자유를 유지하는가의 문제인 것이다. 전체주의 국가에서 라디오, 신문, 영화는 국가산업으로 정부의 절대적 통제 속에 있다. 민주주의 국가의 경우도 조건은 상이할지언정 중앙통제의 추세는 강화되고 있다. 거대한 기업들이 그 힘에 있어 너무나 막강하고 그 사회적 역할에서 너무나 중요하게 됨에 따라 정부는 이들을 무시할 수 없게 되었다. 이들 또한 국가의 직접적 통제를 받느니 차라리 자발적으로 국가와 협력하는 것이 낫다고 판단하고 있다. 이에 따라 여론의 '국유화'가 산업의 국유화와 더불어 세계 곳곳에서 진행되었다.

2. 정책도구로서 프로파간다

여론에 대한 통제를 외교정책의 도구로서 조직적으로 사용하게 된 것은 최근의 현상이다. 1914년 이전에도 정부가 국제관계에서 프로파간다를 사용한 적은 있었다. 비스마르크를 비롯한 많은 정치가들이 신문을 자유로이 이용하였지만, 이 경우는 여론에 영향을 미치기 위해서라기보다는 외국 정부에 대한 선언이 주목적이었다. 선교사 및 무역상과의 협력, 그리고

col. 1834.

이들에 대한 무력지원은 국가의 팽창이라는 이익을 위해 프로파간다와 경제력, 군사력이 비공식적으로 협력한 사례의 19세기적 표현이었다. 그러나 당시만 해도 프로파간다의 영역은 제한적이었다. 그리고 프로파간다를 집중적으로 이용한 이들은 일부 혁명가들에 불과했다. 정부가 프로파간다를 체계적으로 이용하는 것은 품위 없는 일로 간주되었다.

그러나 제1차 세계대전이 시작되면서 전쟁당사국들은 곧 "경제적 전쟁 및 군사적 전쟁은 심리적 전쟁과 더불어 전개해야 한다"는 것을 깨달았다.[61] 아군의 사기를 진작하는 한편 적군의 사기를 무너뜨리는 것이 군사 및 경제 전선에서 이기기 위한 조건이었던 것이다. 항명과 반란을 선동하는 전단을 적국 진영에 살포하는 일이 빈번했다. 이러한 새로운 전술은 대개 모든 전술이 그랬듯이 처음에는 국제법 위반이라는 비난을 받았다.[62] 더욱이 제1차 세계대전에서 나타난 새로운 조건은 전투원과 비전투원 간의 구별을 모호하게 만들었기 때문에 후방의 비전투 시민들의 사기를 유지하는 것이 군사적 목표의 하나가 되었다.

> [1918년 영국 합참의 기록에 의하면] 장거리 폭격이 그 최대한의 효과를 누리기 위해서는 짧은 간격을 두고 지속적으로 폭격을 가함으로써 피폭지역에서 지속적인 불안효과가 일어나야 한다. 단발적 공격이 아닌 지속적 공격을 통해서만 산업생산에 지장을 초래하고 대중의 자신감을 훼손시킬 수 있기 때문이다.[63]

---

61) G. G. Bruntz, *Allied Propaganda and the Collapse of the German Empire*에 쓴 라스웰(Harold Lasswell)의 서문. 이 책은 이 문제에 대한 지금까지의 연구 중 가장 포괄적인 해석을 제공하고 있다.

62) 1917년 두 명의 영국군 조종사가 전단살포행위가 전쟁법 위반이라는 이유로 독일에 의해 10년간의 중노동형에 처해졌다. 영국이 독일에도 같은 조치를 하겠다고 협박하자 독일은 이들을 석방했다. 1923년 제정된 공중전에 대한 헤이그 협약에서 전단살포행위는 정당한 것으로 인정되었다(Bruntz, *Allied Propaganda*, pp. 142~4).

63) *The War in the Air*(British Official History of the War), by H. A. Jones, vi. Appendix VI, p. 26.

물론 이와 같은 생각이 영국에 국한되었을 리가 없다. 공습뿐만 아니라 당시 독일이 장거리포로 파리를 포격한 것도 일반 시민들의 사기를 떨어뜨리기 위한 것이었다. 그리고 특히 전쟁의 말기에 이르러 활자매체를 통한 프로파간다가 강화되면서 포격전 또한 더욱 치열해졌다. 제1차 세계대전의 전 과정에서 군사, 경제, 선전이라는 정치권력의 세 가지 형태 사이의 밀접한 관련성은 지속적으로 드러났다. 피아(彼我) 진영을 막론하고 선전의 성패는 군사 및 경제 전선의 성패와 맥을 같이했다. 연합국의 해상봉쇄와 전투에서의 승리가 마침내 독일의 자원을 거덜 내기 시작하자 연합국의 선전 또한 엄청난 효과를 발휘하여 독일의 궁극적 패배를 가져오는 데 큰 역할을 하였다. 곧 1918년의 승리는 군사력과 경제력, 그리고 여론에 대한 통제라는 세 가지 요소를 교묘히 배합한 결과로 얻은 것이었다.

전쟁의 마지막 단계에서 선전이 중요하다는 것은 이제 보편화된 상식이지만 아직도 많은 이들은 선전이란 적대적 관계에서 유용한 수단으로 인식하고 있다. 레닌과 그 일당을 비밀리에 러시아로 보냈던 독일의 장군은 "내가 적국에 선전을 사용하는 것은 적 진지에 포격을 하거나 독가스를 살포하는 것과 마찬가지이다"라고 썼다.[64] 전쟁이 끝나고 선전부를 폐지하는 일은 동원해제의 한 자동적 과정이었다. 그러나 전쟁이 끝나고 20년이 지난 지금, 그리고 여전히 공식적으로는 평화시기인 지금까지 많은 정부들은 전쟁 때 이상으로 많은 정도의 선전전을 수행해 왔다. 국내외 여론에 영향을 미칠 수 있는 관(官) 혹은 반관(半官) 기구들이 모든 나라에서 우후죽순처럼 생겨났다. 이러한 현상은 곧 국제정치가 대중화되고 선전전의 효과가 증진하면서 가능해지고 또 불가피해진 현상이다. 국제정치의 대중화와 선전의 유용성은 앞으로도 지속될 것이기 때문에 선전이 앞으로 확고한 지위를 차지할 것이라는 것은 확실하다.

국제관계에서 프로파간다를 하나의 정책도구로 처음 사용한 것은 소

---

64) Hoffmann, *War Diaries*[영문판], ii. p. 176.

련정부였는데, 그 이유는 차라리 우연이라고 할 만하다. 러시아에서 권력을 잡은 볼셰비키는 국제분쟁에서 쓸 수 있는 통상적인 군사적, 경제적 무기가 너무나 빈약하다는 사실에 절망하였다. 그들이 지닌 유일한 힘은 다른 나라 내부의 여론에 대한 영향력이었고, 따라서 자연히 이를 최대한 활용하고자 노력하였다. 처음에 그들은 프로파간다 전단을 살포하고 전선을 초월한 유대를 발전시킴으로써 독일군을 해체할 수 있다고 믿어 의심치 않았다. 후일 연합국 측이 러시아 내전에 개입하자 이를 무력화시키기 위해 연합국들을 상대로 한 프로파간다를 벌였다. 물론 혁명직후부터 애써 양성한, 막강한 〈적군〉(赤軍, Red Army)의 지원이 없었더라면, 프로파간다 자체만으로 두드러진 효과를 보기 어려웠을 것이다. 그러나 그것이 매우 중요한 효과를 발휘하였다는 것은, 그 후 유럽과 아시아의 여러 나라에서 볼셰비키 프로파간다에 대한 두려움이 오랫동안, 그리고 지금도 완전히 사라지지는 않았다는 점이 입증하고 있다. 소련은 코민테른이라는 대규모의 상설선전기구를 창설한 최초의 근대국가였다.

그러나 생각에 대한 통제가 소련의 정책에서 가장 중요한 위치를 점하게 된 보다 근본적인 이유가 있다. 중세가 끝나고 근대가 시작된 이래 어떠한 정치조직도 보편적 진리를 주장하거나 보편적 복음을 전파하지 못했다. 국가단위로는 최초로 소련이 국제적 독트린을 설파하고 효율적인 세계 프로파간다 조직을 유지하였던 것이다. 이와 같은 혁신이 얼마나 혁명적이었나는 코민테른이 처음에는 소련정부의 권력과 전혀 무관하게 출범한 데서 알 수 있다. 그러나 소련정부와의 분리는 행정적 측면에서 효과적으로 작동하였지만 주요 정책문제에까지 확대되지는 못했다. 그리고 스탈린이 소비에트 국가를 공고히 세운 다음에는 허울 좋은 겸손에 불과했다. 나아가 그와 같은 전개는 하나의 국지적 사건에 그치지 않고 국제정치에서 이데올로기가 지니는 의미라는 새로운 문제를 제기하고 있다. 생각에 대한 지배가 다른 형태의 권력과 분리될 수 없는 것이라면 권력이 국제화될 수 없듯이 국제여론도 있을 수 없고 따라서 국제 프로파간다도 국제군이라는 용어처럼 모순이 될 것이기 때문이다. 이 모순처럼 들리는 말이 사실은 엄청난 설득력을 지닐 수 있다는 사실을 따져보기로 한다.

3. 국가의 프로파간다인가, 국제 프로파간다인가?

인간 세상에 막강한 영향을 미친 정치사상은 대개 보편적 원칙에 기반하게 마련이고 따라서 적어도 이론적으로는 국제적 성격을 띤다. 프랑스 대혁명의 사상, 자유무역이론, 1848년에 태어나고 1917년에 부활한 공산주의, 유태주의, 국제연맹주의 등은 모두 처음에는 권력에서 분리되고 국제적 프로파간다에 의해 지지된 국제여론의 예라고 할 수 있다. 그러나 그 내면을 따지고 보면 그러한 첫인상과 거리가 있음을 알 수 있다. 이들 사상이 국가적 색채를 띠고 또 국가권력에 의해 지지되지 않았을 때 정치적으로 얼마나 효과적일까? 쉬운 질문이 아니다. 프랑스 혁명가들의 열정이 가져온 혼란에 대해 사회학자 알베르 소렐(Albert Sorel)은 다음과 같이 쓰고 있다.

> 그들은 새로운 독트린의 전파를 프랑스 국력의 확장과, 인류의 구원을 공화국의 위대함과, 이성의 지배를 프랑스의 지배와, 인간의 해방을 국가의 정복과, 유럽의 혁명을 유럽에 대한 프랑스 혁명의 지배와 혼동하고 있었다.[65)]

1789년의 혁명정신을 유럽전역에 전파시킨 것은 나폴레옹의 군사력이었다. 자유무역이론이 정치적 힘을 얻게 된 것은 영국이 정책으로 채택한 이후의 일이다. 1848년의 혁명가들은 정치적 세력을 모으는 데 실패하였기 때문에 혁명사상 자체가 사라졌다. 제1차, 제2차 인터내셔널은 실질적인 힘을 얻는 데 실패하여, 1914년까지 국가차원의 노동운동은 있었지

---

65) A. Sorel, *L'Europe et al Révolution Française*, pp. 541~2.

만 국제노동운동은 없었다. 제3차 인터내셔널, 즉 코민테른도 소련의 힘이 뒤를 봐주기 전까지는 이렇다 할 영향력이 없었다. 스탈린은 나폴레옹이 1789년의 혁명사상을 그랬던 것처럼 1917년 혁명사상을 마음대로 뜯어고쳐 전파했다. 국가의 지지를 받지 못한 트로츠키의 사상은 아무런 힘을 발휘하지 못하고 있다. 국제적 프로파간다의 수준에 머무르며 아무런 정치적 영향력을 행사하지 못하던 유태주의는 강대국들의 정치적 후원과 함께 크게 성장했다. 즉 프로파간다는 한 나라를 모국으로 하여 그 군사적, 경제적 힘을 얻기까지는 정치적 힘을 발휘하지 못한다.

국제연맹과 그 원리에 대한 프로파간다의 운명은 이와 같은 사실을 웅변적으로 보여주고 있다. 우드로 윌슨이나 세실 공과 같은 사람들은 국제연맹을 정부의 군사력, 경제력을 지배하는 "인류의 조직된 여론"이라고 보았다. 국제여론이야말로 권력의 최고도구, 그들의 표현으로는 "지금까지 존재한 우리의 가장 막강한 무기"로 간주되었다. 이러한 생각은 전선을 무시한 국제 프로파간다에 의해 창출되었다.[66] 1920년대를 지나면서 이와 같은 생각이 잘못이라는 사실이 점차 드러났다. 그러한 생각이 살아 있는 것 자체가 연맹지지자들이 평화니, 군축이니 하는 슬로건을 집요하게 외치고 다닌 덕분이었다. 그리고 그와 같은 슬로건이 일반적 호소력을 지니게 된 것은 그것이 서로 다른 사람들에게 서로 다른, 때로 상호모순적인 의미를 지녔기 때문이다. 모든 나라가 그들의 정책목표를 굳이 전쟁을 하지 않고도 달성하고 싶어하는 것은 당연하고 따라서 평화를 지지하는 것도 당연하다. 모든 나라가 다른 나라의 군비감축을 지지하는 것은 당연하고 스스로도 굳이 필요치 않은 무기를 감축하는 것에 찬성하는 것도 당연하다. 그러나 군축회의가 실패로 끝난 이후 국제연맹이 효과적인 경우는 강대국들의 정책도구로 쓰일 때뿐이라는 것이 명백해졌다. 국제연맹을 지지하는 의견은 이제 그 국제적 성격을 잃고 단지 그것이 국가정책도구로

---

66) 전술 제3장, pp. 55~60 참조.

여전히 유용하다고 믿는 일부 국가에 한정되었다. 영국에서 국제연맹을 지지하는 정치세력은 보수당의 민족주의 세력에 한정되었다.

국제여론이 국가권력을 떠나 독자적 힘을 지녔다는 생각이 오류임은 기타 사례에서도 얼마든지 볼 수 있다. 파시즘으로 분류될 수 있는 일련의 운동도 결국은 민주주의와 계급전쟁의 배척, 리더십의 중요성 강조 등과 같은 보편적 원칙에 근거하고 있다. 초기 단계에서 파시즘은 그것을 지지하는 국가에서 "수출금지" 항목이었다. 후일에 와서야 이 제약이 공식적으로 해제되어[67] 하나의 국제 프로파간다로서 세계각지에 활발히 전파되었다. 그러나 국제연맹과 코민테른이 국제여론의 도구로 출발하여 국가정책의 도구로 귀결된 반면, 파시즘은 국가정책의 도구로 출발하여 국제여론의 도구로 귀결되었다고 보는 것은 피상적 관찰이다. 왜냐하면 양자 모두 국제적 단계는 (그를 믿는 사람이 없었다는 의미는 아니지만) 하나의 환상에 지니지 않았기 때문이다. 파시즘을 위한 국제 프로파간다는 일부 국가의 정책도구로서 그들 국가의 군사적, 경제적 힘과 함께 성장하였다. 그러나 국가정책의 도구로서 국제이데올로기의 프로파간다가 힘을 못쓰게 된 것은 아무런 긍정적 이데올로기를 공유하지 못한 국가들이 정치적 동맹을 맺기 위해 채택한 부정적 슬로건 때문이었다. 이에 따라 반코민테른 조약에도 불구하고 독일은 국가정책의 필요에 따라 공산주의 모국과 동맹을 맺었다. 또한 반파시즘 정책에도 불구하고 민주주의 국가들은 결국 그와 크게 다를 바 없는 국가와 동맹을 체결하였다. 결국 그러한 슬로건들은 슬로건을 주창한 국가들의 정책을 떠나서는 아무런 의미도 내용도 없는 것이었다. 여론에 대한 권력이란 군사적 권력과 경제적 권력과 구별될 수 없다.

67) Mussolini, *Scritti e Discorsi*, vi. 151; vii. 230.

4. 프로파간다에 관한 국제협약

프로파간다는 이제 국가정책수단으로 널리 인정되어 많은 국제협약에서 이에 관한 규정을 명문화하기에 이르렀다. 그러한 규정이 소련과의 조약에서 코민테른의 활동목적으로 제약하는 목적으로 처음 채택된 것은 당연한 일이다. 그러나 이는 아직 예외에 불과했다. 소련 이외의 경우 이 규정이 최초로 채택된 것은 독일과 폴란드의 방송국들간에 체결된 협약으로 "방송은 어떠한 경우에도 타방 계약당사국의 국민들인 청취자들의 민족적 감정을 해치지 않아야 한다"는 것이었다.68) 프로파간다가 세계적 문제로 떠오른 것은 폴란드 정부가 국제연맹군축회의에서 민주주의 국가들의 "도덕적 군축"을 위한 회의를 제안함으로써였다. 일반협정을 통해 프로파간다라는 무기를 제한하는 일은 군사무기를 제한하는 것과 마찬가지로 어려운 일이라는 것이 입증되었다.69) 하지만 적대적인 프로파간다를 금지하는 내용의 쌍무적 조약이 1934년 독일과 폴란드, 1936년 독일과 오스트리아 사이에 체결되었다.70) 1938년 4월 16일 영국과 이탈리아 사이에 체결된 조약에서 양국은 "각자가 보유한 공공의 수단과 프로파간다를 타방의 이익을 침해하기 위해 사용하는 것은 이 조약이 목표하는 우호관계와 일치하지 않는다"고 합의하였다.

그러한 조약을 체결하여 자국영토 내부의 프로파간다를 제한하는 것은 표현과 출판의 자유를 보장하는 민주국가에서는 문제가 될 수밖에 없

---

68) *League of Nations*, C.602, M.240, 1931, ix. p. 4.

69) 1936년 9월 제네바에서 당시 국제연맹의 잔존 회원국들은 자국 영토 내에서 전쟁을 선동하거나 기타 적대적 프로파간다를 상호간에 금지하는 내용의 일반협약을 체결하였다(*League of Nations*, C.399(1), M.252(1), 1936, xii).

70) 이 두 조약에서 프로파간다에 대한 항목은 공식 조약문에는 나타나지 않지만 성명을 통해 인정되었다. 1936년 7월 11일 독일-오스트리아 조약에 관한 오스트리아 외무부 성명에 따르면 "양국은 모든 공격적인 무선, 영화, 뉴스 및 극장의 사용을 삼가기로 하였다"(*Documents on International Affairs, 1936*, p. 324).

다. 앞에서 본 영국-이탈리아 간 조약의 표현이 애매한 이유가 거기에 있다. 그러나 여론의 영역에 관한 한 자유방임의 19세기적 원칙은 적용되지 않으며 이는 민주국가라고 해서 다를 바 없다. 민주정부들이 전체주의 국가들과의 경쟁을 위해 자국 영토 내부의 경제활동을 통제하고 조직할 수밖에 없듯이, 여론을 통제하고 조직할 수 없으면 이들과의 경쟁에서 불리할 수밖에 없다. 이러한 인식은 영국을 포함한 여러 나라에서 빠르게 성장하였다. 따라서 제2차 세계대전이 발발하기 이전에 이미 국제관계에 영향을 미칠 만한 사안에 대해서는 방송, 영화, 신문에 대해 암묵적 영향력을 행사하고, 나아가 위기시에는 비공식적이기는 하나 직접적인 검열까지 하는 일이 빈번히 일어났다. 물론 이러한 영향력의 행사가 특정의 경우에는 심각한 비판의 대상이 되기도 했지만 누가 정권을 잡든 그러한 제약을 계속 가할 것이라는 점은 명백하다.[71] 동시에 외국의 여론을 영국의 입장에 따르도록 하기 위한 프로파간다도 빠르게 늘어났다. 1935년 이래 〈대영평의회〉(British Council)라는 단체가 생겨 "영국인들의 삶과 생각을 해외에 보다 널리 알리는" 역할을 수행해 왔다. 1938년 BBC방송은 정규뉴스를 몇 개의 외국어로 방송하기 시작했다. 1939년 6월 영국수상은 외무성에 〈해외공보국〉을 설치한다고 발표하였는데, 이는 전쟁의 발발과 더불어 신설된 〈정보부〉의 모체가 되었다.

5. 프로파간다의 진실성과 도덕성

지금까지 우리는 여론에 대한 힘을 군사적 힘 및 경제적 힘과 같은 맥락

71) 이와 관련하여 1938년 12월 7일 영국하원에서 야당인 자유당에서 흥미로운 논쟁을 제기하였다. 자유당의 논객들이 19세기적 원칙에 따라 언론의 자유를 주장하자, 또 다른 야당인 노동당에서는 언론의 자유는 이미 환상에 지나지 않으며 "이 나라의 모든 신문들은 보도하는 모든 뉴스에 대해 책임을 져야 하며 의회 혹은 기타 공적 권위에 대해 응답해야 한다"고 주장하였다(*Official Report*, col. 1293).

에서 논의하였다. 이처럼 권력의 다양한 양태가 서로 밀접히 관련되어 있음을 고려하면, 그리고 그러한 관련이 지금까지 무시되어 왔다는 사실을 고려하면 그와 같은 접근법은 합당하다고 하겠다. 또 그것이 유일한 접근법이라고 주장하는 사람도 있을 법하다. 두 가지 이유가 있다. 첫째, 생각이란 입장과 이익에 따라 결정되게 마련이다. 둘째, 지배계급이나 국가 혹은 지배적인 국가들이 여론을 자신들의 특권 유지에 유리한 방향으로 몰고 갈 뿐만 아니라 그 군사적, 경제적 우위에 힘입어 자신들의 의견을 남에게 강요할 수도 있다. 1918년 제1차 세계대전에서 민주국가들이 승리함에 따라 민주주의가 최고의 정부형태라는 생각이 일반적이었다. 1930년대에 들어와 파시즘의 장점에 대한 생각은 독일과 이탈리아의 군사적, 경제적 힘에 비례하여 달라졌다. 이와 같은 예는 무수히 들 수 있다. 생각에 대한 영향력이 군사력, 경제력과 구분할 수 없는 것이라면 힘과 기술만 있으면 어떠한 생각도 마치 진실인 양 만들 수 있다는 논리도 가능하다. 히틀러는 "영리하고 지속적인 프로파간다를 통해 천당도 지옥인 양, 가장 비참한 삶도 지상의 낙원처럼 만들 수 있다"고 말했다.[72] 또 미국의 한 광고전문가는 "어떠한 주제에 관해서도 여론을 원하는 방향으로 끌고 가는 데 제약이란 단지 비용일 뿐"이라고 말했다.[73] 그러나 이와 같은 말은 그 분야의 전문가들이 흔히 하는 과장일 뿐이다. 나중에 보듯이 히틀러도 여론을 조작함에 있어 프로파간다의 힘이 무한하다고 믿지는 않았다. 여론에 대한 지배를 군사력, 경제력과 더불어 논의하면서도 잊어서는 안 되는 것이 있다. 곧 이 문제는 군사력, 경제력과 달리 물질적인 것이 아니라 인간의 생각과 감정에 관한 문제라는 것이다.

이와 관련하여 생각에 대한 지배가 가지는 두 가지 제약을 들 수 있다. 첫째, 아무리 프로파간다의 힘이 뛰어나다 해도 결국 현실과 어느 정도 부합해야 한다는 점이다. 객관적 사실이 여론의 형성과 전혀 무관한 것

72) Hitler, *Mein Kampf*, p. 302.

73) J. Truslow Adams, *The Epic of America*, p. 360.

만은 아닌 것이다. 광고를 통해 저질의 원료로 만든 화장품이 마치 최고인 양 포장할 수는 있다. 그러나 그렇다고 해서 황산염으로 만든 화장품을 팔 수는 없는 일이다. 히틀러는 제1차 세계대전 당시 독일이 적국을 우스꽝스럽고 경멸스럽게 묘사한 프로파간다가 효과가 없었음을 비판하였다. 그 프로파간다가 효과가 없었던 이유는 간단하다. 참호에서 전쟁을 한 병사들은 그 선전이 사실이 아님을 몸으로 깨닫고 있었던 것이다. 결국은 "진실이 드러난다"는 것이야말로 생각에 대한 지배라는 힘의 형태가 지닌 가장 명백한 제약이다. 더구나 프로파간다는 그 본질상 하나만 있는 것이 아니라 반드시 역 프로파간다가 있게 마련이다. 이와 같은 형태의 힘을 행사하기 위한 가장 탁월한 수단인 교육을 한번 따져보자. 교육이란 결국 독자적이고 분석적 탐구능력을 키우게 마련인데 이것이야말로 프로파간다에게 가장 큰 적이다. 프로파간다는 특정 목적을 위해 사실을 왜곡하는 것인데, 바로 그러한 속성이 자멸적 요소를 안고 있는 것이다.

둘째, 생각에 대한 지배의 또 다른, 그리고 보다 강력한 제약요소는 바로 인간 본성에 내재된 이상주의다. 군사력과 경제력을 동반한 프로파간다는 어느 시점에 이르면 반드시 그 대상자들의 마음에 반감을 불러일으켜 결국 그 자체의 목적을 훼손하게 마련이다. 사람들이 궁극에 가서는 힘 때문에 정당화된 독트린을 배척하는 일은 인간의 본성에서 유래된 일이다. 억압은 오히려 의지를 강화시키고 이성을 날카롭게 만들기 때문에 특권층이 생각에 대한 통제를 통해 소외된 사람들 위에 항상 군림할 수 있다는 것은 절대적인 진실도, 보편적 진실도 아니다. 히틀러 자신도 "영적 기반이 없는 박해와 폭력을 통한 사상의 억압은 반드시 반감을 불러일으킨다는 사실을 염두에 두어야 한다"고 썼다.[74] 이렇게 볼 때 정치란 오로지 권력의 측면에서만 접근할 수 있는 것이 아니라는 사실에 주목하게 된다. 생각에 대한 지배는 모든 권력의 필수부분이지만 결코 절대적인 것

74) Hitler, *Mein Kampf*, p. 187.

이 아니다. 국제정치는 항상 힘의 정치요, 강대국 정치다. 힘을 떠난 국제정치는 생각할 수 없기 때문이다. 그러나 그것이 전부는 아니다. 모든 나라가 만든 프로파간다가 국제주의적 성격을 띤다는 사실 자체가 국제적으로 공통된 사상의 존재를, 그리고 그러한 사상이 국가이익보다 우월한 지위를 차지하고 있음을 입증하고 있다. 그러한 공통된 사상을 우리는 국제도덕이라고 부른다.

9 국제정치와 도덕

국제정치에서 도덕이 차지하는 위치는 국제정치 연구에서 가장 모호하고 어려운 문제이다. 두 가지 이유를 들 수 있다. 하나는 일반론이고 다른 하나는 특수론이다.

첫째, 도덕에 관한 논의가 대개 모호할 수밖에 없는 이유는 도덕이라는 용어가 최소한 다음과 같은 세 가지 다른 의미로 쓰이고 있기 때문이다.

(1) 철학자들이 말하는 도덕원칙으로 가장 많이 논의되면서도 가장 적게 실천된다.
(2) 일반인들이 말하는 도덕원칙으로 때로 실천되지만 논의되는 일은 거의 없다. (일반인들이 행동하고 판단함에 있어 그것의 도덕적 근거를 따지는 일은 거의 없고, 설사 따진다 하더라도 대체로 자기합리화 혹은 자기기만에 그치기 때문이다.)
(3) 일반인들의 도덕행위로 앞의 (2)와는 밀접한 관계가 있지만 (1)과는 거의 관계가 없다.

(2)와 (3)의 관계는 상호적이다. 즉, 일반인들의 행위가 그들이 믿는 도덕률에 의해 영향을 받는 한편 도덕률 자체도 결국 그들의 행위에 영향을 받는다는 것이다. 이 점은 특히 정치도덕에 관한 일반인들의 견해에서 두드러진다. 정치도덕은 개인도덕과 달리 그 상호적 성격을 염두에 두고 기존관행을 성문화한 것이기 때문이다.

전간기의 국제정치학 연구가 전적으로 이상주의 학파에 의해 주도됨으로써 주로 국제도덕의 이상적 형태에만 논의의 초점이 모아졌다. 일반인들이 국제도덕에 대해 어떻게 생각하고 있는가에 대한 논의는 전혀 없었다. 바로 그 시기에 정치가 대중화됨으로써 일반인들의 생각이 무엇보다 중요해졌다는 점을 고려하면 안타깝기 그지없는 일이다. 그리고 국제적 이상과 국제적 현실 간의 괴리가 커져만 가고 있다는 사실도 결국은 철학자들의 이론과, 일반인들의 행위에 내포된 무의식적 가정이 서로 다르고, 따라서 그로부터 나타나는 관행이 철학자들의 이론에서 점차 멀어지고 있다는 뜻으로 이해할 수 있을 것이다. 더욱이 오늘날 (앞에서 논의한) 이상이란 결국 기득권층의 수단으로 전락하고 만다는 법칙이 현실로 나타나고 있어서 더욱 그렇다. 오늘날 영미의 논객들이 말하는 국제도덕이란 결국 현상에 불만을 가진 이들을 비난하는 수단에 지나지 않는다. 바로 이 점에서도 국제정치학자들은 전적으로 이상주의에 안존할 수 없다는 결론이 나온다.

그렇다고 해서 이상을 포기하라는 말은 아니다. 오히려 국제정치학자는 현실에 발을 딛고 미래에의 꿈과 오늘의 현실을 연결시키기 위한 노력을 아끼지 말아야 한다. 그리고 그것은 어려운 일도 아니다. 식인종들의 도덕률과 행위를 연구하는 인류학자는 대개 식인행위란 나쁜 것이며 근절되어야 한다는 전제 위에 서있다. 그러나 그는 식인행위에 대한 비난 자체를 식인행위에 대한 연구와 혼동하지는 않는다. 국제도덕의 연구에서는 그처럼 명백한 구분이 어렵다. 국제도덕을 연구하는 사람들은 과학자의 역할보다는 선교사의 역할을 선호하기 때문이다.

국제도덕이 모호한 두 번째 이유는 바로 국제정치의 특수성에 있다. 이상하게 들릴지 모르지만 국제도덕을 논하는 사람들은 도대체 자신들이 논하는 도덕이 국가의 도덕을 말하는 것인지 개인의 도덕을 말하는 것인지 잘 모르고 있거나, 혹은 서로간에 논의의 차원에 대해 합의점을 찾지 못한 채 서로 다른 도덕을 이야기하고 있다. 이 점은 본 장의 핵심이기 때문에 서두에서 길게 논할 필요가 있다.

1. 국제도덕의 본질

근대국가 형성 초기 절대왕조시절에는 개인의 도덕과 국가의 도덕이 같은 것인지 다른 것인지를 놓고 고민할 필요가 없었다. 국가의 행위에 대해 군왕이 개인적으로 책임을 져야 한다는 점에서 의심의 여지가 없기 때문이다. 찰스 1세는 좋은 아버지에 나쁜 왕이었을 수도 있다. 그러나 아버지로서든 왕으로서든 그의 행위는 개인의 행위였다.[1] 그러나 국가기구가 점차 복잡해지고 입헌정부가 등장함에 따라 왕조의 개인적 책임이란 개념은 점차 사라지고 국가가 인격을 부여받게 되었다. 홉스가 말한 리바이어던(Leviathan)은 "인조인간"이란 뜻이다. 이와 같은 전개는 하나의 진전이라고 할 만하다. 왜냐하면 국가에 인격을 부여함으로써만 자연법에 기초한 국제법의 창출이 가능하기 때문이다. 국가가 서로간에 책임과 의무를 진다는 생각은 국가에 인격을 부여하지 않고는 불가능한 일이다. 그러나 국

---

1) 〈베르사유 조약〉 체결 당시 연합국 정부들은 이와 같은 과거 전통을 부활시켜 카이저, 즉 독일황제에게 국가의 행위에 대한 개인적 책임을 물으려 들었다. 그러나 그러한 행위는 흥분이 가라앉자 널리 비난을 받았다. 한편 오늘날의 독재정권의 존재는 그러한 관념을 새로이 부활시키고 있다. 토인비 교수는 아비시니아 침공을 "무솔리니의 의도적이고 개인적인 죄악"이라고 썼다(*Survey of International Affairs, 1935*, ii. p. 3). 그렇지만 〈호어-라발 안〉을 호어 경이나 라발의 개인적 죄악이라고 쓰기에는 꺼림칙함이 있었을 것이다.

가에 인격을 부여하는 것은 의무만이 아니라 권한도 부여했다. 그리고 19세기, 20세기에 국가의 힘이 강대해지면서 의무보다는 권한의 측면이 보다 두드러졌다. 그리하여 자유주의적이고 진보적 조치였던 국가의 의인화(擬人化)는 개인에 대한 국가의 무제한한 권한을 가져왔고, 따라서 이제는 오히려 반동적이고 권위주의적으로 비난받기에 이르렀다. 오늘날의 이상주의자들은 이를 맹렬히 비난하면서[2] 급기야 국가에 대해서는 도덕성을 논의할 수 없다고 주장하기에 이르렀다. 이러한 입장에 따르면 국제도덕이란 결국 개인의 도덕이어야 한다.

그러나 국가에 인격을 부여하는 문제를 놓고 논쟁하는 것은 의미도 없고 쓸데없는 혼란만 초래하는 일이다. 국가는 인격을 지닐 수 없다고 주장하는 것은 국가가 인격을 지니고 있다고 주장하는 것과 똑같이 황당한 논의일 따름이다. 국가의 인격이란 그 진위를 따질 수 있는 사실이 아니기 때문이다. 이것은 국제법학자들이 말하는 국가의 "선험적 성격"(the postulated nature)일 따름이다.[3] 또 발전된 사회구조를 다룸에 있어 불가피한 수단으로 고안된 하나의 조작이요 가설일 따름이다.[4] 경제질서에서 모든 생산과 교역이 개인에 의해서 이루어진다고 하듯이, 원시적 정치질서에서 개인은 개인일 따름이라고 상상하는 일은 이론적으로는 가능하다. 그러나 경제가 발전함에 따라 주식회사라는 법인격이 필요해졌듯이, 정치가 발전함에 따라 국가에도 법인격을 부여하는 것이 필요한 것이다. 어느 은행이 행원들에게 후한 대접을 한다고 칭찬받고, 무기업체가 비애국적 행위로 공격을 받고, 철도는 "공공의 의무"가 있다느니 "공정거래"의 대

---

2) 예로 프랑스 국제법학자 뒤기는 이를 "아무런 가치도 없고 의미도 없는 의인화"라고 부르고 있다(Duguit, *Traite de droit constitutionnel*, i. ch. v).

3) Hall, *International Law*(8th ed.), p. 50; Pearce Higgins, *International Law and Relations*, p. 38.

4) 물론 국가가 정치조직의 필요불가결한 형태라는 의미는 아니다. 다만 국가가 현재 하나의 정치조직 형태로 수락되고 있는 현실 속에서, 국가의 의인화는 불가피한 조작이라는 것이다. 계급과 같은 다른 형태의 조직도 마찬가지이다. 소련에서는 프롤레타리아를 의인화하여 그것이 생산수단을 "소유"한다고 말한다.

상이라는 것은 모두 도덕적 근거 위에서 이루어지는 일들이다. 집단을 도덕적 권리와 의무를 가진, 따라서 도덕적 행위를 할 수 있는 개인으로 의인화하는 것은 현대사회에서 필요불가결한 도구인 것이다. 그리고 그러한 의인화가 가장 필요불가결한 것이 바로 국가이다. 특히 국제정치를 논의할 때 달리 어떠한 방법이 있는가? "영국 사람들과 이탈리아 사람들 사이의 관계"는 "영국과 이탈리아 사이의 관계"와 다르다. 국가의 의인화를 가장 맹렬히 비난하고 있는 이상주의자들이 바로 "영국", "프랑스", "이탈리아"와 같이 그들에게 따르면 존재하지 않는 인격체를 칭찬하고 비난하고 있는 것은 우습지도 않은 일이다.

집단을 개인으로 의인화하는 것이 불가피한 이유로 지속성의 문제가 있다. 국가의 의인화를 가장 반대하는 사람들도 《더 타임스》지의 창간 150주년이나 케임브리지 대학 조정팀의 38연승을 경축하고 "런던시청"이 오늘 빌려서 쓴 돈을 50년 후에 반환할 것을 믿어 의심치 않으면서 일말의 가책도 느끼지 못한다. 의인화는 제도의 지속성을 표현하는 사고의 한 방법이다. 그리고 국가야말로 그 지속성의 표현이 무엇보다 중요한 제도인 것이다. 1839년에 체결된 〈벨기에 보장 조약〉에 따라 영국이 1914년에 벨기에를 원조해야 하는가가 법적이고 도덕적 문제로 제기된 적이 있다. 그러나 그러한 문제는 1839년에 그 조약을 체결한 팔머스턴(Lord Palmerston, 1784~1865)이나 1914년에 그 문제를 결정해야 하는 수상 애스퀴스(Asquith)와 외상 그레이(Grey)의 개인적 책임이 아니라는 것을 인정하지 않고는 논의할 수 없는 성질의 것이다. 마찬가지로 그 문제는 1839년에 살고 있었던 모든 영국인이나 1914년에 살고 있는 모든 영국인의 책임도 아니다. 결국 그와 같은 의무를 지키든 안 지키든 그리고 그에 따른 도덕성을 누리거나 비도덕성을 감수해야 할 존재는 "영국"이라는 가공의 존재인 것이다.[5)] 결국 국제도덕은 국가의 도덕이다. 국가의 인격성과 국

---

5) 이것과 관련하여 좋은 예는 최근 《더 타임스》지에 보낸 한 편지에서 찾을 수 있다. 1914년 영국이 프랑스를 지원할 의무가 있었는가의 문제와 관련하여 한 저명한 역사학

가의 책임성에 대한 가설은 진위를 따질 수 있는 것이 아니다. 그 자체가 사실이 아니라 국제관계를 생각함에 있어 필요한 사고의 틀일 뿐이기 때문이다. 물론 1914년에 제기된 문제에서 개별 영국인들의 의무도 문제가 된 것은 사실이다. 그러나 핵심은 "영국"이 "벨기에"에 진 의무에 따른 것이었고, 이 둘은 별개의 것이다. 이를 구분하지 못한 어리석음은 결국 혼란이라는 벌로 돌아왔다.

재미있는 것은 일반인들은 개인이 국가에 지는 의무와 국가가 국가에 대해 지는 의무를 구분함에 아무런 문제가 없는데 오히려 철학자들이 이를 구분하지 못한다는 사실이다. 1935년 하원에서 야당은 〈호어-라발안〉(Hoare Laval Plan)을 "끔찍한 죄악"이라고 비난했다.[6] 그러면서 그것을 준비한 호어 경을 죄인이라는 식으로 비난하지는 않았다. 다만 그의 판단에 잘못이 있었다고만 했다. 1938년 일부 영국인들은 〈뮌헨협정〉에 대해 "부끄러움"을 느꼈다. 그들은 스스로에 대해 부끄러워하지는 않았다. 그들 나름대로 힘이 닿는 한 반대를 했을 것이기 때문이다. 그들은 또한 그 협정을 체결한 체임벌린 씨를 부끄러워하지도 않았다. 그들은 그가 정직하게 행동했고 다만 실수를 했을 뿐이라는 것을 인정했기 때문이다. 사람들은 정직한 실수를 한 사람을 부끄러워하지는 않는 법이다. 그들은 "영국"에 대해 "부끄러워했다." 그들은 영국의 명성이 부당하고 비겁한 행위로 인해 더럽혀졌다고 믿었기 때문이다. 이상의 예에서 당사자 개인 차원에서는 지적 실패가 영국의 입장에서는 도덕적 실패로 간주되고 있다. 영국이 체코슬로바키아에 제공한 1,000만 파운드의 차관을 흔히 "양심의 돈"

교수는 "그레이 외상은 프랑스를 지원하는 문제에 개인적 명예가 걸려 있다고 생각할지 모르지만 내각의 명예가 걸려 있다고는 결코 생각하지 않았다"라고 썼다(*The Times*, Feb. 28, 1939). 그레이가 프랑스를 지원하기로 약속을 했었다면 그것은 그레이 개인이 한 것이 아니라 영국을 대표해서 한 것이다. 만일 그레이가 내각에 책임이 없다고 생각했다면, 그는 그런 약속을 한 적이 없다고 믿어도 좋을 것이다.

6) [역주] 1935년 이탈리아가 에티오피아를 침공했을 때 당시 영국외상 새뮤얼 호어 경(Sir Samuel Hoare, 1888~1959)과 프랑스 수상 피에르 라발(Pierre Laval, 1883~1945)이 세운 평화안으로 에티오피아에 대한 이탈리아를 요구를 대부분 수용.

이라고 불렀다. "양심의 돈"의 핵심은 그것이 도덕적으로 직무태만을 저지른 자가 제공했다는 점에 있다. 도덕적 직무태만으로 1,000만 파운드의 차관을 제공한 것은 체임벌린 씨도 아니고 당시 뮌헨협정을 지지한 다수 영국인들도 아니다. 그것은 "영국"이다. 국가의 의무는 특정한 개인 혹은 개인들의 의무와 동일시될 수 없다. 곧 국제도덕의 주체는 국가이고 국제도덕이란 국가의 의무와 관련된 것이다.

물론 이상의 주장에 대해 반론이 있을 수 있다. 대개 두 가지를 생각할 수 있을 것이다.

첫째, 국가를 의인화하면 결국 국가를 개인 위에 놓는 결과가 초래된다는 점이다. 이와 같은 비판은 비록 자유주의자들이 국가의 의인화를 싫어하는 가장 큰 이유이긴 하지만 비교적 사소한 것이다. 국가의 의인화는 하나의 수단일 뿐이고 그것이 사용되는 방법을 가지고 그 자체를 비난하는 것은 도끼로 살인을 했다고 도끼 자체를 비난하는 것과 같다. 도끼가 건설적 목적으로 사용될 수 있듯이 국가의 의인화란 도구도 개인과 다른 국가에 대한 국가의 의무를 강조하는 데 쓰임으로써 자유주의자들의 구미에 맞게 사용될 수 있기 때문이다. 또 민주국가라고 하더라도 개인들의 의무를 강조하기 위해서는 불가피하게 국가를 의인화할 수밖에 없다. 다른 사람들에게 세금을 내는 경우와 의인화된 국가에 세금을 내는 경우를 비교 생각해보면 그 의미가 뚜렷해진다. 단순히 세금 내는 정도가 아니라 보다 큰 희생을 필요로 하는 경우는 더욱 그러하다. "아일랜드를 여자로만 그려서는 그처럼 불행한 나라를 위해 생명을 희생할 젊은이는 없을 것이다"라고 아일랜드 민족주의자 파넬(Charles S. Parnell, 1846~91)은 말했다.[7] "영국이 살기 위해 누가 죽는가"라는 말은 "다른 영국사람들이 살기 위해 누가 죽는가"라고 표현될 수 없다. 더욱이 영국, 프랑스, 독일의 사람들이 "영국", "프랑스", "독일"이라는 나라가 서로 도덕적 의무를 지고 있

7) G. E. C. Catlin, ed., *Democracy and War*, p. 128에서 재인용. [역주] 영어에서 나라는 대명사 she로 받는다.

고, 그러한 의무를 수행함으로써 국가의 평판을 높일 수 있다고 믿지 않으면 국제관계가 제대로 관리될 수 없으리라는 것은 명백하다. 이는 그러한 믿음의 현실성과는 별개의 일이다. 따라서 국제관계의 정신을 함양하기 위해서는 그러한 믿음을 비판하는 대신 오히려 고무해야 마땅하다. 요컨대, 정치단위의 의인화를 대신할 새로운 개념이 생겨나려면 인류사회가 커다란 물질적 변화를 겪어야 할 것이다.

국가의 의인화에 대한 앞의 논의에 대한 또 하나의 반론이 있는데 이게 보다 심각하다. 즉, 국제도덕의 주체가 국가라는 가공의 존재라면 국제도덕 자체가 가공이고 비현실적인 존재가 아닌가? 일단 도덕적 행위는 개인에게만 적용된다는 전제를 수용할 수는 있다. 영국과 이탈리아 간의 관계는 영국사람과 이탈리아 사람의 관계와 같은 것이 아니라고 하여 영-이탈리아 관계가 영국 사람과 이탈리아 사람들의 행위에 달려있는 것을 부인하는 것은 아니다. 국가의 도덕적 행위란 하나의 가설이다. 그렇지만 특정한 맥락 속에서 개인의 행위지침이 되고 그러한 행위에 실제로 영향을 미치는 가설을 굳이 "비현실적"이라고 할 것은 없다. 국제문제에 영향을 미치는 국가지도자들과 기타 사람들이 국가가 의무를 가지고 있다고 생각하고, 그러한 생각에 따라 행동하는 한 이 가설은 "현실적"인 것이다. 국제도덕과 관련된 행위를 수행하는 것은 개인이지만 이는 개인의 자격으로 하는 것이 아니라 "영국"이나 "이탈리아"와 같은 가공의 인격체를 대리해서 하는 것이다. 그리고 이 경우 도덕은 그러한 인격체에 귀속된다. 국제도덕의 논의가 의미를 가지려면 그와 같은 사실을 인정할 수밖에 없는 것이다.

2. 국제도덕에 관한 몇 가지 이론

오늘날 국제문제에 관한 여러 생각의 전제를 이루고 있는 도덕적 전제를 검토하기에 앞서 국제도덕에 관한 여러 이론을 검토하기로 하자. 비록 도덕률을 결정하고 도덕적 행위를 지배하는 것은 철학자들의 생각이 아니라 일반인들의 생각이지만, 철학자들의 이론이 일반인들의 생각에 (그리고 때로 행동에) 영향을 미치는 이상 이를 전적으로 배제할 수만은 없기 때문이다.

국제도덕에 관한 이론은 대개 두 부류로 나뉜다. 첫째는 현실주의자들로—물론 앞에서 보았듯이 일부는 현실주의자가 아닌 이들도 있지만—이들은 국제관계는 전적으로 힘에 의해 결정되며 도덕은 아무런 역할을 못한다고 주장한다. 둘째는 주로 이상주의자들로 개인들의 사이와 마찬가지의 도덕률이 국제관계에도 적용된다고 주장한다.

윤리적 기준이 국제관계에 적용될 수 없다는 현실주의적 이론의 뿌리는 마키아벨리에서 유래되어 스피노자, 홉스를 거쳐 헤겔에 이르면서 완성된다. 헤겔에 있어 국가는 완벽하고 도덕적으로 자급자족적인 존재이기 때문에 국가간의 관계에는 상호적 의무가 존재하지 않고 다만 독립적 의지의 합치 혹은 갈등이 있을 뿐이다.

반면 개인간의 관계에 적용되는 기준이 국가에도 적용된다는 생각은 국가를 의인화한 그 자체에 내포되어 있거니와, 철학자들의 저작뿐만 아니라 이상주의적 취향을 지닌 정치가들의 말에서도 흔히 목격할 수 있다. 1858년 외교정책에 관한 연설에서 브라이트(John Bright, 1811~89)는 "도덕적 법칙이란 개인으로서의 인간을 위한 것일 뿐만 아니라… 국가를 위한 것이기도 하다"라고 주장했다.[8] 1917년 의회에서 제1차 세계대전 참전을 선언하면서 우드로 윌슨은 "우리는 바야흐로 문명국가들의 국민들에서 볼 수 있었던 행위준칙과 책임이 국가와 그 정부들 사이에도 적용되어야 하는 새로운 시대의 개막시점에 서있다"고 했다.[9] 1918년 7월 충직한 하우스 대령은 국제연맹규약 초안을 작성하면서 그 제1조를 다음과 같이 썼다:

8) John Bright, *Speeches on Questions of Public Policy*, p. 479.
9) *Public Papers of Woodrow Wilson: War and Peace*, i. p. 11.

> 국제문제와 국가문제에도 다른 영역과 같은 명예와 윤리규정이 적용된다. 국가의 협정이나 약속은 깰 수 없는 것이다.[10]

이와 같은 규정이 연맹규약에 채택되지는 않았지만 연맹 초기의 한 총회에서 체코슬로바키아의 베네시(Edvard Benes, 1884~1948) 박사는 연맹 설립 "그 자체가 사인(私人)간의 상호관계에 적용되는… 원칙과 방법을 국제관계에 도입하려는 시도"라고 말했다.[11] 1937년 10월 5일에 있은 그 유명한 시카고 연설에서 루스벨트 대통령은 "국가의 도덕성은 개인의 도덕성만큼이나 중요하다"고 선언했다.[12] 그러나 그는 그것이 구체적으로 무엇인지는 밝히지 않았다.

도덕적 의무가 국가를 구속하지 않는다고 한 현실주의적 주장이나 국가도 개인과 마찬가지로 도덕적 의무를 진다고 한 이상주의적 주장이나 국제도덕에 대한 일반인들의 생각을 대변하는 것은 아니다. 이제 이들의 생각을 따져 보자.

3. 국제도덕에 대한 일반인들의 생각

국제관계에 윤리적 기준이 적용될 여지가 없다는 주장은 거의 전적으로 철학자들이 한 것이지 정치가나 일반인들이 한 것이 아니라는 사실은 주목할 만하다. 우리 주변의 사람들에게 모종의 의무가 있다는 생각은 우리의 문명에 내재된 것이다. 그리고 문명인이라면 의무감을 갖는 것이 당연하다는 전제에서 문명국가라면 의무감을 갖는 것이 당연하다는 생각을 낳게 되었다. (물론 그 의무라는 것 자체가 동일한 것은 아니지만) 따라서 자국의

10) *Intimate papers of Colonel House*, ed. C. Seymour, iv. p. 28.
11) *League of Nations: Fourth Assembly*, i. p. 144.
12) *International Conciliation*, No. 334, p. 713.

국민들과, 특히 외국인들에게 모종의 행위기준에 따라 행동하지 않는 국가들은 "비문명국"이라는 낙인이 찍힌다. 심지어 히틀러조차도 리투아니아와 조약을 거부하면서 "우리는 인간 사회의 가장 기본적인 법칙조차 무시하는 국가와 정치적 관계를 맺을 수 없기 때문"이라고 했다.13) 또 그는 볼셰비즘의 부도덕성이 소련을 국제사회의 일원으로 받아들일 수 없는 이유라고 주장했다.

결국 이들 모두가 국가를 규율하는 모종의 국제적 도덕률의 존재를 인정하고 있는 것이다. 국제도덕률 중 가장 중요하고 명백하게 인정되고 있는 것은 "불필요한", 다시 말해 일반적 의무를 위반하고서도 달성해야 할 상위의 목적—정당하든 않든—을 위해 불필요한 사망이나 고통을 초래하지 말아야 한다는 것이다. 이것은 국제법에서 가장 일찍, 그리고 가장 많이 발전된 전쟁법의 기본원칙이고 또 군사작전의 효과적 수행을 방해하지 않는 한 가장 잘 지켜지고 있는 원칙이다.14) "후진 인종" 혹은 소수 인종을 보호해야 한다는 국제협약이나 난민의 보호에 관한 국제협약의 배후에도 그와 같은 인도주의적 동기가 있다.

앞에서 열거한 의무는 국가가 개인에 대해 적용해야 할 의무이다. 국가가 국가에 대해 지는 의무 또한 널리 인정되고 있다. 오늘날 국제관계에서 흔히 쓰이는 "국제예양"(國際禮讓, the comity of nations)에 관한 다양한 용어가 바로 국가가 예양의 주체로서 그에 따른 의무를 진다는 것을 의미한다.15) 신생국은 다른 국가들의 인정에 따라 국제사회의 일원이 되고 그

---

13) 1935년 5월 21일 〈제국의회〉에서 한 연설.

14) 1914년 이후 전쟁법은 혹독한 시험을 치르고 있다. 전투원과 비전투원의 구분이 모호해지고 있기 때문이다. 비전투원을 고의로 공격하는 것이 중요한 군사적 목적이 되고 있고 군사적 목적을 위해 필요치 않은 고통을 가하지 않는다는 원칙도 그 적용범위가 점차 좁아지고 지키기도 어렵게 되고 있다. 곧 현대전의 조건은 이제 지금까지 존재하였던 보편적 의무를 해체하고 있는 것이다.

15) 슈바르첸버거(G. Schwarzenberger)가 *American Journal of International Law*, xxxiii. p. 59에 기고한 글에는 국제예양을 표시하는 6가지의 유사어가 소개되고 있다. 여기서 군이 1933년 일본칙서에 쓴 "국제친목회"(fraternity of nations)라는 표현을 냉소적

로써 굳이 명시적으로 선언하지 않아도 기존의 국제법 원칙과 국제도덕률을 수락하는 것으로 간주된다.

앞에서 보았듯이 전간기에 국제주의란 용어는 현상에 만족하는 국가들의 특권을 정당화하기 위해 너무나 자주 쓰인 나머지 그 자체가 현상에 불만을 가진 국가들에게는 못마땅한 용어가 되었다. 그러나 이와 같은 자연발생적 반응은 국제사회의 존재 자체를 부인하는 것이 아니라 거기에서 소외된 데 대한 항의라고 보아 무방하다. 나치독일의 선전상 괴벨스에 따르면 베르사유 평화조약은 "독일을 강대국들의 친목단체에서 축출하기 위한 것"으로 국가사회주의, 즉 나치즘의 역할은 국민역량을 "결집시켜 국제친목단체 내부의 정당한 지위를 회복하는 것"이었다.[16] 1938년 5월 히틀러가 로마를 방문했을 때 무솔리니는 독일과 이탈리아의 공통된 목표는 "양국간 나아가 기타 나라들 사이에 국제친목단체를 구성하여 정의와 안보와 평화를 보다 확고히 보장하는 것"이라고 말했다.[17] 이들 국가들은 과거 이들에 가해진 조치가 부당한 것이었고 따라서 이들의 새로운 요구가 정당하다고 끊임없이 주장했다. 이들 국가의 다수 국민들은 그러한 요구가 국제도덕이라는 보편적 기준에 비추어 합당하다고 믿어 의심치 않아, 열정적인 지지를 보냈다.

특히 국가란 상호간에 의무를 지지 않고 따라서 조약도 강제력이 없다는 주장은 국가간 협력을 가장 싫어하는 국가지도자들도 지지하지 않고 있다. 모든 나라는 조약이 준수된다고 믿기 때문에 조약을 체결한다. 조약을 위반한 국가들도 조약위반 사실을 부인하거나, 조약위반이 법적으로 혹은 도덕적으로 정당화될 수 있다고 주장한다.

처음에 소련정부는 구 제정러시아가 체결한 모든 조약의무를 공공연히 위반했을 뿐 아니라 심지어 스스로 체결한 조약(Brest-Litvosk Treaty,

---

으로 받아들일 필요는 없다.

16) *Volkischer Beobachter*, April 1, 1939.

17) *The Times*, May 9, 1938.

1918년 3월)마저도 위반하면서, 마치 국제적 의무와 도덕을 부인하는 것과 같은 원칙을 내세웠다. 그러나 동시에 소련은 스스로 준수의사를 명백히 밝히고 타방 당사자도 준수할 것이라고 믿으며 새로운 조약을 체결하고 또 제안하였다. 독일도 1936년 1925년에 채결된 〈로카르노 조약〉을 위반하였지만 동시에 새로운 조약의 체결을 제안하였다. 이 경우 소련이나 독일의 진실성을 의심할 근거는 없다. 요컨대 조약의 위반은 아무리 빈번하게 일어나더라도 굳이 변명을 해야 하는 예외적 행위라는 것이다. 일반적인 의무감 자체가 없어지는 것은 아니다.

그러나 국가에 적용되는 윤리적 기준이 개인에 적용되는 그것과 다르다는 주장은 국가간에는 윤리적 기준이 적용되지 않는다는 주장과 전혀 다르다. 대부분의 사람들이 국가도 개인과 마찬가지로 도덕적으로 행동해야 한다고 믿지만 국가에 적용되는 도덕과 개인에 적용되는 도덕이 굳이 같다고 믿지는 않고 있다.

그러한 현상은 이상주의 이론가들 눈에는 이상할 수밖에 없고 따라서 이를 인정하지 않으려고 했다. 듀이(John Dewey) 교수는 "인간의 도덕은 국제관계에 이르면 마비되고 만다"고 썼다.[18] 짐먼(Zimmern) 교수도 "국제문제는 본질적으로 법과 질서와 거리가 있다"고 썼다.[19] 그러나 따지고 보면 이 문제는 그리 놀랄 일이 아니다. 개인적, 직업적, 상업적 도덕이 서로 다르고 모순된다는 것은 궤변론자들의 오랜 지론이다. 국제도덕은 그 자체만의 기준을 가진 또 하나의 분야이다. 국가의 도덕성과 관련된 문제는 의인화된 집단의 도덕성이라는 보다 큰 문제의 일부일 뿐이다. 다만 국가가 특수한 것은 그것이 정치권력에 관한 한 독점적 지위를 누리고 있기 때문이다. 따라서 국가를 다른 집단에 비유하는 것은 유용한 분석방법이다. 물론 국가의 특수성을 고려하면 그것만으로 충분치는 않다.

---

18) *Foreign Affairs*, March 15, 1923, p. 95.

19) Zimmern, *Towards a National Policy*, p. 137.

4. 개인의 도덕성과 국가의 도덕성의 차이

이제 국가와 개인에 적용되는 도덕기준이 다를 수밖에 없는 이유를 검토해보자.

(1) 국가 혹은 기타 어떠한 집단적 인격체에 개인의 도덕과 관련하여 커다란 역할을 하는 사랑, 증오, 질투 등과 같은 감정을 부여하는 데는 무리가 있을 수밖에 없다. 18세기의 누가 말했듯이 "나라는 다른 나라들을 그 자체로서 사랑해야 한다"는 것은 별로 설득력이 없다.[20] 바로 이 이유 때문에 국가에 적용되는 도덕은 명시적으로 법규화될 수 있는 것에 한정되고 이타주의니, 관용이니 동정이니 하는 것처럼 엄밀히 정의할 수 없는 개인적 특성에 관한 것은 제외해야 한다는 주장이 나오는 것이다. 국가란 공기업과 마찬가지로 정의로울 수는 있지만 너그러울 수는 없다는 말도 같은 맥락이다.

그러나 이는 전적으로 옳은 것은 아니다. 앞에서 보았듯이 집단인격체는 법률적 권리와 의무뿐만 아니라 도덕적 권리와 의무를 지닌다. 은행이나 공기업이 자선단체에 기부를 한다면 그 기부행위는 본인의 주머닛돈을 쓰지 않은 은행장이나 사장, 혹은 그 결정에 참여하지 않은 주주들의 행위가 아니라 바로 은행 혹은 기업 자체의 행위이다. 산불 피해 보전을 위해 농림부가 정부자금을 지원한다면 이는 담당과장 혹은 장관이 개인적 자격으로 한 것이 아니라 바로 국가의 행위이다.

제1차 세계대전이 끝나고 적지 않은 사람들은 "미국"이 유럽국가들의 전쟁부채를 탕감할 것을 기대했고, 그 기대가 어긋나자 미국을 도덕적 근거에서 비난했다. 다시 말해 모순처럼 들리지만 우리는 국가 혹은 기타 집

---

20) 18세기 독일 계몽철학자인 Christian Wolff(1679~1754)의 말. H. Kraus, *Staatsethos*, p. 187에서 인용.

단인격체가 단순히 공식적 의무만을 수행하길 바라는 것이 아니라 때로 관용이나 동정이라는 정서적 요소에 따라 움직이기를 바라는 것이다. 은행이나 국가처럼 가공의 존재가 도덕적 행위를 하는 것은 바로 이와 같은 기대 때문이다. 은행이 자선기금에 출연하고 국가가 동정적 자금을 지출하는 것은 바로 여론이 그것을 바라기 때문이다. 그러한 도덕적 충동은 물론 개인의 것이다. 그러나 도덕적 행위는 집단인격체의 것이다.

대다수의 사람들이 국가나 은행과 같은 집단인격체가 공정성이라는 법률적 기준뿐만 아니라 이타심이라는 도덕적 기준에 따라 행동해야 한다는 가설을 수락하고 있는 것은 사실이다. 그러나 그러한 의무가 개인의 의무에 비해 보다 제한적이라는 것 또한 일반적인 인식이다. 원칙적으로 말해 다른 사람들을 위해 스스로를 희생하는 사람들은 도덕적 칭송을 받는다. 이 경우 제약조건은 대개 부양가족에 대한 의무이다. 그러나 집단인격체의 경우 제약조건은 스스로의 이해관계이다. 은행이나 공기업이 자선단체에 대한 기부를 너무 많이 한 나머지 손실을 보기에 이른다면 이는 칭찬이 아니라 견책감이다.

1932년 대통령 선거 유세에서 프랭클린 루스벨트(Franklin D. Roosevelt)는 유럽에서 인도주의적 정책을 내세우는 후버(Herbert Hoover) 대통령을 상대로 "소위 '낙후되고 불구가 된 국가'들에서 눈을 돌려 캔자스, 네브래스카, 아이오와, 위스콘신 혹은 기타 농업중심의 주(州)의 막대하지만 비참한 시장에 주목할 것"을 요구하였다.[21] 가급적 난민을 많이 받아들이는 것이 도덕적 의무일지는 몰라도 굳이 자국민의 생활수준 저하를 감수하면서까지 외국의 난민을 수용하는 국가는 거의 없다. 국제연맹을 지지하는 영국인들은 "침략행위"의 희생자에 대한 지원을 요구하였지만 영국의 국가이익을 희생하면서까지 그러라고 요구하지는 않았다. 다만 영국의 능력이 닫는 데까지 원조할 것을 요구했다.[22] (이는 산불 피해자들을 위해 은행이

21) 뉴욕의 Metropolitan Opera House에서 행한 연설. *The New York Times*, Nov. 4, 1932자에 보도.

1,000만원 정도를 지원할 수 있는 것과 마찬가지이다). 국제도덕에서 이타심은 어느 정도여야 하는가? 대체로 보다 중요한 국가이익을 침해하지 않는 정도라는 것이 공인된 기준인 것 같다. 그렇다면 남보다 많은 안보와 부를 누리는 집단이 스스로의 연명에 급급한 집단보다 더 이타적으로 행동할 수 있는 것이 당연하다. 영국인들과 미국인들이 자국의 정책이 다른 나라에 비해 보다 도덕적으로 우월하다고 주장하는 근거가 여기에 있다.

(2) 그러나 문제는 일반인들이 집단인격체에 요구하는 도덕기준이 개인에 요구하는 도덕기준보다 약하다는 정도로 끝나지 않는다. 더 나아가 때로 개인이라면 명백히 부도덕한 행위도 집단이기 때문에 요구하는 경우도 있다. 집단이 개인에게 요구되는 일부 도덕적 의무에서 면제된다는 것은 앞에서 이미 보았다. 나아가 집단은 때로 호전적인 자기주장을 내세우기도 하는데 그것이 바로 집단의 존재이유이다. 개인은 집단 내부의 동료들과 연계를 통해 힘을 추구하고 따라서 "사회에 대한 헌신은 이타심뿐만 아니라 이기심의 한 표현이기도 하다."[23] 힘이 강한 개인은 집단을 개인적 목적을 위해 이용한다. 힘이 약한 개인은 집단차원의 자기주장을 통해 대리만족을 추구하고 스스로의 열세에 대한 보상을 추구한다. 사람이란 자기가 이기지 못하면 자기 "편"이라도 이기길 바라게 마련이다.

이제 집단에 대한 충성심은 개인의 주요 덕목의 핵심으로 간주되기에 이르렀다. 따라서 개인들은 스스로는 용납할 수 없는 일도 집단의 이름으로는 용인한다. 집단 전체의 복지, 나아가 그 이익을 증진시키는 것도 도덕적 의무가 되었다. 그러나 이와 같은 의무는 보다 큰 집단에 대한 의무를 잠식하기도 한다. 개인이 할 때는 부도덕한 행위도 집단의 이름으로 하

---

22) 국제연맹의 노동조합은 "연맹에 협력하는 정부들의 수와 자원이 잠재적 침략국들이 침략의도를 포기하여 전쟁이 일어나지 않을 것이라는 것이 확실한 경우에만 제재를 지지한다." *Headway*, December 1937, p. 232.

23) R. Niebuhr, *Moral Man and Immoral Society*, p. 40.

면 덕성이 되기도 한다. "우리가 이탈리아를 위해서 하는 일을 우리 자신을 위해 한다면 남들은 우리를 깡패라고 부를 것이다"라고 19세기 통일이탈리아의 초대수상 카보우르(Camillo Benso Cavour, 1810~61) 백작이 혁명동지 다제글리오(D'Azeglio, 1798~1866) 후작에게 말했다고 전해진다.[24] 공기업이나 기타 공적 목적을 위해 일하는 많은 사람들도 사정은 크게 다르지 않다. 니부어 박사는 "오늘날 사람들이 자신이 저지른 죄를 보다 큰 집단의 탓으로 돌리고 스스로는 윤리적이라고 생각하는 추세가 늘고 있다"고 썼다.[25] 적대감도 마찬가지이다. 영국인들이 개인 자격으로 독일인들을 미워하는 것보다 "영국"이 "독일"을 미워하는 것이 마음에 부담이 덜하다. 유대인들을 미워하지 않으면서도 반유대주의자를 자처하는 것이 쉬운 것도 같은 이치이다. 개인으로서 그런 감정을 가지는 것은 자책하면서 집단의 구성원으로서는 커다란 가책을 느끼지 않는다.

(3) 이렇게 볼 때 우리가 주로 국가에 초점을 두고 있지만 모든 집단인격체가 마찬가지라고 할 수 있다. 그럼에도 불구하고 국가는 다른 무엇이 있다. 국가는 다른 집단과 다른 정서적 호소력을 지니고 있기 때문이다. 국가는 그 활동영역이 보다 넓고 개인으로부터 보다 큰 충성심과 희생을 요구한다. 국가에 좋은 것은 그 도덕성을 주장하기에 큰 어려움이 없다. 만일 우리가 국가를 위해 기꺼이 죽을 용의가 있다면 이는 곧 국가가 세상의 무엇보다 중요하다는 것을 의미한다. 따라서 국가는 도덕적 의무를 넘는 자기보존의 권리를 가진 존재로 인식되는 것이다. 제1차 세계대전이후 출판된 《케임브리지 영국외교사》(*Cambridge History of British Foreign Policy*)에서 홀랜드 로즈(Holland Rose) 교수는 영국이 1807년 코펜하겐에서 덴마크 함대를 나포한 망신스러운 사건을 당시 영국외상 캐닝(George Canning, 1770~1827)이 "영국의 운명이 달려 있다"고 믿었기 때문에 용인

24) E. L. Woodward, *Three Studies in European Conservatism*, p. 297에서 인용.
25) R. Niebuhr, *Atlantic Monthly*, 1927, p. 639.

될 수 있는 사건이라고 쓰고 있다.[26] 로즈 교수와 의견이 다른 사람도 캐닝의 판단이 잘못되었다고 비판하지 캐닝의 판단이 옳았더라도 달리 행동했어야 한다고 주장하지는 않는다.

국가에 적용되는 도덕기준이 다른 집단인격체에 적용되는 도덕기준과 다른 핵심적인 이유가 있다. 곧 국가는 정치권력의 정점에 있어 국가에게 도덕적 행위를 강요할 상위권위가 존재하지 않는 반면, 다른 집단의 경우 최소한 국가로부터 도덕적 행위를 강요받을 수 있다는 점이다. 이렇게 볼 때 두 가지 논리적 추론이 가능하다. 첫째, 국가는 스스로 정당하다고 믿는 불만을 해소하기 위해 자구책을 취할 수 있는 자격이 있다는 점이다. 둘째, 모든 국가가 같은 기준을 따르리라는 보장이 없다는 점이다. 도덕성이 일종의 강제성을 띠게 되는 이유는 바로 다른 사람들도 같은 의무를 준수할 것이라는 기대 때문인데, 절대적 권력을 가진 국가에게는 그러한 기대를 걸기 어렵다. 모든 도덕원칙에는 관행이 큰 역할을 하게 마련이고 관행의 핵심은 다른 모든 이들이 이를 준수할 경우에만 구속력을 가진다는 점이다. 대기업에서 공공연히 산업스파이 조직을 가질 수 없는 것은 이것이 그들 사이의 관행이 아니기 때문이다. 국가들이 공공연히 정보조직을 가지고 그 자체로서 비난을 받지 않는 것은 모든 강대국 사이의 관행이고 그렇지 않을 경우 오히려 손해이기 때문이다. 스피노자도 국가가 신뢰를 어겼다고 비난할 수 없다고 말했다. 다른 나라도 국가이익을 위해 필요하다면 같은 일을 할 것이라는 것을 모든 사람이 알고 있기 때문이다.[27] 결국 국가의 도덕성에 큰 기대를 걸 수 없는 이유는 국가가 자주 비도덕적으로 행동하는 것이 현실이고 그렇다고 해서 도덕적 행위를 강제할 있는 수단도 없기 때문이다.

(4) 여기서 국가의 도덕적 의무를 분석함에 따르는 가장 큰 어려움에

---

26) *Cambridge History of British Foreign Policy*, i. pp. 363~4.
27) Spinoza, *Tractatus Politicus*, iii. §14.

직면하게 된다. (국가나 회사는 성인이나 혹은 신적 존재가 아니기 때문에) 국가를 포함한 집단인격체의 도덕성은 곧 사회적 도덕성이다. 그리고 사회적 도덕성이란 그것이 속한 공동체의 동료구성원들에 대한 의무를 의미한다. 여기서 공동체란 가족, 교회, 클럽, 민족 혹은 인류 자체일 수도 있다. 그린(T. H. Green)은 "개인은 스스로 양심을 만들 수 없다. 사회가 만들어 주어야 한다"고 말했다.[28] 마찬가지로 국제도덕을 논의하기 위해서는 국가의 사회, 즉 국제사회가 있어야 한다.

5. 국제사회란 존재하는가?

국제도덕의 가능성을 부정하는 사람들은 당연히 국제사회의 존재를 부정한다. 이와 같은 견해를 가진 전형적 인물이 영국의 헤겔주의자 보즌켓(Bosanquet)인데, 그는 "국가란 공동의 생활을 건설하기 위해 필요한 공동의 경험을 가진 가장 큰 조직"이라고 주장한다.[29] 따라서 그는 "인류가 헌신의 대상이자 도덕적 의무의 지침이 되는 하나의 진정한 결사체라는 생각"을 강력히 배척한다.[30] 이러한 주장에 대한 반론은 이렇다. 결사체란 하나의 가설이지 결코 "진정한 것"이 아니며 특정의 결사체가 헌신의 대상이자 도덕적 의무의 지침일 될 수 있는가의 문제는 시간과 장소에 따라 달라질 수 있는 경험적 문제이지 선험적 이론의 문제가 아니라는 점이다. 앞에서 보았듯이 현재는 국가를 단위로 하는 세계적 차원의 공동체가 존재하고 있다. 그리고 이에 비추어 국가의 도덕적 의무를 이해해야 한다. 사람들이 마치 세계사회가 있는 것처럼 말하고 행동하고 있다는 바로 그 이유 때문에 세계사회가 존재하고 있는 것이다. 스페인의 저술가 마다리

28) T. H. Green, *Prolegomena to Ethics*, p. 351.
29) B. Bosanquet, *The Philosophical Theory of the State*, p. 320.
30) B. Bosanquet, *Social and International Ideals*, p. 292.

아가(Salvador de Madariaga, 1886~1978)의 말대로 "우리가 (세계사회가 존재한다는) 진실을 사전 논의 없이 우리의 영적 사고공간으로 가져왔기 때문에" 세계사회가 존재하고 있는 것이다.[31)]

동시에 이 가상의 세계사회가 국가를 포함한 보다 작은 규모의 기타 사회와 같은 일체성과 동질성을 지니고 있다고 보는 것도 위험한 발상이다. 그리고 세계사회가 이와 같은 일체성을 결여하고 있다는 점을 세밀히 분석하면 바로 국제도덕이 가진 약점의 근원을 알 수 있다. 크게 두 가지 점에서 분석할 수 있다. 첫째는 사회 구성원간에 평등의 원칙이 적용되지 않고 있고, 쉽사리 적용할 수 없는 본질적 한계가 있다는 점이다. 둘째는 모든 사회의 전제조건인 전체가 부분에 앞선다는 원칙이 널리 수용되고 있지 않다는 점이다.

6. 평등의 원칙

(1) 사회 안의 평등의 원칙을 엄밀히 정의하기는 어렵다. 평등이란 절대적일 수 없고, 대체로 합당하지 않은 이유에 따른 차별의 부재 정도로 정의될 수 있을 것이다. 영국의 경우 왜 누구는 돈을 많이 벌고, 또 세금을 많이 내는가는 평등의 원칙과 상관이 있다고 생각지 않는다. 그러나 눈이 파랗다는 이유로, 혹은 슈레이 지방 출신이란 이유로 눈이 갈색인 사람 혹은 햄프셔 지방 출신에 비해 불이익을 받는다면 평등의 원칙에 어긋난다고 생각한다. 많은 나라에서 소수인종은 실제로 그들이 합당하다고 생각지 않는 이유로 차별을 받고 있으며, 그래서 그들은 스스로를 그 사회의 일원으로 생각하지 않고 있다.[32)]

---

31) S. de Madariaga, *The World's Design*, p. 3.

32) 특정의 영토 안에 산다는 이유로 그 사회의 일원이라는 생각이 자리 잡게 된 것은 비교적 근래의 일이다. 나치독일에 살고 있는 유태인, 남아연방에 살고 있는 유색인종은

그와 같은 차별은 국제사회에 풍토병처럼 고유하고 만연해 있다. 그 원인은 무엇보다 개인들의 태도에 있다. 글래드스톤(William E. Gladstone, 1809~98) 수상은 영국인들이 모인 어떤 자리에서 "조물주의 눈에는 눈 내리는 겨울 아프가니스탄의 한 산골마을에서 살고 있는 사람들의 삶도 여러분의 삶 못지않게 소중하게 보인다"고 간곡히 타이른 적이 있다고 한다.[33] 그러나 유감스럽게도 대다수의 영국사람들의 눈은 조물주와 다르다. 대부분의 사람들이 느끼는 공동의 이익과 의무는 같은 나라 국민들보다는 가족과 친구들에게 강하고, 다른 나라 국민들보다는 같은 나라 국민들에게 강하게 마련이다. 가족과 친구는 "얼굴을 마주 대하는" 사이이고 따라서 자연 도덕적 의무감이 클 수밖에 없다.

근대국가의 구성원들은 서로간에 그처럼 "얼굴은 마주 대하는" 관계를 구성해 왔다. 보통교육, 대중 언론매체, 여행사, 그리고 상징의 교묘한 이용 등이 모두 이에 일익을 담당했다.[34] 평범한 영국인들은 다른 영국인들의 행동패턴, 일상생활, 사고방식과 이해관계 등에 대해 대체적인 감을 가지고 있다. 그리스 사람이나 리투아니아 사람들에 대해서는 그런 감이 없다. 더욱이 그런 감이 다른 정도는 지리적, 인종적, 언어적 거리에 비례하여, 독일인이나 오스트리아인에 대한 감은 중국인이나 터키인에 대한 감과 정도가 다르다.[35] 교통사고를 접한 유럽 주재 미국 기자는 최소한 한 명의 미국인 사망자가 있으면 "기삿거리"라고 생각할지 모른다. 영국인이라면 다섯 명, 유럽인이라면 열 명 정도로 기삿거리가 되기 위한 사망

그 사회의 일원으로 인정되고 있지 않다. 미국에서도 남부지역의 백인들은 아직도 '검둥이'들이 그들과 같은 사회의 일원이라는 사실을 인정하기를 주저하고 있다.

33) 제15차 국제연맹 총회에서 아이티 대표가 한 연설에서 인용(*League of Nations: Fifteenth Assembly*, 6th Committee, p. 43).

34) "도덕적 태도는 개인 대 개인의 관계에서 가장 잘 발달한다. 때문에 직접적 존재가 아닌 추상적 존재에 대한 충성심은 상대적으로 약할 수밖에 없고, 따라서 일부 사회에서는 특정인을 사회의 상징으로 만들어 충성심을 유지하려고 한다"(R. Niebuhr, *Moral Man and Immoral Society*, pp. 52~3).

35) 물론 당시에 팽배한 정치적 편견도 한몫을 한다.

자의 수는 늘어날 것이다. 굳이 기자가 아니더라도 대부분의 사람들은 의식적이든 무의식적이든 그와 같은 판단의 기준을 가지고 있다.

일본이 중국의 주요 도시에 공습을 감행했을 때 체임벌린 수상은 다음과 같이 말했다: "그 일이 그처럼 멀리 떨어져 있는 중국이 아니라면, 또 그 장면이 우리의 일상 의식에서 그처럼 요원한 것이 아니라면 사람들의 동정심, 두려움, 분개 등이 분기되어 감히 상상도 하지 못했던 사건이 일어날 수 있었다."[36] 1938년 9월 27일 체코슬로바키아 위기 사태에 대해 다음과 같이 말했을 때 체임벌린의 동기도 같은 것이었다: "우리가 전혀 아는 것이 없는 저 멀리 사는 사람들 사이에 일어난 다툼 때문에 우리가 참호를 파고 방독면을 써야 한다는 것이 얼마나 끔찍하고 말도 되지 않는 일인가?"[37] 이 말은 물론 여러 면에서 비판을 받았지만, 이것이 당시 영국사람들의 정서를 반영한 것이었음은 두말할 필요가 없다. 곧 외국인에 대한 정서야말로 합당치 않은 이유에 의한 차별의 금지라는 평등의 원칙을 정면으로 부정하고 있는 것이다.

개인적 차원의 이와 같은 정서가 국가차원에도 반영된다. 그리고 그 정도는 국제사회의 구조적 특징 때문에 더욱 심하다. 서로 다른 나라 사람들이 서로 평등하다는 전제가 인정되더라도 국가간의 불평등은 어쩔 수 없는 현실이다. 현존하는 수십 개 국가들 사이에 존재하는 불평등은 수많은 익명의 시민들 사이의 불평등보다 더욱 지속적이고, 두드러지게 드러나 결코 쉽게 무시할 수 없는 사실이다.

국제정치에서 평등의 문제가 중요하다는 사실은 바로 그에 대한 집요하고 빈번한 요구에서 잘 드러난다. "최혜국 대우", "문호개방", "해양의

---

36) *House of Commons*, June 21, 1938: Official Report, col. 936. 《더 타임스》지의 한 기자는 국제문제에 대한 국민정서가 일관성이 없음을 이야기하면서 "100명의 중국인이 죽은 사건과 한 명의 유태인이 처형당한 사건을 동일시하는 것이 세계양심에 합당한 일인지 아니면 다만 유태인은 지척에 있는 반면 중국인들은 저 멀리 유색인종으로 존재하고 있기 때문인지"를 물었다(*The Times*, Nov. 25, 1938).

37) N. Chamberlain, *The Struggle for Peace*, p. 275.

자유” 등에 대한 요구나, 국제연맹규약에 인종간 평등을 도입하자는 일본의 주장이나, 과거에는 “태양 속의 지위”, 그리고 최근에는 “생활권”(*Lebensraum*)에 대한 최근 독일의 주장도 모두 평등의 원칙을 적용할 것을 주장한 것이다. 국제연맹 총회와 여러 위원회에서도 평등에 대한 요청이 흔히 나타나는데, 이는 대개 약소국들의 주장이다.[38] 그럼에도 불구하고 평등이란 용어를 사용함에 일관성을 찾아보기는 어렵다. 때로 이는 국가들이 법 앞에 평등함을 말한다. 때로는 권리의 평등, 기회의 평등 혹은 소유의 평등을 의미할 때도 있다. “모든 상식과 논리, 그리고 인류정의의 일반법칙에 비추어 볼 때 모든 민족은 세상의 재화에 대해 평등한 지분을 가진다”고 히틀러가 말했지만, 그 스스로 리투아니아가 독일과 같은 지분을 가진다고 믿었을 리는 만무하다.[39]

또 국가간 권리의 평등이 절대적 평등을 말하는 것이 아니라 배분적 평등을 말한다고 하더라도 그 배분을 정할 기준이 없는 한 별 도움이 되지 않는다. 문제는 과테말라가 미국에 비해 절대적이 아니라 배분적 권리만을 가진다는 데 있는 것이 아니라 그러한 배분적 권리조차도 미국의 호의가 있어야만 누릴 수 있다는 데 있다. 곧 힘이라는 변수가 항상 영향을 미치고, 또 영향을 미칠 수 있다는 가능성 자체로 말미암아 국제사회에서 그 구성원간의 평등이란 의미가 없어지고 마는 것이다.

---

38) 강대국 중 프랑스만이 평등의 원칙을 옹호해 왔는데, 이는 약소국의 지지가 필요한 프랑스의 입장 때문인 듯 하다. “국제사회를 형성함에 있어 국가들간에 순서를 매기는 일은 지금도 또 앞으로도 절대 없을 것이다.… 국제연맹 내부에 국가간 위계순위가 형성되면 연맹은 도덕적으로 또 물질적으로 붕괴되고 말 것이다.” 국제연맹 이사회에서 프랑스 대표 블룸(Blum) 씨가 한 말인데 당시 연맹이사회가 위계적으로 구성되어 있었음을 감안하면 주목할 만한 발언이다(*League of Nations: Sixteenth Assembly*, Part II, p. 28).

39) 1939년 4월 28일 제국의회에서 한 연설.

7. 전부의 이익과 일부의 이익

(2) 국제사회가 가진 또 다른 약점은 아직 전부의 이익이 일부의 이익에 우선한다는 일반원칙을 수립하지 못했다는 점이다. 영국이 공동의 민족의식을 유지하는 이유는 슈레이 지방 사람들이 영국의 이익이 슈레이의 이익에 우선한다는 전제에 따라 행동하고 있기 때문이다. 독일이 공동의 민족의식을 함양하는 데 어려움을 겪은 이유는 프러시아나 색슨, 바바리아 지방 사람들로 하여금 독일의 이익이 프러시아, 색슨, 바바리아의 이익에 우선한다는 인식을 갖게 하는 것이 어려웠기 때문이다. 마찬가지로 명분이야 그럴듯하지만 아직도 사람들은 세계 전체의 이익이 자국의 이익에 우선한다고 믿고 행동하길 주저한다. 세계사회에 대한 충성심은 아직도 사활적이라고 여겨지는 국가이익을 뛰어넘는 국제도덕을 만들 만큼 강하지 못하다. 그러나 사회라는 개념 자체가 사회 전체로서 무언가 중요한 가치가 있어 그 구성원이 이를 증진시킬 의무가 있다는 것을 인정하고 있음을 의미한다. 또 도덕이라는 개념 자체가 보편적 구속력을 지닌 원칙의 존재를 인정하고 있음을 말한다. 만일 전체가 부분에 우선한다는 것을 전혀 인정하지 않는다면 국제사회나 국제도덕이 아예 존재한다고 말할 수 있는가?

이것이 국제도덕의 근본적 딜레마이다. 한편으로는 국제사회 혹은 인류 전체에 대한 일말의 의무를 전적으로 부인하는 사람은 거의 없는 반면, 국제사회에서는 일부, 즉 자국의 이익이 전체, 즉 국제사회의 이익보다 덜 중요하다는 것을 인정하는 사람도 거의 없는 것이다. 이 딜레마를 해소하는 방법으로는 두 가지가 있다. 첫째는 히틀러가 사회진화론의 주장을 빌려 주장했듯이 전체의 이익이란 곧 적자(適者)의 이익이라고 믿는 방법이다. 여기서 적자는 곧 도덕적 우월성을 가진다.[40] 또 자기 나라가 적자임은 행동으로 입증할 수밖에 없다. 둘째는 우드로 윌슨, 로드 세실, 토인비 교수 등을 대표적 주자로 하는 신자유주의자들의 주장으로 곧 이익의 조화라는 독트린이다. 이익의 자동적 조화를 주장하는 모든 독트린과 마찬가지로 이 독트린 또한 전부의 이익을 곧 가진 자의 이익과 동일시한다. 미국의 원칙이 인류의 원칙이라는 윌슨의 선언이나 대영제국의 안위가 곧 "전 세계의 최고 이익"이라고 한 토인비 교수의 주장은[41] 결국 자국의 국민이 "도덕적 우월성의 소유자"라고 한 히틀러의 주장과 다를 바가 없고, 국제사회 전체의 이익을 곧 자신들이 특히 중요시하는 부분의 이익과 동일시하는 결과를 가져오는 것이다. 이상의 두 가지 방법은 모두 효과적인 국제도덕의 발전을 치명적으로 저해한다.

모든 사회, 모든 도덕률이 전체의 이익을 위해 부분의 이익을 희생해야 한다는 명제를 전제로 하고 있다는 점에서 이 딜레마를 해소할 수 있는 방법은 없다. 다만 우리가 국제문제를 논하면서 이 딜레마를 자주 거론할수록 문제의 해결에 한 발 가까이 간다고 할 수 있다. 이 점 역시 국내사회에 비유하면 보다 명료하게 이해할 수 있다. 1914년 직전 홉하우스는 근대 자유주의는 "신중한 판단만 있으면 그 효율적 작동이 보장되는 조화가 실제로 존재한다는 믿음이 아니라 사람들이 달성할 수 있는 윤리적 조화가 가능하며 그 달성 자체가 바로 사회의 이상이라는 믿음"이라고 했다.[42] 여기서 "윤리적"이란 단어가 핵심이다. "신중한 판단만 있으면 그 효율적 작동이 보장되는" 19세기의 조화란 곧 이익의 조화이다. "윤리적 조화"란 오로지 이익의 희생을 통해서 달성할 수 있으며, 이익의 희생이 필요한 이유는 바로 자동적인 이익의 조화란 있을 수 없기 때문이다. 국내사회에서는 심지어 생명을 포함한 자기희생에 대한 호소가 항상 있어 왔고 또 쉽게 먹혀들고 있다. 그러나 국내사회에서도 소위 "조화"가 자발적 자기희생만을 통해서 이루어진다고 믿으면 오산이다. 종종 희생은 강요된

---

40) Hitler, *Mein Kampf*, p. 421.

41) 전술 pp. 104, 110 참조.

42) L. T. Hobhouse, *Liberalism*, p. 129.

것이고, "조화"란 개인이 어차피 강요될 희생을 차라리 자발적으로 하는 것이 낫다는 냉철한 계산 위에서 이루어지는 것이다. 국내질서에서 조화란 이처럼 도덕과 권력이 어울려 빚어낸다.

국제질서에서는 권력의 역할이 크고 도덕의 역할은 작다. 개인의 희생이 자의반 타의반이라면 국가의 희생은 보다 강한 힘에 의해 강요된 것일 공산이 아주 높다. 그렇다고 해서 국제관계에서 자기희생의 예가 전혀 없는 것만은 아니다. 영국이 그 자치령 국가들에 한 많은 양보들은 전적으로 힘이나 이익만으로 설명하기 어렵다. 1920년대 영국이 독일에 한 양보의 상당부분은 전적으로 영국에 이익이 되어서만도 아니고 독일의 힘을 두려워해서도 아니다. 영국의 국가이익과 무관한 국제도덕에 대한 모종의 믿음 때문이었다. 어떠한 국제도덕질서도 궁극에는 패권적 힘에 의존할 수밖에 없다. 그러나 이 패권적 힘이란 자체가 국내의 지배계급의 우월함과 마찬가지로 가지지 못한 자에게는 하나의 도전이다. 따라서 도덕적 질서가 존재하려면 결국 모종의 주고받는 식의 거래가 있어야 한다. 즉 못가진 자들의 복종을 대가로 한 가진 자의 자기희생이라는.

도덕이 국제정치에서—혹은 국내정치에서도—뿌리를 내리기 위해서는 바로 가진 자들이 그 권력이 주는 특권을 모두 주장하지 않는 것을 전제로 한 거래가 있어야 한다. 처음부터 많은 희생을 기대하기는 어렵고 그럴 필요도 없다. 그러나 독일인들이 도덕적으로 우월하다든가, 미국의 원칙이 인류의 원칙이라든가, 영국의 안보가 세계의 최고이익이기 때문에 자국의 입장에서는 희생할 필요가 없다는 식의 주장이야말로 국제도덕에 가장 해로운 것이다.

짐먼 교수는 "보통 사람들이 20세기의 공공문제는 곧 세계문제라고 시야를 넓힐 필요가 있다"고 주장했다.[43] 국경 안에 머무르고 있는 자기희생의 정신을 국경 너머로 확장하는 일이야말로 그 표본이라고 할 수 있

43) Zimmern, *The Prospects of Civilisation*, p. 26.

다. 보통사람들이 그와 같은 호소를 외면하지만은 않을 것이다. 국세청장이 소득세를 올리면서 국민들의 지갑을 두둑하게 만들기 위해서라고 주장한다면 다들 사기꾼이라고 욕할 것이다. 유감스럽게도 국가이익의 희생을 요구하는 국제정책은 대개 이런 식으로 정당화되었다. 공동의 이익을 위해서 자기희생이 필요하다고 직접 호소하는 것이 보다 유용할 수도 있을 것이다.

몇 가지 혼란을 초래하고 있는 한 가지 문제를 짚고 넘어갈 필요가 있다. 국내사회의 경우 앞에서 논의한 주고받기 식의 거래와 자기희생은 주로 기존의 질서를 유지함으로써 가장 많은 이익을 보는 사람들이 한다. 국제사회의 경우 현상에 만족하고 있는 강대국의 정치가들이나 논객들의 주장은 이와 다르다. 그들은 주고받는 거래과정은 단지 기존 질서의 틀 속에서 이루어져야 하며 질서를 유지하기 위해 모두가 희생해야 한다고 믿는다. 이든 수상은 국제평화는 “모든 국가가 참여하는 국제질서 위에 가능하며” 이를 위해서 “모든 나라가 자국의 이익을 위해 합당한 기여”를 해야 한다고 주장했다.44)

이와 같은 주장에 내포된 오류야말로 현실적인 국제도덕의 발달에 치명적인 장애가 된다. 주고받는 거래과정은 기존 질서에 대한 도전을 직접 상대해야 한다. 기존질서의 이득을 가장 많이 누리는 국가가 그러한 질서가 장기적으로 지속되길 바란다면 충분한 양보를 통해 이득을 적게 누리는 국가들도 그 질서를 용납할 수 있게 해야 한다. 그리고 그러한 변화가 가급적 질서 있게 이루어지려면 도전자 못지않게 방어자에게도 책임이 있다. 이제 국제정치에서 법과 변경의 문제를 따져보자.

---

44) Anthony Eden, *Foreign Affairs*, p. 197.

제 IV 부

법과 변경

10 법의 기초

정치와 법 간의 관계처럼 현대 국제정치이론에서 많은 혼란을 불러일으키는 것은 없다. 국제문제에 관심이 있는 많은 사람들 사이에 법이란 정치와 별개의 것이며 동시에 정치에 비해 도덕적으로 우월한 것이라는 생각이 강하다. "법의 도덕적 힘"이란 용어는 묵시적으로 부도덕한 여러 정치 수단과 현상에 빗대어 쓰인다. 우리는 흔히 "법의 지배"를 수립하고 "국제법과 질서"를 유지하고 "국제법을 방어"해야 한다고 듣는다. 그러한 생각에 깔려 있는 것은 그렇게 함으로써 우리 스스로를 탐욕으로 가득 찬 혼탁한 정치분위기가 아닌 보다 청정하고 불편부당한 정의의 세상과 동일시하는 것이다. 그러나 우리는 그러한 자위에 만족하지 말고 국제사회에서의 법의 본질과 기능, 그리고 국제정치와의 관계를 냉철히 분석할 필요가 있다.

1. 국제법의 본질

국제법이 근대의 국내법과 다른 것은 그것이 아직 미개하고 성숙하지 않은 사회의 법이기 때문이다. 즉 발전된 국내법 체계라면 반드시 가지고 있을 사법, 행정, 입법을 담당하는 세 가지의 제도가 없는 것이다.

(1) 국제법은 법률문제든 사실의 판정이든 사회 전체에 대해 구속력을 지닌 법정이 없다. 물론 국가들이 특정 분쟁을 국제사법재판에 부탁하는 관행을 개발, 유지해 온 것은 사실이다. 그리고 국제연맹규약에 따라 창설된 〈상설국제사법재판소〉(Permanent Court of International Justice)는 그러한 관행을 확대하고 일반화하려는 시도였다. 그러나 재판소의 제도는 아직 국제법을 바꾸지는 못했다. 단지 그럴 의사가 있는 일부국가에게 특수한 의무만을 창출했을 따름이다.

(2) 국제법은 법의 준수를 강제할 기구가 없다. 특수한 상황에서 피해국이 가해국에 보복행위를 취할 권리를 인정하기는 한다. 그러나 이는 자구행위의 권리에 대한 인정일 뿐 법의 대리인에 의한 징벌을 강제하는 것은 아니다. 예외로, 국제연맹규약 제16조에 규정된 조치가 단지 예방적인 경고조치가 아니라 징벌적 조치로 인정되는 한도 안에서 그러한 경우에 해당한다 할 것이다.

(3) 모든 원시사회의 법이 그렇듯이, 국제법은 관습과 입법이라는 법의 양대 근원 중 전자만 인정할 뿐이다. 특정 부류의 행동이나 행위가 관습의 단계에서 모든 구성원에게 적용되는 의무로 발전해 나가는 단계를 추적하는 것은 법률가가 할 일이 아니라 사회심리학자가 할 일이지만 어쨌든 그런 단계를 통해 국제법이 존재하게 되었다. 선진사회에서는 직접

입법이라는 다른 근원이 보다 흔한 방식이 되었고 모든 근대국가에서 없어서는 안 될 것이 되었다. 이처럼 직접 입법이 국제법에는 없다는 것을 심각하게 받아들인 일부 국제법학자들은 국가 자체가 국제법의 입법기관이고 국가간에 존재하는 많은 다자간 협약이 곧 "입법적 조약"이라고 주장하고 있다.[1]

그러나 이와 같은 견해는 반론의 여지가 많다. 그 내용과 범위가 어떠하든 조약은 제정과 함께 동의하든 동의하지 않든 사회 구성원 모두를 자동적으로 그리고 무조건적으로 규율한다는 법률의 핵심요소를 결여하고 있다. 때로 관습국제법을 다자간 국제조약으로 구체화하려는 시도가 있었다. 그러나 그러한 시도는 조약이 동의하지 않는 서명당사자를 구속하지 못하기 때문에 별 가치가 없다. 전쟁법에 관한 1907년 〈헤이그 협약〉은 국제입법의 한 예로 꼽히고 있다. 그러나 이 협약들도 서명당사자가 아닌 국가에게는 구속력이 없을뿐더러 비서명국가와의 관계에서는 서명당사자들에게도 구속력이 없다. 일부의 주장에도 불구하고 〈브리앙-켈로그 조약〉(The Briand-Kellogg Pact, 1928)도 전쟁을 금지하는 입법행위가 아니다. 이는 단지 많은 국가들 사이에 "전쟁을 국가정책의 수단으로 사용하는 것을 포기"하기로 한 약속에 불과하다. 국제협약은 국제법의 주체로서 국가들이 서로 맺은 계약이지 국가가 국제입법기관으로서 만든 것이 아닌 것이다. 따라서 국제입법은 아직 존재하지 않는다.

그러나 이와 같은 국제법의 약점이 아무리 심각하더라도 국제법이 법이 아닌 것은 아니다. 국제법도 법으로서의 모든 핵심적 특징을 가지고 있기 때문이다. 특히 법과 정치와의 관계는 국제든 국내든 마찬가지이다.

정치철학의 근본 문제는 왜 사람들이 스스로 피치자가 되는가이다. 법학에서 이 문제는 왜 사람들이 법을 준수하는가로 나타난다. 법이 왜 구

1) 예로 카네기재단은 "일반 이익의 다자적 수단"이라는 이름으로 후원하여 발간한 조약집에 《국제입법》(*International Legislation*)이라는 제목을 붙였다.

속력이 있는 것으로 간주되는가? 유클리드 기하학의 명제가 유클리드 자신에 의해 증명되지 않은 것처럼 이 문제에 대한 해답도 법 자체에서 찾을 수는 없다. 법이란 이 문제는 충분히 해결되었다는 전제 위에 진행되는 것이다. 그렇지만 "법의 지배"를 정당화하고자 하는 사람에게 이 문제는 묵과할 수 없는 문제이다. 그리고 이 문제는 국제법이든 국내법이든 마찬가지이다. 국제법의 경우 이 문제는 때로 조약이 구속력이 있는지, 그렇다면 그 근거는 무엇인지의 문제로 제기된다. 이 문제에 대한 법률적 해답은 국제법에서 조약의 구속력을 인정하고 있으며, 그 근거로 '조약은 지켜져야 한다'는 규칙이 국제법에 규정되어 있기 때문이라는 것이다. 그러나 이 질문을 제기하는 사람이 진정 알고 싶은 것은 조약은 지켜져야 한다는 규칙을 포함한 국제법이 왜 지켜져야 하며 지켜지고 있는지, 혹은 아예 지켜지고 있다는 것 자체가 사실인지 아닌지의 여부이다. 이러한 질문은 국제법이 대답할 수 있는 성질의 것이 아니다. 이 장의 목적은 그러한 질문에 대한 대답을 어떤 분야에서 찾아야 하며, 그 대답은 무엇인가를 따지는 것이다.

법의 궁극적 권위가 무엇인가라는 문제에 답하기 위해서는 이 문제를 윤리의 문제로 접근하는 이상주의자와 권력의 문제로 접근하는 현실주의자 간의 근본적인 차이로 되돌아가야 한다. 곧 정치의 문제이다. 법학의 영역에서 이상주의자들은 대개 "자연법주의자"로 알려지고 있다. 법의 권위를 자연법에서 찾고 있기 때문이다. 또 현실주의 법학자들은 "실증주의자"로 불린다. 법의 권위를 국가의 의지에서 찾고 있기 때문이다. 그러나 이와 같은 구별은 항상 명확한 것은 아니고 때로 변하기도 한다. 일부 이상주의자들은 자연법의 개념을 부정하고 대신 이성이나 효용, "객관적 권리",[2] "권리에 대한 궁극적인 감각",[3] 혹은 "근본적인 규범"이란 기준을 채택하기도 한다. 또 스피노자와 같은 일부 실증주의자들은 자연

2) Duguit, *Traite de droit constitutionnel,* i. p. 16.

3) Krabbe, *The Modern Idea of the State*[영어번역판], p. 110.

법의 개념을 수용하면서도 이를 강자의 권리와 동일시함으로써 결국 그 내용을 부정하고 만다. 또 일부 실증주의자들은 "역사학파"니 "법의 경제학적 해석"이니 하는 것들을 추구하기도 한다. 그러나 핵심은 법을 윤리의 문제로 인식하는가 아니면 권력의 문제로 인식하는가의 차이이다.

2. 자연법 이론

정치학에서 이상주의적 견해가 현실주의적 견해보다 오래되었듯이 자연법적 법률관도 실증주의적 혹은 현실주의적 법률관보다 오래 된 것이다. 원시사회에서 법은 종교의 일부이며, 인류역사상 상당히 오랫동안 신 혹은 신이 지명한 대리인에 의해 만들어지는 것이라고 믿어졌다. 세속적 성격이 강한 그리스 문명은 법을 종교와 분리시켰지만, 도덕과 분리시키지는 않았다. 그리스 사상가들은 자연법 개념에서 인간이 만든 실정법에 근거를 부여하는 상위의 불문법(不文法)을 찾았다. 로마제국이 기독교를 수용함으로써 법률은 다시 종교적 색채를 띠게 되어 한동안 자연법은 신정법(神定法)과 동일시되었다.

르네상스에 이르러서야 자연법은 다시 종교와는 별도의 윤리기준으로 기능하게 되었다. 17~8세기에는 자연법이 이성과 동일시되었다. "법은 지구상의 모든 사람을 지배하는 한 인간의 이성"이라고 몽테스키외(Montesquieu, 1689~1755)는 말했다.[4] 그로티우스(Hugo Grotius, 1583~1645) 이래 근대 국제법학자들은 바로 이와 같은 기반 위에 중세시대의 폐허 속에서 새로이 나타난 민족국가들의 필요에 따라 국제법을 만들었던 것이다. 따라서 국제법은 시작부터 이상주의적 색채를 강하게 띠었다. 이는 필요하기도 했지만 또 불가피한 일이었다. 국가들의 관계를 어느 정도 효과적으로 관

---

4) Montesquieu, *Esprit des Lois*, Book I. ch. iii.

리한 새로운 국제법은 물론 현실적 필요에 따른 것이었다. 그러나 그것의 구속력이 자연법과 보편적 이성에 따른 것이라는 사상이 아니고서는 그처럼 널리 수용될 수는 결코 없었을 것이다.

국제사회가 사회로서 원시적인 만큼 국내법과 달리 국제법에서 도덕이 기능할 여지는 적었다. 실로 법률학의 여러 분야 중에서 국제법이론만큼 이상주의적 사고가 지배적인 것은 없다. 더그와 같은 경향은 국제관계의 무정부적 성격이 강할 때 특히 그러했다. 국제관계가 비교적 안정되었던 19세기에 이르러서야 국제법학은 약간의 현실주의적 색채를 띠기 시작했다. 그리고 1919년 이후 자연법 사상이 새로이 힘을 얻게 되어 국제법이론은 과거 어느 때보다 이상주의적 색채를 강하게 띠게 되었다.

현대의 자연법 사상은 18세기말까지 팽배하였던 과거의 자연법 사상과 중요하게 다른 점이 한 가지 있다. 과거의 자연법은 본질적으로 정태적이었다. 자연법은 권리에 관한 고정되고 영속적인 기준으로서 과거나 현재나 미래에도 동일한 모습인 것으로 간주되었다. 19세기를 지배하며 자연법 사상 자체를 위협했던 역사학파 사상의 영향으로 말미암아 오늘날의 자연법은 새로운 방향으로 전개되었다. 즉 19세기말에 이르러 "내용이 변하는 자연법"[5]이란 새로운 개념이 등장한 것이다. 이 해석에 따르면 자연법이란 더 이상 고정되고, 영속적이며 불변인 그 무엇이 아니라 시간과 장소에 따라 달리 나타날 수 있는 "정당한 법"에 대한 인간의 본능적 감(感)이다. 이처럼 새로운 해석은 도움이 되는 측면이 있다. 노예제도가 한때는 허용되었다가 한때는 불법이 되고, 사유재산이 한 곳에서는 자연권에 해당되고 다른 곳에서는 자연권의 침해가 되는 딜레마를 해소할 수 있기 때문이다. 이제 법의 구속력은 모종의 영속적인 윤리원칙에 따른 것이 아니라 특정 시점에 존재하는 사회의 윤리적 원칙에 따른 것이 되었다. 그러나

---

5) 내용이 변하는 자연법(natural law with a variable content)이란 용어는 Stammler, *Lehre von dem richtigen Rechte*(1902～7)에서 따왔다. 이 책은 *Theory of Justice*라는 제목으로 영어로 번역, 출판되었다.

이것은 진실의 일부일 뿐이다. 국제법, 국내법을 막론하고 조약은 준수되어야 한다는 규칙을 포함하여 법의 지배가 윤리적 색채를 띠고 있다는 점을 부인할 사람은 별로 없을 것이기 때문이다. 다만 유럽의 여러 언어가 법과 윤리의 가운데 위치하고 있어 양자가 밀접하게 관련되어 있다는 일반적 인식에 혼란을 제기할 따름이다.

그러나 법의 구속력에 대한 이상과 같은 설명은 적절하지 않고 호도하는 측면도 있다. 자연법의 딜레마는 사람들이 시간과 장소에 따라 따르는 규칙이 다르다는 데 있는 것이 아니다. (이 문제는 소위 "변수" 이론에 따라 극복되었기 때문이다.) 문제는 (이성이든 "객관적 권리"든 혹은 무엇이든) 자연법이 법에 대한 복종을 정당화하는 데 쓰이는 것과 마찬가지로 법에 대한 불복종을 정당화하는 데 쓰일 수 있다는 데 있다. 자연법은 늘 두 가지 속성을 지니고 두 가지 용도로 쓰였다. 첫째, 자연법은 군주의 권리나 자유재산권은 자연법에 기초하고 있다는 식으로 보수주의자들이 기존 질서를 옹호하는 데 사용될 수 있다. 둘째, 마찬가지 논리로 혁명가들이 기존 질서에 대한 반란을 정당화하기 위해 사용할 수 있다. 즉, 자연법 속에는 바로 법을 부정하는 무정부적 요소가 내재하고 있는 것이다. 궁극적인 법의 권위가 그 도덕적 내용에 있다고 믿는 법이론은 선법(善法) 혹은 특정 시점과 장소에서 선법으로 인정되고 있는 법의 구속력밖에 설명하지 못한다. 그리고 악법(惡法)도 법이라는 인식도 널리 인정되고 있다. 그러한 인정이 없다면 그 사회는 오래가기 어려울 것이기 때문이다. 그럼에도 불구하고 악법을 따르지 않는 것도 권리, 혹은 심지어 의무라는 주장도 가능하다. 그러나 어쨌든 법을 준수할 의무와 악법을 거부할 의무 간에 갈등이 존재한다는 것은 부인할 길이 없으며, 거부할 의무는 매우 예외적 상황에만 정당화될 수 있다는 것이 대체적인 인식이다. 따라서 법이 구속력을 갖는 것은 그것이 자연법과 합치하기 때문에, 혹은 그것이 선법이기 때문이라고 설명하는 법이론은 충분하다고 할 수 없다.

3. 현실주의 법이론

실증주의 혹은 현실주의 법이론을 최초로 전개한 사람은 법을 명령이라고 정의한 홉스이다. 여기서 법은 윤리와 결별한다. 법이란 억압적일 수도 있고 또 비도덕적일 수도 있다. 법이 구속력을 갖는 것은 법에 대한 복종을 강제할 권위가 있기 때문이다. 법은 곧 국가의지의 표현으로 국가를 지배하는 사람들이 자신의 권력에 반대하는 이들을 억압하는 수단으로 사용한다. 따라서 법은 강자의 무기이다. 그에 반대되는 사상을 가져 법을 독재를 막는 수단이라고 보았던 루소도 이 점에 대해서는 길게 쓰고 있다. 즉, "모든 나라에서 법의 정신은 항상 약자보다는 강자를, 못가진 자보다는 가진 자를 선호하게 되어 있다. 이와 같은 유감스러운 현실은 불가피하며 예외란 없다."[6] 마르크스에 따르면 모든 법은 "불평등의 법"이다.[7] 여기서 마르크스주의의 공헌은 법의 상대적 성격을 강조했다는 점이다. 다시 말해 법은 모종의 고정된 기준을 반영하는 것이 아니라 특정 시점과 특정 장소에 존재하는 지배적인 집단의 이익과 정책을 반영할 뿐이다. 레닌이 말했듯이 법이란 "권력관계를 구체화하여 등록하는 것이며"… "지배계급의 의지를 표현한 것"이다.[8] 이와 같은 법의 근원에 대한 현실주의적 견해는 라스키 교수가 잘 요약하고 있다: "법적 규칙이란 항상 특정 인간집단이 바람직하다고 여기는 목표를 성취하기 위한 것이며, 따라서 현실주의적인 법률학을 개발하기 위해서는 그 목표가 무엇인가를 끊임없이 탐구해야만 한다."[9]

법이 구속력을 갖는 이유에 대해 "자연법주의자"들의 대답이 그렇듯

---

6) Rousseau, *Emile*, Book IV.
7) Marx and Engels, *Works*[러시아어판], xv. p. 272.
8) Lenin, *Works*[러시아어 재판], xv. p. 330; xii. p. 288.
9) Laski, ed., *Representative Opinions of Mr. Justice Holmes,* Introduction.

이 현실주의자들의 답도 단지 부분적으로 옳을 뿐이다. 물론 경찰이나 법원이 무서워 법을 지키는 사람도 있다. 그러나 모든 사람이 단지 처벌이 무서워 법을 지킨다면 그 사회는 오래 가지 못할 것이다. 라우드(Laud)가 말했듯이 "양심이 따르지 않으면 법은 구속력이 없는 법"이고,10) 사회의 양심을 심각하게 해치는 법을 강제하는 데는 커다란 어려움이 따른다는 것은 많은 사례가 입증하고 있다. 결국 법이란 사회의 정의를 반영하기 때문에 구속력이 있고 따라서 이는 공공의 선을 위한 하나의 도구이다. 동시에 법의 구속력은 권위체가 가진 힘 때문이기도 하여, 때로 억압적일 때도 있는 것이 사실이다. 결국 양자는 모두 진실이며, 반쪽의 진실이다.

4. 정치사회의 기능으로서 법

법이 구속력을 가지는 두 가지 상호 모순되는 이유를 종합하여 하나의 대답을 찾으려면 결국 법과 정치의 관계를 따져야 한다. 요컨대 법이 구속력을 가지는 이유는 법이 없다면 정치사회는 존재할 수 없고 따라서 법도 존재할 수 없기 때문이다. 법이란 추상적 존재가 아니다. 그것은 "사회란 틀 속에서 존재한다.… 법이 있다면 반드시 법이 작동하는 사회가 있어야 한다."11) 우리는 국가가 법을 만드는가 혹은 법이 국가를 만드는가를 둘러싼 실증주의와 자연법주의 간의 오랜 논쟁에 안주하고 있을 수만 없다. 법이 없으면 정치사회도 없고 정치사회가 없으면 법도 없다는 것으로 충분하다.12) 오늘날 한 독일학자도 이 점을 명백히 지적하고 있다:

---

10) Laud, Sermon IV, *Works*, i. p. 112.

11) Zimmern, *International Affairs*, xvii.(January-February 1938), p. 12.

12) "우리는 더 이상 국가와 법 중 무엇이 우선인가를 따지지 않을 것이다. 양자는 모두 인간의 사상에서 분리할 수 없는 공동체 생활의 고유한 기능으로 간주된다. 법과 국가는 인간의 태초부터 씨앗으로 나타나 서로를 도우면서 인간사회의 과실을 맺었다"(Gierke, *Natural Law and the Theory of Society*[영어번역판], p. 224).

> 모든 법은 항상 사회의 표현이다. 모든 법률공동체는 그 내용에 따라 법과 정의에 대한 공통된 관념을 가지고 있다. 그러한 공통된 관념 없는 법률공동체를 상정하거나, 혹은 공동체의 내용에 대한 최소한의 공통 관념이 생겨나기 전에 법률공동체를 세우는 것은 불가능한 일이다.[13)]

정치와 법은 불가분의 일체로 서로 엮여 있다. 정치와 법은 모두 결국은 사회 내부에서 사람과 사람 간의 관계를 다루고 있기 때문이다. 법도 정치와 마찬가지로 도덕과 권력의 접점에 존재한다.

국제법도 마찬가지이다. "최소한의 공통된 관념"에 기초하여 국제법의 구속력을 인정하는 국제사회가 없다면 국제법도 있을 수 없다. 국제법은 결국 국가로 구성된 정치사회의 한 기능이다. 국제법이 국내법에 비해 유치한 것은 기술적 문제가 아니라 그것이 기능하는 사회가 유치하기 때문이다. 국제도덕이 국내도덕에 비해 약하듯이 국제법도 잘 조직된 근대국가의 국내법보다 그 효과에서 미약하고 내용에서 빈약할 수밖에 없다.

게다가 국제사회 구성원의 수가 적다는 것은 도덕에서와 마찬가지로 법에서도 특수한 문제를 야기한다. 법의 도덕적 기반을 이루는, 모든 구성원에 똑같이 적용되는 일반 규칙이 생겨나기 어렵기 때문이다. 구성원의 수가 적은 국제사회에서는 아무리 일반적인 규칙이라도 특정 국가 혹은 국가집단을 표적으로 한다는 느낌을 지우기 어렵다. 바로 이와 같은 이유 때문에 국제법에서는 다수의 익명적 존재를 구성원으로 하는 국내사회의 법보다 권력의 요소가 지배적이고 두드러지게 된다. 마찬가지 이유에서 국제법은 다른 법에 비해 정치적 색채가 노골적으로 나타난다.

이처럼 법이 그 구속력을 주어진 정치적 질서에서 얻고, 동시에 그를 위해 기능하는 것이라면 "법의 지배"나 "인간이 아닌 법에 의한 통치"라는 문구에 함축되어 있는 법의 의인화(擬人化)가 오류임을 알 수 있다. 일반인들은 법의 구속력을 인정하면서 무의식중에 법을 의인화하는 경향이

---

13) F. Berber, *Sicherheit und Gerechtigkeit*, p. 145.

있다. 그리고 이와 같은 의인화는 국가의 의인화와 마찬가지로 자연스러운 현상이다. 그러나 이는 위험한 것이다. 법은 그 구속력을 스스로가 아닌 외부의 존재에 의존하기 때문에 그 자체로서 존재할 수 없다. 또 스스로를 생산할 수도 스스로 적용될 수도 없다. 중국의 순자(荀子)는 "사람이 지배하는 경우는 있어도 법이 지배하는 경우는 없다"고 말했다.[14] 헤겔이 국가에 최고의 도덕적 선을 부여했을 때, 우리는 '웬 국가?' 혹은 '누구의 국가?'라고 물었어야 했다. 오늘날 많은 국제정치학자들이 법의 지배에 최고의 도덕적 선을 부여하고 있을 때 우리는 마찬가지로 '웬 법?' 아니면 '누구의 법?'이라고 물어야 한다. 법이란 추상적 존재가 아니다. 그것이 기초하고 있는 정치적 기반과 그것이 지켜주고 있는 정치적 이익을 떠나서 법을 이해할 수는 없다.

마찬가지로 법이 정치보다 도덕적이라는 일반적 환상이 지닌 오류도 쉽게 파악할 수 있다. 합법적인 계약이 반드시 도덕적인 것은 아니다. 최소한의 생계유지비도 안 되는 월급을 지불하는 것이 고용계약에 따른 것이고 따라서 합법적이라고 해서 반드시 도덕적인 것은 아니다. 1871년 독일이 프랑스 영토를 합병한 일이나 1919년 연합국이 독일의 영토를 합병한 일은 도덕적일 수도 있고 아닐 수도 있다. 그러나 그러한 사실이 패전국이 서명하고 따라서 국제법적으로 합당한 조약에 따른 것이라고 해서 도덕성이 더 높아지는 것도 아니다. 유태인의 재산을 입법을 통해 강탈하든 돌격대를 보내 강탈하든 그 자체로서 도덕성의 정도가 다르지는 않다. 고대 메디아나 페르시아 법의 도덕성도 아마 매우 높지는 않았을 것이다.

---

14) Liang Chi-chao, *History of Chinese Political Thought*, p. 137에서 인용. 법을 하나의 별개의 존재로 취급함으로써 초래되는 혼란의 한 좋은 예는 처칠이 이용한 경구에서 볼 수 있다 : "모종의 존엄한 국제법정이 창설되어 스스로 법을 만들고 강제하고 준수한다는 보장이 있어야 한다"(Manchester *Guardian*, December 12, 1938). 여기서 처칠이 잠시 눈을 돌려 '누가' 존엄한 법정을 세우고, '누가' 그 판결을 집행하며, '누가' 법을 만들고 '누가' 법정이 그 법을 준수하는지 감시할 것인가를 생각했더라면 이 단순한 말이 가지는 의미가 명백히 드러났을 것이다.

만일 법이 “항상 일부 인간집단이 원하는 목표를 달성하기 위한 것”이라면 법의 도덕성 또한 항상 그 목표의 도덕성에 의해 제약될 수밖에 없다. 비도덕적인 악법을 바로잡기 위해서 정치적 행동을 동원하는 것은 가능하고, 또 자주 있는 일이다. 모든 정치사회에서 법이 필요한, 법만이 가진 이유는 그 내용이나 도덕성이 아니라 안정성 때문이다. 법은 사회에 고정성, 규칙성, 지속성을 부여하여 사회 속의 삶을 안정시킨다. 국민들 상호간의 권리와 의무, 그리고 국가에 대한 그들의 권리와 의무를 법으로 정해야 한다는 것은 조직된 정치사회의 근본이다. 그리고 그 해석이 불확실하고 그 적용이 자의적일 때 법은 바로 그와 같은 핵심기능을 수행하지 못한다.

그러나 정치적 삶에는 안정성과 지속성만 필요한 것이 아니다. 사회는 법으로만 유지될 수 없고, 법만이 최고의 권위를 가진 것도 아니다. 정치무대에는 늘 기존의 법질서를 유지하기 원하는 보수주의자들과 기존의 법질서를 변경하기 원하는 혁신주의자들 간의 투쟁이 있게 마련이다. 그리고 보수주의자들은 국내외를 막론하고 스스로를 법의 수호자로 자처하고, 반대파들을 법의 파괴자로 비난한다. 민주사회에서는 이 보혁갈등(保革葛藤)이 법의 테두리 안에서 비교적 공개적으로 이루어진다. 그러나 이 법의 테두리라는 것 자체가 정치적 합의의 산물이다. 모든 법체계는 최초의 정치적 결단을 전제로 한다. 그러한 정치적 결단은 명시적일 수도 있고 묵시적일 수도 있다. 또 투표를 통해서, 흥정을 통해서, 혹은 폭력을 통해서 이루어질 수도 있다. 모든 법에는 이처럼 불가피한 정치적 배경이 있고, 법의 궁극적 권위는 바로 정치로부터 온다.

11 조약의 신성함

문명된 삶을 위해 필요한 법의 기능 중 하나는 합법적으로 체결된 사인(私人)의 계약에 의해 생성된 권리를 보호하는 일이다. 마찬가지로, 최소한 그 원칙에 있어서, 국제법의 기능은 국제조약과 협정을 통해 생성된 권리의 보호이다. 이와 같은 국제법의 기능은 국제사회의 존재를 위해 필수불가결하며, 적어도 이론적으로는 모든 국가가 인정하고 있다. 특히 국제관계에 있어서 국가들이 서로간에 지는 명시적 의무는 조약에 기재된 것밖에 없고, 국제관습법은 그 범위가 제한적이고 내용이 애매한 경우가 많기 때문에, 국제법에서 조약이 차지하는 위치는 국내법에서 사인간의 계약이 차지하는 위치보다 월등하다. 또 조약의 내용이 바로 국제법의 일부를 이루고 있다는 인식도 일반적이다. 반면 국내사회에서는 '김씨'와 '이씨' 간의 계약이 국내법의 일부를 이루고 있다는 주장은 찾아보기 어렵다. 이처럼 "조약의 신성함"이라는 원칙은 상당한 특권을 누리고 있다. 그리고 조약의 특권적 지위는 1919~20년간 평화조약을 둘러싼 논쟁을 통해 더욱 강화되었다. 전간기 국제법학자들, 특히 평화조약을 옹호하는 나라의 학자들은 '조약은 준수되어야 한다'(*pacta sunt servanda*)라는 원칙을 국제법 기본법칙의 하나로서만 아니라 국제사회의 초석으로까지 간주했다. 독일의 한 학자는 이를 "'조약은 준수되어야 한다'주의"(*pacta-sunt-servandaism*)라고 조롱했다.[1] 당시 이 문제는 국제정치에서 가장 큰 논쟁거리가 되었다. 그러나 그 논쟁은 하나의 국제법 규범으로서 "조약의 신성함"과 국제윤리의 한 원칙으로서 "조약의 신성함"을 구분하지 못한 데서 야기되었다.

1. 조약의 법적, 도덕적 유효성

지금은 모든 나라가 조약이 원칙적으로 법적 구속력을 갖는다고 인정하고 있지만 1914년 이전까지 국제법은 조약에 따른 의무의 절대적 구속력을 인정하지 않았다. 우선, 현상유지를 주장하는 국가들은 국제법상 조약의 무조건적 유효성을 주장하였지만, 조약에 불만을 지닌 국가들은 그럴 만한 힘만 생기면 바로 그 조약을 파기하는 것이 현실이었다. 예로 1848년 프랑스는 "1815년의 조약은 프랑스 공화국의 눈에 더 이상 유효하지 않다"고 선언하였다.[2] 또 다른 예로 1871년 러시아는 〈크리미아 전쟁〉의 결과로 체결되어 러시아 전함의 통항권에 제약을 가해 온 〈해협협약〉(Straits Convention)을 폐기하였다. 이상의 두 가지 예는 19세기에 있었던 많은 예들 중 가장 현저한 두 가지에 불과하다. 이러한 현실 속에서 국제법의 안정성을 지키기 위해 국제법학자들은 소위 '사정불변조항'(*clausula rebus sic stantibus*)이 모든 조약에 묵시적으로 포함되어 있다는 주장을 개

---

1) Walz in *Deutsches Recht*, Jg. IV.(1934), p. 525. 조약은 준수되어야 한다는 법칙이 국제사회의 "최고이며, 결코 축소할 수 없는 최종적 기준"이라고 한 라우터파흐트(Lauterpacht, *The Function of Law in the International Community*, p. 418) 교수의 주장이 좋은 예이다.

2) 라마르틴(Alphonse de Lamartine, 1790~1869; 프랑스의 시인이자 정치가)이 1948년 3월 5일자 돌린 회람. 같은 날 *Moniteur*지에 게재.

발했다. 즉, 조약상의 의무는 체결당시의 사정이 지속되는 한 유효하며, 사정이 변하면 더 이상 유효하지 않다는 것이다. 이 원칙의 의미는 곧 조약의 권위는 당사국들간의 권력관계에 기인하며, 그 관계가 변할 경우 조약의 효과도 사라진다는 것이다. 이러한 주장이 정책적으로 채택된 예도 적지 않다. 비스마르크는 "유럽정치에서 모든 조약은 확고한 입장을 주장할 때만 의미를 갖는다. '사정불변'의 유보조건은 오랫동안 조용히 이해된 원칙이다"라고 말했다.[3)]

이에서 더 나아가 국가는 어떠한 조약도 항상 폐기할 수 있는 무제한의 권리를 가진다는 주장도 있다. 시어도어 루스벨트의 주장이 좋은 예다 : "민족은 마땅하다고 스스로 인정하는 이유가 있으면 조약을 엄숙히, 그리고 공식적으로 폐기할 권리를 당연히 보유한다. 마땅한 이유가 있으면 전쟁을 선언하거나 기타 어떠한 권력을 행사할 권리를 보유하는 것과 다를 바가 없다."[4)] 우드로 윌슨도 파리강화회의 중 한 개인적인 대화에서, 그가 국제법 교수였을 때 국가는 언제든 조약을 폐기할 권한이 있다고 믿었다고 고백하였다.[5)] 1915년 자연법주의적 입장을 견지해 온 한 저명하고 중립적인 국제법학자는 '조약은 준수되어야 한다'는 원칙에 대해 "어느 누구도 그것을 국내외에서 예외 없이 적용되는 법원칙으로 여기고 있지 않다"고 썼다.[6)]

세계최강국으로 조약의 유효성을 유지하는 데 가장 큰 이해관계를 가진 영국조차 조약상 의무가 무조건적 구속력을 가진다는 것을 인정하길 꺼린다. 가장 좋은 예는 1839년의 〈벨기에 보장조약〉이다. 이 조약에 따르면 영국을 포함한 주요 유럽열강은 그들 중 어느 누가 벨기에의 중립을 침해할 경우 공동대응하도록 되어 있다. 1914년 외상 그레이가 밝힌 바에

3) Bismarck, *Gedanken und Erinnerungen*, ii. p. 258.
4) H. F. Pringle, *Theodore Roosevelt*, p. 309.
5) Miller, *The Drafting of the Covenant*, i. p. 293.
6) Krabbe, *The Modern Idea of the State*[영어번역판], p. 266.

따르면, 1870년 글래드스톤 수상은 하원에서 조약이 존재한다는 단순한 사실만으로 보장이 필요한 시점의 사정과 관계없이 모든 나라에게 의무가 발생한다고 믿지 않는다고 말했다. 그리고 그는 그와 같은 해석이 "경직되고" "비현실적"이라고 생각했다.7)

1908년 당시 외무차관이었던 하딘지(Lord Hardinge)가 쓴 비밀문건도 같은 입장을 보여주고 있다:

> 물론 부담은 있겠지만… 우리가 필요시 그 의무를 수행하여 벨기에의 중립을 보장하는 것은 당시의 우리 정책과 상황에 달려 있다. 프랑스가 독일과의 전쟁에서 벨기에의 중립을 침범한다면 지금 입장의 영국이나 러시아가 벨기에의 중립을 유지하기 위해 손가락 하나라도 움직일지 의문이나, 독일이 벨기에의 중립을 침범한다면 그 반대의 경우가 될 것이다.

이에 대해 외상 그레이는 "핵심을 꿰고 있다"고 논평했다.8) 국제의무의 불이행을 정당화하기 위해 종종 이용되는 또 다른 명분은 소위 "필요" 혹은 "사활적 이익"이라는 원칙이다. 누구도 불가능한 일을 수행하도록 강요받을 수 없다는 것은 잘 알려진 법원칙의 하나이다. 그리고 국제법에서 불가능한 일이란 종종 국가의—주로 안보를 의미하는—사활적 이익에 위해가 되는 행위를 의미한다. 일부 논객들은 구체적으로 모든 국가는 타국에 대한 어떠한 의무에도 우선하는 자기보존의 법적 권리를 가진다고 주장했다. 그러한 주장은 물론 전시에 특히 중요하다. 1914년 12월 영국의 해상봉쇄에 대한 항의서한에서 미국정부는 교전국들은 "자국의 안전을 위해 명백히 그리고 절대적으로 필요하지 않는 한" 중립국들의 통상을 방해해서는 안 되며 필요하더라도 "그 필요의 정도를" 넘어서는 안 된다는 것이 국제법원칙이라고 주장했다. 영국정부는 이와 같은 해석을 고맙게

---

7) Grey, *Speeches on Foreign Affairs, 1904~1914*, p. 307에서 인용.

8) *British Documents on the Origins of the War*, ed. Gooch and Temperley, viii. pp. 377~8.

받아들여 그때부터 봉쇄활동을 "절대적 필요성"이라는 이름으로 정당화하였으며, 그 필요성의 정도는 스스로 결정하였다.[9] 하긴 그와 같은 비상시에는 일반인들도 법원칙을 무시하고 다른 수단에 호소할 수 있다. 1895년 〈제임슨 폭동〉(the Jameson Raid)이 일어났을 때 《더 타임스》지는 다음과 같은 계관시인의 시를 게재하여 여론을 진정시키고자 하였다.

법률가와 정치가들의 짱구로
법을 생각지 않고
단지 소리가 칼과 안장과 총이라면
누가 한 오라기 지푸라기를 두려워하랴?[10]

"법이라니? 내가 원하는 건 법이 아니라 운하일세!" 파나마 운하 위기 때 시어도어 루스벨트가 한 말이다. 1939년 일본순시함이 중국영해에서 외국선박을 검문한 사건에 대해 일본 해군성 대변인은 이렇게 말했다 : "우리가 이 일을 할 권리가 있는가를 놓고 왈가왈부하는데, 이 문제는 권리의 문제가 아니다. 이는 필요의 문제로 우리는 그에 따라 행동한 것이다."[11] "일단 민족이 억압이나 존망의 위험에 빠지면 법률문제는 부차적 역할밖에 하지 못한다"고 히틀러는 썼다.[12]

조약의무의 불이행을 합리화하는 여러 가지 명시적, 묵시적 명분을 보면 그것이 도덕적 근거인지, 아니면 법률적 근거인지를 구분하기 어려운 때가 많다. 즉, '사정불변조항'이나 기타 이유로 인해 의무가 더 이상 법적 구속력이 없다는 뜻인가? 아니면 일단 법적 구속력은 인정하되 그 법이 비도덕적이라든가, 불합리하다든가, 혹은 비현실적이란 이유로 무시한다는 뜻인가? 일반론적으로 말하면 1914년 이전에는 '조약은 준수되어

9) 영국과 미국 간의 교신은 1915년 Cmd. 7816으로 출판되었다.
10) *The Times*, January 11, 1896.
11) *The Times*, May 26, 1939.
12) Hitler, *Mein Kampf*, p. 104.

야 한다'는 규칙이 매우 탄력적으로 해석되어, 조약의무의 불이행이 법률적으로 수락된다고 주장하는 경우가 많았다. 반면 1919년 이후 이 규칙은 보다 경직되게 해석되어, 조약의무의 불이행을 좁은 법적 의무를 무시할 수밖에 없는 도덕 혹은 이성에 따른 고려로 정당화하는 경향이 나타났다. 국제법의 딜레마는 성경 해석의 딜레마와 닮은 점이 있다. 이를 탄력적으로 해석하면 다양한 필요를 수용할 수 있기 때문에 따르는 사람이 많아진다. 반면 이를 경직되게 해석하면 이론적으로는 바람직할지 몰라도 교회를 나가지 않는 사람이 늘게 된다. 1919년 이래 국제법 위반사례가 늘고 보다 노골적으로 된 것은 전승국들이 국제법 규칙을 강화시키고자 그 해석을 보다 경직되고 엄밀하게 하려고 한, 어떻게 보면 좋은 의도에서 비롯된 것이라 할 수 있다.

이 시기에 조약의무를 위반한 사례를 검토하면 생각처럼 뚜렷한 패턴이 나오지는 않는다. 국가들이 조약의무 위반 사실 자체를 부인하거나 그 조약은 이미 다른 당사자가 먼저 위반하였다는 식으로 자국의 입장을 옹호하고 있기 때문이다. 1932년 12월 프랑스 하원은 미국과 맺은 전시부채협약을 이행하기 거부했다. 그 명분은 6년 전에 그 협약을 맺은 이후 "결정적 상황"이 변했기 때문이라는 것이었다. 1919년 이후 '사정불변조항'이 적용된 최초의 사례이다.[13] 영국이 영미간 전시부채협약을 어겼을 때 내세운 명분은 "경제적 필요"였다. 그러나 그 주장의 근거는 법적인 것이 아니라 도덕적인 것이었다. 즉 그 협약에 의해 부과된 부담은 "비합리적"이고 "불공평"하다는 것이었다.[14] 《더 타임스》지는 전시부채는 "일반적 거래와 같은 도덕적 타당성을 갖지 못한다"는 입장을 취했다.[15] 그에 앞서 당시 재무부장관이었던 네빌 체임벌린은 그 의무는 법률적 구속

13) 1932년 12월 14일자 프랑스 하원 결의문. *Documents on International Affairs, 1932*, pp. 80~82에 게재.

14) 1934년 6월 4일자(Cmd. 4609).

15) *The Times*, June 2, 1934.

력을 가진다고 명시적으로 인정하였으나, 법보다 중요한 다른 의무에 호소하였다:

> 계약은 신성한 것이고 우리가 선택한 의무는 어떠한 경우에도 위반해서는 안 된다고 하더라도, 우리 국민들뿐만 아니라 세계 도처에 살고 있는 수억의 인류에 대한 또 다른 의무와 책임이 있다는 것을 잊어서는 안 됩니다. 그들의 행복과 불행이 바로 이러한 조약의 의무를 얼마나 주장하고 이행하는가에 달려 있는 것입니다.[16)]

1935년 3월 〈베르사유 조약〉의 군사조항의 무효를 선언하면서 독일은 조약의 다른 당사자들이 스스로 군축의 의무를 위반하였기 때문이라고 주장했다. 그로부터 일 년 후 〈로카르노 조약〉의 무효를 선언하면서 독일은 프랑스가 〈불·소동맹〉을 맺음에 따라 로카르노 조약이 "현실적으로 존재하지 않게 되었기 때문"이라고 주장했다.[17)] 어찌되었든 이와 같은 주장은 법률적 근거 위에 선 것이었다. 그러나 라인란트를 점령한 직후 히틀러는 법적 근거가 아닌 도덕적 근거를 내세웠다: "만일 세상의 다른 사람들이 조약의 조항에 매달린다면 나는 영원한 도덕에 매달리겠다."[18)]

---

16) 1932년 12월 14일 영국 하원에서 행한 연설. *Documents on International Affairs*, 1932, p. 128에 수록.

17) *Diplomatic Discussions Directed Towards a European Settlement*, Cmd. 5143, p. 78.

18) Toynbee, *Survey of International Affairs*, *1936*, p. 319에서 인용. 그러한 주장은 최근의 일도 아니고 종종 정당한 것으로 인정되기도 했다. 1908년 영국의 한 저명한 역사가는 18세기 영국 정치가 윌리엄 피트의 말을 인용했는데 이름만 바꾸면 히틀러의 태도를 묘사하기에 딱 알맞다: "부당한 조약에 따른 자의적 제약이 무효라는 영국의 주장을 '신과 자연'의 이름으로 지지하고, 〈파르도 협약〉을 새로운 영국의 확실치 않은 정서에 따른 '민족적 수치'라고 폐기함"(*Quarterly Review*, October 1980, p. 325). 같은 논문 말미에는 다음과 같은 구절이 나온다: "자신의 비전과 정치적 이상의 연금술을 통해 그는 민족의 제국주의적 팽창을 위해 모든 것을 희생하든지 아니면 스스로 존재할 수 있는 권리와 힘을 포기하든지 라는 식으로 민족발전과 민족목표의 개념을 영국에 강제했다"(*ibid.* pp. 334~5). 이 글의 작가가 이상과 같은 문구를 좋은 의미에서 썼다는 점이 흥미롭다.

전체적으로 따져 전간기에 조약의 위반은 법적 근거가 아닌 윤리적 근거에서 정당화되는 추세가 강화되었다고 할 수 있다. 즉, 조약의 신성함에 대한 예외로서 국제법에서 인정하는 사유에 호소하는 것이 아니라 특정한 조약이 비록 법적 구속력은 갖추었더라도 도덕적 타당성을 결한다는 식으로 합리화된 것이다. 이처럼 조약을 위반하는 것이 기술적 의미에서 국제법을 위반하는 것이라는 것을 부인하지는 않지만 조약 자체가 국제도덕의 위반이라는 근거에서 조약의 위반이 용인된 것이다. 따라서 국제윤리와 국제법을 공부하는 입장에서, 도덕적 결함이 있고 그래서 도덕적 근거에서 타당성을 결여한 조약에 대한 논의를 따져볼 필요가 있다.

2. 강박(强迫)에 의해 조인된 조약

첫째는 절차상의 문제로 소위 강박에 의해 조인된 조약이다. 이 문제는 주로 독일이 닷새의 최후통첩을 받고 조인한 〈베르사유 조약〉의 경우를 놓고 제기되고 논의되었다. 전후 독일은 베르사유 조약이 패자에 대한 강압(*Diktat*)에 의한 것이고 따라서 도덕적 타당성이 없다는 주장을 열심히 펼쳐왔다. 이 주장은 영국과 프랑스의 정치가들이 〈로카르노 조약〉 체결당시 독일외상 슈트레제만과의 논쟁에서 '독일이 베르사유에서 강박에 의해 수락한 의무의 일부를 자발적으로 수락하는 것이 도덕적으로 중요하다'는 경솔한 발언으로 인해 널리 수용되는 원칙이 되었다. 실로 강박에 의한 조약의 유효성에 대한 입장은 전쟁에 대한 입장과 직접적인 관련이 있다. 왜냐하면 평화조약 치고 패자에 대한 강박이 아닌 것이 없기 때문이다. 따라서 전쟁이 도덕적이라면 평화조약이 강박에 의한 것이라고 해도 무조건 비도덕적이라고 비난할 수는 없다. 사실 베르사유 조약에 대한 도덕적 비난의 많은 부분은 그 조인이 강박에 의해 이루어졌다는 사실에 관한 것이 아니었다. 그 가혹한 내용과 절차상의 무리, 즉 연합국 정부들이 바로 그

전에 있었던 〈브레스트-리토프스크 조약〉까지도 지켜졌던 평화회의의 관행을 어기고 패전국의 대표와의 구두협상을 거부한 때문이었다. 이와 같은 절차상 현명하지 못한 조치가 서명 전에 있었던 최후통첩 이상으로 그 조약의 정당성을 훼손하였던 것이다.

3. 불평등조약

둘째는 내용에 따라 도덕적으로 무효라는 주장이다. 국제'법'에는 국내법과 같이 "비도덕적"이라거나 "공공정책에 반한다"는 이유로 계약을 무효화시킬 수 있는 규칙이 없다. 바로 국제정치질서의 부재로 말미암아 국제공공정책이 무엇이고 국제적으로 비도덕적인 것이 무엇인지에 관한 '법률적' 정의가 없기 때문이다.[19]

그러나 일반론적으로 말해 특정한 국제조약의 내용이 비도덕적이라는 것을 인정하는 것은 곧 피해당사국이 그 조약을 거부할 도덕적 권위가 있음을 인정하는 것과 같다. 국제법에서는 달리 시정할 수 있는 방법이 없기 때문이다. 더욱이 내용이 비도덕적이 아니라 계약당사국간 역학관계를 제대로 반영하고 있지 않다는 의미에서 불평등한 조약에 대해서도 이를 거부할 수 있는 도덕적 권한을 인정하는 경향도 있다.

〈베르사유 조약〉의 군축조항이 타당성이 없다고 주장하는 이유의 하나는 강대국에 영구히 열등한 지위를 강요하는 것은 불합리하다는 것이

---

19) 1919년 이후 일부 독일학자들은 "국제자연법"에 반하는 조약은 국제법적으로 무효라는 주장을 펼쳐왔다. 이에 관한 문헌은 Verdross, *American Journal of International Law*, xxxi(October 1937), pp. 571ff에 정리되어 있다. 그러나 이와 같은 주장은 독일 밖에서는 별로 지지를 못 받고 있다. 1934년 〈상설국제사법재판소〉에서 한 독일인 판사는 "동 법정이 '선의'에 반하는 내용의 관습은 결코 적용하지 않을 것"이라는 견해를 밝혔다(*Permanent Court of International Justice*, Series A/B No. 63, p. 150). 그러나 그 법정도 이와 같은 입장을 한 번도 취한 적이 없다.

다. 곧 베르사유 조약에 대한 비난의 핵심이 그것이 패전으로 말미암아 일시적으로 약화된 독일의 지위를 영속화하려고 한다는 데 있는 것이다. 이와 같은 주장은 결국 역학관계에 그 근거를 두고 있고, 또 힘이 도덕적 권리를 부여한다는 점을 인정한다는 점에서 엄격히 말하자면 윤리적인 것은 아니다. 그러나 모든 정치문제에서 힘과 도덕이 묘하게 얽혀 있는 모습을 잘 보여주고 있는 사례라 아니할 수 없다.

이와 유사한 사례가 〈국제연맹규약〉 제16조와 관련하여 있었다. 미국에서 연맹규약이 비준을 얻는 데 실패했을 때 동 조항에 따른 의무는 더 이상 도덕적 구속력이 없다는 의견이 지배적이었다. 연맹 가맹국들이 그처럼 강대한 국가를 상대로 적대행위를 취할 것을 '합리적으로' 기대하기 어렵기 때문이다. 합리적이라는 것의 기준은 국제도덕의 어떠한 문제와 마찬가지로 조약의 도덕적 타당성에도 적용되는 것이다.

4. 권력도구로서의 조약

셋째, 보다 포괄적으로 국제조약의 도덕적 구속력을 부정하는 주장이 있다. 이 주장은 특정 조약의 도덕성을 의심하는 것이 아니라 모든 조약을 대상으로 한다. 곧 조약이란 속성상 권력의 도구이기 때문에 도덕적 가치를 포함하고 있지 않다는 주장이다. 한 마르크스주의 학자는 자본주의 사회에서 계약의 이행을 법률로 보장하는 것은 지배계급의 이익을 보호하고 증진하기 위해 국가권력을 사용하는 한 방법에 지나지 않는다고 주장하였다.[20] 마찬가지로 국제조약의 법적 타당성을 주장하는 것은 지배민족이 약소민족에 대한 그들의 지배를 유지하기 위한 무기라는 주장도 가능하다. 이와 같은 주장은 법이란 윤리와 무관한 권력의 억압수단이라는 현실

---

20) Renner, *Die Rechtsinstitute des Privatrechts und ihre soziale Funktion*, p. 55.

주의 법이론에 내포되어 있다.

그러한 주장은 '조약의 신성함'이라는 원칙이 현실 국제정치에서 탄력적이고 일관성 없이 적용됨으로써 더욱 설득력을 얻게 되었다. 1932~33년 영국과 프랑스 정부는 베르사유 조약의 군축조항이 독일에 법적 구속력을 가지고 있고, 이의 수정을 위해서는 관련된 모든 국가들의 동의가 필요하다는 입장을 견지했다. 그러면서 1932년 12월 프랑스 하원은 미국과의 〈전시부채협약〉을 어길 수 있는 명분을 찾아냈다. 1933년 6월 영국 정부는 전시부채협약에 따른 할부금을 갚는 대신 소액의 "내입금"(token payment)만을 지불했다. 일 년 후에는 그나마도 지불하지 않았다. 그러나 1935년 영국과 프랑스는 독일이 베르사유 조약의 군축조항에 따른 의무를 일방적으로 파기한 것을 엄중 비난했다.

이처럼 일관성 없는 행위가 빈번하게 일어남에 따라 현실주의자들은 쉽사리 하나의 간단한 법칙성을 찾아내었다. 즉, 권력요소는 모든 정치조약에 내포되어 있으며, 그러한 조약의 내용은 계약당사국들의 상대적 힘을 반영한다는 것이다. 또, 이에 따라 상대적 강대국은 상대적 약소국과 체결한 조약의 신성함을 주장하고, 약소국들은 역학관계가 변하여 스스로 조약의무를 거부하거나 변경할 수 있는 힘이 있다고 생각하면 곧 조약을 파기한다는 것이다. 1918년 이래 미국은 그보다 강한 나라와는 어떠한 조약도 체결하지 않았다. 따라서 조약의 신성함이란 원칙을 고수함에 망설임이 없었다. 영국은 재정적으로 보다 강한 나라와 전시부채협약을 맺고 그 채무를 이행하지 못했다. 영국은 그 외 자국보다 강한 어떠한 나라와도 조약을 체결하지 않았고, 따라서 전시부채협약의 경우를 제외하고는 조약의 신성함이란 원칙을 고수하였다. 독일, 이탈리아, 일본 등은 자국보다 강한 여러 나라와 많은 조약을 맺고, 그 후 힘을 키운 나라들이다. 그리고 이들은 많은 조약을 파기하거나 그에 따른 의무를 위반했다. 그렇다고 이처럼 다른 태도에서 모종의 '도덕적' 구별을 유추하는 것은 경솔한 일이다. 이들 나라가 보다 약한 나라들과 맺은 조약의 신성함을 주장하지 않는다고 믿을 이유가 없기 때문이다.

이렇게 볼 때 이상과 같은 현실주의적 주장은 상당히 설득력이 있다. '조약의 신성함'이라는 원칙은 도덕적 원칙이 아니고 따라서 도덕적 논리로만 정당화될 수 있는 것이 아니다. 이는 국제사회의 존재를 위해 필요하고, 또 다들 그 필요성을 인정하는 하나의 국제법 규칙일 뿐이다. 그러나 법이 모든 정치적 문제를 해결할 수는 없다. 그리고 그럴 필요도 없다. 법이 실패하면 그 잘못은 법이 지닌 소기의 목적 이외의 목적으로 법을 사용하려고 한 사람들에게 있다. 법을 기존질서를 지키는 보루라고 부르는 것은 법을 비난하는 것이 아니다. 법의 핵심은 안정을 증진하고 사회의 기존 틀을 유지하는 데 있기 때문이다. 또 도처에서 보수주의자들이 스스로를 법과 질서의 편이라고 부르고 급진주의자들을 평화의 교란자요 법의 적이라고 부르는 것은 당연하다. 모든 사회에서 기존 질서에서 중대한 변화를 바라는 사람들이 '불법행위' 혹은 보수주의자들이 불법행위라고 부르는 행위를 한다. 법을 변경할 수 있는 합법적 장치가 있는 고도로 조직된 사회에서는 이와 같은 경향이 약한 것이 사실이나 전혀 없는 것은 아니다. 급진주의자들은 항상 보수주의자들보다 법과 충돌할 가능성이 높다.

1914년 이전에 국제법은 기존 국제질서를 변경하기 위한 전쟁을 불법이라고 규정하지 않았다. 또 달리 변경을 위한 합법적 장치도 없었다. 1918년 이후 "침략적" 전쟁은 거의 모든 나라에서 비난의 대상이 되었다. 이에 따라 세계 거의 모든 나라가 정책의 도구로서 전쟁을 하는 것을 금지하는 조약에 서명하였다. 이에 따라 현상을 변경하기 위한 수단으로서 전쟁이 국제법상 불법이 되었다. 그러나 달리 평화적 수단으로 변경을 가져올 수 있는 효율적 국제장치는 마련되지 못했다. 조잡한 19세기적 체계 혹은 아직 체계라고 부를 수도 없었던 상황에서 현상을 변경할 수 있는 유일한 효과적 방법이었던 전쟁을 합법적으로 인정한 것은 논리적 귀결이다. 그 유일한 전통적 방법을 불법으로 규정하고도 효과적인 대안을 마련하는 데 실패함으로써 오늘날의 국제법은 지금까지 존재한 어떠한 법보다 충실한 기존질서의 보루가 되었다. 이것이 국제법에 대한 존중이 최근 감소하고 있는 이유이다. 국제법에 대한 존중의 감소를 개탄하는 사람들은 바로 그 원인을 깨닫지 못했기 때문에 위선자 혹은 바보라는 비난을 받아도 싸다.

지금까지 조약의 신성함이라는 법원칙이 지켜지지 않는 이유, 혹은 그 위반을 합리화하는 명분들을 따져보았다. 그중 가장 중요한 것이 바로 앞에서 지적한 것이다. 기존질서를 유지함으로써 가장 많은 것을 얻는 사람들이 법의 도덕적 구속력을 주장한다고 하여 법에 대한 존중이 증가하지는 않는다. 국제법도 마찬가지이다. 법과 조약에 대한 존경은 법이 그 법을 변경하고 대체할 수 있는 효율적인 정치적 장치가 법적으로 인정할 때에만 유지된다. 그러기 위해서는 모든 법에 앞서는 정치적 힘의 작동을 인정함에 망설임이 없어야 한다. 그 정치적 힘들 사이에 안정된 균형이 존재할 때에만 법이 현상유지를 주장하는 사람들의 도구로 전락하지 않고 그 자체의 사회적 기능을 수행할 수 있다. 그리고 이 균형을 달성하는 것은 법적인 과제가 아니라 정치적 과제이다.

12 국제분쟁의 사법적 해결

합법적 권리를 보장하는 외에 법은 또 이들 권리를 둘러싼 분쟁을 해결하는 장치를 제공한다. 국가법정의 관할은 강제적이다. 법정에 소환된 사람은 누구나 출두하든지 아니면 패소를 감수해야 한다. 그리고 법정의 판결은 모든 당사자를 구속한다.

국제법도 분쟁의 해결을 위한 장치를 제공하고 있기는 하지만 강제적 관할권은 인정하지 않고 있다. 19세기말에 이르러 국제분쟁에 적용되는 사법절차는 예외 없이 특정한 분쟁을 중재자에 의뢰하기로 하는 임시적 합의의 형태를 띠고 있다. 누구를 중재자로 임명하는가와 그 판결의 구속력도 사전합의에 의한다. 1899년 〈헤이그 협약〉에 따라 〈상설중재재판소〉가 헤이그에 설립되었다. 그러나 이것은 재판소가 아니라 중재를 통해 분쟁을 해결하기를 원하는 국가들이 고를 수 있는 상주 중재자들의 명단에 지나지 않았다. 〈국제연맹규약〉에 따라 설립된 〈상설국제사법재판소〉는 하나의 재판소라 불릴 만하다. 그러나 그 관할권은 여전히 당사국들의 동의에 달려 있고 그러한 동의는 특정의 분쟁을 동 재판소에 제기하기로 한 임시적 합의나, 특정국가 사이에 존재하는 특정 범주에 속하는 모든 분쟁을 재판소에 제소하기로 한 일반적 합의의 형태를 띤다. 이 〈재판소〉는 한 판결문에서 스스로 다음과 같이 선언하고 있다: “어떠한 국가도 그 동의 없이 다른 국가와의 분쟁을 중개(mediation)나 중재(arbitration), 혹은 기타 어떠한 형태의 평화적 해결방식에 제소하도록 강요될 수 없다는 것은 국제법상 잘 확립되어 있다.”[1)]

1. 재판할 수 있는 분쟁과 재판할 수 없는 분쟁

국내법에서는 이론상 모든 분쟁이 재판의 대상이 된다. 쟁점이 법적 기준에 따라 해결할 수 없는 것이더라도 법정은 여전히 “이 문제는 재판할 수 없다”고 ‘판결’할 수 있기 때문이다. 원고는 물론 이와 같은 판결에 불만을 가지고 정치적 행동을 취할 수 있다. 그러나 이는 단지 원고가 법적 해결을 원치 않는다는 것을 의미할 뿐, 법적 해결책이 없다든가 그것이 법적 구속력을 가지지 않는 것을 의미하지는 않는다.

반면 국제법에서는 모든 분쟁이 재판의 대상이 되지 않는다. 분쟁당사자들이 관할권에 합의하고 그 판결의 구속력을 인정하기로 합의하지 않는 한 어떠한 법정도 관할권을 갖지 못하기 때문이다. 당사국들이 스스로 재판의 대상이 될 수 있다고 합의한 분쟁의 종류를 규정한 조약들이 제법 있다. 1914년 이전에 체결된 일부 조약은 제한적인 범주의 분쟁은 재판의 대상이 된다고 규정하기도 했다. 또 다른 조약에서는 재판의 대상이 되는 분쟁을 소극적 형태로 정의하여 보다 탄력적으로 규정하기도 했다. 즉, 조약당사국들은 그들의 “사활적 이익”이나 “독립” 혹은 “국가의 명예”에 지장을 주지 않는 모든 분쟁을 중재에 부치기로 합의한 것이다.

재판이 가능한 분쟁의 정의에 가장 가까운 것은 〈연맹규약〉 제13조

1) *Permanent Court of International Justice*, Series 2, No. 5, p. 27.

와 〈상설재판소 규정〉 제36조의 규정이다. 이 조항들은 다양한 종류의 분쟁을 나열한 다음 이들은 "중재 혹은 사법적 해결에 부탁하기에 일반적으로 적당한 것들에 속한다"고 규정하고 있다. 끝으로 1919년 이후 체결된 일부 중재조약들, 대표적으로 〈로카르노 조약〉은 당사국간 분쟁 중 "당사국들 각자의 권리에 관한" 분쟁이 재판대상이 된다고 규정하였다.

이상과 같은 연맹규약, 재판소 규정, 로카르노 중재조약의 규정에 따라 국제분쟁이 사실상 객관적 기준에 따라 재판이 가능한 분쟁과 재판이 불가능한 분쟁으로 나뉠 수 있다는 생각이 큰 힘을 얻었다. 그러나 사실 그와 같은 생각은 착각이다. 이들 규정이 재판이 가능한 분쟁을 객관적으로 정의하고 있는 것은 아니기 때문이다. 다만 이들 조약의 당사자들이 상호간에 재판 가능하다고 인정하기로 합의한 일부 종류의 분쟁을 나열하고 있을 뿐이다. 다시 말해 이들 규정은 정의를 내리는 대신 예를, 그것도 모든 예도 아니고 ("일반적으로"라는 단서가 암시하듯) 권위적인 예도 아닌, 일부 예를 들고 있을 따름이다.[2)]

로카르노 중재조약의 규정은 법적 권리의 갈등과 이익의 갈등을 구분함으로써 재판 가능한 분쟁과 재판 불가능한 분쟁의 구별에 비교적 객관성을 부여하려는 노력을 보이고 있다. 그러나 이 규정도 실질적으로는 별 의미가 없다. 다만 당사국들이 법적 문제로 간주하기로 합의한 분쟁을 재판 가능하다고 인정하도록 규정하고 있을 뿐이다. 각 당사국은 동 분쟁이 법적 권리의 문제가 아니라고 주장함으로써 언제든지 중재과정에서 탈퇴할 수 있다. 예를 들어 영국과 미국 간에 그와 같은 중재조약이 있다고 하자. 미국에 대한 전시부채 불이행의 문제가 중재재판의 대상이 된다면, 영국은 그 문제가 미국이 상환을 요구할 수 있는 법적 권리의 문제가 아니

---

2) "조약의 해석에 관한" 분쟁이 사법적 해결에 "일반적으로 적당하다"고 연맹규약이 인정한 첫 번째 분쟁이다. 연맹규약의 입안자들이 그 규약 자체의 해석을 둘러싼 분쟁을 상설재판소에 부탁하도록 하자는 규정을 삽입하자는 제안을 거절한 것은 주목할 만한 일이다(Miller, *The Drafting of the Covenant*, ii. pp. 349, 516). 구체적 사례에서 나타난 행태가 때로 추상적 규칙의 헛된 나열보다 중요할 때가 있다.

기 때문에 해당 분쟁은 조약에 규정된 "각자의 권리"에 관한 것이 아니라고 주장함으로써 중재에 회부하는 것을 거부하였을 것이다. 라우터파흐트 교수가 지적했듯이 특정 분쟁이 사법적 해결에 "적당한지"의 여부를 판단할 객관적 기준은 없다. "분쟁의 사법적 해결에 방해가 되는 것은 그 분쟁의 성격 자체가 아니라 그 분쟁을 사법적으로 해결하고 싶어하지 않는 국가의 의지"[3]이기 때문이다. 여기서 두 가지 의문이 생긴다 : (1) 왜 국가들은 모든 분쟁이 아닌 일부 분쟁만 사법적 해결에 맡기는가? 그리고 (2) 왜 국가들이 사법적 해결에 맡기고자 하는 분쟁을 명쾌히 정의하는 것이 어려운가?

이상의 질문에 대한 대답은 법과 정치의 관계에서 찾을 수밖에 없다. 분쟁을 사법적으로 해결하는 것은 법이 존재하고 또 구속력을 가진다는 사실을 인정할 때에만 말이 된다. 그리고 법을 만들고 그 구속력을 인정하는 것은 정치의 문제이다. 따라서 사법적 절차가 적용될 수 있고 없고의 문제는 명시적 혹은 묵시적인 정치적 합의에 달려 있다. 국제관계에서 정치적 합의는 국가의 안보와 생존에 지장을 주지 않는 정도에 한정되어 있고 분쟁의 사법적 해결이 적용되는 분야도 그 정도에 한정된다. 지금까지 중재나 기타 사법적 절차를 통해 해결된 국제분쟁의 대부분은 재산이 걸려 있거나, 인구가 별로 없는 먼 곳의 영토를 둘러싼 국경분쟁의 경우였다. 1914년 이전에 체결된 중재조약에서 "사활적 이익", "독립", 또는 "국가의 위신"에 영향을 줄 분쟁이 제외된 이유는 바로 정치적 합의가 불가능한 문제였기 때문이다. 정치적 합의가 어렵다는 것을 인정하는 것은 곧 중재가 비현실적이라는 것을 인정하는 것과 같다. 1914년 이후 체결된 중재조약, 혹은 기타 형태의 사법적 해결에 관한 조약의 경우는 핵심에서 같

3) Lauterpacht, *The Function of Law in the International Community*, p. 369 및 그 후속 페이지 참조. 라우터파흐트 교수가 국가의 의지가 국제분쟁의 재판가능성을 제약하는 요소라고 지적하고서도 그 정도에 그치고 그러한 국가의 "의지"를 국제법학자들이 주목할 가치가 없는 심술에 지나지 않는다고 이상주의적 입장에서 가볍게 다룬 것은 참으로 유감이다.

은 내용의 유보조건이 기존 조약 혹은 법적 권리의 신성함 등을 이유로 유지되고 있다.

둘째, 왜 재판 가능한 분쟁을 정의하기가 어려운 것인가도 같은 입장에서 설명할 수 있다. 즉, 정치적 합의란 그 시간과 장소에 따라 달라지는 것이라는 것이다.[4] 1917년 이전에는 개인의 사유재산권은 국경을 초월하여 유효한 것이기 때문에, 어떠한 이유로든 자신의 재산을 주재국 정부에 의해 몰수당한 외국인은 보상을 요구할 국제법적 권리가 있다는 것이 일반적인 양해사항이었다. 그리고 그러한 일반적인 양해가 존재하는 한 그에 기초한 고소사건은 중재를 통해 해결될 수 있는 여지가 있었다. 그러나 러시아에서 소비에트 정권이 수립되면서 그와 같은 양해는 최소한 그 나라에서는 적용되지 않았다. 소비에트 정부가 1922년 국제회의로는 최초로 〈제노아 회의〉(the Genoa Conference, 1922년 4~5월)에 참석했을 때 소련정부는 미리 자국 정부에 대한 재산권 요청이 중재에 부쳐져야 한다는 입장이 있는지 미리 염탐하였다. 소비에트 정부가 회의에 보낸 비망록에 따르면 "이와 같은 종류의 분쟁에 대한 재판은 두 가지 형태의 재산에 대한 의견의 불일치로 귀결될 것이다.… 그리고 그러한 상황에서 중립적이고 초월적인 중재자란 있을 수 없다"고 주장하였다. 그리고 후일 열린 〈헤이그 회의〉(the Hague Conference, 1929년 8월)에 영국대표단이 "전 세계에서 단 한 사람의 불편부당한 재판관을 찾을 수 없겠는가"라고 애걸하듯이 물었을 때 소련 외상 리트비노프는 "이 세상에는 하나의 세계가 아니라 두 개의 세계, 즉 소비에트 세계와 비소비에트 세계가 있다는 사실을 직시해야 한다"고 단호하게 말하였다.[5] "불편부당"이란 두 가지 서로 대립되는 견해 사이에 공통된 근거가 없을 때는 무의미한 개념이다. 수락된 정치적

---

4) 영국정부는 1928년 비망록에서 모든 국가의 경우 "한 나라가 특정한 나라에 대해 수락할 의사가 있는 의무도 다른 나라에 대해서는 수락할 의사가 없을 수 있다"는 이유로 일반적 중재조약을 비판하였다(*League of Nations: Official Journal*, pp. 694~704).

5) Taracouzio, *The Soviet Union and International Law*, p. 296.

명제가 없으면 사법적 절차는 작동하지 못한다.

영국대표가 전제했듯이 불편부당한 재판관을 찾기 어려운 것이 국제중재의 장애요소라는 생각은 그 전에도 자주 거론되었다. 1907년의 〈헤이그 회의〉에서 미국대표는 "국제조정에서 커다란 장애는 문명국들이 그들의 분쟁을 중재법정에 회부할 의사가 없는 게 있는 것이 아니라 그 법정이 중립적이지 않을지도 모른다는 우려"라고 주장했다. 솔즈베리 공(Lord Salisbury)도 비슷한 말을 한 것으로 전해진다.[6] 그러나 이와 같은 생각은 잘못이다. 국제재판관이 개인적 편견을 가질 수 있다는 것은 진정한 장애가 되지 못한다. 국가적 문제를 "외국인"의 평결에 맡기는 데 대한 일반인들의 거부감은 외국인 재판관이 어느 쪽에 편향될지도 모른다는 생각 때문이 아니라, (사법적이든 정치적이든) 외부 권위의 도전을 받아들이기 어려운 정치적 사안의 본질 때문이다. 소련에서 사유재산권을 폐지한 것이나, 영국의 해상봉쇄권이나 미국의 〈먼로 독트린〉 등은 그와 같은 정치적 사안의 좋은 예이다. 그러한 정치적 사안은 반드시 중대 사건일 필요도 없다. 1850년 〈돈 파시피코〉 사건을 당시 영국외상인 팔머스턴은 사법적 해결이 불가능한 정치적 사건으로 취급했다.[7] 무솔리니도 1923년 그리스에서 한 이탈리아 장군이 살해된 사건을 마찬가지로 취급했다.[8]

그러나 국제사회에서 사법적 절차의 발달이 지연되고 있는 이유가 공

---

6) *Proceedings of the Hague Peace Conference: Conference of 1907*[영어번역판: Carnegie Endowment], ii. p. 316.

7) [역주] 1850년 그리스에서 상업에 종사하던 지브롤터 태생, 따라서 영국시민인 유태인 데이비드 파시피코의 집이 그리스 관원의 묵인하에 반유태 시위대에 의해 불타자 파시피코는 그리스 정부에 보상을 요구했다. 당시 외상 팔머스턴은 대영제국을 로마제국에 비교하면서 "대영제국의 신민은 세계 어느 곳에 살든지 영국의 눈과 힘이 스스로를 불의로부터 지켜줄 것이라는 확신을 가져야 한다"며 함대를 보내 파시피코를 지지했다. 이는 프랑스와 러시아의 개입을 가져와 국제분쟁으로 비화되었다.

8) 이 사건에서 국제연맹 총회에서 남아프리카를 대표한 길버트 머레이 교수는 이탈리아에 대한 보상이라는 사법적 문제가 정치적 기관에 넘겨져 정치적 근거에서 결정된 것을 개탄했다(*League of Nations : Fourth Assembly*, pp. 139ff). 라우터파흐트 교수가 잘 보여주었듯이 모종의 사안은 사실상 사법적이라고 믿는 오류의 좋은 예이다.

통된 정치적 이해가 없기 때문이라는 것은 보다 일반적 의미를 지닌다. 국제법보다 훨씬 발달한 국내법도 전적으로 법적 논리로만 작동하지는 않는다. 특정 사례에 법을 적용하는 것은 항상 판사의 주관적 판단이 작용한다. 입법자가 법을 만들 때 그 법이 적용될 모든 사례를 상상할 수 없기 때문이다. 파운드(Roscoe Pound) 학장은 "사법적 사례에서 무엇이 옳은지는 전적으로 판사 개인의 견해에 달려 있는 경우가 많다"고 썼다.[9] 뛰어난 판사라면 "무엇이 옳은지에 대한 판사 개인의 견해"보다는 그가 봉사하는 사회에서 일반적으로 수락된 견해를 따라야 마땅하다. 그러나 민사사건이든 형사사건이든 "무엇이 옳은지에 대한 판사 개인의 견해"가 많은 판결에서 불가피한 요소로 작용하고 있음은 부인하기 어렵다. 미국 대법원은 헌법을 해석함에 있어 항상 정치적 상황을 고려하였고 미국의 역사를 보면 그 정치적 상황이 사회적 조건의 변화에 따라 변화하였음을 잘 알 수 있다.[10]

문제의 핵심은 결국 개인의 권리와 사회적 필요 사이의 관계에 있다. 모든 국가사회는 어떻게든 이 문제에 대한 현실적 해결책을 찾아냈다. 그러나 국제사회는 아직 그렇지 못하다. 〈항해의 자유〉를 둘러싼 논란을 보면 영국은 해양에서의 자국의 권리를 국제재판소가 전체 국제사회의 견지에서 달리 해석할지도 모를 위험을 감수할 의사가 없음을 알 수 있다. 또 다른 강대국들도 중요한 문제에서 자주 그와 같은 태도를 취하고 있다. 국제도덕에 관한 제9장에서 보았듯이 특정 구성원의 특정 이익에 우선하는 사회적 차원의 일반 이익에 관한 합의가 없는 것이 국제분쟁의 사법적 해결의 발전에도 장애가 되고 있는 것이다.

지금까지 국제분쟁의 재판가능여부를 둘러싼 논쟁을 따져 본 결과 한

---

9) Roscoe Pound, *Law and Morals*(2nd edition), p. 62.

10) 오래 전에 라스키 교수는 "미국에 살고 있는 외국인들은 대법원에 공석이 생길 때 그 지명을 위한 엄청난 노력을 보면서 놀라지 않을 수 없을 것이다"고 했다(Duguit, *Law in the Modern State*[영문판 서문], xxiii.). 대법원의 정치적 성격을 이해하면서 그러한 놀라움은 약화되었다.

가지 결론이 가능하다. 즉, 법이란 정치사회의 한 기능이고, 따라서 그 발전도 사회의 발전에 종속될 수밖에 없다는 것이다. 나아가 법의 역할은 결국 그 사회가 공통으로 가지고 있는 정치적 전제에 의해 결정된다는 것이다. 요컨대 국제법을 강화함으로써 사법적으로 해결이 가능한 국제분쟁의 범위를 확장하는 것은 법적 문제가 아니라 정치적 문제이다. 특정한 문제가 법적 해결의 대상인지 아닌지를 결정할 수 있는 '법적' 원칙은 없다. 따라서 그것은 정치적인 결정이고, 그 성격은 국제사회의 혹은 관련국가간의 정치적 관계의 발전 정도에 따라 결정된다.

일반적으로 말해 많은 국가사회에서 인정되고 있는 법의 의한 지배라는 원칙과 여러 법적 제도가 국제법에 도입될 수 있는지를 결정할 수 있는 법적 원칙은 없다. 이렇게 볼 때 유일한 기준은 현재 국제사회의 정치적 발전 단계가 법의 지배 혹은 법률제도를 도입할 정도에 이르렀는가를 따져 보는 것일지 모른다. 사실 근대국제관계에서 사법적 해결장치는 그것의 배경을 이루는 국제정치질서의 발전을 훨씬 앞질러 발달하였다. 따라서 국제분쟁의 사법적 해결이 확대되려면 이미 잘 발달한 법적 장치를 완벽하게 다듬는 일이 필요한 것이 아니라 정치적 협력이 필요하다. 〈영연방〉국가들조차 그들 상호간에 분쟁의 사법적 해결을 위한 필요한 조치를 계속 거부해 왔다는 사실은 국제분쟁의 해결을 위해 사법적 절차에만 신경을 쓰는 사람들에 대한 하나의 경종이다. 〈상설재판소〉 규정의 부가조항에 조인하면서도 그 조항이 영연방 국가들 사이에는 적용되지 않는다고 유보함으로써 영국과 영연방 국가들이 그들 상호간에 다른 나라와의 관계에 비해 더 큰 의무를 지게 된, 일종의 모순이 초래된 것은 참으로 이상한 경우이다.

2. "모든 것을 중재로"

전간기 사상가들의 꿈은 국제관계에 적용되는 사법적 절차의 범위를 점진적으로, 그리고 어느 정도 확장하는 것에 그치지 않았다. 모든 국제분쟁을 펜을 놀려 권위적으로 해결할 수 있다는 것이 그들의 꿈이자 많은 사람들의 꿈이었다. 그러나 현실은 꿈과 달랐다. 1914년 이전에도 의무적 중재에 관한 여러 가지 안이 제기되었지만 수락되지 않았다. 〈국제연맹규약〉은 〈상설재판소〉를 설립하고 적당한 분쟁을 중재, 또는 사법적 해결에 부탁할 것을 권고하고 있지만 의무적 중재를 규정하고 있지는 않다. 연맹규약에 따르면, 모든 분쟁에서 절차를 선택하는 것은 관련 당사국들의 판단에 맡겨져 있고 "이사회 심사"라는 정치적 절차를 통하는 방법도 언제든지 가능했다.

이상주의 학파는 바로 이와 같은 연맹규약의 정치적 성격에 일대 공격을 퍼부었다. 그들은 국가들이 모든 종류의 모든 분쟁을 엄격한 법, 혹은 평등과 상식의 바탕 위에서 독자적 판결권을 가진 국제중재법정에 부탁하는 것이 국제적인 "법의 지배"를 확립하고 새로운 전쟁을 회피하는 방법이라고 믿어 의심치 않았다. 그러한 막연한 믿음이 바로 "모든 것을 중재로"라는 구호에 집약되어 나타났다. "모든 것을 중재로"라는 구호는 1925년 10월 〈국제분쟁의 평화적 해결에 관한 제네바 의정서〉(Geneva Protocol for Peaceful Settlement of International Disputes)와 1928년에 국제연맹이 채택한 〈분쟁해결에 관한 일반결의〉(the General Act for the Settlement of Disputes)에 반영되었다. 이들은 만일 영국이 〈제네바 의정서〉를 거부하지 않았더라면, 또 강대국들이 〈일반결의〉에 많은 유보조건을 달지 않았더라면 모든 국제분쟁의 강제적 중재를 위한 만족할만한 절차가 마련되어 전쟁의 중요한 원인이 제거되었을 것이라고 믿어 의심치 않았다.

여기서 우리는 이 당시 국제분쟁의 평화적 해결이라는 문제를 모호하게 만든 일련의 큰 착오를 만나게 된다. 〈상설국제사법재판소〉의 설립이후 개정된 〈연맹규약〉은 "중재"와 "사법적 해결"을 병기(倂記)하여, "중재"란 임시로 지명된 판사 혹은 법정의 평결을, "사법적 해결"이란 정규로 구성된 법정의 평결을 의미하는 것으로 규정하고 있다. 이 둘 간에는 이와 같은 형식상의 차이 외에 달리 다른 점은 발견되지 않는다. 그러나 재판 가능한 분쟁과 재판 불가능한 분쟁을 객관적으로 구분할 수 있는 기준을 찾으려고 노력한 사람들은 "사법적 해결"이란 법률규정에 따라 "재판이 가능한" 분쟁의 해결을 의미하고, "중재"란 법률규정이 없어 "재판이 불가능한" 분쟁을 평등의 원칙에 따라 해결하는 것이라는 무리한 정의를 내리기 시작했다. 그리고 이와 같은 생각은 〈제네바 의정서〉에도 흔적을 남기고 있다. 이 문서에 대한 연맹총회의 보고서에 따르면 "중재자는 반드시 법률가일 필요가 없고," 상설재판소에서 법률적인 자문을 구하더라도 그것이 "법적인 구속력을 가지지는 않는다"고 규정하고 있는 것이다.[11]

나아가 〈일반결의〉에 이르면 "사법적 해결"과 "중재"는 완전히 구분된다. 이에 따르면 "당사국들이 각자의 권리에 대해 갈등이 있는 경우"의 분쟁은 "사법적 해결"을 위해 상설재판소에 회부된다. 다른 모든 분쟁은 "중재"를 위해 중재법정에 회부된다. 만일 달리 합의된 약정이 없으면 중재법정은 판결을 내림에 있어 상설재판소와 같은 법률규칙을 적용한다. 그러나 "분쟁에 적용할 법률규칙이 없는 경우 중재법정은 '형평과 선'(*ex aequo et bono*)에 입각해서 재판한다. 이와 같은 법률규칙에 대한 언급은 이해하기 어렵다. 만일 분쟁이 법적 권리에 관한 것이라면 중재법정이 아닌 상설재판소에 부탁하면 된다. 그러나 법적 권리에 관한 것이 아니라면 법률규칙을 적용해서 해결할 수 없다. 국제분쟁에 일종의 사건을 구성하지 않는 것이 있어 기존의 법적 권리나 국제법 규칙의 영향을 받지 않는다는 생각은 하나의 신화에 불과하다.

11) *League of Nations: Fifth Assembly*, First Committee, p. 426.

그러나 보다 심각한 착오가 기다리고 있다. 국내문제이든 국제문제이든 기존의 법적 권리에 입각한 "법률적" 분쟁과 기존의 법적 권리의 변경을 요구하는 "정치적" 분쟁이 있다는 것은 누구나 알고 있는 사실이다. 그러나 양자간의 차이는 분쟁의 성격에 있는 것이 아니라 불만을 가진 사람이 그 구제를 위해 법적 절차를 선택하는가 아니면 정치적 절차를 선택하는가에 있다. 국가 내부에서 전자의 경우는 법정이 취급하고 후자의 경우는 정치적 행동을 통해 이루어진다. 법정을 통해 불만을 해소하지 못한 개인은 다시 입법조치를 통해 그 불만을 해소하고자 할 수 있다. 그러나 국제사회에서 그 구분은 그처럼 명백하지 않다. 어떠한 국제법정도 모든 "법적" 분쟁을 해결할 수 없고, 모든 "정치적" 분쟁을 해결할 수 있는 장치도 없다.

이러한 상황에서 타국에 대해 불만이 있는 국가들은 그 불만이 법적 권리에 따른 것인지 그러한 권리를 변경하기 위한 요구와 같은 것인지를 분명히 할 필요도 없고, 또 그렇게 하지도 않는 것이다. 그러나 이 구별은 현실에서는 때로 모호하지만 매우 실제적이다. 국내든 국제든 "정치적" 분쟁은 "법적" 분쟁보다 더 심각하고 더 위험하다. 혁명과 전쟁은 기존의 법적 권리를 둘러싸고 일어나기보다는 그러한 권리를 변경하기 위해 일어난다. 현명한 정치가는, 또 현명한 정치학자는 정치적 분쟁에 많은 주의를 기울여야 마땅하다.

국제연맹은 〈의정서〉가 "일어날 수 있는 모든 분쟁의 평화적 해결을 위한 체계"라고 선언하고 있다.[12] 또 〈일반결의〉가 "어떠한 성격의 국제분쟁도 해결하는 포괄적 방법"을 제공한다고 선언하였다.[13] 그러한 선언에는 기존의 법적 권리를 변경하기 위한 분쟁, 즉 정치적 분쟁을 중재를 통해 해결할 수 있는 방안이 마련되었다는 것을 의미한다. 그러나 자세히 들여다보면 그렇지 않다는 것을 알 수 있다. 눈에 잘 띄지는 않지만 〈의정

---

12) *League of Nations: Fifth Assembly*, p. 497.

13) *Memorandum on the General Assembly*, Cmd. 3803, p. 4.

서〉에 관한 연맹총회의 보고서에는 그것이 "현행 조약이나 국제결의를 수정하기 위한, 또는 서명국가들의 현존하는 영토적 일체성을 위험에 빠뜨릴 목적의 분쟁"에는 적용되지 않는다는 문구가 있다. 실제로 "그러한 사례에 강제적 중재를 적용하는 것이 불가능하다는 사실은 너무나 명백하기 때문에 굳이 그에 관한 특별 규정을 만드는 것조차 불필요하다"고 적고 있다.[14)]

반면 일반결의문은 그처럼 순진하지는 않다. 그 목적은 당사국들의 "각자의 권리"에 관한 분쟁을 제외한 모든 분쟁을 강제적 중재에 부치는 것이다. 그리고 중재법정에 그러한 분쟁을 '형평과 선'에 따라 결정할 권한을 부여한다. 그러나 그러한 권한은 "분쟁에 적용할(법률) 규칙이 존재하지 않을 때"로 한정된다. 이와 같은 유보조항은 〈제네바 의정서〉에 관한 보고서의 유보조항과 같은 효과를 가진다.

정치적 분쟁의 핵심은 관련된 법률규칙이 있더라도 적용될 수 없다는 주장에 있다. 만일 기존의 국경, 주권에 대한 제약, 재정협정에 따른 의무 등에 불만이 있어 발생한 분쟁을 "분쟁에 적용할(법률) 규칙"을 우선 적용하는 것이 의무인 중재법정에 부탁하는 것은 어불성설(語不成說)이다. 법적 권리란 존재하되 그에 대한 이의제기가 없는 것이다. 정치적 분쟁이란 그것의 변경을 요구함으로써 일어난다. 정치적 분쟁은 법정이 법의 테두리 안에서 법률규칙을 적용함으로써 해결할 수 없다. 모든 국제분쟁의 평화적 해결을 목적으로 하는 〈제네바 의정서〉와 〈일반결의〉는 사실상 가장 중요하고 위험한 종류의 국제분쟁은 건드리지 않고 넘어가고 있다.

"모든 분쟁을 중재로" 해결하기 위하여 〈제네바 의정서〉와 〈일반결의〉보다 더 포괄적인 안은 공식적으로 건의되거나 고려된 적이 없다. 일부 국가는 현존하는 정치질서를 위태롭게 하지 않는 분쟁에 대한 중재는 수락할 의사가 있었다. 그러나 그러한 단서는 그 전의 중재조약에 규정되

---

14) *League of Nations: Fifth Assembly*, p. 194.

었던 사활적 이익, 독립, 국가의 명예라는 단서조항보다 결코 좁은 의미의 것이 아니었다. 더욱이 국제법정이 자국의 법적 권리를 변경할 수 있는 권한을 갖게 하려는 국가는 전혀 없었다.

물론 현실적인 정치가들이 아닌 이론가들 중에서는 이러한 어려움을 불식하고 소위 중재법정이 기왕의 권리를 적용하는 데 그치지 않고, 새로운 권리를 창출하는 권한까지 갖도록 하는 생각을 한 사람도 없지 않았다. 〈신연방협회〉라는 영국의 한 단체는 "형평과 양심에 입각하여 조약의 개정을 포함한 정치적 분쟁을 결정함"으로써 "국제관계에서 간접적 입법 방법"을 설립하는 중재법정에 관한 매우 세련된 안을 만들어 내기도 하였다.[15] 그와 같은 방안은 국가간의 "이익의 갈등은… 국제법률기구가 불완전하기 때문"이라고 한 라우터파흐트 교수의 신념을 반영한 것이다.[16] 이것은 후일 세계정부의 최고기관이 되어 국가의 권리를 해석하는 사법적 기능만 행사하지 않고 그것을 변경하는 입법적 기능까지 행사할 것이었다. 그리하여 "국제적 정의의 관할을 구심점으로 하는 국제법률공동체"에 대한 또 다른 저명한 국제법학자의 꿈이 실현될 것이었다.[17]

이상과 같은 이론은 한 가지 중요한 장점이 있다. 즉 〈제네바 의정서〉와 〈일반결의〉에 함축된, 기존의 권리를 인정하고, 그에 대한 해석과 집행에 입각한 국제법률질서가 국제분쟁의 평화적 해결을 감당할 수 있다는 생각이 오류임을 인정하고 있는 것이다. 그러나 그와 같은 오류를 피하다가 더욱 커다란 오류를 범하고 말았다. 즉, 기존의 권리를 변경할 수 있는 규정을 만들려고 노력하면서 그들은 본질적으로 정치적인 이 기능을 법률의 틀 속에 집어넣고 법정으로 하여금 행사하게 하는 어리석음을 범하고 있는 것이다. 모든 법률체계에 정치적 기반이 있다는 사실을 인정하려 들지 않음으로써 그들은 정치를 법으로 해체하고 만다. 이와 같은 준

15) Lord Davies, *Force*, pp. 73, 81.

16) Lauterpacht, *The Function of Law in the International Community*, p. 250.

17) Kelsen, *The Legal Process and International Order*, p. 30.

(準)사법적 미명 속에서 판사는 입법자가 되고 정치적 문제는 형평과 상식에 따라 공평무사한 법정이 해결하며, 결국 법과 정치의 구분은 사라지고 마는 것이다.

이처럼 황당한 방안이 나온 것은 국제문제가 극도로 어렵다는 사실의 반증이기도 하다. 그러나 문제가 어렵다고 해서 오늘날 고도로 조직된 국내사회에서조차 가능하다거나 바람직하다고 생각하는 사람이 없는 방안을 내세우는 일이 정당화될 수는 없다. 라우터파흐트 교수에 따르면 모든 종류의 국제분쟁을 강제적 중재에 부치는 것은 "평화를 보존하기 위한 정상적 장치에 필요불가결한 것(*sine qua non*)"이다.[18] 그러나 법적 권리에 근거한 주장이 아닌 것을 강제적 중재재판에 부치는 것은 문명국가에서 거의 일어나지 않는 일이며, 특히 오랜 국내평화를 누리는 사회에는 더욱 그렇다. 우리 국내정치에서 일어나는 "이익의 갈등"을 우리의 법적 기구가 불완전하기 때문이라는 믿음, 그리고 징집의 필요성이나, 자산조사의 폐지, 노동조합의 법적 지위, 광산의 국유화와 같은 문제를 둘러싼 분쟁을 국내의 중재재판소에 회부하여 형평과 상식에 입각한 부분적 판결을 얻어낼 수 있다는 생각은 참으로 이해하기 어렵다. 문제는 형평과 상식의 원칙에 익숙한 공평무사한 사람들을 찾기 어렵다는 데 있는 것이 아니다. 공평무사, 형평과 상식이 그런 문제를 해결하는 데 필요한 유일하거나 주된 기준이 아니라는 점에 있다. 이러한 문제는 정치적 문제로 민주사회에서는 다수결 투표, 권위주의 국가에서는 독재자나 당의 의지와 같은 권력이 개입할 수 있는 여지가 있는 절차에 따라 해결된다. 민주, 독재국가를 막론하고 그러한 문제가 "공평무사한" 재판소에 의해 결정되지는 않는 것이다.

18) Lauterpacht, *The Function of Law in the International Community*, p. 438.

3. 왜 사법적 절차를 "정치적" 분쟁에 적용할 수 없는가?

법적인 분쟁과 정치적인 분쟁의 구분, 즉 기존의 법적 권리에 입각해서 사법적으로 해결이 가능한 문제와 기존 법적 권리의 변경을 요구함으로써 정치적 절차에 의해서만 해결할 수 있는 분쟁의 구분은 이론적으로, 또 실천적으로 매우 중요하다. 왜 그런가? 두 가지 이유가 있다.

첫째, 사법적 절차는 권력요소를 배제한다는 점에서 정치적 절차와 근본적으로 다르다. 법정에 분쟁이 제소되면 당사자간의 힘의 차이는 상관이 없는 것으로 간주된다. 법률은 법적 권리의 불평등 외에는 어떠한 불평등도 인정하지 않는다. 정치에서는 정반대의 논리가 적용된다. 권력이 모든 분쟁의 핵심요소이다. 영국의 농민과 상공인 사이에 일어나는 이익의 갈등은 각자 가진 표와 각자가 정부에 행사할 수 있는 영향력을 반영하여 해결된다. 미국과 니카라과 사이의 이익갈등은 양국의 상대적 힘에 의존하는 바가 더욱 크다. 다른 요소에 비해 힘의 요소가 차지하는 비중이 국제정치에서는 국내정치보다 더욱 크기 때문이다. 이익의 갈등은 권력요소를 반영할 수 있는 기관만 다룰 수 있다. 이와 같은 정치적 절차를 법정에 부여하여 그 절차를 법적 절차와 유사하게 만들면 얻는 것은 아무것도 없고 법의 적정 기능만 그 기반을 잃고 훼손되고 말 것이다. 버나드 쇼는 재판관의 기능과 입법관의 기능은 "상호 배타적"이라고 썼다. 재판관은 모든 이익을 무시해야 하고 입법관은 모든 이익을 고려해야만 하기 때문이다.[19)]

두 번째 이유도 이에 못지않게 근본적이다. 법원의 엄격한 사법적 절차도 때로 정치적 전제를 깔고 있음을 이미 본 바 있다. 특정사례에 법을 적용하는 것은 불가피하게 사법부의 재량에 따른 판단이 들어갈 수밖에

19) G. Bernard Shaw, *John Bull's Other Island*, Preface.

없고 그러한 판단이 전적으로 자의적이지 않으려면 정치적 전제에서 영감을 얻을 수밖에 없다. 법원이 법적 권리의 문제가 아니라 형평과 상식에 따라 판결해야 할 문제를 다루게 될 때 그러한 정치적 전제를 명확하게 정의할 필요는 더욱 커진다. 그러한 경우 사법부의 재량이 매우 커지는 것은 당연하다. 이 경우 법원의 판결은 한낱 개인 의견의 표현이 아닌 이상 사회 전체 혹은 사회를 대표하는 사람들 사이에 잘 수렴되고 수립된 합의에 의존해야만 한다.

국내사회의 경우 그러한 합의가 대체로 존재하기 때문에 정치적 문제도 중재가 가능하다. 국제정치라고 하여 그런 가능성이 전혀 없는 것은 아니다. 그러나 일반적으로 말해 국제사회에는 그와 같은 포괄적인 합의가 거의 없기 때문에 '형평과 선'에 따른 국제중재재판이 근본적인 장애에 부딪치고 있는 것이다. 이집트에서의 영국의 이익이나 파나마 운하지역의 미국의 이익, 또는 단치히 회랑의 장래, 불가리아의 국경 등을 둘러싼 분쟁을 국제재판소에 회부하여 법이 아니라 형평과 상식에 입각한 판결을 부탁하는 것은 현실적이지 않다. 그러한 문제의 해결이 권력요소를 포함하고 있기 때문만이 아니다. 그러한 문제에 적용될 수 있는 형평과 상식에 대한 최소한의 정치적 합의도 없기 때문이다.

더욱이 당사국들이 국제재판소에 엄격한 법 적용 이외의 기준에 따른 판결을 부탁한 몇 안 되는 경우에도 재판소는 그들이 부여받은 재량권을 행사하기 매우 망설여 왔다. 라우터파흐트 교수는 그러한 경향이 "법이 정의와 형평이라는 느슨한 개념 이상의 그 무엇이기 때문"이 아니라 어떠한 재판소도 국제정치상 중요한 문제에 대해 무엇이 "형평"이고 "정의"인지에 대한 권위적 판결을 내리지 않았기 때문이라고 했다.[20] 국제재판소가 그나마 어느 정도 자리를 잡은 국제법과 법적 권리에 대한 규정을 넘어 형평과 상식, 공동체의 선에 관한 합의된 개념에 발을 디디려면 발붙일

---

20) Lauterpacht, *The Function of Law in the International Community*, p. 252.

곳이 없는 것이다. 짐먼 교수의 말을 빌리면 국제재판소는 결국 "공허하게 소리만 지르는 법복(法服)의 집합체"에 지나지 않는 것이다.21)

아직도 풀지 못한 수수께끼가 있다. 국내사회든 국제사회든 정치적 문제는 법적 권리의 문제보다 훨씬 더 위험하다. 기존의 권리를 주기적으로 혹은 끊임없이 수정하는 것이 조직된 사회가 가장 필요로 하는 것의 하나이다. 국제사회에서 전쟁 이외의 방법으로 그러한 수정을 행하는 것이 오늘날 국제정치의 가장 치명적인 문제이다. 그러기 위해서는 우선 문제의 해결을 찾을 수 없는 중재재판이니 사법적 해결이니 하는 것들의 답답한 골목에서 벗어나는 것이 무엇보다 시급하다. 그러고 나면 우리는 보다 자유롭게 다른, 아마도 보다 희망을 주는 길을 찾아갈 수 있을 것이다.

21) Zimmern, *The League of Nations and the Rule of Law*, p. 125. 이 표현은 태프트의 국제중재재판소에 적용한 것이다. 이 표현은 〈신연방협회〉가 구상한 형평재판소에 보다 적절히 적용될 수 있을 것이다.

13 평화적 변경

정치적 변화의 필요성은 시대를 막론하고 사상가들이 여러 가지 입장에서 인정해 왔다. "모종의 변화의 수단이 없는 국가는 그 자체의 보존을 위한 수단이 없는 것과 같다"는 버크의 말은 유명하다.[1] 1853년 마르크스는 동방문제, 즉 터키문제에 대해 다음과 같이 예리하게 지적하고 있다:

> 무능이란 단어는… 단 한 가지 명제로 요약된다. 현상유지가 바로 그것이다. 위험한 상황이 그대로 유지되어야 믿는 것은 곧 파산의 증거요, 강대국들이 진보와 문명을 위해 전혀 공헌할 수 없음을 고백하는 것에 지나지 않는다.[2]

길버트 머레이 교수의 주장도 같은 맥락이다:

> 전쟁은 단지 사악하거나 우매하기 때문에 일어나는 것은 아니다. 이것은 때

---

1) Burke, *Reflections on the Revolution in France*(Everyman ed.), p. 19.
2) Mark and Engels, *Works*[러시아어판], ix. p. 372.

로 성장과 운동 때문에 일어난다. 인간이란 가만히 머물러 있는 존재가 아닌 것이다.[3]

이와 같은 입장에서 보면 "침략"전쟁과 "방어"전쟁은 도덕적으로 구분할 수 있는 것이 아니다. 또 변화가 필요하고 바람직한 것이라면, 현상의 유지를 위한 폭력의 사용이나 그 위협이 현상의 변경을 위한 폭력보다 도덕적으로 더욱 나쁘다는 결론에 도달한다. 1776년 미국인들이, 그리고 1916~20년 아일랜드인들이 현상을 변경하기 위해 무력을 사용한 것이, 영국인들이 그 현상을 지키기 위해 무력을 사용한 것보다 도덕적이 못하다고 믿는 사람은 아마 없을 것이다. 도덕적 기준은 전쟁이 "공격적"인가 "방어적"인가가 아니라 시도와 저항의 대상이 되는 변경의 본질이어야 한다.

"반란이 없었더라면 인류는 정체되어 있을 것이고, 불의는 치유할 수 없었을 것이다."[4] 혁명을 시작하는 것이 항상 그리고 무조건 나쁘다고 주장하는 사상가는 별로 없다. 그렇다면 전쟁을 시작하는 것이 항상 그리고 무조건 나쁘다고 주장하기도 어렵다. 그러나 모든 사람들이 전쟁과 혁명이 그 자체로서는 바람직하지 않다는 데 동의한다. 국내정치에서 "평화적 변경"의 문제는 혁명이 없이 어떻게 필요하고 바람직한 변경을 가져올 수 있는가의 문제이다. 국제정치에서는 전쟁이 없이 어떻게 그러한 변경을 가져올 수 있는가의 문제이다.

변경에 대한 요구는 기타 모든 정치적 요구가 그렇듯이 권력과 도덕이란 두 요소의 합성물이다. 따라서 평화적 변경의 목적은 순수 권력의 측면이나 순수 도덕의 측면에서만 표현될 수 없다. 그러한 변경의 목적이 "정당한" 불만을 시정함으로써 "정의"를 수립하기 위해서인지, 아니면 혁명이나 전쟁을 할 만한 힘이 있는 세력을 만족시킴으로써 "평화"를 유지하기 위해서인지를 따지는 것은 학문적 목적 이외엔 별로 실속이 없다.

---

3) Gilbert Murray, *The League of Nations and the Democratic Idea*, p. 16.
4) B. Russell, *Power*, p. 263.

그렇다고 이 두 가지 목적이 동일하며, 하나를 위해 다른 하나를 희생할 필요가 없다고 믿는 것도 위험하다. 국내사회 혹은 국제사회에서 정치적 변경의 문제를 해결하기 위해서는 도덕과 권력이 타협해야만 한다.

1. 정치적 변경과 권력의 역할

정치적 변경에 필요한 권력의 역할은 결코 무시할 수 없다. 도덕성만 놓고 말하자면 역사상 있었던 많은 "수정주의" 운동 중 19세기말 프랑스의 드레퓌스(Alfred Dreyfus) 지지자들이 벌인 운동을 빼놓을 수 없다. 그러나 드레퓌스의 유죄판결에 대한 이들의 항의는 당시 막강한 정치조직들이 이 사건을 반대파들을 공격하는 무기로 사용하지 않았더라면 결코 효과적이지 않았을 것이다. 알바니아와 니카라과의 불만이 아무리 도덕적 근거를 가지고 있더라도 하나 이상의 강대국이 이해관계를 가지고 지지를 보내지 않으면 결코 빛을 보지 못할 것이다. 지난 100년 동안 사회복지 관련 법안이 증가한 것은 노동계급의 불만이 정당하다는 인식이 증대한 때문임은 틀림없다. 그러나 파업과 혁명이라는 형태로 폭력의 사용 혹은 그 위협이 없었던들 지금과 같은 결과는 결코 얻을 수 없었을 것이다. "정부는 항상 폭력에는 절대 굴복하지 않는다고 말한다. 그러나 역사를 보면 정부는 폭력 이외의 것에는 절대 굴복하지 않는다는 것을 알 수 있다."[5)]

"평화적인 분리를!"이라고 1849년 미국의 정치가 대니얼 웹스터(Daniel Webster, 1782~1852)는 외쳤다. "각하, 그것은 우리 눈으로는 결코 볼 수 없는 기적입니다."[6)] "상실한 영토를 도로 찾는 일은 주 하나님께 경건한 기도를 드려서, 혹은 국제연맹에 의지해서 할 수 있는 일이 아니라 오로지 군사력으로만 할 수 있다." 《나의 투쟁》에 나오는 히틀러의 유명

---

5) J. Strachey, *The Menace of Fascism*, p. 228.

6) J. Truslow Adams, *The Epic of America*, p. 239.

한 말이다.[7] 아마 히틀러는 이 말을 글래드스톤에게서 배워온지도 모른다. 왜냐하면 글래드스톤은 자유주의가 아직 정치적 위세를 떨치고 있던 시절에 이렇게 말했기 때문이다: "정치적 위기가 닥쳤을 때 이 나라 국민들이 폭력을 미워하고 질서를 사랑하라는 말만 들었다면 오늘날 우리가 누리는 자유는 결코 얻지 못했을 것이다."[8] 어떠한 지배계급도 스스로 지위를 내놓지 않는다. 단지 〈국제연맹규약〉 제19조만이 세계여론을 대표하는 기관이 만장일치로 내린 "권고"의 힘을 통해 국제적 불만이 정당한 것으로 인정받고 스스로 시정될 수 있다는 애처로운 희망을 대표하는 외로운 기념비로 남아 있는 것이다.

권력과 도덕 간의 타협이라는 정치적 변경의 보다 근본적인 문제는 국내정치와 국제정치에 동일하더라도 절차적 문제는 국제사회의 비조직적 특성으로 인해 보다 복잡해진다. 따라서 국내정치에서의 변경절차를 국제정치에 적용할 때에는 상당히 조심스러울 필요가 있다. 국내사회든 국제사회든 궁극적으로 정치적인 문제의 해결을 위해 사법적 절차를 동원할 수 없다는 것은 이미 본 바와 같다. 그러나 입법적 절차의 경우 그 국제정치적 적용이 조금은 나은 것으로 판단된다. 사법적 절차와 달리 입법적 절차는 모든 정치적 변경에 권력의 역할이 본질적이라는 것을 인정하고 있다. (왜냐하면 입법권위야말로 국가의 의지를 전체 사회에 강요하는 최고권력이기 때문이다.) 그리고 한 독일학자가 "합법적 혁명"이라고 부른 입법과정은[9] 국내의 정치적 변경을 가져오는 가장 확실하고 정규적인 방법이다. 라우터파흐트 교수는 "국제법 혹은 국제사회의 효율적 제도로서 평화적 변경은 무엇인가?"라고 묻고 스스로 이렇게 대답한다: "그것은 국가들이 권능 있는 국제기관이 포고한 법의 변경을 묵인할 법적 의무를 수락하는 것이다."[10]

---

7) Hitler, *Mein Kampf*, p. 708.

8) E. Pethick-Lawrence, *My Part in a Changing World*, p. 269에서 인용.

9) Berber, *Sicherheit und Gerechtigkeit*, p. 9.

10) *Peaceful Change*, ed. C. A. W. Manning, p. 141.

국제법은 관습에 의존하고 있고 지금 시점에서 국제입법이나 국제입법기관이 없다는 것은 이미 지적한 바와 같다. 연맹규약 제19조에서 사용한 용어를 보면 1919년 당시 강대국들이 "권능 있는 국제기관이 포고한 법의 변경을 묵인할 법적 의무를 수락"할 의사가 얼마나 없었던가를 잘 알 수 있다. 달리 무슨 수가 있는 것도 아니다. 잘 따져보면 입법적 절차도 사법적 절차와 마찬가지로 주어진 정치질서를 전제로 하고 있음을 알 수 있다. 그것이 의회든, 국가평의회든, 혹은 독재자 개인이든 모든 사회구성원을 구속하는 법을 제정하는 국가의 최고기관을 설립하기 위해서는 정치사회의 저변을 이루고 있는 모든 동의와 강제의 조합이 필요하고, 또 그것을 통해서만 가능하다. 그와 같은 조건은 국제사회에는 존재하지 않는다. 만장일치의 찬성을 요구하는 〈국제연맹총회〉도 국제협정을 맺을 수 있는 회의체이지 국제법을 통과시킬 수 있는 입법기관이 아니다. 왜냐하면 영국수상 이든이 한 총회에 참석하여 통명스럽게 말했듯이 "연맹총회에 가맹국들의 의사에 반하는 변경을 할 수 있는 권한을 부여하는 것은 한마디로 비현실적"이기 때문이다.[11] 결국 문제는 국제입법을 할 수 있는 장치가 없어서가 아니라, 국가들의 구체적 동의가 없이도 구속력을 가지는 결정을 할 수 있는 입법기관의 수립이 가능하지 않기 때문이고, 이는 바로 충분히 통합된 국제정치질서가 없기 때문이다. 평화적 변경과 국제입법을 동일시한 라우터파흐트 교수의 견해를 따르면 "평화적 변경의 국제체계는… 모든 인류를 포괄하는 정치조직의 한 부분을 이루지 못하는 한 비현실적으로 될 가능성이 있다"는 결론에 도달하게 된다.[12] 곧 국제입법이 가능하기 위해서는 세계 초국가(world super-state)가 필요한 것이다.

그렇다면 평화적 변경을 위한 국제체계가 가능하려면 초국가의 등장을 기다려야만 한다는 암울한 결론에 안주해야 하는가? 국내입법과정을 국제정치에 유추하여 적용하면 이처럼 암울한 결론에 도달하게 되는데,

---

11) *League of Nations: Seventh Assembly*, p. 46.
12) *Peaceful Change*, ed. C. A. W. Manning, p. 164.

사실 따지고 보면 그 유추 자체가 잘못된 것이다. 오늘날 국내사회에서 입법기관이 개혁의 도구로 각광을 받고 있는 것은 불과 지난 50년간의 일에 불과하다. 19세기 말엽에 이르기까지 많은 지식인들은 국가란 필요악에 불과하고 입법장치는 그 필요가 입증된 경우를 제외하고는 사용해서는 안 될 유감스러운 장치라고 간주했었다.13) 국내사회의 경우 국가의 사회적 기능이 증대함에 따라 19세기 사상가들에게 친숙했던 "사회"와 "국가"의 구별이 점차 의미를 상실하고 있다. 그러나 국제영역에서 우리는 "국가"가 없는 "사회"에 살고 있다. 따라서 우리는 "국가 없는 사회"가 이상하게 여겨지는 것은 우리 세대 이하라는 것을 염두에 두고 입법기관 혹은 기타 국가의 직접적 개입이 없는 사회구조에서 평화적 변경이 어떻게 가능한가를 생각해 봐야 한다. 흔히 입법과정을 생각하는데, 사회구조와 그 속의 세력균형에서 가장 중요한 변경은 아직도 입법행위가 없이 이루어지고 있다고 해도 과언이 아니다. 그리고 100년 전에는 거의 모든 변경이 그랬을 것이다. 따라서 국제입법기관이 없기 때문에 평화적 변경을 위한 국제적 절차를 아예 배제하는 것은 불필요하게 비관적인 결론이다.

그러므로 국내사회에서 국제사회의 변경문제와 유사한 예를 찾으려면, 서로간의 갈등이 과거에는 항상, 그리고 지금도 대개는 입법과정을 통하지 않는 집단단위들간의 관계에서 찾아야 한다. 여러 예가 있을 수 있지만 그중 지금까지 가장 사회적으로 중요하고 우리에도 가장 큰 도움이 되는 것이 자본과 노동을 대표하는 집단단위들이다. 여기서 우리는 국가들과 마찬가지로 "가진 자"와 "못가진 자", "만족스러운 자"들과 "불만스러운 자"들 간의 반복되는 갈등을 본다. 또 국가들과 마찬가지로 그들간의 분쟁을 해결하기 위해 "모든 것을 중재로"라는 원칙을 수락하기 꺼려하는

13) "법에 의해 직접 규율되는 이해의 범위는 문명의 성장과 더불어 확대된다"고 한 라우터파흐트 교수는 지적은 오늘날에는 진부한 상식에 불과하지만 많은 19세기 사상가들에게는 하나의 역설로 들렸을 것이다(Lauterpacht, *The Function of Law in the International Community*, p. 392).

것과, 입법과정이 적용되지 않거나 적당하지 않다는 생각, 만족스러운 집단은 "법과 질서"에 호소하고, 불만스러운 집단은 그들의 주장을 위해 폭력을 사용하거나 위협하고 있음을 본다. 흔히 국가들이 자신의 행위를 스스로 판단하기를 주장하는 한 평화적 변경을 위한 국제적 절차는 있을 수 없다고 말한다. 그러나 여기서 우리는 스스로의 행위를 스스로 판단한다고 주장하면서도 적어도 평화적 변경을 위한 어느 정도의 질서 있는 절차를 수립하는 데 상당한 진전을 본 분쟁의 한 유형을 찾을 수 있다.

자본과 노동 간의 관계에도 폭력은 항상 결정적 요소였다. 산업혁명 초기에 자력구제를 위한 노동자들의 단체행동은 거의 어김없이 철저히 억압되었다. 그러나 이처럼 무조건적인 억압은 영국에서는 1825년 〈조합법〉(Combination Acts)의 폐지로 종식되었다. 러시아에서는 최소한 1905년까지 지속되었다. 그 사이 80년 동안 모든 중요한 산업국가의 노동자들은 집단파업이라는 무기를 사용할 수 있는 권리를 인정받기에 이르렀다. 파업은 노동자들이 사용자로부터 양보를 얻어낼 수 있는 효율적 수단에 그치지 않고, 대규모 폭력수단, 즉 혁명의 공인된 상징이기도 했다.[14)]

최근에 들어와 폭력적 요소는 소련,[15)] 이탈리아, 독일 등과 같은 권위주의 국가에서 파업을 금지하는 법률과 막강하고 무지막지한 행정부에 의해 제거되기에 이르렀다. 민주국가에서도 때로 파업을 금지하곤 했다. 그러나 그러한 조치는 항상 커다란 저항을 받았고, 상당 기간 동안 집행하는 것도 어렵다는 것이 드러났다.[16)] 이론적으로 따지자면 국제분쟁의 경우에

---

14) 바로 여기에 "일일 파업"의 중요성이 있다. "일일 파업"은 일부 나라에서 유행했는데 그 자체로서는 무용하지만 노동자들의 힘이 국가권력을 위협할 정도로 강하다는 것을 과시하기 위한 수단으로 개발되었다. "일일 파업"이 성공하고 못하고는 곧 힘의 시험이었고, 그 결과에 따라 쌍방은 보다 극적인 수단을 사용하지 않고도 적정선에서 결론을 얻곤 했다.

15) 여기서 소련의 경우 사용자가 통상 국가기관 혹은 국영기업이라는 점은 논지의 핵심을 크게 흐리지 않는다.

16) 영국의 경우 제1차 세계대전 중 군수공장의 파업은 〈전시군수법〉에 의해 금지되었다. 그럼에도 불구하고 파업이 일어났지만 이 법은 거의 집행이 되지 않았고 전쟁이 끝나

도 폭력의 사용은 강력하고 권위적인 초국가에 의해 제거될 수 있다. 그러나 그것은 바람직하고 않고를 떠나 현실적인 방안이 아니다. 따라서 노사관계가 국가의 힘에 압도되지 않았던 시기와 나라를 골라서 비교의 사례로 삼기로 한다. 19세기 말, 20세기 초에 걸쳐 대부분의 나라에서 "못가진 자"들은 일련의 파업과 협상을 통해 꾸준히 그 지위를 향상시켰다. 또 "가진 자"들도 정의감에서였든지 혁명이 두려워서였든지 힘의 대결이라는 극한에 이르지 않고 양보를 거듭했다. 이러한 과정을 통해 양측에 결국 그들 간의 분쟁을 다양한 형태의 조정과 중재재판에 분쟁을 회부하고자 하는 의지가 생겼고, 종국에는 "평화적 변경"을 위한 일종의 상설체계를 만드는 데 성공하였다. 많은 나라에서 그와 같은 파업이라는 궁극적 수단을 사용할 수 있는 권리를 포기하지 않았음에도 불구하고 놀랄 만큼 성공적으로 작동하였다.

이를 국제관계에 적용하면 다음과 같은 시나리오가 가능하다. (물론 폭력의 위협이 선행되어야겠지만) 불만스러운 나라들이 일단 불만을 평화적 교섭을 통해 시정할 수 있는 가능성을 인정하면 "평화적 변경"을 위한 모종의 정규적 절차가 점진적으로 수립되고 이것이 점차 불만스러운 나라들의 신뢰를 얻게 된다. 그리고 그러한 체계가 자리를 잡으면 조정이 당연한 과정으로 인정되고, 무력의 위협은 결코 포기하지는 않겠지만 점차 배후로 밀리게 된다. 이러한 시나리오가 현실에서 타당할지 아니면 이상론적 희망에 그칠지는 경험을 통해 보는 수밖에 달리 알 길이 없다. 그러나 이와 같은 방법이 아무리 불완전하더라도 평화적 변경을 위한 국제적 절차

면서 이 법도 끝났다. 1927년에 〈통상분쟁법〉에 따라 정치적 파업이 불법으로 규정되었지만 그와 같은 사례는 아직 없는 것 같다. 다른 나라의 사례는 〈산업민주주의를 위한 미국연맹〉(the American League for Industrial Democracy)이 출간한 책자(*Shall Strikes be Outlawed?* by Joel Seidman)에 요약되어 있다. 그 책자의 결론은 "노동자들은 파업의 권리야말로 공정한 취급을 가장 확실하게 보장하는 방법이라고 생각"하고 있으며 "자발적인 단체교섭의 길 위에 만족스러운 산업관계의 가장 큰 희망이 놓여 있다"는 것이다.

수립의 가능성을 조금이라도 보여주는 유일한 길임은 장담할 수 있다.

그러나 이 절차의 의미는 명심할 필요가 있다. 혁명이나 전쟁의 위험을 포함할 정도로 중대한 사회적 혹은 정치적 변경이 문제되면 어떠한 것도 최소한 한 쪽의 이익을 손상시키지 않고는 해결될 수 없다는 점이다. 변경에 따른 손해를 입는 당사국이 압력이나 강제수단이 없는 상황에서 자발적으로 그것을 수락할 것이라는 것이 〈연맹규약〉 제19조가 내포한 이상한 착각의 하나다. 그러한 착각은 이제 깨어날 때가 되었다. 실로 그러한 자기포기를 기대하기는 어렵다. 국가지도자, 노동조합 리더, 혹은 회사 사장은 자신이 대표하는 이익의 위탁인에 불과하다. 그리고 그들의 이익에 반하는 양보를 정당화하기 위해서는 '불가항력' 혹은 '강압'(*force majeure*)에 굴복한 것이었다고 변명할 수 있는 위치에 있어야만 한다. 만일 변경이 입법에 의해 이루어진다면 국가에 의한 강제라고 할 수 있다. 그러나 그러한 변경이 협상절차를 통해 이루어진 것이라면 '강압'은 단지 강자의 것일 수밖에 없다. 파업에 양보한 경영자는 항거불능이라고 변명한다. 실패한 파업을 철회한 노동조합의 리더는 조합이 너무 약하다고 변명한다. "폭력의 위협에 굴복"하는 것은 흔히 비난의 말로 사용되지만 사실은 과정의 정상적인 한 부분인 것이다.

그러나 여기서 너무 나아가서는 곤란하다. 가장 선진민주국가에서도 폭력의 역할은 대부분의 감상적 민주주의자들이 인정하는 것 이상으로 항상적이고 또 현시적이다. 영국과 같이 질서가 잡힌 나라에서도 금세기에 들어와서 만도 북아일랜드인, 아일랜드 민족주의자들, 여성운동가들, 그리고 노동조합들에 의해 여러 차례 폭력의 사용 및 그 위협이 있었다. 그러나 국가 내부에는 폭력을 성급하게 사용하는 것에 대한 제어장치가 있다. 첫째, 입법과정이라는 대안적인 변경의 방법이 있고, 투표함에 대한 신뢰에 따라 노동자들이 혁명적 정책을 취하는 것을 자제하기도 한다. 둘째, 국가가 (불완전하기는 하지만) 분쟁사안에 대해 공정하게 균형을 유지하는 조치를 취하기도 한다. 이와 같은 제어장치들 덕분에 민주국가에서는 모든 계급을 막론하고 다른 모든 수단을 소진할 때까지 공공연한 폭력의 사용 혹은 그 위협에 대해서는 모종의 도덕적 불명예가 따라붙는 것이다.

국제정치의 경우 이러한 제어장치가 없다. 따라서 무력의 사용이나 위협은 중대한 정치적 변경을 가져오기 위한 정상적이고 공인된 방법이다. 따라서 그것을 도덕적으로 불명예스러운 것이라고 여기는 것은 주로 그러한 변경에 따라 이익의 손상을 입을 "보수적"인 국가들이다. 19세기에 있어 가장 커다란 "평화적 변경"은 러시아가 터키와 맺은 〈산 스테파노 조약〉(San Stefano Treaty, 1879)을 수정한 〈베를린 회의〉(Congress of Berlin, 1879)에서 있었다. 그러나 이 조약의 수정은 영국과 오스트리아-헝가리가 러시아를 상대로 묵시적인 전쟁위협을 했기 때문에 가능했다.[17] 1923년의 〈로잔느 조약〉 또한 1920년 〈세브르 조약〉을 무력의 사용과 위협을 통해 수정한 것이다. 로이드 조지(Lloyd George, 1863~1945) 전수상은 이 조약을 "비굴하고 비겁하며 불명예스러운 굴복"이라고 비난했고 그와 같은 의견은 당시 널리 유포되었다.[18]

1938년 9월의 〈뮌헨 협정〉에 따라 체코슬로바키아의 국경이 바뀐 것도 무력에 의한 협박의 결과였다. 이 점에 대해 베네시(Benes) 씨는 다른 대안이 없었다고 솔직하게 고백하고 있다. 그러나 불과 오 년 전 그는 공개적으로 말하기를 "어떠한 국가도 그 국경을 변경하도록 강요될 수 없다. 그리고 누구든 체코슬로바키아의 영토를 변경하기 위해서는 군대를 끌고 와야 할 것이다"라고 말했었다.[19] 또 하나의 재미있는 사례가 있다. 1920년 폴란드가 빌나를 합병했을 때 리투아니아는 폴란드와의 국경을 닫고 모든 통신을 두절했다. 그러한 고립행위가 리투아니아에 어떠한 이득을

---

17) 1914년까지 평화적 변경 역사를 연구한 한 학자는 "기정사실로 만들어놓고 유럽을 대하는 것이 항상 가장 현명하다"고 결론지었다(Cruttwell, *History of Peaceful Change*, p. 3).

18) D. Lloyd George, *The Truth About the Peace Treaties*, ii. p. 1351.

19) *The Times*, April 26, 1933. 매닝(Manning) 교수가 *Politica* 1938년 12월호에 기고한 글, p. 363에서 인용.

주었는지도 의심스럽지만 그렇다고 '강압'에 의하지 않고 자의적으로 국경을 재개함으로써 체면의 손상을 감수할 수 있는 정치가도 없었다. 결국 1938년 3월 폴란드는 군대를 동원하고 최후통첩을 보냈다. 국경은 즉각 재개되고 정상적인 관계가 회복되었다. 이처럼 평화적 변경은 비록 바람직한 것으로 간주되고 있기는 하지만 전쟁의 위협이 없이는 좀처럼 일어나지 않는다. 통상 국제영역에서 중대한 정치적 변경이 일어나려면 노골적인, 혹은 암묵적인 전쟁의 위협이 하나의 필요조건이라고 할 수 있다.[20)]

이 원칙은 현실에서 여러 번 목격되기도 하였지만 또한 〈국제연맹규약〉을 입안하고 해석하는 사람들로부터 많은 연구의 대상도 되었다. 우선 〈국제연맹〉이라는 장치는 전쟁의 위험 때문에 가동된다. "모든 전쟁 혹은 전쟁의 위협"과 "국제평화의 교란을 위협하는… 어떠한 상황"에 관한 제11조; "실행이 불가능해진 조약"—이 용어는 한 번도 만족스럽게 해석된 적이 없다—과 "지속되면 세계평화를 위태롭게 할지도 모를 상황"을 다루기 위한 제19조가 바로 그것이다. 더욱이 평화적 변경을 증진하는 데 가장 효과적이고 그 목적을 위해 적용된 적이 있는 유일한 조항은 제19조가 아닌 제15조였다.[21)] 이 조항에 따르면 당사국들이 출석하지 않아도 권고를 채택할 수 있고, 그것이 무시되어 전쟁이 나면 제재로 연결될 수 있기 때문이었다. 그러나 이 조항이 작동할 수 있는 유일한 조건은 "파열될 가능성이 높은 분쟁"이었다. 연맹규약이 인정하는 불만이란 결국 전쟁의 위

---

20) 무력사용의 위협을 동반한 변경은 "평화적 변경"이 아니라고 주장하는 사람은 물론 그럴 자유가 있다. 그러나 평화적 변경의 정의를 그처럼 좁게 잡으면 입법적 혹은 사법적 과정을 통한 변경도 그것이 집행을 필요로 하는 경우에는 평화적 변경이 아니라고 하게 된다. 1938년 9월 체코슬로바키아의 영토가 독일로 양도된 것이 〈연맹총회〉의 결의나 형평재판소에 판결에 따라 결정되고 연맹군이나 국제경찰군의 동원에 의해 집행되었다면 "평화적"인 변경이라 불릴 수 없는 것이다. 군대란 정확히 이러한 방법으로 사용되는 것이다.

21) 제15조 규정에 따라 만주분쟁을 다루기 위해 소집된 특별총회는 만주의 현상을 크게 변경시키는 〈리튼위원회〉의 권고를 채택하였다. 일본의 군사행동이 그러한 권고를 채택하게 된 배경이면 두말할 필요도 없지만, 그럼에도 불구하고 일본의 만족시키기에는 부족했다.

험을 불러일으킬 수 있을 만큼 강대한 나라의 불만이다.

1932년 핀란드가 영국이 제1차 세계대전 중 징발한 핀란드 상선에 대해 보상을 청구했을 때 영국정부가 주장한 것 중의 하나가 그 분쟁을 가지고 굳이 〈연맹이사회〉로 갈 필요가 없다는 것이었다. 그 분쟁은 최소한 "파열될 가능성이 높은" 것이 아니기 때문이었다. 같은 해 영국정부는 〈영・이란 석유회사〉를 둘러싼 분쟁을 제15조의 규정에 따라 연맹이사회에 회부하였다. 두 가지 사례의 유일한 차이는 영국은 분쟁을 파열시킬 위험을 일으킬 만큼 강대한 반면 핀란드는 그렇지 않다는 점이었다.[22] 1921년 볼리비아가 제19조의 발동을 처음으로 요구했을 때 볼리비아가 불평하는 조건은 평화를 위험에 빠뜨리지 않은 채 오랫동안 존재해 왔기 때문에 굳이 연맹에 회부할 필요가 없다는 주장이 우세했다. 다시 말해 평화적 해결에 관한 절차를 발동시키기 위해서는 볼리비아가 칠레와의 전쟁을 위협할 정도로 강대해야만 했던 것이다. 그리하여 연맹에서 확립된 원칙은 국제정치에서 평화적 변경은 전쟁의 위협 혹은 잠재적 위협이 없으면 중대한 규모로 일어날 수 없다는 경험을 재확인하였다.

지금까지의 결론을 요약해 보자. 첫째, 사법적 과정은 국내정치에서 그리고 국제정치에서는 더욱 더 평화적 변경의 문제를 해결하기에 적절하지 않다. 분쟁의 당사자를 동등하다고 취급함으로써 변경에 대한 모든 요구의 필요요소인 권력요소를 무시하기 때문이다. 둘째, 입법적 과정은 권력요소를 인정하고 있고 국내정치에서 변경에 대한 요구를 수용하는 데 어느 정도 적절한 기능을 수행하지만 국제적 변경에 대한 요구에는 적용될 수 없다. 왜냐하면 이는 구체적 동의가 없더라도, 사회의 구성원 모두를 구속하는 법을 제정하는 입법적 권위의 존재를 전제로 하고 있기 때문

22) 핀란드의 경우와 관련하여 마다리아가(Madariaga) 씨는 "연맹이사회, 총회 그리고 연맹 자체가 성급한 국가의 말에는 귀를 기울이고 조용한 국가의 말에는 파열의 위험이 없다는 이유로 귀를 기울이지 않는 원칙을 세운다면 극도로 위험한 일"이라는 견해를 폈다(*League of Nations: Official Journal*, November 1934, p. 1458). 그러나 핀란드의 약점은 조용하다는 점이 아니라 약하다는 점에 있었다.

이다. 셋째, 교섭과정은 국내에서 변경에 대한 일부 요구에 적용될 수 있고, 국제적 변경에 대한 요구에 유일하게 적용될 수 있다. 왜냐하면 (노동조합이나 사용자연맹과 같이) 국가도 어떠한 해결책이든 수용하거나 거부할 최종의 권리를 주장하고 있기 때문이다. 그러나 입법과정에 의한 변경은 국가의 힘에 의해 강제되는 반면 교섭과정에 의한 변경은 불만을 가진 자의 힘에 의해서만 강제될 수 있다. 직접 사용하든, 사용을 위협하든, 혹은 조용히 잠자고 있든 권력이야말로 국제적 변경을 위한 필요불가결한 요소이다. 그리고 일반적으로 말해 변경이란 권력을 동원할 수 있는 자들의 이익을 위해서만 가동된다. "무력사용의 위협에 대한 굴복"은 평화적 변경과정의 일상적인 부분이다.

그러나 이상은 그림의 한 쪽 면에 불과하다. 그리고 국제정치에 대한 근래의 저작에서 대체로 무시되어 왔기 때문에 여기서는 일부러 특히 강조하였다. 물론 이와 같은 측면에서만 보아도 평화적 변경의 가치를 과소평가해서는 안 된다. 사용자와 노동자의 관계에서 임금상승과 노동시간 단축에 대한 요구를 사용자가 저항할 수 없거나 노동자가 지탱할 수 없을 경우 (그 요구의 정당함 혹은 부당함과는 무관하게) 그것을 평화적인 교섭을 통해 수락하거나 거부하는 것이 사용자와 노동자를 모두 반쯤 파멸시킬 장기적이고 소모적인 파업의 결과보다는 낫다고 할 수 있다. 1877년 유럽 강대국들 사이의 권력관계로 말미암아 러시아가 〈산 스테파노 조약〉에 따라 얻은 불가리아의 영토의 상당 부분을 도로 뺏기지 않을 수 없게 되었다면 베를린의 원형 탁자에서 교섭을 통해 잃는 것이 영국과 오스트리아-헝가리를 상대로 전쟁을 해서 잃는 것보다는 낫다. 만일 우리가 평화적 변경을 영토, 혹은 기타 가치의 분배를 정치적 세력의 균형이 변함에 따라 재조정하기 위한, 단지 전쟁이란 도구 대신 쓰일 하나의 기계적 도구 정도로 생각한다면 이러한 방법도 그 효용을 부인하기 어려운 기능을 수행한다고 말할 수 있다. 입법, 혹은 기타 방법으로 일어나 바람직하다고 인정되는 국내사회의 많은 변경도 결국은 이와 같은 힘이 핵심적인 기반을 이루는 것이다.

2. 정치적 변경과 도덕의 역할

그럼에도 불구하고 평화적 변경에는 또 다른 측면이 있으며, 다른 어떠한 정치적 절차와 마찬가지로 이를 권력의 측면에서만 다룰 수 없다는 것은 명백하다. 변경을 요구하는 서로 상충하는 목소리가 있을 때 대부분 사람들의 마음속에 우선 떠오르는 것은 어느 쪽 입장이 옳은가이다. 이에 대한 이들의 입장은 물론 자신의 이익에 따라 결정된다. 그러나 자신의 이익이 크게 걸려 있지 않은 경우에는 불가피한 해결방안, 혹은 노력하여 얻은 해결이 왜 옳은가를 따지고 싶은 충동을 느끼는 것은 당연하다. 물론 이 경우도 다른 모든 정치적 사안과 마찬가지로 권력이 도덕적 입장을 정하는 데 영향을 미쳐, 강자 혹은 다수가 원하는 해결방안이 약자 혹은 소수가 원하는 해결방안보다 낫다고 여겨지는 경향이 있는 것도 사실이다. 그러나 이런 모든 것을 고려하더라도—전적으로 권력요소에 대한 고려만으로 결정되지는 않는—그 해결책의 도덕성도 다수 대중의 태도에 영향을 미친다는 사실을 부인하기는 어렵다.

버트런드 러셀은 “광범한 지지를 누리는 제대로 된 정부라면 굳이 소피스트의 궤변을 빌지 않더라도 다수 인류를 설득하는 방법을 찾을 수 있을 것”이라고 말했다.23) 마찬가지로 국제관계에서 평화적 변경을 위한 제대로 된 방법을 찾으려면 굳이 권력만이 아닌 다른 방법, 즉 모든 정치활동의 기본을 이루는 권력과 도덕 사이의 불편한 타협을 들춰봐야 할 것이다. 자본과 노동 사이의 분쟁을 평화적 교섭을 통해 해결하기 위해서는 특정 시점에서 양자간의 힘의 강약만이 아니라 또 다른 그 무엇이 있어야 한다. 그것은 다름이 아닌 상호간의 관계에서 무엇이 옳고 합리적인가에 대한 어느 정도의 공동의 감정과 서로 주고받는 정신, 나아가 자기희생의

23) B. Russell, *Power*, p. 100.

정신이다. 왜냐하면 서로 요구조건을 논의하기 위해서는 아무리 완전하지 않더라도 서로가 인정하는 정의의 기반이 있어야 하기 때문이다. 국제관계에서 평화적 변경절차를 수립하는 데 있어 가장 큰 장애요인은 세계입법기구가 없다는 것도 아니고, 각국이 자신의 행동의 정당성을 판단하는 최종적인 권위를 주장해서도 아니다. 그것은 바로 이와 같은 공통된 감정이 아직 제대로 자리 잡고 있지 않다는 점이다.

국제적 변경에 대한 요구에 있어 이와 같은 공통된 감정이 얼마나 작동하고 있는가? 물론 어느 정도는 존재하고 있음이 틀림없다. 이를 보기 위해 두 가지 명백한 사례를 준비하였다. 하나는 국제관계의 사례지만 다른 하나는 국제관계에 준하는 사례라고 해야 마땅할 것이다.

19세기에 아일랜드에 자치권을 부여해야 한다는 의견이 영국국민들 사이에 팽배하였는데, 이는 권력요소에 대한 고려에 입각한 것이 아니라 "억압된 민족"이 민족자결권을 향유한다는 국제도덕 원칙에 대한 공통된 인정과 그를 위해서는 자기이익을 희생할 수도 있다는 태도에 연유한 것이었다. 당시 영국과 아일랜드 사이에 존재하였던 유대감은 물론 전혀 동떨어진 두 나라 사이의 감정보다 강한 것이었다. 그럼에도 불구하고 변화에 대한 요구는 영국 군사력이 다른 곳에 사용되고 있던 탓에 군사력을 동원할 수 없게 될 때까지 실천되지 못하였다. 만일 1921년에 가서야 이루어진 타협이 1916년에 이루어졌더라면 이는 다른 모든 평화적인 국제변경의 예처럼 전쟁의 위협 아래 이루어진 평화적 변경의 좋은 예가 되었을 것이다. 그러나 1921년에도 그것이 단지 권력요소에만 입각했더라면 해결은 어려웠을 것이고, 가능했더라도 오랫동안 지속되지는 못했을 것이다. 〈영국·아일랜드 조약〉(The Anglo-Irish Treaty)은 "폭력의 위협에 굴복한" 사례의 하나가 되었다. 즉 그것은 성공한 반란의 주모자들과 체결된 조약이었던 것이다. 그럼에도 불구하고 이 조약은 두 나라 사이의 상호관계에 무엇이 옳고 합리적인가에 대한 공동 기준의 수락이라는, 또 양자에 공히, 그리고 특히 강자의 입장에서 조정을 위한 자기이익의 희생이라는 도덕적 기반을 가진 사례였다. 그리고 그것이 당시 팽배하였던 비관적 전망에도 불구하고 합의에 도달할 수 있었던 이유였다.

두 번째 사례는 양차 세계대전 사이의 기간에 독일과 평화적인 해결을 끝내 찾지 못한 실패의 사례이다. 당시 영국과 독일에서 (그리고 다른 많은 나라에서) 지배적인 여론은 베르사유 조약에 정의와 불의라는 도덕적 기준이 적용될 수 있다는 것이었다. 또, 완전하지는 않았지만 조약 내용 중 무엇이 옳고 무엇이 그른가에 대한 상당한 정도의 합의가 있었다. 불행히 독일은 1918년 이후 15년 동안 정치적 변경을 이루기에 필요한 힘이 전혀 없었다. 그로 인해 조약의 내용 중 개정되어야 한다는 여론이 지배적인 부분에 대해서도 사소한 것을 제외하고는 시정되지 못하였다. 그 힘을 회복했을 때는 독일은 국제정치에서 도덕의 역할에 대해 완전히 냉소적인 입장으로 돌아선 다음이었다. 물론 독일은 여전히 자국의 주장을 정의란 이름으로 내세웠지만 그 표현은 갈수록 순수한 힘의 형태를 띠게 되었다. 이것이 현상유지 국가들의 여론에 악영향을 미쳐 당초 베르사유 조약의 부당한 부분을 인정하였던 사실은 점차 잊게 되고 문제를 오로지 힘의 문제로만 인식하게 된 결과를 낳았다.[24)]

현상유지 국가들이 비무장조항이나 라인란트의 점령이나 오스트리아의 합병을 쉽게 묵인하였던 이유도 그것이 현실적인 방책이었다는 이유 외에 그러한 변경이 합리적이고 정당하다는 여론의 합의 때문이었다.[25)] 그러나 각각의 경우는 공식적으로는 항의를 받았고, 결국 그처럼 항의하는 열강이 결국 묵인하는 이유는 저항할 능력이 없거나 의지가 없기 때문이라는 인상을 남겼다. 오랫동안 인정되어 오던 베르사유 조약의 부당한 부분의 시정이 독일과 기타 강대국 간의 화해를 가져온 것이 아니라 관계

---

24) 이와 같은 악영향은 물론 나치독일의 국내정책에 의해 더욱 악화되었다.

25) 1936년 3월 7~8일자 영국 신문을 주의 깊게 들여다보면 라인란트의 재점령이 단순히 묵인된 게 아니라 환영을 받고 있음을 알 수 있다. 시간이 흐르면서 언론의 논조는 보다 비판적인 정부 태도의 영향을 받아 점차 비판적으로 돌게 된다.

의 소원을 가져와 그나마 남아 있던 공통된 정서를 증진시키는 대신 파괴시키는 결과를 가져온 것이다.

영국 혹은 기타 국가들의 현재 그리고 미래의 외교정책을 논의하는 것은 이 책의 목적이 아니다. 그러나 현상의 유지는 결코 항구적으로 성공할 수 있는 정책이 아니다. 마치 경직된 보수주의가 혁명을 낳듯이 전쟁을 초래할 뿐이다. "침략에 대한 저항"은 일시적 정책도구로서 필요할지 몰라도 해결책은 결코 아니다. 따라서 평화적 변경의 방법을 수립하는 일은 국제도덕과 국제정치의 근본문제인 것이다. 세계입법기관 혹은 세계사법기관이 집행하는 평화적 변경절차는 이제 순수이상론이고 멍청한 짓이라고 무시해도 좋다. 이상론이 무엇인가? 이상의 기능은 하나의 지향점이지 결코 달성할 수 있는 것은 아니다. 따라서 평화적 변경을 위한 흥정과정에서 권력요소를 제거하고 무엇이 옳고 합리적인가에 대한 공통된 인식으로만 합의를 달성하고자 하는 바람은 이상론이라 불러 마땅하다. 그러나 우리는 또한 평화적 변경을 권력관계의 변화에 대한 조정으로 보는 현실주의적 견해도 주목할 필요가 있다. 이 입장에 따르면 가장 큰 힘을 동원할 수 있는 국가들이 통상 평화적 변경에 성공할 수 있기 때문에 가급적 힘을 키워야 한다는 결론이 나온다. 실제에 있어서는 평화적 변경이란 정의에 대한 공통된 인식이라는 이상주의적 관념과 변화한 세력균형에 대한 기계적 적응이라는 현실주의적 관념의 타협점 위에서만 가능하다. 따라서 성공적인 외교정책은 힘과 유화라는 반대되는 양극단을 오갈 수밖에 없다.

결 론

14. 신국제질서 전망

14 신국제질서 전망

1. 구질서의 종말

위기는 역사에 흔히 있었다. 1919~39년간 위기의 특징은 첫 10년간에는 온갖 희망에 차 있다가 그 다음 10년간에는 엄청난 절망으로 급전직하(急轉直下)했다는 점이다. 바꿔 말하면 현실을 무시한 이상에서 이상을 잃은 현실로 급작스럽게 떨어졌다고도 할 수 있다. 1920년대의 신기루는 그 이전 한 세기의 뒤늦은 회고라고 할 수 있다 : 영토와 시장의 끊임없는 확장 ; 확고한 자신감과 큰 부담이 없는 영국 패권에 의해 질서가 유지되는 세계 ; 상호간의 갈등은 공동의 개발과 착취의 영토로 점진적 팽창을 통해 해소되는 "서방문명" ; 개인에게 좋은 것은 사회에도 좋고 경제적으로 옳은 것은 도덕적으로도 옳다는 손쉬운 가정 등의 시대가 바로 그때였다. 이와 같은 유토피아에 그 내용을 부여하였던 현실은 19세기가 끝나기 전에 이미 붕괴하고 있었다. 따라서 1919년의 유토피아는 공허하고 내용이 없었다. 현실에 뿌리를 두지 않았던 그러한 유토피아는 미래에 아무런 영향을 미칠 수도 없었다.

이와 같은 유토피아의 비극 중 가장 두드러진 것은 그 형편없는 몰락과 몰락이 초래한 절망이었다. "유럽의 대중은 이 사회를 지배하는 것은 합리적이고 이성적인 힘이 아니라 맹목적이고 비합리적이며 악마적인 힘이라는 것을 처음으로 깨달았다"고 제2차 세계대전이 일어나기 전 한 학자는 썼다.[1] 영국에게 좋은 것은 유고슬라비아에도 좋고, 독일에게 좋은 것은 폴란드에도 좋기 때문에 국제갈등이란 단지 피할 수 있었던 오해 혹은 치료할 수 있는 악의의 산물이라는 식으로 국제관계를 합리화하는 것은 이제 불가능해졌다. 100년이 넘도록 서방문명의 정치사상가들에게 심각한 분석의 대상이 될 갈등이 없었다. 1930년대에 이들은 얻어맞고 비틀거리며 자연의 세계로 돌아왔다. 18~9세기에는 문명인과 비문명인 사이의 관계에 국한되었던 잔혹함이 문명인들 서로간에 새로이 등장했다. 전체주의의 등장은 위기의 원인이 아니라 결과였다. 전체주의는 질병이 아니라 그 증상일 뿐이었다. 위기가 치닫는 곳 어디에나 이와 같은 증상을 남겼다.

유토피아의 붕괴의 두 번째 비극은 좀더 미묘한 것으로 첫 번째 비극보다 먼저 일어나 그 비극을 더욱 강화시켰다. 19세기 후반부에 이미 강화되고 있던 갈등에 의해 이익의 조화가 위협받고 있었지만, 세계의 합리성은 〈진화론〉(Darwinism)이라는 극약처방을 통해 유지되었다. 갈등의 현실은 인정하되, 갈등에서 승리하는 자는 강자이고 승리는 곧 진보의 조건이기 때문에 부적자(不適者)의 희생 위에 명예를 지킬 수는 있었다. 1919년 이후에 국제관계를 합리화하고 정당화시키기 위해 이와 같은 구식의 논리를 고집한 것은 파시스트와 나치밖에 없었지만, 논리적으로 애매모호하고 그 결과에서 치명적인 편의주의에 안존하기는 서방국가들도 마찬가지였다. 이익의 조화가 붕괴함에 놀라고 그 진화론적 변종에 충격받은 서방국가들은 강자(强者)의 정의가 아닌 부자(富者)의 정의라는 바탕 위에 새로운 국제

1) P. Drucker, *The End of Economic Man*, p. 56.

도덕을 건설하려고 하였다. 제도화된 모든 유토피아가 그렇듯이 이 유토피아도 기득권층의 도구가 되어 현상유지를 위한 보루로 악용되었다.

만족스러운 국가들의 정치가들과 논객들은 국제도덕을 안보, 법과 질서, 기타 특권그룹이 늘 주장해 온 가치와 동일시하려고 하였다. 불만스러운 국가의 정치가들과 논객들은 그렇게 구성된 국제도덕을 사납게 부인하였다. 이들 중 누구의 책임이 더 크다고 말할 수 있는가? 이들은 모두 국제관계에 도덕성을 부여하려고 하였고 결국 실패했다. 전체의 선(善)이란 결국 적자(適者)의 선이고 따라서 아무런 거리낌 없이 부적자(不適者)들을 짓밟을 수 있다는 진화론도 수용할 수 없지만, 더 이상 존재하지 않는 현실에 기반을 두고 따라서 특권층의 기득권의 가면이 되어버린 자연적 이익의 조화라는 주장도 수락할 수 없기는 마찬가지이다. 이들 주장은 모두 국제도덕의 기반이 될 수 없다. 이들 주장이 붕괴함으로써 개별 국가의 선을 세계사회의 선과 조화시킬 수 있는 해결책을 새로이 찾아야만 한다. 국제도덕은 이제 용광로 속에 들어가 있는 것이다.

우리는 이제 어느 쪽에서 새로운 국제도덕을 찾아야 하는가? 물론 새로운 국제도덕을 찾는 데 실패하여 세계가 또 하나의 퇴행과 혼돈의 역사를 맞을 수도 있다. 그러면 기존의 사회는 조각조각 갈라지고 새로운 형태의 사회가 궁극적으로 나타나기는 할 것이다. 그러나 그 시기는 길고 고통스러울 것이다. 세계혁명이야말로 유토피아에 이르는 지름길이라고 믿는 이들은 역사의 교훈을 무시하는 것이다. 그리고 그렇게 믿는 이들의 숫자도 최근에는 줄고 있다. 세계혁명만이 유일한 길이라고 믿는 것이나 암담한 절망 속에 안주하는 것이나 답답하기는 마찬가지이다. 우리의 과제는 우리의 국제질서의 잔해를 파헤쳐 재건을 위한 새로운 기반을 찾는 일이다. 다른 모든 정치적 문제와 마찬가지로 이 문제도 권력과 도덕의 양 측면에서 따져 보아야 한다.

2. 민족이 권력단위로 살아남을 것인가?

새로운 국제질서에서 권력의 역할을 따지기 전에 먼저 권력의 단위가 무엇이 될 것인가를 따져야 한다. 국제정치가 오늘과 같은 형태를 띤 것은 그 단위가 민족국가이기 때문이다. 미래 국제질서의 형태는 이 집단단위체의 미래와 밀접한 관련이 있을 수밖에 없다.

지금 막 막을 내리고 있는 역사의 한 시기는 프랑스 대혁명에서 비롯되었다. 이 혁명의 핵심은 인간의 권리였다. 평등에 대한 요구는 개인간의 평등에 대한 요구였다. 19세기에 들어와 이 요구는 사회집단간의 평등에 대한 요구로 바뀌었다. 마르크스는 고립된 인간은 결코 인권과 인간평등을 위한 투쟁에서 효율적 단위가 될 수 없다고 주장하였는데 옳은 말이다. 그러나 그 최종의 단위는 사회계급이고 따라서 민족단위의 응집력과 포괄성을 부인한 것은 틀렸다. 19세기 후반 유럽의 위인은 디즈레일리(Benjamin Disraeli, 1804~81; 영국수상)와 비스마르크이다. 이들은 "두 개의 민족"을 사회에 봉사하는 국가, 대중교육 그리고 제국주의를 통해 하나로 묶고, "노동자에겐 조국이 없다"는 비웃음을 논박하였으며, "국가노동", "국가사회주의", 심지어 "국가공산주의"와 같은 것을 위한 길을 열었던 것이다. 1914년 이전에 이미 서유럽에서는 계급 간의 평등이란 문제가 민족간의 평등문제로 넘어가고 있었다. 이탈리아의 학자들은 이탈리아를 "하층민"이라는 의미에서 "프롤레타리아" 민족이라 불렀다. 독일은 "태양 속의 위치"라는 형태로 평등을 요구하였는데, 베른하르디에 따르면 이는 "적대적인 이익집단과 국가들의 우세한 세력으로부터 싸워서 얻어야" 하는 것이었다.[2] 프랑스에서는 사회당 출신, 혹은 전 사회당 출신 장관들이 민족의 단합을 위해 노사간의 평화를 호소했다. 심지어 노동자들도 계급간의 투

2) Bernhardi, *Germany and the Next War*[영문판], p. 81.

쟁이 민족간의 투쟁에 비해 중요하지 않음을 이해하게 되었다. 그리고 평등을 위한 투쟁은 정치권력의 통상적 법칙에 따라 지배를 위한 투쟁과 다를 바가 없게 되었다.

이것이 바로 1919년 이후 국제정치가 압도적 중요성을 띠게 된 기본 이유이다. 19세기에는 서유럽 국가들 내부에서 있었던, 누리는 자와 못 누리는 자, 기존질서의 옹호자와 혁명가들 간의 갈등이 20세기에 들어오면서 국제사회로 전이되었다. 민족이 이제는 과거 어느 때보다도 인간 사이의 평등에 대한 요구와 지배에 대한 야망의 핵심이 되었다. 유럽 곳곳에 민족정부와 일당독재국가들이 그 모습을 드러냈다. 정당은 이제 구식이고 민족의 단합에 오점을 남기는 유감스러운 제도로 생각되었다. 세계에 대혼란을 위협했던 불평등 문제는 이제 개인간 불평등도, 계급간 불평등도 아닌 민족간의 불평등이 되었다. "계급간의 부와 기회의 불평등이 때로 혁명을 낳았듯이, 이제 민족간의 유사한 불평등이 문제되고 있다. 평화적으로 해결되지 않으면 엄청난 폭발로 연결되리라"고 무솔리니가 말했다.[3] 이제 필요한 조화는 (자유방임주의 철학자들이 전제하였던) 개인간의 조화가 아니고, (마르크스가 가능성이 없다고 말했던) 계급간의 조화도 아니고, 민족간의 조화가 되었다. 이제 우리는 마르크스가 계급이 그렇다고 잘못 믿었듯이 민족을 인간사회의 궁극적 집단단위라고 잘못 믿어서는 안 된다. 또한 이것이 정치권력의 핵심으로서 기능하기에 최선인가, 최악인가를 굳이 따질 필요도 없다. 그러나 우리가 스스로 물어야 하는 것은 다른 어떤 집단단위가 민족을 대신할 것인지, 만일 그렇다면 무엇이 그 대안이 될 것인가이다. 이 문제를 따지기 위해서는 다음 두 가지 질문에 대답해야 한다:

1) 세상에서 가장 크고 포괄적인 정치권력 단위가 반드시 영토를 기반으로 해야 하는가?

3) *The Times*, April 21, 1939.

2) 만일 그렇다면, 그것은 지금과 같은 민족국가의 형태를 대체로 유지할 것인가?

첫 번째 질문에 대한 대답은 모든 역사시기에 적용될 수 있는 "정답"일 수가 없다. 현재 그 단위는 단적으로 영토적 단위의 형태를 띤다. 과거사를 지금과 같은 형태로의, 때로는 퇴행기도 있기도 하였지만, 점진적인 발달과정으로 간주하고 아무리 원시사회라도 정치권력이 결코 영토의 소유와 분리될 수 없다고 믿기 쉽다. 그러나 역사상, 중세가 가장 최근의 예지만, 권력이 겉보기에—그리고 부분적으로는 정말로—영토주권 이외의 것에 기반을 둔 적이 많았다. 종교적 신앙에 기반한 단위를 지리적 주소에 기반한 단위로 대체함으로써 근대 민족국가의 기반을 다진 것은 '영토를 지배하는 자가 종교를 결정한다'(*cuius regio eius religio*)는 원칙의 수용이었다. 근대 이전에는 국경이 이처럼 엄격하게 나뉘고 장벽으로서의 성격을 강하게 띤 적이 없었다. 그리고 국제적 형태의 권력을 조직하고 유지한다는 것이 이처럼 불가능해 보인 적도 없었다. 근대 군사 및 경제기술은 권력과 영토를 뗄 수 없는 관계로 용접해 버린 것처럼 보인다. 오늘날의 사람들이 정치권력이 영토가 아닌 인종이라든가, 신념, 계급 등을 기반으로 삼는 세상을 상상하는 것은 매우 어렵다. 그러나 이데올로기가 현존하는 정치단위의 한계를 넘는 호소력을 가지고 있다는 사실을 부인할 수는 없다. 역사에 영원한 것은 없는 법이다. 그리고 권력과 영토의 접합이 그 예외라고 단정하는 것도 섣부른 짓이다. 그러나 영토를 대신하여 다른 어떠한 형태의 조직적 집단권력이 등장한다면 이는 너무나 혁명적인 일어서서 오늘날 국제정치에 적용되는 법칙 중 이 새로운 존재에 적용되는 것은 거의 없을 것이다. 그리하여 국제관계는 새로운 집단간 관계로 바뀔 것이다.

현재의 영토국가가 미래에도 지속될 것인가의 질문은 보다 직접적이고 현실적 중요성을 띤다. 그것이 산업 혹은 농업생산의 단위든, 정치경제적 권력의 단위든 단위의 최적규모의 문제는 오늘날 가장 까다롭고 중요한 문제이다. 그리고 가까운 미래에 놀라운 변화를 목도할 가능성도 높다. 정치권력의 분야에서는 두 가지 상반된 경향을 관찰할 수 있을 것이다.

한 방향에는 보다 큰 정치적, 경제적 단위를 향한 통합의 움직임이 있다. 이러한 움직임은 19세기 후반에 시작된 것으로 대규모의 자본주의와 산업주의의 등장과 밀접한 관련이 있다. 물론 통신수단과 권력의 기술적 수단의 진보도 한 몫 했다. 제1차 세계대전은 이와 같은 움직임에 두드러진 제동을 걸었다. 1915년에 출판된 유명한 저서에서 노이만은 다음과 같이 말하고 있다:

> 광범하고 역사적 중요성을 띤 결정을 할 수 있는 자유라는 의미에서 주권은 이제 지구상의 몇몇 장소에 집중되고 있다. "양 한 떼에 양치기 한 사람"이 될 날은 아직 멀었지만 수많은 크고 작은 양치기들이 양떼를 유럽의 들판으로 무제한적으로 끌고 다니던 때는 명백히 지났다. 대규모 산업과 초국가적 조직의 정신이 정치를 장악했다.… 이는 중앙집중화된 군사기술과도 일치하는 것이다.[4)]

민족주의가 그 분열적 역할을 잠시 재개했던 1918년의 막간은—적어도 유럽에서는—위험한 실패였다. 경제단위의 수가 수배 증가한 것도 전후 문제에 재앙으로 작용했다. 노이만은 《중유럽》에서 민족자결주의를 주창한 우드로 윌슨보다 더 예지력이 뛰어남을 입증했다. 1918년의 승자들은 보다 큰 단위를 요구하는 시대에 정치적, 경제적 분열의 원칙을 추구함으로써 중유럽에서 "평화를 잃었다." 집중화의 과정은 여전히 계속되었다. 미국은 미주대륙에서 지배권을 강화했다. 영국은 "스털링 블록"을 만들고 폐쇄경제체계의 기초를 닦았다. 독일은 중유럽을 재구성하고 발칸으로 발길을 펼쳤다. 일본도 "동아시아"를 일본의 지배하에 두는 새로운 단위의 창설을 시도했다. 전 세계의 정치경제적 힘이 6~7개의 고도로 조직된 단

4) F. Neumann, *Central Europe*[영문번역판], pp. 4~5.

위의 손에 집중되고, 작은 위성 단위들은 이렇다 할 독자적 움직임 없이 그 주위를 맴도는 현상이 일어나고 있는 것이다. 이처럼 지난 100여년간의 기술, 산업, 경제적 발전이 효과적인 정치단위의 규모를 점진적으로 증가시켜온 반면, 분열의 추세라는 후유증 없이 넘을 수 없는 규모의 한계도 있을 수 있다. 물론 그 한계를 정확히 산출하는 것은 불가능하고 정치적, 경제적 단위의 규모를 지배하는 조건을 알려면 장기간의 연구가 필요할 것이다. 그러나 이 문제는 향후 몇 세대 동안 세계사를 지배할 다른 어떠한 요소보다 결정적 역할을 할 것임은 틀림없다.

보다 자신 있게 예측할 수 있는 것이 하나 있다. 주권개념이 현재에 비해 현저하게 약화될 것이라는 것이 그것이다. 주권개념은 중세체계가 붕괴된 이후 〈신성로마제국〉(the Holy Roman Empire)의 권위도 더 이상 인정하지 않게 된 국가가 주장하고 행사하는 권한의 독립적 성격을 묘사하기 위해 고안된 것이다. 그 자체는 하나의 편리한 이름표에 지나지 않는다. 그러나 굳이 정치적, 경제적, 법적 주권을 구분하고 내적 주권과 외적 주권을 구분함으로써 특정한 단일 현상을 지칭하는 이름표로서의 기능도 상실했다. 영연방 국가들이 "주권"국가인지, 위임통치지역의 "주권"이 누구에게 속하는지 등의 문제를 논의하면서 주권개념의 혼란이 나타났다. 그러한 논의는 결국 영연방 국가의 통치권력이 헌법적으로 어떠한 권한을 행사할 수 있는가에 관한 법률적 논의에 지나지 않고 따라서 "주권"이란 용어는 별로 도움이 되지 않기 때문이다. 또 위임통치지역과 같이 보편적 국가패턴과 다른 형태의 상황에 "주권"이라는 용어를 사용하는 것이 합당한지에 관한 논의는 그야말로 논쟁을 위한 논쟁에 지나지 않는다.

주권개념을 이처럼 이해할 때 이는 오히려 어려움만 초래한다. 예로 영국의 식민지 무역이나 식민지 투자를 계산할 때 이집트나 이라크를 주권국가라는 이유로 제외하는 결과를 가져오게 되는 것이다. 미래의 권력단위가 이와 같은 형식적 주권을 주장할 것 같지는 않다. 하나의 중심이 있어 효과적인 권한을 행사한다면 그것이 몇 개의 형식적 주권국가로 구성되지 말라는 법이 없기 때문이다. 미래의 권력단위는 국제법에 의해 공식적으로 인정되는 단위가 될 리는 없다. 굳이 주권국가라는 공식적 단위를 기반으로 삼는 미래 국제질서 구상은 비현실적이다.

그러나 어떠한 형태로든 정치권력을 행사하는 집단단위가 존재할 것이라는 것은 틀림없다. 국가사회 내부에서 도저히 화합할 수 없을 것 같던 계급간의 갈등은 민족주의란 힘에 의해 화합되었다. 국제사회 내부에서 도저히 화합할 수 없을 것 같은 민족간의 갈등을 화합시킬 수 있는 그러한 힘은 아직 존재하지 않는다. 인간들이 더 이상 갈등을 치르기 위한 조직을 결성하지 않는 세상을 굳이 상상하는 것은 쓸모가 없는 일이다. 그리고 국제사회가 화성인들과의 전쟁을 위해 단합하는 것과 같은 상상도 무모하다. 이는 19세기 문명의 공간적 조건이 붕괴함으로써 우리에게 닥쳐 온 갈등의 또 다른 측면일 뿐이다. 이제 다른 사람들의 희생 위에 이익의 조화를 추구하는 것은 더 이상 불가능하다. 갈등을 무마하는 것도 불가능해졌다.

3. 새로운 국제질서의 권력

권력은 모든 정치질서의 필요요소이다. 역사상 세계사회를 건설하려는 모든 시도는 단 한 나라가 부상하면서 생긴 일이다. 19세기에는 영국함대가 강대국들간의 전쟁을 막았을 뿐 아니라 공해상의 경찰로 기능하면서 모든 나라에 안보를 제공했다. 런던의 금융시장이 전 세계에 단일한 화폐를 제공했다. 영국의 통상관행으로 인해 전 세계에서 자유무역이 이루어질 수 있었다. 영어가 네 개의 대륙에서 공용어로 사용되었다. 영국의 우위로 인해 생겨나고 유지되었던 이와 같은 조건은 마치 세계사회가 공통된 이익과 정서를 가지고 있는 것과 같은 환상—어느 정도는 현실—을 초래했다. 국제질서는 하나의 우세한 권력에 의해 창출되었다. 그리고 그 질서는 바로 그 권력의 상대적, 절대적 쇠퇴에 따라 붕괴되었다. 영국의 함대는 더 이상 전쟁을 막을 만큼 강하지 않고 런던의 금융시장은 단지 제한된 지역에만 단일화폐를 제공할 수 있을 뿐이다. 자유무역은 완전히 무너졌고 영어가 아직 공용어로 사용되고 있는 이유는 영국 말고도 다른 강대국들이 이를 사용하고 있기 때문이다. 그러면 국제질서를 복구시킬 수 있는 힘은 무엇인가?

이 질문에 대한 답은 여러 나라에서 여러 가지 방식으로 내려질 것이다. 오늘날 많은 영국인들은 19세기 영국의 압도적 지위를 구성했던 여러 조건들이 더 이상 존재하지 않는다는 사실을 알고 있다. 그러나 그들은 영국의 우위가 완전히 사라지지는 않고 영어사용권이라는 보다 넓고 효과적인 형태로 변모되어 유지될 것이라고 자위하고 있다. 〈팍스 브리타니카〉는 〈팍스 앵글로색스니카〉로 바뀌고 영연방 국가들은 영국과 미국의 중간에 서서 영국과 미국 간의 협력의 윤활유 역할을 할 것이라고 믿는다. 이처럼 낭만적인 생각은 새로운 것이 아니라 19세기 말부터 나타났다. 세실 로즈(Cecil Rhodes)는 영미간의 동반자관계에 기반한 세계제국의 구상에 관한 최초의 기록을 남겼다. 재미있게도 런던주재 미국대사가 그 구상을 보다 구체적으로 표현했다. 1913년 월터 하인즈 페이지(Walter Hines Page)는 미국의 윌슨 대통령이 런던을 방문하여 〈영미동맹〉조약을 맺을 것을 제안했다. 그러면 "세계는 세계가 누구의 것인지 알고 조용해질 것이라고 생각한다"고 그는 말했다.[5] 1922년의 〈워싱턴 해군조약〉은 영국이 미국에게 세계관리의 동등한 지분을 인정한 것이라고 말할 수 있다. 영국에 대한 미국인들의 감정 때문에 미국이 유보하고 조심하고 있는 가운데 전간기의 영국정치가들은 그와 같은 희망을 거듭해서 밝혔다. 1935년 5월 〈앨버트 기념회관〉에서 볼드윈 공은 말했다 :

5) R. S. Baker, *Woodrow Wilson: Life and Letters*, v. p. 31.

> 나는 늘 전쟁으로부터의 안보는, 유럽이든, 동양이든 세계의 어느 곳이든, 대영제국과 아메리카합중국의 긴밀한 협력에 의해 보장될 수 있다고 믿어왔습니다. 그 해군력과 잠재적 인력을 합칠 때, 공동의 봉쇄가 주는 경제력, 또 무역이나 차관을 거부할 때 지구상 어떠한 나라도 감히 대적할 수 없는 힘을 가질 것입니다. 그 목적이 달성되려면 백년이 걸릴 수도 있고, 아예 성사될 수 없을지도 모릅니다. 그러나 우리는 꿈을 가질 수 있습니다. 나는 미래를 봅니다. 나는 세계평화와 정의를 위한 힘의 연합을 봅니다. 그리고 사람들이 아직 공개적으로 주장하지는 못해도 어느 날 어느 때 우리 후손들은 우리말을 쓰는 사람들이 세계평화를 지키고 있음을 알 것입니다.[6]

미국에 관한 모든 것에 쏟는 영국인들의 엄청난 관심을 보면 이와 같은 꿈이 영국인들의 마음속에 얼마나 깊이 자리 잡고 있는지를 알 수 있다.

대서양 저편의 그림이 다른 것은 당연하다. 이쪽에서는 젊은 피를 수혈해서 늙은 힘을 회춘시키는 꿈을 꾸고 있는데, 그쪽에는 자신의 힘만을 믿는, 그러나 그 힘이 얼마나 되는지 확신이 없는 젊은 나라가 있다. 세기가 바뀔 때까지 미국은 강대국의 지위를 요구하지 않았다. 그러나 곧 미국의 지도자들은 세계지배의 꿈을 꾸기 시작하였다. 1914년 독립기념일에 우드로 윌슨은 이처럼 말했다:

> 나의 꿈은 해가 거듭함에 따라 세상이 미국에 대해 보다 많은 것을 알게 되고… 미국으로부터 모든 자유의 기반이 되는 도덕적 기준을 찾아… 모든 사람들이 미국이 인권을 다른 모든 권리보다 중요시하고 있음을 알게 될 때 미국이 화려하게 등장하여 미국의 국기가 미국만이 아니라 인류의 깃발이 되는 것입니다.

그와 같은 꿈은 꿈이 아니라 현실이 되었다. 1918년 세계의 지도력은 거의 만장일치로 미국에 부여되었다. 그것을 한 번 사절했다고 해서 미래

6) *The Times*, May 28, 1935.

에 다시 사절할 것이라는 보장이 없다. 만일 역사적 전례가 의미를 가진다면 분열되고 약화된 유럽을 〈팍스 아메리카나〉가 지배하는 것이 영어사용 민족간의 동반자관계에 기반한 〈팍스 앵글로색스니카〉가 지배하는 것보다 가능성이 높다. 그러나 우리는 단지 추측과 가능성을 따져 전망할 뿐이지 현실 속에 있지는 않다.

우월한 강대국의 등장에 기반한 새로운 세계질서 구상은 약점이 있다. 즉 가장 강한 나라가 세계지배권을 가진다는 현실을 인정해야만 하는 것이다. 〈팍스 로마나〉는 로마 제국주의의 산물이었다. 〈팍스 브리타니카〉는 영국 제국주의의 산물이었다. 라틴 아메리카에서의 미국의 "선린"정책은 "양키 제국주의"의 반대가 아니라 그 연장이고 결과였다. 강한 자만이 지배하고 "선린"이 될 수 있기 때문이다. 다른 나라라고 세계지배권을 꿈꾸지 말란 법이 없다. 히틀러는 《나의 투쟁》에서 다음과 같이 말했다:

> 세계평화의 승리를 마음속으로부터 원하는 사람이라면 누구나 독일인에 의한 세계정복을 위해 모든 수단을 다해 헌신해야 한다.… 다른 모든 사람들보다 우월한 사람이 세계를 정복하고 복속시켜 유일한 주인이 될 때 가장 평화롭고 인도주의적인 세상이 올 것이다.[7)]

국제연맹 총회에서 중국대표가 말했듯이, 일본의 정책은 극동에서 〈팍스 자포니카〉를 수립하는 것이다.[8)] 영국이나 미국은 그런 야심을 저지할 권리가 있다. 그러나 그 저지는 독일인이나 일본인들에게도 적용되는 보편적 원칙에 따른 것일 수 없다. 〈팍스 게르마니카〉나 〈팍스 자포니카〉, 즉 독일이나 일본에 의해 지배되는 세계질서 구상은 엘리자베스 여왕 시절의 영국이 〈팍스 브리타니카〉를 꿈꾸고 워싱턴이나 매디슨이 대통령이던 시절의 미국이 〈팍스 아메리카나〉를 꿈꾸는 것과 같이 무모하고 주제

---

7) Hitler, *Mein Kampf*, p. 315.
8) *League of Nations: Eighteenth Assembly*, p. 49.

넘는 일이다. 니카라과나 리투아니아가 세계지배권을 꿈꾸는 것이 무모한 유일한 이유는 아무리 따져 봐도 그러한 야망을 실현시킬 수 있을 만큼 강대해질 희망이 없기 때문이다. 모든 정치적 상황에서 권력이 결정적 요인이라는 것을 무시하는 것은 전적으로 이상론이다. 각자의 국가이익을 추구하는 국가들의 연합에 기반한 국제질서를 상상하는 것도 그에 못지않은 이상론이다. 새로운 국제질서는 보다 약한 단위와의 경쟁에서 편을 찾지 않아도 될 만큼 강한 단일의 권력단위 위에만 건설될 수 있다. 어떠한 도덕적 문제에도 도덕의 이름으로 표현할 수 없는 권력의 문제가 있다.

4. 새로운 국제질서의 도덕

세계질서를 논의하면서 국력의 요소를 무시하는 것이 이상론이라면 도덕의 요소를 무시하는 것은 현실주의의 현실주의답지 않은 비현실적 성격이다. 국내사회에서 정부는 비록 그 권한의 기반으로서 권력을 필요하지만 동시에 피지배자의 동의라는 도덕적 기반을 필요로 한다. 이와 마찬가지로 국제질서도 권력에만 전적으로 의존할 수 없다. 인간은 노골적이고 직접적인 권력행사에는 반드시 반발하게 마련이기 때문이다. 국제질서도 상당한 정도의 일반적 동의를 필요로 한다. 도덕의 역할을 과장하면 실망만 한다. 도덕과 권력을 함께 고려해야 하는 것이 정치의 숙명적 이중성이다. 약자와 소수의 불만이 강자와 다수의 불만과 마찬가지로 빨리 처리되는 정치질서는 결코 오지 않을지 모른다. 권력은 자신에 유리한 도덕을 창출하고, 강제는 동의를 얻는 데 없어서는 안 될 자원이다. 그럼에도 불구하고 새로운 국제질서와 새로운 조화는 다른 어떤 대안보다 더 관용스럽고 덜 억압적인 따라서 선호할 만한 초강대국이라는 기반 위에서만 구축될 수 있다. 독일이나 일본의 세계재패보다 영국이나 미국의 세계재패가 낫다는 가장 강력한 도덕적 근거는 영국과 미국이 오랜 전통과 과거의 힘든 교훈의 덕으로 바로 이 사실을 독일이나 일본보다 잘 깨닫고 있다는 사실이다. 실로 강압 이외의 방법으로 피치자의 동의를 구하는 것이 바람직하다는 생각은 독일이나 일본보다 영국과 미국에서 보다 큰 역할을 해왔다. 사실 영국과 미국이 도덕적 우위를 누리는 이유가 결국 우세한 힘을 오랫동안 누려온 때문이라는 것도 그 도덕적 우위 자체를 바꾸지는 않는다. 물론 영국과 미국이 자화자찬을 하고 있다는 비난을 감수해야 할 것이다.

그러나 권력과 도덕의 문제를 19세기적 맥락에서 논의하는 것은 쓸모없는 일이다. 과거조건이 다시 반복되지는 않을 것이기 때문이다. 현대 세계의 진정한 위기는 19세기적 질서를 가능케 했던 여러 조건들이 완전히 붕괴되었다는 점이다. 구질서는 회복이 불가능하고 따라서 엄청난 변화는 이제 불가피하다. 국제적 조정을 추구하는 사람은 비교적 성공적이라고 할 수 있는 사회계급간의 조정과정과 그 조건을 연구하면 도움이 될 것이다. 그 과정의 필수조건은 다음과 같다: 1) 계급간 갈등을 사악한 선동자의 환상이라고 치부하는 대신 그 존재를 솔직히 인정해야 한다; 2) 자연적인 이익의 조화가 있기 때문에 약간의 선의와 상식만으로도 질서를 유지할 수 있다는 환상을 버려야 한다; 3) 도덕적으로 바람직한 것과 경제적으로 이득이 되는 것을 혼동하지 말아야 한다; 4) 불평등을 완화시킴으로써 갈등을 해소하기 위해 필요하다면 경제적 희생을 감수해야 한다.

이상의 조건 중 어느 하나도 국제사회에서는 아직 실천되지 않고 있다. 영국과 미국의 책임 있는 정치가들은 여전히 국가간에는 자연적인 이익의 조화가 있어서 약간의 선의와 상식만으로도 질서를 유지할 수 있는데, 단지 사악한 독재자들이 고의로 교란하고 있다고 주장하고 있다. 영국과 미국의 경제학자들은 아직도 영국과 미국에 경제적으로 좋은 것은 다른 나라에게도 경제적으로 좋고, 따라서 도덕적으로 바람직한 것이라고 주장한다. 아직도 나라 사이의 갈등도 계급 사이의 갈등과 마찬가지로 진정한 희생, 따라서 경제적 특권을 누리는 나라의 특권층의 소비수준의 감소 없이는 해소될 수 없다는 사실을 인정하는 사람은 거의 없다. 새로운 국제질서를 건설하기 위해서는 다른 장애요소들도 있을 수 있다. 그러나 갈등이 근원적인 것이라는 사실과, 따라서 그 해결수단은 과격할 수밖에 없다는 사실을 깨닫지 못하는 것이야말로 장애 중의 장애이다.

국제적 조정을 향해 나아갈 수 있는 궁극적인 길은 경제회복의 길에 있는 것 같다. 국내사회에서 우리는 필요에 따라 바람직한 것을 위해 경제적 이익을 포기하기까지 했다. 미국을 포함한 거의 모든 나라에서 이윤의 창출이라는 경제적 목적을 위해서가 아니라 고용창출이라는 사회적 목적을 위해 커다란 자본투자가 있었다. 한동안 정통파 경제학자들은 그러한 정책에 매우 강력하게 반발하여 그 정책효과를 반감시키기도 했다. 소련에서는 정통파 경제학의 편견이란 아예 없었다. 다른 전체주의 국가에서도 곧 사라졌다. 그러나 다른 나라에서는 재무장과 전쟁으로 인해 실업문제가 상당 부분 해결되었다. 그 교훈은 간과되지 않을 것이다. 1930~33년간 계속되었던 위기는 이제 더 이상 일어나지 않을 것이다. 왜냐하면 노동자들은 실업문제가 경제적으로 실속이 없는 군비지출로 해소될 수 있다는 것을 알았기 때문이다. 그리고 그러한 지출은 주택, 자동차, 의류 등을 무료로 지급하는 것과 같이 경제적 실속이 없는 목적으로도 쓰일 수 있고 이에 따라 고용창출의 효과를 가질 것이다. 반면 산업 이윤을 없애거나 제약하는 방향으로 빠르게 나아가고 있다. 이러한 움직임은 전체주의 국가에서는 거의 완성되었다. 영국에서는 핵심적인 공공서비스 부문에서 최소한의 이윤 이상을 얻는 것은 비도덕적인 것으로 오래 간주되어 왔다. 이러한 믿음은 이제 군수산업으로 확대되었다. 다른 산업으로도 확산되는 것은 이제 시간문제이고 위기가 일어나면 더욱 촉진될 것이다. 1939년의 재무장 위기는 전쟁으로까지 연결되지는 않았지만 전쟁에 못지않은 변화를 사회구조와 산업구조에 가져왔을 것이다. 이와 같은 혁명의 핵심은 정책을 시험하기 위해 경제적 이득을 포기했다는 데 있다. 고용이 이윤보다, 사회의 안정이 소비수준의 증가보다, 그리고 공평한 분배가 최대한의 생산보다 중요해진 것이다.

국제적으로 이와 같은 혁명은 몇몇 문제는 복잡하게 만들고, 몇몇 문제는 해결에 도움을 줄 것이다. 권력이 국제관계를 전적으로 지배하는 한 다른 모든 이득을 군사적 필요에 종속시키는 것은 위기를 악화시키고 전쟁의 전체주의적 성격을 강화시킬 것이다. 반면 일단 권력문제가 해결되면 도덕이 그 역할을 재개하여 상황은 절망적이지만은 않게 될 것이다. 경제적 이익이 사회적 목적에 종속된다는 것을 솔직히 인정하고 경제적으로 좋은 것이 항상 도덕적으로 좋은 것이 아니라는 것을 인정하는 것은 이제 국내사회뿐만 아니라 국제사회에도 적용되어야 한다. 국가경제에서 이윤동기를 점차 제거하는 것은 외교정책으로부터도 이윤동기를 제거하는 것에 조금은 도움이 될 것이다. 1918년 이후 영국과 미국 정부는 일부 어려운 국가에 "구제금융"을 제공하였다. 그러면서 경제적 보상을 거의 기대를 하지 않았다. 제1차 세계대전 이후 수출을 증진시킬 목적으로 외국에 차관을 제공하는 일은 이제 많은 나라에서 익숙한 정책이 되었다. 후일 이와 같은 정책은 주로 군사적 고려에 의해 지배되었다. 우리가 정치적 목적을 위해 생산성이 떨어지는 산업을 보조하면 할수록, 또 고용의 창출이 최대한의 이윤보다 중요한 경제정책의 목표가 될수록, 그러한 사회적 목적이 한 국가 내에 머무르지 않고, 영국의 정책이 영국의 도시인 올드햄이나 자로우의 복지뿐만 아니라 다른 나라 지방의 복지도 고려하는 일이 쉬워질 것이다. 국가정책에 대한 우리의 시야를 넓히는 것은 결국 국제정책에 대한 우리의 시야를 넓히는 것을 도와줄 것이며, 앞에서 말한 바와 같이[9] 희생이라는 동기에 호소하는 것이 항상 실패로 끝나지는 않게 될 것이다.

이 또한 하나의 유토피아다. 그러나 이것은 세계연방이나 보다 완벽한 국제연맹의 청사진과 같은 유토피아에 비해 최근의 추세를 보다 직접적으로 반영한 것이다. 그러한 우아한 건물은 지으려면 기초공사를 보다 확실히 다져둘 필요가 있다.

---

9) 전술 제9장 말미 참조.

부 록

민족주의와 그 이후

1. 민족주의의 절정기
2. 국제주의의 앞날

1 민족주의의 절정기

근대적 의미의 민족에 관해 다음과 같은 세 가지 일반적인 믿음이 있다.

첫째, 근대민족은 중세 기독교 공동체(Christendom)의 국제—보다 정확히 말하면 국제이전(pre-international)—질서가 붕괴된 결과이다. 둘째, 근대민족은 르네상스 시대의 모험심과 자신감에 가득 찬 개인주의가 민족이라는 집단적 차원에 투영된 것이다. 셋째, 오늘날 국제관계는 국제전쟁이 오늘날과 유사한 형태로 전개되고, 국제법이 그 모습을 드러내기 시작하던 16~7세기부터 유래된 것이다. 이러한 믿음은 대체로 옳다. 그러나 민족의 성격과 그들 서로간의 관계가 지난 3~4세기 동안 크게 변하지 않았다는 세 번째 믿음은 근거가 좀 약하다. 근대 국제관계사는 정치단위로서 민족에 대한 견해에 따라 부분적으로는 겹치는 세 단계로 크게 나뉠 수 있기 때문이다.[1] 제1기는 프랑스 대혁명과 나폴레옹 전쟁에 의해 끝이 났

1) "민족"(nation)이라는 단어의 어의는 함정으로 가득 차 있다. 16~7세기 이래 영어의 nation, 그리고 다른 언어에서 그에 해당하는 단어는 서유럽에서 주된 정치단위로서 가장 자연스러운 단어였다. 국가(state)라는 단어는 파생어가 없는 반면 "국가의"(national),

다. 〈비엔나 회의〉(Congress of Vienna)는 그 장례식이었다. 제2기는 프랑스 혁명의 산물로 비록 1870년 이래 그 기반이 많이 훼손되기는 하였지만 1914년까지 지속되었다. 〈베르사유 회의〉는 뒤늦은 장례식이었다. 제3기는 1870년 이후 그 모습을 점차 드러내기 시작하여 1914~39년의 시기에 절정을 이루었다. 지금도 이미 제4기가 시작되었다고 말하기에는 이른 감이 없지 않다. 지금의 모습과 제3기의 모습이 서로 다른 정도가 제3기가 그 전 2기와 서로 달랐던 정도에 비해 두드러지지 않기 때문이다.

1. 제 1 기

민족주의의 제1기는 제국과 교회가 일체를 이루고 있던 중세체계가 점차 와해되고 민족국가와 국가교회가 등장하면서 시작되었다. 이 새로운 민족 단위에서는 '영토를 지배하는 자가 종교를 결정한다'(*cuius regio, eius religio*)는 원칙에 따라 주로 세속적 힘이 지배하였다. 그래도 주교나 교회의 수장(首長)이 영토적 주권을 행사해도 이상할 것이 없었다. 이 시기의 가장 핵심적인 특징은 민족이 곧 주권군주와 동일시되었다는 점이다. 루터(Martin Luther)는 "주교와 군주"들이 독일 민족을 구성한다고 보았다. 루이 14세(Louis XIV, 재위 1643~1715)는 프랑스 민족은 "전적으로 왕 개인에 있다"고 생각했다. 19세기 초 프랑스 보수주의자 드 마이스트르(Joseph de

"국유화"(nationalization) 등과 같이 국가에 해당하는 파생어에도 nation을 쓰는 이유가 거기에 있다. 반면 중부 및 동부 유럽에서 nation 혹은 그에 상응하는 말은 "민족자결주의", 즉 민족단위가 정치적 독립과 국가를 가질 수 있다는 사상이 팽배하게 된 19세기까지 정치적 의미 없이 인종적 혹은 언어학적 의미에 지나지 않았다. 또 나중에 스코틀랜드 민족주의, 웨일즈 민족주의, 인도 민족주의라는 말이 성행되었는데 그러면서도 스코틀랜드 민족, 웨일즈 민족, 인도 민족이라는 말은 별로 쓰이지 않았다. nation 혹은 state라는 용어는 미국에서의 용례 때문에 더욱 복잡했다. 미국에서 nation이란 연방 차원에만 적용되고 state는 국제적 지위를 가지지 않는 그 부분을 지칭하는 말이 된 것이다. 미국의 입장에서 보면 〈국제연맹〉을 지칭하는 League of Nations를 "League of States"라고 개칭하는 일은 말이 안 된다.

Maistre, 1753~1821)는 뒤늦게 민족이란 "지배자와 귀족"으로 구성된다고 주장했다.[2)] 국제관계는 왕과 군주들 사이의 관계였다. 혼인을 통한 동맹이 외교의 주요 수단이었다. 17~8세기 군주들의 행위는 이러한 방식과 완전히 일치하였다. 프러시아의 프리드리히 대제(Frederick the Great, 재위 1740~86)조차도 스스로를 자신의 국가의 "제1공복"이라고 불렀다. 그렇지만 누구도 다른 왕국과의 국제관계에서 군주가 그 "신민"과 "재산"에 대해 권한을 누리고 있음을 문제 삼지 않았다. 그리고 그러한 신민과 재산은 개인적 혹은 왕실의 이유로 언제든지 쓰거나 버릴 수 있었다. 주권의 원칙은 그와 같은 권한이 현실적인 한 말이 되는 소리였고, 아직 "우리의 주권자 주 왕"(our sovereign lord the king)이라는 말은 의전절차에서 쓰이지 않았다.

이와 같은 조건 속에서 국제법이 태어났다. 따라서 국제법은 기본적으로 군주라는 자격을 지닌 개인들간의 상호관계를 규율하는 일련의 규칙이었다. 지금과 마찬가지로 조약은 주권군주간의 계약이었고, 주권군주의 개인적 선의만이 그 집행을 보장하였다. 《전쟁과 평화의 법》(*De Jure Belli ac Pacis*)의 결론에서 그로티우스(Hugo Grotius)는 "첫째, 양심을 위하여, 둘째, 왕실의 권능을 지탱하는 평판을 위하여 선의를 성실히 수행할 왕의 의무"에 호소하였다. 모두 같은 언어를 쓰고, 같은 전통을 가지고, 각자의 신민들의 복종의 유지에 공통의 이익을 가진 "왕국들의 국제관계"란 전적인 허구는 아니었다. 어쨌든 공통된 가치기준을 공식적으로 인정하고 있었기 때문이다. 기독교공동체의 일체성에서 유래된 일종의 의무감과 자연

2) 이상에서 인용한 문구는 F. Hertz, *Nationality in History and Politics*, pp. 274~5, 314, 374에서 따온 것으로 이외에도 관련된 문구들이 많이 있다. 동유럽의 대부분 지역에서는 민족이 상류층에 한정된다는 생각이 19세기에도 여전히 지배적이었다. "크로아티아의 지주는 자신의 농민보다는 말(馬)을 크로아티아 민족의 구성원으로 여겼을 것이라는 말이 있다"(*Nationalism, A Report by a Study Group of the Royal Institute of International Affairs*, p. 96). 19세기 중반 혹은 그 이후에도 폴란드의 상류층과 폴란드 말을 쓰는 농민들 간의 거리감으로 농민들은 스스로를 폴란드 민족의 일부라고 생각지 않는 것이 일반적이었다.

법의 타당성에 대한 믿음은 계몽주의 시대의 세속적 풍조 속에서도 살아남았다. 법의 신성함을 그들의 권한의 기본으로 삼고 있었던 만큼 그들은 그들 서로간의 관계에서 "국제"법을 노골적으로 무시할 수는 없었던 것이다. "옳건 그르건 내 나라"라는 슬로건을 만들어 낸 것은 17~8세기의 전제군주가 아니라 19세기 미국의 민주주의자였다.

이러한 조건에서 군주들간의 전쟁은 흔히 사인(私人)간의 송사(訟事)에 비유되었다. 그로티우스가 명시적으로 말했듯이 소송을 제기할 원인은 곧 전쟁을 정당하게 만드는 원인이 되기 때문이다. 소송을 하는 사람이 굳이 상대방의 하인들에게 피해를 주려고 하지 않듯이 전쟁을 수행하는 주권군주는 굳이 적국의 주민에게 신체상이나 재산상의 피해를 입히는 것을 목적으로 하지 않았다. 물론 주민들은 군인들에 의해 재산을 강탈당하고 신체상의 피해를 입었다. 그러나 그러한 강탈과 피해는 자국의 주민이라고 해서 예외가 아니었다. 초기 국제법의 많은 부분이 비전투원의 재산과 경제행위를 보호하는 규칙으로 구성된 것은 놀랄 일이 아니다. 민간인들은 전쟁의 당사자가 아니었던 것이다. 18세기에 무수한 전쟁이 있었다. 그러나 프랑스어를 공용어로 쓰는 주요 유럽국가들의 교육받은 계층에 서로 자유롭고 우호적인 관계를 존중했다는 점에서 이 시기는 근대역사에서 가장 "국제적"인 시기였다. 그들이 속한 주권군주끼리 서로 전쟁을 할 때에도 민간인들은 서로 자유롭게 통행하고 통상하였다. 이와 같은 규칙과 관행이 통용되던 당시의 국제관계는 오늘날의 그것과는 매우 다를 수밖에 없다.

당시 또 하나의 특징은 후일 '중상주의'(mercantilism)라고 불린 경제정책이었다. 중상주의의 국내적, 국제적 목표는 전체사회와 그 구성원의 복지증진이 아니라 국가의, 즉 주권군주의 권력증진이었다. 무역을 장려한 이유는 국가금고에 부(富)를 가져다주기 때문이었다. 부는 곧 권력, 구체적으로 전쟁수단의 근원이었다. 당시 체계를 가장 잘 알고 있는 것으로 유명한 콜버트(Colbert)가 말했듯이 "무역은 돈의 근원이요, 돈은 전쟁의 중추"였다.3) 내부적으로 중상주의 정책은 중세질서의 기반을 이루었던 경제적 개체주의, 즉 지역시장과 제약을 해체하고 국가를 경제단위로 설정하여 전 영토에서 무역과 생산에 유일한 권한을 행사하고자 하였다. 외부적으로는 부를 추구함으로써 다른 나라와의 관계에서 국가의 권력을 늘리고자 하였다. 당시 사회는 정태적 존재로 인식되었기 때문에 수출시장도 고정되어 있는 것으로 생각되었다. 따라서 수출시장을 늘려 부를 증진시키려면 다른 나라의 수출시장을 빼앗는 수밖에 없다고 생각되었다. 곧 "무역전쟁"이었다. 이처럼 전쟁은 중상주의 정책의 궁극적 목표인 동시에 수단이었다. 중상주의는 국가의 목표를 추구하고, 자유방임주의는 개인의 목표를 추구한다고 생각하면 이는 잘못이다. 두 가지 모두 국가목표를 추구하는 것이고 그 차이는 민족개념의 차이에 있을 뿐이다. 즉, 중상주의는 민족의 이익이 곧 지배자의 이익일 때의 경제정책이었다. 권위 있는 역사가에 따르면 그 목표는 "민족의 부였지만, 대다수 사람들은 누리지 못하는 부였다."[4]

2. 제 2 기

나폴레옹 전쟁의 혼란 중에 시작되어 1914년에 끝난 민족주의의 제2기는 흔히 가장 질서 있고 바람직한 국제관계로 간주되고 있다. 그 성공은 일련의 놀라운 타협 덕분이었는데 그 타협이란 곧 제1기의 유산인 동시에 그에 대한 반발이었다. 이것을 세 가지 측면에서 분석할 수 있다. 첫째, 그 성공의 요소는 "민족주의"와 "국제주의" 간의 절묘한 조화였다. 왜냐하면 이 시기에는 강력한 국제질서 혹은 틀이 잡혀 있어서 민족감정이 엄청나게 확산되고 강화되고 있으면서도 기왕의 평화스러운 국제관계를 크게 훼손하지 않았기 때문이다.

---

3) E. F. Heckscher, *Mercantilism*, ii. 17에서 인용. 여기서 돈은 국가재정을 의미한다.
4) E. F. Heckscher, *Mercantilism*, ii. 166.

둘째, 제1기에는 정치력과 경제력이 나란히 민족이라는 정치적 단위를 창출하는 한편 여러 지역 경제의 복합체이던 경제를 단일 국가경제로 만들었다면, 19세기에는 정치력과 경제력 사이에 타협이 이루어져 서로가 각자의 길을 걸었던 것이다. 한편 정치적으로는 "민족적" 힘이 흩어진 민족의 통합을 통해, 혹은 다민족 단위의 분할을 통해 한 민족이 한 국가를 형성해야 한다는 주장을 내세우는 데 성공하였다. 다른 한편 경제적으로는 "국제적" 힘이 그 이전 시기에는 여러 국가경제로 나뉘어 있던 것을 하나의 세계경제로 통합하는 과정을 시작하였다.

셋째, 이 시기의 체계는 정치적 민족주의의 대중적, 민주적 호소와 국제경제 장치의 은밀하고 전제적인 관리 사이에 대타협이 이루어졌다고도 볼 수 있다. 그와 같은 타협이 붕괴되고 그 배후를 이루던 약점과 비현실성이 드러나면서 제2기는 종언을 고했다. 1914년 이래 여태 민족주의의 힘과 국제주의의 힘을 조화시킬 만한 타협점을 찾아내지 못했다는 것이 오늘날 위기의 핵심이다.

19세기에 그 구체적 모습을 드러내기 시작한 근대 민족주의의 창시자는 루소(Jean-Jacques Rousseau, 1712~78)이다. 그는 민족이 주권군주 개인 혹은 지배계급이라는 생각을 배척하면서 과감히 "민족"이란 곧 "인민"이라는 주장을 펼쳤다. 그리고 이것이 프랑스 혁명과 미국 혁명의 근본적 원칙이 되었다. 그러나 여기서 "인민"이 후일 "노동자" 혹은 "보통 인민"과 같은 사람들을 의미하는 것은 물론 아니다. 투표권을 가지려면 어느 정도의 재산을 가져야 한다는 〈민족헌법〉을 대신하여 모든 남성의 보통선거를 주장한 〈자코뱅 헌법〉은 결코 실행에 옮겨지지 않았다.[5] 바뵈프(Francois-Noel Babeuf, 1760~97)는 형장의 이슬로 사라졌다. "제3계급"을 이룬 점잖

5) "루소를 포함한 18세기의 모든 철학자와 정치사상가들은 오늘날 우리가 아는 그런 민주주의, 즉 보통선거를 프랑스에 실시하는 것을 반대하였다. 그리고 프랑스 사람들은 미국에서 재산보유자에게만 투표권을 주는 것을 보고 더욱 고무되었다"(A. Aulard, *The French Revolution*[영문번역판], p. 179).

은 중산층은 19세기 내내 대중에 대한 두려움과 불신을 떨치지 못했다. 그럼에도 불구하고 이 중산층 민족주의는 처음부터 18세기에는 상상하지도 못했던 민주적, 그리고 잠재적으로 대중적 색채를 강하게 띠었다. 이러한 이유에서 겨우 반세기 시차를 두고 나타났던, 야망이 끝이 없던 두 명의 군사적 정복자, 즉 프리드리히 대제와 나폴레옹의 차이는 엄청난 것이었다. 프리드리히 대제는 아직 정통왕조시대 사람이었다. 그는 그의 신민을 야망을 위한 수단으로 생각했고 모국어와 모국문화를 경멸하였으며, 프러시아를 자신이 속한 민족 단위가 아닌 가족의 영지로 생각했다. 반면 나폴레옹은 해방된 프랑스 민족의 수호자이자 위임자로 자처하면서 근대 민족주의의 전도사가 되었다. 그는 여러 가지 측면에서 최초의 “대중적” 독재자였다. 지성사적으로 볼 때 프리드리히 대제에서 나폴레옹으로 넘어가는 시기는 기봉(Edward Gibbon)에서 버크(Edmund Burke)로, 괴테(Goethe)와 레싱(Lessing)에서 허더(Herder)와 실러(Schiller)로 넘어가는 시기와 일치했다. 계몽사상의 세계주의가 낭만주의 운동의 민족주의로 대체된 것이다. 그와 같은 변화가 지니는 의미는 매우 심대하였다. 새롭고 대중적 색채를 띤 민족개념이 등장하여 자리를 잡았다. 국제관계는 이제부터 전제군주의 개인적 이익과, 야망, 감정이 아닌 민족의 집단적 이익과 야망, 감정이 지배할 터였다.

민족주의의 “민주화”[6]에 따라 민족주의는 새롭고 그러나 파괴적인 정서적 열정을 띠게 되었다. 절대왕조가 사라지면서 국제관계나 국제법에서 민족을 의인화하는 것이 필요해졌다. 그러나 이는 단순히 편의를 위한 추상만은 아니었다. 민족이 인격과 성격을 가진다는 생각이 근본적인 심

6) 여기서도 용어의 혼란이 있다. 19세기의 “자유민주주의”(liberal democracy) 혹은 “부르주아 민주주의”(*bourgeois* democracy)는 오늘날의 “사회민주주의”(social democracy) 혹은 “대중민주주의”(mass democracy)와 구별된다. 어떤 사람들은 19세기의 제한된 민주주의는 “자유주의적”이긴 하지만 “민주주의적”이지는 않다고 주장하고, 또 다른 어떤 이들은 자유주의야말로 민주주의적 정부형태의 핵심인 반면 사회주의는 아직 민주주의와 양립할 수 있는지 입증되지 않았다고 주장한다.

리적 중요성을 띠게 된 것이다. 마치니(Mazzini)와 같은 사상가들은 민족을 정확히 승화된 개인인 양 취급했다. 오늘날에도 사람들, 특히 영어사용국 사람들은 "파타고니아"나 "루리타니아"와 같은 나라가 잘하고 못하는 일에 예민한 정서적 흥분을 보이곤 한다. 그러면서도 이러한 추상적 존재의 배후에 얼마나 복잡한 실체가 있는지 알지도 이해하지도 못한다. 19세기는 다들 개인주의와 민주주의에 정열적으로 헌신한 시기였다. 민족주의는 이 두 가지에서 자연스럽게 추론되어 나왔다. 그러나 몇 가지 이해하기 어려운 것이 있다. 첫째, 왜 민족을 단위로 한 조잡한 개인주의가 왕국을 단위로 한 조잡한 개인주의보다 자기주장이 덜하고 따라서 평화에 덜 위협이 된다고 간주되었는가? 둘째, 왜 민족이 군주들이 가졌던 절제와 명예심을 보일 것으로 기대하면서, 군주들이 가졌던 침략성과 욕심은 보이지 않을 것이라고 기대하였는가? 셋째, 왜 민족주의가 국제주의로 가는 초석이 될 것으로 기대하였는가? 그리고 마지막으로 왜 민족주의가 개인주의와 민주주의의 최고단계라고만 생각하고 그것들 자체를 부정하는 것이란 생각은 못하였던가?

그러나 당시에 이러한 의문을 가진 사람은 거의 없었다. 이익의 자연스러운 조화란 생각 속에서 자라난 세대는 민족 간에도 이익이 자연스러운 조화를 이룬다고 쉽게 믿었다. 그리고 무엇보다 이상한 것은 왜 19세기 사람들이 그처럼 생각했는가가 아니라 우리 세대에게는 그토록 설득력이 있는 이론적 주장에도 불구하고 민족주의라는 화약이 왜 나폴레옹 몰락 이후 한 세기 동안이나 폭발하지 않았던가이다. 그 결과 이 제2기의 국제관계는 마치 제1기의, 왕국들이 서로 싸우는 혼란기와, 오늘날 민족들이 서로 싸우는 보다 큰 혼란기 사이의 목가적(牧歌的)인 막간기(幕間期)로 간주되고 있는 것이다.

이 질문에 대한 첫 번째 대답은 1870년까지 19세기의 민족주의가 주로 작동하였던 자유민주주의의 틀이 보편적 타당성을 가지는 공통의 기준을 가지고 있어서, 18세기의 그것과 모습은 달랐지만 어쨌든 어느 정도의 국제적 일체성을 효과적으로 유지하였다는 데 있다. 민족의 권리란 인간의 권리에서 도출되고 따라서 그에 종속된다는 믿음이 지배하였다. 따라서 자국 신민의 권리나 다른 나라의 권리를 부정하는 나라는 결국 자국의 권리를 부정하는 것과 다름없었다. 이와 같은 공통의 기준은 뚜렷이 보이는 이익의 일체성으로 인해 더욱 강화되었다. 19세기 민족주의의 주체였던 지배 중산층은 세기 중반 동안 거의 모든 나라에서 아래로부터의 혁명에 대한 공포에 사로잡혀 있었다. 재산권은 인권에 못지않게 신성불가침이었다. 부르주아 민주국가—혹은 라살(Lassalle)이 비꼬듯이 한 표현에 따르면 "야경국가"(night-watchman state)—의 기능은 곧 스스로의 보호였다. 때로 "국가가 달려 있는 것"이라고 불린 재산이 곧 정치적 권리를 가지기 위한, 그리고—과장이 아니라—민족의 온전한 구성원이 되기 위한 조건이었다. 이러한 의미에서 노동자는 조국이 없었다. 마르크스가 전 세계 노동자들로 하여금 단합하라고 호소했을 때, 그는 그러한 단합이 그들의 적에게 얼마만한 힘으로 나타날 수 있는지 잘 알고 있었다. 19세기 서유럽에서 재산을 보유한 부르주아는 하나의 단일한 일체였다. 그들은 (공립학교에서) 국가와 기업경영을 위한 수련을 받았고, 공통된 사상과 이익이라는 끈으로 서로 연결되어 있었다. 그들의 유능한 재주에 따라 민주화된 민족은 대중 민족주의의 파괴적 혼란에 대항한 방패로서 오래 기능하였던 것이다.

19세기 민족주의가 평화로웠던 두 번째 이유는 보다 깊고 근본적이다. 비엔나 회의의 평화수립자들의 덕분은 아니지만, 1815년 이후 새로운 경제질서가 점진적으로 발전하였다.[7] 이 새로운 질서는 생산과 인구의 놀라운 증가를 가능케 함으로써 새로이 해방된 유럽의 민족들에게 그들의 물질문명을 전 세계에 확장하고 전파할 수 있는 기회를 주었다. 또 이러한 세계경제질서의 방향을 단일의 거대한 자본도시에 집중시킴으로써 새로운 민족주의의 독한 술을 안전하게 담을 수 있는 국제적—혹은 보다 정확히

7) 베르사유의 평화수립자들에게는 그런 행운이 따르지 않았다.

말하면 초국가적—틀을 만들었다. 따라서 국제무역이 국제평화를 보장한다는 코브던(Richard Cobden)주의자들의 주장을 뒷받침할 실질적 기틀이 마련되었다. 재산권과, 중산층의 부와 권한을 보장한 세계경제관리에 대한 불간섭이라는 기준을 중심으로 뭉친 것은 서유럽 여러 민족의 중산층 정부들만이 아니었다. 심지어 18세기 전제군주시대의 잔재로 살아남아 있던 합스부르크와 로마노프 왕조도 부르주아들의 식탁에서 떨어지는 떡고물을 부끄럼 없이 주워 먹으며 부르주아 경제질서의 비천한 집사가 되었다.

이 새로운 국제경제사회는 점진적 팽창이라는 사실과 자유방임주의라는 이론에 기반하여 구축되었다. 유럽 내부 인구와 생산의 엄청난 증가와 유럽의 인구, 상품 그리고 물질문명의 다른 대륙으로의 급속한 확산이라는 두 개의 축으로 구성된 유럽의 팽창은 18세기의 정태적 질서와 안목으로부터 19세기의 동태적 질서와 안목으로 이동이라는 근본적인 변화를 초래하였다. 중상주의와 자유방임주의 이론이 서로 극적인 대조를 보인 이유는 중상주의자들은 과자의 크기가 고정되어 있다고 믿은 반면, 자유방임주의 철학자들은 과자의 크기가 모험과 창조를 위한 개인의 노력으로 무한정 확대되어야 하고 또 확대될 수 있다고 믿었다는 데 있다. 제한하고 차별하는 것은 수요가 한정되어 있을 때 생산자들이 보이는 자연스러운 반응이다. 19세기 대부분의 사람들은 끊임없이 증가하는 생산이 점차, 그리고 무한정 증가하는 수요에 의해 소화될 수 있다고 상당한 증거를 가지고 믿어 의심치 않았다.

이러한 세계에서 상품은 여기서 저기로 자유롭게 이동할 수 있었다. 그리고 상품만이 아니고 사람들도 그랬다. 이주(移住)의 자유는 19세기 경제 및 정치체계에 더욱 결정적인 요소였고, 따라서 무역의 자유보다 그 체계의 생존을 위해 더 중요하였다. 새로운 이주자들은 확대하는 생산에 기여할 수 있다는 기대 때문에 환영받았다. 19세기에는 누구든 일하려는 의지가 있으면 일할 수 있다고 믿어 의심치 않았다. 새로운 민족도 마찬가지로 환영을 받았다. 뒤늦게 중상주의 정책을 적용하여 내부 경제장벽을 허물고 통일을 이룬 독일이나, 동유럽에서 기왕에 존재하는 다민족 단위들이 해체되면서 생겨난 여러 민족은 모두 환영의 대상이었다. 민족들도 개인과 마찬가지로 뭔가 기여를 할 수 있다고 믿었기 때문이다. 그리고 그러한 기회의 자유가 박탈되어서는 안 되었다. 인간본성이 완벽하지 않는 한 충돌은 일어나게 마련이다. 그러나 국내질서가 때로 일어나는 범죄행위 때문에 위협받지 않듯이 비교적 혼란한 민족들간에 때로 일어나는 전쟁이 국제사회의 안정을 심각할 정도로 위협하지는 않을 것으로 간주되었다.

19세기 잘 조직된 세계경제체계와 민족의 정치적 다양성과 독립에 대한 무조건적 인정 사이의 이와 같은 타협은 두 가지 미묘하고 소중한 거짓에 의해 가능했다. 그리고 거짓이라도 의식적인 것은 아니었고, 더욱이 그것을 그럴듯하게 만들기에 충분한 현실적 요소도 가지고 있었다. 이 두 가지 선의의 거짓은 첫째, 세계경제가 진정 국제적이며, 둘째, 정치체계와 경제체계는 전혀 별개로 작동하고 있다는 것이었다.

세계경제체계가 국제적 성격을 띠고 있다는 착각은 그것이 인간이 인위적으로 만든 것이 아니라 자연질서의 한 부분이라는 믿음에 기반하고 있었다. 절대적인 자유방임의 상태에서는 모든 경제적 결정은 개인들이 자신의 이익추구를 위해 하는 것이고, 중앙의 경제정책은, 혹은 요샛말로 경제계획은 불필요하여, 전체 체계는 "몰(沒)인격적"이 된다. 19세기 경제질서가 커다란 성공을 거두었던 이유는 사람들이 경제의 작동이 몰인격적이고 따라서 진정 국제적이라고 믿었기 때문이다. 사실 절대적인 자유방임이란 가상적 조건은 19세기 사회, 혹은 기타 어떠한 사회에도 존재하지 않았다. 솔직히 말해서 점진적 팽창은—실제로는 결코 일어난 적도 없고, 그랬다가는 감당하기 어려운—세계자유무역의 원칙이 적용된 결과가 아니라 영국시장을 개방한 결과였다. 영국의 지도하에 서방의 민족들은 주인이 없는 땅을 식민지로 개척하고, 석탄과 기계를 사용하는 산업을 발전시키고, 철도와 해운을 통한 세계 교통-통신망을 개척하였다. 그리하여 도처에서 민족과 민족의식이 새로이 등장하게 만들었다. 이와 같은 "영국의 팽창"의 이면에는 영국이 1840년대 이래 세계 다른 지역으로부터의 자연상품, 식료품, 자연자원에 대해 개방한 자국의 시장이 있었다. 근년에 와서는 영국의 수출이 영국의 위대함을 보여준다고 흔히 믿는다. 그러나 수입시장과 화물의 집산지로서의 영국의 지위가 보다 중요하다고 해야 마땅하다. 과거로부터 영국은 생산자의 나라가 아니라 상인의 나라였다. 그리고 19세기 경제체계의 핵심 기반은 모든 소비가능한 품목에 대해 활짝 열려 있고, 아무리 넣어도 차지 않는 단 하나의 시장이었다. 소위 국제체계가 기능할 수 있었던 것은 이 국가시장의 존재였던 것이다.

개념적으로는 단순할지 몰라도 그 작동에 있어서는 복잡하기 짝이 없는 국제체계는 정밀하고 막강한 금융기계를 "런던시(市)"에 만들었다. 국제상품시장이 있음으로 해서 국제할인시장과, 국제운임운송시장, 국제보험시장, 그리고 국제자본시장이 생겼다. 이 모든 시장을 위해서는 다른 모든 국가들의 통화가 고정된 환율로 교환될 수 있는 단일의 국제통화기준이 효율적으로 유지되어야 했다. 또 그러기 위해서는 "불건전한" 관행과는 상대하지 않는다는 묵시적 제재로써 서로 다른 민족단위들의 정책을 중앙에서 통제할 수 있는 무엇이 있어야 했다. 1844년의 〈은행법〉(the Bank Act)에 따라 자랑스럽게 금본위제를 택한 영국화폐 〈스털링〉(sterling)만이 국제통화가 될 수 있는 유일한 후보였다. 〈스털링〉의 안정을 담보하는 〈영국은행〉(the Bank of England)은 원치 않으면서도 부지불식간에 국제무역 및 금융체계의 최종의 중재자이자 항소법원인 동시에, 중앙행정단위가 되었다. 금본위제를 택한 모든 나라들은 통화·무역의 흐름에 서로 보조를 맞추어야 했다. 그리고 그 속도를 정하는 것은 런던의 시장이었다. 17~8세기에 중상주의가 여러 지역경제를 하나의 국가경제로 바꾸었듯이 19세기에는 런던의 상인, 브로커, 은행가들이 "실바늘가(街)의 큰 손"으로 행동하면서 여러 국가경제를 하나의 세계경제로 바꾸었다. 그들 스스로는 자신들이 하고 있는 기능을 전혀 의도하지 않았다든가, 그 범위와 중요성을 모르고 있었다는 사실은 중요하지 않다. 그 임무는 그들에게 던져진 것이다. 그의 유명한 저서 첫 장(章)에서 배지헛(Walter Bagehot)은 "돈은 스스로를 관리하지 않고 롬바르드가(街)는 관리할 돈을 많이 가지고 있다"고 썼다.[8] 소위 자유방임의 시대에 세계경제를 관리하는 곳은 바로 여기였다.

19세기 체계가 자연의 작품이 아니라 인위적 작품이라면 그 국제적 성격으로 무엇이 남는가? 다른 어떠한 시장도 런던시장에 감히 도전장을 내밀지 못했다. 그 우위만으로도 오늘날 "기능적" 국제주의라 불리는 주장을 정당화시킬 수 있었을 것이다. 금본위제에 대한 맹목적 숭배로 인해 스털링은 진정한 국제통화가 되었다. 런던과 거래하거나 런던에 위치한 외국의 금융업자나 무역업자들은 모두 아무런 불이익이나 차별 없이 이 체계의 혜택을 누렸다. 런던시장은 그 성실성과 공정성으로 높은 평판을 누렸고 그럴 만 했다. 런던시장은 결코 영국의 편협하거나 배타적인 국가이익을 추구하지 않았다. 전 세계의 통상이야말로 영국의 관심사였기 때문이다. 그럼에도 불구하고 런던에서 행사하는 통제는 지속적이었다. 전체 체계의 작동을 위한 통제란 결국 건전한 통화와 균형된 교환의 유지라는 일상의 업무에 불과했기 때문에, 어떤 의미에서 이것은 항의할 수 없는 전제적 성격을 띤 것이었지만, 그럼에도 완벽한 효과를 발휘했다. 또, 굳이 따지자면 이것은 대표성을 지닌 것도 아니었거니와 국제적인 것도 아니었다. 이것은 영국의 것인 동시에, 초국가적인 것이었다.

19세기 세계질서가 거의 무조건적으로 수락된 두 번째 착각은 정치적 권위와 경제적 권위 사이의 공식적 분리였다. 런던시의 비밀스러운 혹은 눈에 띄지 않는 활동은 정치적 사고에 익숙한 사람들에게 경제적 현실을 가려주기에 충분했다. 그럼으로써 런던시의 모든 활동은 정치적 점검의 대상이 되지 않았다. 다른 측면에서 보면 정치적 권위가 크고 작은 민족단위로 분산되고 점차 민주적 통제에 들어갈 수 있었던 것도 바로 경제적 권위가 고도로 집중되어 조용히 행사되었기 때문이다. 경제적 권위란 곧

8) W. Bagehot, *Lombard Street*(제1장의 마지막 문장).

정치적 사실이다. 그리고 영국의 경제력은 해군력의 우위에 기반한 정치력과 밀접하게 관련되어 있었다. 그러나 이와 같은 정치력과 경제력의 상호관계는 간과되었다. 민족의 정치적 독립이라는 것이 영국의 우위에 기반한 사이비 국제주의적 세계경제질서에 의해 조건지어져 있다는 사실은 통제력을 행사하는 런던시도, 또 통제를 받는 사람들도 느끼지 못했기 때문에 지금 기준으로는 국가주권의 침해라고 할 만한 일에 대해서도 별 유감이 없었다. 그리하여 19세기의 민주화된 민족들은 자연법이란 미명아래 자신들의 경제적 운명을 보다 우월한 외부의 조정자에게 전적으로 맡기고 무제한적인 민족주의의 권리를 더욱 큰 목소리로 외치고, 적어도 정치분야에서는 직접 행사하였던 것이다. 19세기의 질서는 바로 이와 같은 정치력과 경제력의 분리라는 착각 위에, 그러나 실상은 자유와 권위가 뒤섞여 있는 바탕 위에 자리 잡고 있었다.

1870년대에 들어와 처음으로 이처럼 우아한 건물을 뒤흔든 지진이 있었다. 독일이 누구도 대적할 수 없는 대륙의 강대국으로 등장한 것이다. 그리고 프리드리히 리스트(Friedrich List)가 오래 전에 영국 중심의 세계경제체계에 최초의 도전의 씨를 뿌린 것도 독일에서였다. 자유무역이 불완전하나마 마지막으로 승리를 기록한 것은 1860년대였다. 그리고 1879년의 독일 관세는 국가정책의 목적을 위한 경제적 개입이라는 의미에서 근대적이고 "과학적인" 최초의 관세였다. 1870년 이후 민족건설의 작업은 거의 완성된 듯이 보였다. 민족주의는 이제 "발칸반도"의 문제가 되었고, "발칸반도"가 의미하였던 모든 불길한 징조를 포함하게 되었다. 1890년대에 영국의 상업적 우위와 해군력의 우위가 동시에 도전을 받게 되었을 때 19세기적 구조에 심각한 금이 가기 시작했다. 그리고 제1차 세계대전으로 그러한 두 가지 우위가 끝이 났을 때 19세기의 경제체계는 철저히 붕괴되었다. 이를 되살리려는 노력은 단지 그 기반에 대한 이해가 얼마나 부족했던가를 실감하게 할 따름이었다.

3. 제 3 기

제3기에 들어와 국가의 성격은 또 한 번의 변화를 겪게 된다. 이 시기를 특징지은 민족주의의 폭발적 성장과 국제주의의 붕괴는 이미 1870년을 전후하여 시작되었지만 1914년이 지나서야 완성되었다. 이 말은 당시 개인들이 모두 정서적으로 민족주의적이 되고 다른 나라 사람들과 협력하려 들지 않게 되었다는 뜻이 아니다. 단지 민족주의가 새로운 정치적, 경제적 환경 속에서 작동하게 되었다는 뜻이다. 이 현상을 제대로 이해하려면 그를 둘러싼 세 가지 이유를 따져 보아야 한다 : (1) 민족내부에 새로운 사회계층의 등장 ; (2) 경제력과 정치력의 재결합 ; (3) 민족 숫자의 증가.

첫째, 19세기 마지막 30년간 서유럽과 중유럽에서 새로운 사회계층이 민족의 완전한 구성원으로 등장하였다. 그에 따른 두드러진 현상은 산업 및 산업기술의 발달, 도시인구 및 그 중요성의 빠른 증가, 노동자들의 정치의식과 조직의 성장, 의무교육의 도입, 참정권의 확대 등을 들 수 있다. 이와 같은 변화는 물론 오래 전에 시작된 과정의 논리적 귀결이지만, 그 결과에서 국가정책의 내용을 혁명적으로 바꾸기 시작했다. 19세기 초 민족의 "민주화"는 법과 질서의 유지기능에 대해 대중적 통제를 가져왔고, 그 핵심은 재산권의 보장에 있었다. 반면 그 자체의 법칙에 따라 다른 중심에서 관리되고 통제되는 경제사회의 작동은 대체로 "수수방관"하였다. 19세기말에 이르러 나타난 민족의 "사회화"가 가져온 변화는 훨씬 파격적이었다. 피털루(Peterloo)와 인민헌장 운동가(the Chartists)들의 운명이 보여주듯이 대중은 자유방임적 산업주의에 따른 엄청난 고통으로부터 스스로를 보호할 힘이 없었다. 이에 따라 대중의 정치적 힘은 그들의 사회적, 경제적 지위를 개선하기 위한 방향으로 집중되었다. 국가정책의 주된 목적은 단지 질서를 유지하고 좁은 의미의 "공공사업"만 수행하는 데 그치지 않고, 민족 구성원들의 복지를 관리하고 그들로 하여금 삶을 꾸려갈 수 있도록 해 주는 것으로 확대되었다. 제2기에 있었던 민족의 민주화는 지배 중산층의 정치적 주장을 확인하는 것이었다. 민족의 사회화는 대중의 경제적 주장을 앞으로 내세웠다. 임금과 고용을 유지하는 일이 국가정책의 핵심이 되었고, 필요하다면 다른 나라의 정책과 충돌도 감수해야 했다. 또 노동자들에게도 나라의 정책과 힘이 직접적이고 현실적 관심의 대상이 되었다. 민족의 사회화는 곧 사회주의의 일국화를 의미했다.9)

민족주의와 사회주의가 결합된 것은 20세기에 들어와 일어난 현상이지만 그 최초의 씨앗을 뿌린 것은 〈자코뱅당〉의 혁명적 민족주의였다. 자코뱅의 전통이 살아 있는 프랑스에서 1871년, 1917년, 1940년 등 일련의 국가위기에서 '우파'의 타협주의와 패배주의에 맞서 국가이익을 주장한 것은 '좌파'였다. 그러나 보다 근대적 형태로서 민족주의와 사회주의가 결합된 것은 비스마르크의 독일에서였다. 라살(Lassalle)이 이론적 바탕을 제공하는 가운데 비스마르크는 독일의 노동자들에게 정열적이고 냉혹한 민족주의를 통해 얼마나 많은 것을 얻을 수 있는가를 보여주었다. 후일 한 학자는 이를 "세단이 없으면 의료보험도 없는 것"이라고 불렀다.10) 같은 시기에 영국에서는 대중의 민족주의라는 그때까지 없었던 새로운 현상을 묘사하기 위해 〈징고이즘〉(jingoism)이라는 용어가 탄생하였다. 그리고 그로부터 10년 후 하코트(Harcourt)는 "이제 우리는 모두 사회주의자이다"라는 유명한 말을 남겼다. 〈토리 민주주의〉의 성공, 조셉 체임벌린(Joseph Chamberlain)의 정치적 역정, 1906년 이후 〈자유당〉이 채택한 일련의 광범

9) "국가사회주의"가 나치에서 개발한 것이 아님은 굳이 말할 필요도 없을 것이다. 이 말은 프리드리히 나우만(Friedrich Naumann)이 주도한 일군의 지식인들에 의해 1985년 독일에서 처음 쓰였다. 몇 년 후 이 말은 오스트리아-헝가리에서 당조직을 합스부르크 지배하의 모든 조직을 통괄하는 "국제적" 조직이 아닌 "민족" 단위의 연합체로 만들고자 한 〈사회민주주의자〉들에 의해 쓰였다.

10) F. Borkenau, *Socialism, National or International*(1942), p. 52. 이 책은 내가 "사회주의의 민족화"라고 부르는 과정에 대해 가장 뛰어난 비판적 분석을 제공하고 있다. 영국과 미국의 지도하에 러시아 서쪽의 유럽의 조직을 예견하고 있는 마지막 장은 그 시기적 특징과 일말의 반러시아적 정서를 보이고 있다.

한 사회개혁 조치들은 모두 이와 같은 바람을 타고 일어난 일들이었다. 이제 국가정책은 대중의 지지를 위한 것이었고, 대중들은 그들의 집단적 이익과 야망의 수단이 된 민족에 충성을 바쳤다.11)

이에 따라 1900년대 초에 유럽의 모든 선진국에서 "두 개의 민족" 사이의 분열은 치유되었다. 19세기에는 민족이란 중산층을 의미했고, 노동자는 조국이 없었으며, 사회주의는 국제적이었다. 1914년의 위기에서 후진 러시아를 제외한 모든 나라에서 그와 같은 태도는 시대착오임이 드러났다. 노동자 대중은 누구 편을 들어야 빵이 생기는지를 본능적으로 깨달았다. 레닌(V. I. Lenin)만 외롭게 자신의 조국이 패배하는 것이 사회주의의 목표라고 외치며 "사회 국수주의자"들에 대한 반항을 외쳤다. 국제 사회주의는 무안하게도 몰락했다. 그것을 되살리기 위한 레닌의 절망적 노력은 혁명의 조건이 그나마 남아 있던 러시아에서만 성공을 거두었다. 그리고 "노동자의 국가"가 세워진 이상 "일국 사회주의"(socialism in one country)는 그야말로 논리적 귀결이었다. 그 이후 러시아의 역사와 〈코민테른〉(Communist International)의 희비극(喜悲劇)은 민족주의와 사회주의 간 결합의 공고함에 바치는 우아한 찬사에 다름없었다.

오늘날 민족주의가 인플레된 것은 두 번째 이유, 즉 경제현상의 정치화와 경제정책에 있어서 정치권력의 재확인은 널리 인식되고 있다. 그러나 다들 이를 기성 정치인들의 사악함 혹은 대기업의 사악한 영향 탓으로만 돌릴 뿐 민족의 사회화라는 보다 근본적인 이유는 간과하고 있다. 제2기의 민주적 민족주의는 관리하기가 용이했고, 국제질서와 어느 정도는

11) 1907년에 처음 출판된 저서에서 오스트리아의 사회민주주의자인 오토 바우어는 사회주의란 "각 민족의 독특성을 강조하고 민족성의 차이를 강조하는 민족의 차별화"를 의미한다고 하면서 사회주의가 "민족간의 차이를 감소시키고 제거할 것"이라는 사람들을 공격하였다(Otto Bauer, *Die Nationalitaetenfrage und die Sozialdemokratie*, 2nd ed., pp. 105~6). 영어사용권의 국제관계학자들은 그와 같은 안목을 갖지 못했다. 그들은 국제문제에 대한 "대중"의 관심이 증대하고 있음을 자축하면서 그로 인해 국제적 화목이 증진될 것이라고 믿었다.

양립이 가능했는데, 이 이유는 그 목적이 기본적으로 정치적이었고 19세기의 자유방임주의 혹은 "야경"국가의 틀 속에서 달성될 수 있었기 때문이다. 그러나 제3기의 사회민족주의(혹은 국가사회주의)는 정치적 목적이 아닌 경제적 목적에 기반을 둔 것이었기 때문에 자유방임국가가 사라지고 "사회봉사"국가가 등장하였다. 중산층의 지배에서 대중의 지배로의 이동, 혹은 자유민주주의에서 대중민주주의로의 이동은 국가의 성격에 관한 한 정치에서 경제로의 이동이라고 할 수 있다. 이제부터 민족국가의 기능은 정치적인 것 이상으로 경제적이 되었다. 이와 같은 새로운 기능은 곧 국제경제질서의 파괴를 의미했고, 바로 그로 인해 1919년 이후 그와 같은 질서를 회복하는 것은 설사 다른 장애요인이 없었더라도 불가능하였다. 민족주의가 경제영역을 침범하고 정복하였다. 단일한 세계경제는 여러 개의 국가경제로 대체되었고, 각 국가경제는 자국민의 복지에만 주력하였다.12)

민족의 사회화와 '경제민족주의'(economic nationalism)의 연결은 1919년 이후 모든 선진국에서 채택한 정책, 즉 대규모 이민의 금지에 의해 완성되었다. 19세기의 중산층 정부는 생산과 이윤에 목적을 두고 풍부한 노동력의 공급에만 관심이 있었기 때문에 임금의 수준이나 노동자들의 삶의 질에 주목해야 할 정치적 이유가 없었다. 그에 따라 50년 동안 외국인 노동자들을 배척하고자 한 노동조직의 바람은 이루어질 수 없는 꿈에 불과했었다. 이제 사용자와 자본가들의 이익에 명백히 반함에도 불구하고 외국인 노동자의 유입은 금지되었다.13) 19세기 국제질서의 유지를 위해 가장 필요했고 또 가장 효과적으로 작동했던 안전밸브가 닫혔다. 이로써 민

12) 경제민족주의의 여러 정책들은 자유방임적 국제질서에 위배되고 자유방임주의가 등장하기 전의 여러 관행과 동일하다는 의미에서 때로 "신중상주의"로 불리고 있다. 그러나 이 용어는 잘못된 것이다. 민족주의의 견지에서 볼 때 이는 과거로의 복귀가 아니라 왕조에서 중산층으로, 중산층에서 대중으로 민족의 개념과 내용이 확대되어 나가는 하나의 과정에서 후속의 단계를 의미하기 때문이다.

13) 이 점에 있어서 중산층이라고 해서 노동자들과 크게 다르지 않다. 1930년대 영국에서 난민 의사들의 유입을 반대한 것이 좋은 예이다.

족간의 충돌이 불가피해졌다. 새로이 막강한 세력으로 등장한 노동계급의 이익이 배타적 민족주의 정책으로 흐른다는 것을 이처럼 잘 보여주는 예도 없다. 1930년대 인도주의적 필요에 따라 영국이 외국인 난민을 받아들이지 않을 수 없게 되었을 때 "일자리를 찾지 않는다"는 단서가 붙었다. 이제 민족은 국부에 부담이 되는 사람들은 받아들여도, 생산능력을 통해 국부의 증진에 이바지할 수 있는 사람은 받아들이지 않게 된 것이다.

그러나 이는 보다 큰 추세의 한 증상에 불과했다. 노동자들이 식료품의 가격안정을 위해 자유무역의 전통을 지지한 것은 영국뿐이었다. 그러나 1931년 이후 영국에서도 임금의 안정이라는 명분이 승리했다. 산업의 보호와 보조금의 지불은 노와 사에게서 동시에 지지를 받았다. 그러한 공통의 이익이 노사관계의 갈등을 관리하는 데에도 도움이 되어 이제 국가정책과 산업정책은 과거 어느 때보다도 굳게 결합되었다. 하나의 정책도구가 두 가지 목적을 수행하는 것이다. "대외무역의 독점"에서 보듯이 많은 조직들이 곳곳에서 사회주의적 원칙에 따르고 있다. 그러면서도 이들은 모두 경제민족주의의 효과적인 수단이 되고 있다. "계획경제"란 민족주의와 사회주의라는 두 개의 얼굴을 가진 야누스이다. 몇 년 전이라면 "사회주의는 곧 힘이다"라는 슬로건은 사회주의자들에게도 우습게 들렸을 것이다. 민족이 전쟁에서 궁극의 힘을 시험받게 된 오늘날 나라들은 철저한 사회주의적 정책을 취함에 아무런 거리낌이 없다. 자유방임주의는 민족주의와 사회주의의 공격을 동시에 받게 되었고 이 둘은 희한하게도 그 목적에서 거의 구별이 되지 않는다. 그리고 이 둘은 서로 결합됨으로써 엄청난 힘의 증대를 누리고 있다.

민족주의가 증폭된 세 번째 이유, 즉 제3기에 들어와 민족의 숫자가 엄청나게 증가하였다는 사실은 충분한 주목을 받지 못하였다. 이 점에 있어서도 1870년은 하나의 중요한 전기였다. 그때까지 민족주의의 힘은 유럽에서 독립된 주권단위의 숫자를 감소시켰다. 독일과 이탈리아의 통일이 완성된 이후인 1871년에 유럽의 독립국의 수는 14였다. 1914년에는 20개국이 있었다. 1924년에 그 숫자는 26으로 늘었다. 50년간 국가의 수가 거의 두 배 증가함으로써 유럽질서의 문제가 어느 "정도" 악화되었다고 말하면 문제의 심각성을 제대로 표현하지 못한다. 그 문제의 "종류"가 바뀌었다고 해야 온당하다. 1871년에는 다섯, 기껏해야 여섯 개의 강대국만이 유럽의 주요 문제의 당사국이라는 생각이 지배적이었다. 그러한 생각은 더 이상 통하지 않는다. 제1차 세계대전이후의 평화조약이 최종적이고 완결된 것이라는 생각도 찾아보기 어렵다. 민족자결은 분리주의 운동을 항상 열어놓고 있는 것이나 마찬가지이다. 오스트리아-헝가리를 해체시키고 유고슬라비아와 체코슬로바키아를 탄생시킨 운동은 곧 유고슬라비아와 체코슬로바키아의 해체를 가져올 수 있기 때문이다. 민족주의의 원칙에서 이 과정은 자연스럽고 정당성을 가진다. 그 끝은 없다. 1914년 이후 이 운동은 아랍세계, 인도, 극동으로 빠르게 전파되었다. 다만 영연방의 틀 속에서 새로운 민족들이 성숙하고 있는 것이 예외를 구성할 따름이다. 더욱이 이와 같은 권위의 분산은 군사적, 경제적 발전에 따라 통합이 요구되는 시점에 나타났다. 즉 이 시기의 산업조건에 깊이 자리 잡은 추세를 무시하고 있는 정도가 아니라 역행하고 있는 것이다. 유럽에 20개가 넘는, 그리고 전 세계에 60개가 넘는 정치적 단위가 독립된 주권국가의 지위를 주장하며 존재한다는 사실 하나만으로도 제3기 민족주의의 해악이 더욱 악화되고 있는 이유를 설명할 수 있는 것이다.

유럽에 국경이 급증하고 있고 지금까지 서유럽과 서유럽이 직접 지배하던 곳에 한정되었던 민족주의의 개념이 전 세계로 확산되면서 "경제민족주의"에 커다란 추진력을 부여하고 있다. 그러나 이 용어를 산업발전에 선두주자들이 독점해 온 지위를 공유하고자 하는 "후진" 민족들의 자연스럽고 정당한 결단에 적용하는 것은 공평하지 못하다. 19세기에 산업생산은 일부 서유럽 국가에 집중되었다. 이들이 자국의 산업생산물을 전 세계에 공급하고 대신 식료품과 자연자원을 공급받는 것은 아마 국제적 분업의 실제적인 예일 것이다. 그러나 이들 산업선진국의 지위 자체가 자멸적이다. 왜냐하면 이는 곧 후진 나라들에 산업화에 대한 열망과 능력을 부여하고 또 민족의식을 고취할 것이기 때문이다. 1840년에 이미 리스트(F. List)는 자유무역이 산업적으로 성숙한 민족의 이익에 도움이 될지는 몰라도 보호관세는 후발 국가의 산업이 성숙할 때까지 필요하고 정당한 수단이라고 주장했다. 19세기에 독일과 미국이 이와 같은 교훈을 배우고 실천하여 득을 보았다. 이는 이제 전 세계의 새롭고 보다 작은 나라들이 취하는 정책이며, 산업생산을 통해 그에 따른 힘과 명예를 누리기 위해 경제민족주의의 전 기제는 이제 완전히 가동되었다. 이에 따라 국제무역은 불가피하게 줄어들고 점차 축소되는 시장에 대한 경쟁을 격화시켰다. 그 결과는 재앙이다. 그러나 아직 누구를 탓하기는 이르다. 이는 단지 산업생산의 이득과 특권을 공유하기를 바라는 독립주권국가의 수가 급속히 늘어났다는 사실에서 기인하였을 따름이다.

민족의 사회화, 경제정책의 국가화, 그리고 민족주의의 지리적 확산이라는 세 가지 요소의 조합이 제3기의 전체주의적 성격을 초래했다. 그리고 이 조합이 한 세대에 두 차례의 세계대전, 혹은 같은 세계대전의 두 번에 걸친 폭발을 가져왔다. 그리고 그 조합이 역사 어느 때도 보기 어려운 비참한 참상을 초래하였다.

4. 절정기

1914년의 세계대전은 사회화된 민족간의 최초의 전쟁이었고, 최초의 '총력전'(total war)이었다. 전쟁이 정부와 군대만이 수행하는 것이라는 생각은 조용히 그러나 결정적으로 사라졌다. 전쟁이 끝나기 전에 군인과 민간인의 전통적 구별은 멀찌감치 사라졌다. 프로파간다와 대량테러행위, 봉쇄와 공습을 통해 민간인들의 사기를 공격하는 것이 전쟁의 수단으로 공인되었다. 정책적으로 외국에 대한 증오를 부추기고, 적국의 군대를 격파하는 것만이 아니라 그 국민들에게도 보복을 가하는 것이 공인된 전쟁 목표가 되었다. 제2차 세계대전에서 군인과 민간인의 구별은 처음부터 없었다. 단지 같은 투쟁에서 다른 과업과 다른 “전선”에 동원된 남자인력과 여자인력이라는 형태의 차이만 있을 뿐이었다. 자국정부든 적국정부든 그들의 눈에 개인이란 단지 민족의 전열에 한 단위로 보일 뿐이었다. 1940년 5월 영국의회는 전쟁 수행을 위해 필요한 목적을 위해 “국민들에게 그들 자신과, 봉사와, 재산을 폐하의 처분에 맡기는” 법령을 통과시켰다. 민족주의자들과 사회주의자들은 역사상 어느 나라도 채택한 적이 없는 이처럼 무제한한 전체주의적 조치들에 손을 모아 박수를 보냈다.

민족의 사회화에 따른 불가피한 귀결이라고 할 수 있는 경제체계에 대한 국가의 정치적 권한의 회복은 두 차례의 세계대전을 낳은 상황을 가져온 여러 요인들 중의 하나일 뿐이다. 그러나 이는 동시에 전쟁으로부터 엄청난 추진력을 얻었기 때문에 양자 사이의 인과관계는 상호적이 되었다. 1914년 전쟁이 발발하자 그 즉각적이고 혁명적인 결과는 모든 교전국의 정부들이 자국의 화폐를 찍어내고 통제할 권리를 회복하면서 〈스털링〉의 세계화폐로서의 역할이 사라졌다는 점이다. 그와 유사한 조치들이 통상정책에서도 취해졌다. 두 세기 동안 조심스럽게 지켜진 사유재산과 교전국 시민들의 상업이익에 대한 존중은 이제 완전히 사라졌다. 1914년 이후 적국의 시민과 직접적이든 간접적이든 개인적이나 상업적 교신을 하는 것은 불법행위가 되었다. 근대전쟁사상 처음으로 적국의 사유재산을 몰수함으로써 자유방임주의 사회와 부르주아 문명에 치명타를 가하였다. 병참과 군수물자만이 금수품이었고 중립국들은 교전국과 자유롭게 통상하던 시절에 만들어진 국제법은 한쪽에서는 잠수함전을 수행하고 다른 한편에서는 “무제한” 봉쇄를 취함으로써 크게 제약되었다. 더욱 중요한 것은 단순히 전쟁의 방법이 아니라 전쟁의 목적에서도 변화가 있었다는 점이다. 누가 승리하든 평화의 조건은 패전국의 생활수준에 커다란 타격을 가한다는 점이 분명해졌다. 후진지역의 식민지 전쟁에서나 쓰였던 정책이 처음으로 유럽국가들 사이에 적용되었다. 사회화된 민족간의 전쟁은 불가피하게 승자에게 경제적 이득을 가져다주고, 패자에게 경제적 불이익을 가하는 도구가 되었다. 현대전은 끝장을 볼 때까지 싸워야 하고 패자는 할 말이 없다.

이러한 증상을 단지 전시에만 나타나는 일시적 현상으로 간주하는 것도 올바른 분석이 아니다. 〈국제연맹〉에서 온갖 그럴듯한 장치를 만들었지만 두 차례의 세계대전 사이의 시기에 국제관계는—1924~29년간의 일시적 유예기간을 빼고는—점차, 그리고 치명적으로 악화되었다. 이 20년 동안 과거 어느 때에 비해 국가간에 많은 합의가 있었지만, 정작 중요한 정치적, 경제적 문제에서 집행된 실질적 내용을 가진 합의는 과거 어느 때보다도 적었다. 그리고 침략행위를 감행한 것도 제2차 세계대전의 침략국에 한정되지 않았다. 이와 같이 악화된 국제관계가 단지 불운이라든가 몇 명의 남자 혹은 몇 개의 나라의 남성적 폭력의 발산으로 치부하는 것도 잘못이다. 나쁜 사람은 찾으려면 언제든지 찾을 수 있기 때문이다. 제네바의 국제연맹에서 만나는 50개 이상의 나라 대표들이나 그들에게 훈령을 보내는 사람들이 비정상적으로 싸움꾼이라든가 완고하다고 하는 것도 잘못이다. 오히려 합의에 대한 그들의 정열은 아무런 내용이 없더라도 최소한 합의의 형태를 띠기 위해 의미 없는 의정서와 결의문에 끈기 있게 서명하는 것에서 잘 나타나고 있다. 이들이 합의에 실패한 것은 단지 그들이 그 진화과정에서 마지막 절정기에 달한 민족을 대표하고 있었기 때문이다. 이때처럼 민족간의 협력에 대한 논의가 많았던 적은 없다. 이때처럼 민족간의 협력의 내용이 없었던 적도 없다. 전 국민의 생활수준과, 고용과 쾌락의 보호자로서 근대 민족은 바로 그 속성과 기능 때문에 다른 어떠한 인간 집단보다 서로 간에 협력을 달성할 수 없는지도 모른다.

국내사회에서 그 구성원들이 비교적 법을 지키는 습관이 있다는 점과 국제사회에서 그 구성원인 민족들이 법을 어기는 성향이 있다는 점은 놀랄 일이 아니다. 그리고 특히 근년에 들어와 국제법의 위반사례가 급격히 늘고 있다는 것도 널리 인지되고 있다. 이러한 경향은 국제합의의 수가 줄고 있는 것과 마찬가지로 앞에서 본 것과 같은 시각에서 쉽게 설명할 수 있다. 17~8세기의 국제법은 주권군주들의 선의에 입각한 것이었다. 개인적 약속과 의무를 개인적으로 지키는 것에 지나지 않았다. 왕조들간의 일체감만으로 서로간에 약속을 지키는 것은 큰 문제가 아니었다. 19세기에는 중산층 정부간의 일체감과 재산권에 대한 존중, 나아가 런던의 국제금융 권위를 화나게 할까하는 두려움이 더불어 어느 정도 국제법과 국제합의를 지키게 하는 충분한 동기를 부여하였다. 역설적으로 국제법에 대한 존중의 쇠퇴를 처음으로 주목하고, 그것이 민주국가의 신뢰성의 부족 때문이라고 말한 사람은 비스마르크였다. 그러나 그러한 진단은 너무 편협한 것이다. 이는 특정한 정부나 헌법형태에 기인한 것이 아니라 비스마르크 자신이 최초로 주창한 민족의 사회화 때문이었다.

오늘날 국제의무의 준수여부는 정부형태를 막론하고 전적으로 민족의 의지에 달려 있다. 외국인 용병이나 발언권이 전혀 없는 사회계층에서 징집한 군대로 운영하던 18세기 왕국들은 특정한 상황이 전쟁 사유를 구성한다고 사전에 공언하였고, 그러한 공언은 대체로 지켜졌다. 19세기에 자유민주주의가 등장하면서 영국은 해군력의 과시 이상을 필요로 하는 공약에 대해서는 극도로 조심스러운 태도를 취했다.14) 미국의 헌법은 아직까지 어떠한 경우에도 전쟁을 해야 할 의무를 아예 금지하고 있다. 민족이 사회화하고 총력전이 일반적이 된 오늘날 그 정부형태와는 상관없이 신중하고 사려 깊은 정부라면 사전에—즉 며칠 혹은 몇 주 이전에—전쟁을 공언할 수 있는 경우는 거의 없다. 이와 같은 조심성은 〈국제연맹규약〉과 같이 구체적이지 않고 막연한 의무의 경우 특히 그러하였다. 징집병으로

---

14) 이 점과 관련하여 세 가지 고전적 선언을 기억할 필요가 있다. 1820년 5월 5일 영국 외상 캐슬레이(Castlereagh)의 〈국가교서〉(State Paper); 1870년 8월 10일 당시 수상이었던 글래드스톤이 벨기에 보장조약이 "엄격한" 의무를 규정하고 있다는 것을 부인한 것; 1901년 5월 29일 당시 수상 솔즈베리(Salisbury)의 비망록.

구성된 군대로 정복한 적국 영토에서 경찰활동을 하는 경우도 오래 계속 되면 민주국가의 경우 큰 부담으로 작용한다.

재정적 혹은 경제적 공약도 마찬가지이다. 일부 정부는 이를 오로지 선의의 측면에서 수락하는 경우가 있으나 이는 그 결과를 충분히 이해하지 못했기 때문이라고 할 수 있다. 따라서 그것이 계약당사국 중 어느 일방의 생활수준이나 고용수준에 불리하게 작용할 경우 위반하는 경우도 빈번하다. 그 좋은 예가 1933년 영국이 미국에 대해 진 재정적 의무를 위반한 경우이다.[15] 마찬가지로 국제법의 일반 규정들도 그 준수를 위해서 전시의 경우 생명의 상실이나 패전의 위험을, 평시의 경우는 심각한 경제적 손실을 감수해야 한다면 이를 지킬 국가는 오늘날 거의 없을 것이다. 근대 민족정부의 제1의 의무는 자국 국민에 대한 것이고, 다른 어떠한 의무도 이에 우선할 수 없다. 이를 인간이 갈수록 사악해지는 증거라고 한탄하는 것은 어리석은 일이다. 다른 한편으로는 사회적 양심이 성장한 증거로 간주될 수도 있기 때문이다. 그러나 어떠한 입장을 취하든 근대 민족정부가 민족의 복지에 부담이 되거나 안보상 위험이 되면 더 이상 국제조약이나 국제법 규칙을 준수하지 않을 것, 또 못할 것이라는 것은 이제 명백하다. 민족정부들의 의무에 기초한 소위 국제질서는 하나의 오막살이에 불과하여 조금만 힘을 주면 먼지처럼 무너져 내릴 것이다. 전시, 평시를 막론하고 주권군주 시대의 국제법은 사회화한 민족과는 양립할 수 없게 되었다. 국제조약과 국제법에 입각한 국제사회를 건설하는 데 실패함으로써 서방의 민족주의는 마침내, 그리고 결정적으로 파산선고를 받았다.

---

15) 이 문제에 대한 고전적 언급은 영국이 미국과 맺은 전시부채협약에 따른 의무를 마지막으로 지불하고 나서 당시 영국 재무장관이었던 네빌 체임벌린이 한 말이다: “계약은 신성한 것이고 우리가 선택한 의무는 어떠한 경우에도 위반해서는 안 된다고 하더라도 우리 국민들뿐만 아니라 세계 도처에 살고 있는 수억의 인류에 대한 또 다른 의무와 책임이 있다는 것을 잊어서는 안 됩니다. 그들의 행복과 불행이 바로 이러한 조약의 의무를 얼마나 주장하고 이행하는가에 달려 있는 것입니다”(*House of Commons Official Report*, December 14, 1932, vol. 273, col. 354).

한편 민족주의의 지리적 한계가 확장된 것은 민족의 수를 수배 증가시킨 데 그치지 않고 민족주의를 새롭고 익숙지 않은 토양에 이식한 결과를 가져왔다. 서유럽에서 민족주의는 〈기독교 공동체〉, 자연법 그리고 세속적 개인주의의 전통으로 비옥한 토양에서 자랐다. 독일에서 자연법과 개인주의적 전통의 뿌리는 깊지 않았다. 러시아와 기타 정교가 지배한 나라에서 그러한 전통은 무시되거나 배척되었다. 유럽을 벗어나면 민족주의는 이제 기독교 혹은 유럽의 전통이 낯설고, 유럽의 민족주의를 어느 정도 제약하였던 조건들이 존재하지 않는 나라로 전파되고 있다. 유럽에서도 제1차 세계대전의 참혹함으로 말미암아 그러한 제약조건들이 붕괴되었다. 제2차 세계대전은 개인주의의 인도주의적 전통이나 자연법의 세계주의적 전통에 '립서비스'(lip service)조차도 한 적이 없는 독일에 의해 시작되었다. 유럽의 곳곳에서 민간인들이 대거 추방되고 동유럽에서는 많은 수의 유태인들이 의도적으로 살해되었다. 독일은 여러 차례, 일본은 악명 높은 진주만 공격에서 선전포고를 하지 않고 군사행동을 취했다. 국제법이란 적국을 비난하기 위한 목적 이외에는 아무런 소용이 없었다. 전쟁을 수행하면서 비인간적이고 잔혹한 행위의 정도는 전장이 서유럽을 벗어나는 정도에 비례하여 증가하였다. 서유럽보다는 동유럽에서 잔혹하였고 아시아와 태평양지역에서 가장 잔혹하였다. 러시아와 일본은 전쟁포로에 관한 제네바 협약의 당사국이 아니었고, 독일에서는 많은 조직, 특히 나치 조직은 협약상의 의무를 갈수록 무시하였다.

그러나 서유럽이라고 해서 국제분쟁상 최악의 잔혹행위에서 면제되기는 이르다. 군사기강이 무너지고 피정복지역이 4년간의 피 말리는 압제에서 해방되면 세계 어느 지역에 못지않은 참사가 일어날지 모르는 일이다. 민족들간의 궁극적 화해에 대한 희망을 담은 국가정책은 아직 나오지 않고 있다. 아마 남녀노소를 강제로 세계 곳곳으로 이주시킴으로써 모든 민족단위를 동질적으로 만드는 것이 합리적인 정책이라는 생각이 나올 때 민족주의의 절정이 올지도 모른다. 그와 같은 안이 없지 않았다. 프랑스의 혁명민족주의 시절 〈자코뱅당〉은 알자스 지방의 독일어 사용 인구를 추방하고 선량한 프랑스인들로 대체하고자 하는 생각을 했었다.[16] 이와 같은 생각은 그로부터 120년간 잠자다가 제1차 세계대전 이후 부활했다. 1919년 1월 베니젤로스는 "대규모의 인구를 상호 이주시킴"으로써 소아시아 미노르 지방의 국경을 정리할 것을 제안하였다. 거의 같은 시기에 맥킨더는 지정학에 관한 유명한 논문에서 동부 프러시아의 독일인과 포젠의 폴란드인을 맞바꾸자는 제안을 했다.[17] 미노르 지방의 인구이동은 실제로 터키와 그리스, 그리고 그리스와 불가리아 사이에 실행되었다. 어울리지 않는 고상한 태도로 국제연맹은 이처럼 절망적 조치를 승인하였고, 후일 히틀러가 이 전례를 멋대로 악용했을 때에도 여전히 그런 태도를 취했다. 과거에 비해 볼 때 대규모의 인구이동을 동반한 영토합병은 오늘날 "덜"이 아니라 "더" 존중받는 행위로 인정받고 있다. 오랜 인간사를 놓고 볼 때 이러한 행위가 역사상 가장 무자비한 행위라고 하기는 어렵다. 그러나 민족 그 자체를 하나의 목적으로 하여 개인 위에 올려놓고, 민족주의라는 우상을 위해 인간 자체를 희생시킨 사례로는 가장 어처구니가 없는 경우라 불러 마땅할 것이다.

5. 제 4 기 ?

따라서 제2차 세계대전은 근대 국제관계 제3기의 절정이자 가장 큰 비극이라고 불러 마땅하다. 그리고 앞으로 한 세기 동안 인류의 운명을 지배할 제4기로 넘어가는 분수령을 이루고 있다. 제2차 세계대전이 제3기의 절정이라는 것은 곧 민족주의가 지금 시점에 가장 강력하게 작용하고 있다는 뜻이다. 따라서 국제관계의 미래에 대해 거의 절망적인 비관론에 빠

---

16) F. Hertz, *Nationality in History and Politics*, p. 86에서 인용.

17) H. Mackinder, *Democratic Ideals and Reality*(Pelican ed., 1944), p. 121.

질 수도 있다. 그러나 자세히 살펴보면 무언가 새로운 추세가 나타나고 있음을 알 수 있다. 이처럼 새로운 추세가 반드시 희망적인 것이라는 보장은 없지만, 그럼에도 기왕의 추세와는 다른 점이 없지 않아 앞으로 수년 내에 민족과 국제관계가 미묘한 변화를 겪게 될 것이라고 기대해도 큰 무리가 없다.

역설적이지만 전쟁 그 자체에서 몇 가지 변화가 일어나고 있다. 그러면서 앞에서 나타난 무조건적 민족주의가 어느 정도 완화되는 징후가 있다. 제2차 세계대전 발발 당시 독일을 포함한 세계 거의 모든 나라에서 민족주의적 열망이나 광분이 없었다는 것이 그 하나다. 이 점은 1914년에 팽배했던 애국주의적 열정과 좋은 대조를 이루었다. 또 민족간의 증오도 전처럼 노골적이지 않고 이데올로기의 가면을 쓰고 나타났다. 독일에서도 "증오의 노래"는 새로이 등장하지 않았다. 영국에서 "반시타트주의"[18]라고 불린 독일위협론은 제1차 세계대전에서 노골적으로 나타났던, 쑥스러운 민족감정을 합리화하려는 시도에 지나지 않았다. 심지어 히틀러의 "민족주의"도 시간이 흐르면서 "독일"이라는 색채를 잃고 "아리안" 혹은 "노르딕" 민족주의로 이름지어졌다. 처음에는 〈대공간경제권〉의 필요에 따라, 나중에는 인력에 대한 필요에 따라 엉뚱한 장소에서 그 이름을 찾은 것이다. 많은 나라에서 조국을 배반하고 나치에 붙은 사람이 얼마나 되는지 정확히 알 수는 없다. 체코슬로바키아나 유고슬라비아와 같은 신생국가에서 "매국행위"가 많았으리라는 것은 쉽게 짐작할 수 있다. 그러나 오랜 민족주의적 전통을 자랑하는 유럽국가에서 "부역"(附逆) 행위가 만연한 것은 새롭고 또 놀라운 현상이다. 1000~1200만 외국인 노동자들이 독일이나 독일점령지역의 공장에서 군수물자 생산에 종사했다; 독일군대의 상당부분을 십수 개 나라의 국민들이 차지하고 있었다; 외국인을 상대로 한 대

---

18) [역주]: 반시타트(Vansittart, 1881~1957)는 영국의 외교관으로 독일위협론을 계속 주장하여 독일과의 유화를 주장한 체임벌린 수상의 미움을 샀다.

규모의 모병이 이루어졌는데 이는 단순한 사병만을 위한 것이 아니라 장교, 심지어 최정예의 SS친위대도 대상으로 했다. 이와 같은 현상은 단지 폭력으로만 설명할 수는 없고 고삐 풀린 망아지 같은 호전적 민족주의의 시대의 그림과는 어울리지 않는다. 1940~41년 히틀러가 승승장구하던 시절, 이에 큰 기여를 했던 정치적 전쟁은 곧 민족주의가 쇠퇴하고 있다는 징표이자 그 원인이었다. 정치전쟁은 민족의 단결에 균열이 있을 때만 성공할 수 있는 것이고, 그 목표는 바로 그러한 균열을 넓고 깊게 만드는 데 있기 때문이다. 유럽에서 독일의 세력에 극에 달했을 때 다음과 같이 날카로운 분석이 있었다: "히틀러의 성공은 기본적으로 그의 극단적 민족주의 때문이 아니라 그 주변국에서 민족주의가 쇠퇴하고 있다는 사실을 날카롭게 꿰뚫어 본 때문이다."[19)]

이상과 같은 몇 가지 사례만으로는 불충분할지 모른다. 그러나 보다 광범하게 나타나는 현상이 또 있다. 제2차 세계대전이 끝날 무렵 승리의 주역이 된 나라 중 과거 의미에서 민족주의적인 나라는 없었다. 영국 혹은 영연방은 한 번도 민족주의의 물결에 빠진 적이 없었다. "브리티시(British)"라는 단어는 엄격한 의미에서 민족을 의미하지 않았고, 〈대영국과 북아일랜드의 연합왕국〉(the United Kingdom of Great Britain and Northern Ireland)의 국민들을 지칭하는 말은 아직 없다. 더욱 중요한 것은 세계정치에 새로이 등장한 두 거인, 미국과 소련이 국가명에 민족의 이름이 포함되지 않은 다민족 국가라는 점이다. 민족의 "용광로"가 바로 미국의 자랑이다. 유럽을 해방시키기 위한 미국의 군대에는 독일, 폴란드, 이탈리아, 크로아티아, 기타 십수 개 민족의 피를 가진 장정들이 나란히 행군하였다. 1940년 대통령 선거에서 한 후보는 네덜란드인, 다른 후보는 독일인의 조상을 가진 것을 자랑스럽게 이야기했다. 소련도 민족문제와 관련한 혼란을 떨치고 조지아 출신 지도자 밑에 다양한 민족으로 구성된 소련이라는 단위에 대

19) F. Borkenau, *Socialism, National or International*(1942), p. 165.

한 충성을 강조했다.

따라서 제2차 세계대전이 끝날 무렵의 분위기는 1919년의 그것과 매우 달랐다. 1919년에는 민족자결주의의 깃발 아래 합스부르크, 로마노프, 터키 제국이 붕괴하였고 그 자체가 국제관계의 진보를 의미하는 것으로 간주되었다. 이것은 궁극적 정치, 경제단위로서 작은 민족을 위한 이데올로기인 분열적 민족주의의 최후의 승리였다. 그리고 그러한 승리는 바로 승자 스스로에게 자멸적 결과를 가져왔다. 점진적이든 혁명적이든 정치적 변화는 여러 곳에서 같은 강도 혹은 같은 정도의 진보를 가지고 나타나지는 않는다. 아마 그 목소리는 미약하고 전과 같은 확신은 없겠지만 아시아에서 자결에 대한 요구는 여전히 있을 것이다. 유럽에서도 과거의 작은 단위들의 일부는 위태로운 독립을 앞으로도 수세대간 이어갈 수 있을지 모른다. 그러나 그들의 군사적, 경제적 불안은 굳이 지적할 필요도 없다. 그들은 새로운 형태의 조직으로 나아가고 있는 세상에서 시대착오적 변종으로 생존할 따름이다. 그러나 새로운 형태의 조직이 어떠한 모습을 띨지, 그리고 그것이 가까운 과거의 형태보다 인류에게 나은 것일지는 아직 두고 볼 일이다.

2 국제주의의 앞날

국제조직의 최종적 단위로서의 민족은 오늘날 안과 밖에서, 그리고 이상주의적 입장과 권력현실의 입장에서 도전 받고 있다. 도덕적 측면에서 민족은 그 전체주의적 속성을 비난하고, 국제권위가 이름값을 하려면 민족의 권리와 복지가 아닌 사람의, 남자와 여자의 권리와 복지를 지향해야 한다고 믿는 사람들의 공격을 받는다. 권력현실의 측면에서 볼 때 민족은 근대 기술의 발달에 따라 군사적, 경제적 조직단위로서 구식이 되었다. 근대 기술의 발달은 효과적인 결정과 통제력을 대규모의 다민족 단위에 집중시키고 있기 때문이다. 그리고 이상과 같은 두 가지 공격은 서로 별개의 것만은 아니다. 민족주의의 도덕성에 대한 의문을 제기한 것은 바로 민족이 그 구성원의 군사적 안보와 경제적 복지를 보장하는 데 실패했기 때문이다. 민족의 미래는 이상 두 가지 상반된 힘의 강도와 균형에 의해 결정될 것이다. 일단 안으로부터의 도전을 살펴보자.

1. 개인과 민족

역사상 존재했던 모든 제도는 자리를 잡으면 곧 기득권층을 배양하고 스스로 주의주장을 내세우게 된다. 그러한 주의주장은 때로, 그리고 특히 위기시에 중요한 원칙의 시험을 치러야 한다. 민족주의에 대한 도전은 국제질서 속에서의 민족의 지위 자체를 부인하지는 않는다. 대신 그 지위가 무엇인지에 대한 보다 명확한 이해를 추구한다. 민족은 가족과 같이 "자연발생적"이나 "생물학적" 집단이 아니다. 또 개인과 같이 "천부의 권리"를 가질 수도 없다. 민족이란 그 경계가 뚜렷하여 명확히 인식할 수 있는 단위가 아니며, 또 보편적인 것도 아니다. 그것은 역사상 특정 시점과 특정장소에 한정된 것이다. 민족의식이 가장 두드러진 오늘날에도 지구상에 존재하는 사람들의 과반수 이상이 특정 민족에 대한 충성심을 가지지 않은 채 살아가고 있다고 해도 과언이 아니다. 그럼에도 불구하고 민족은 자발적 결사 이상의 그 무엇이다. 무엇보다 영토와, 언어와 가족을 뛰어넘는 핏줄의식을 가지고 있다. 근대 민족은 하나의 역사적 집단이다. 그 자체로서 사회 내부에서 일정한 기능을 수행하고 있다는 것은 부정하거나 무시할 수 없다. 그러나 그것은 결코 절대적인 것은 아니며 시간과 공간의 역사적 조건에 지배된다. 그리고 현 시점에서 민족은 안보와 경제적 복지에 대한 필요와 관련하여 이해되어야 한다. 민족과 관련하여 배척되어야 할 것은 민족이 정치적 권위를 담보할 수 있는 유일한 주권체이며 세계조직을 구성하는 최종의 단위가 되어야 한다는 민족주의의 주장이다. 그와 같은 주장은 지난 3세기간 적어도 1919년까지는 유럽에서 국한되어 조금씩 성장해 온 것이다. 아직도 완전히 사라지지는 않았다.

어떠한 국제질서든 반드시 민족을 구성단위로 하는 결사체이어야 하며, 국가사회가 개인으로 구성되듯 국제사회도 민족으로 구성되어야 한다는 것이 민족주의의 근본적인 주장이다. 앞 장(章)에서 보았듯이 국제관계제1기에서 이와 같은 주장은 당연한 것이었다. 당시 국제사회의 구성원은 개인으로서 주권군주들이었기 때문이다. 제2기에는 의인화된 민족이 주권군주의 위치를 대신했다. 이에 따라 제1기에 지배적이었던 전제가 조금 약화되기는 했지만 거의 모든 나라에서 왕조체제가 존속하였기에 그 영향은 살아 있었다. 〈유럽협조체제〉(Concert of Europe)는 원래 각 군주, 혹은 그 대리인 사이의 비밀회의로 출발하였고 주권군주들간의 정기적 모임이 그 핵심 장치의 하나였다. 제3기에 이르러 이와 같은 주권군주간의 모임은 하나의 죽은 신화에 지나지 않게 되었다. 다만 민주주의의 이름 아래 영국의 오스틴 체임벌린, 프랑스의 브리앙, 독일의 스트레제만과 같이 상상 속의 인물 사이의 관계로 부활하려는 미약한 시도가 없지는 않았다. 그러나 그 신화는 오늘날까지도 그 뿌리를 남겨 군주개인간의 관계와 민족이라는 결사체 사이의 관계가 서로 다르다는 사실은 거의 인식되지 않은 채 넘어가고 있다. 두 차례의 세계대전 사이의 기간, 즉 전간기에 국제사회가 민족으로 구성되어 있다는 것을 의심하는 사람은 거의 없었다. 그리고 그것이 얼마나 엄청난 전제를 깔고 있는지를 아는 사람도 거의 없었다.

이 기간 중, 개인으로 구성된 국가사회와 민족으로 구성된 국제사회가 유사하다는 식의 인식은 일반적 언술체계에서 널리 쓰이고 있었다. 그러나 그러기 위해서는 국제사회의 구성원이 국가사회의 구성원처럼 구체적이고, 서로 비교가능한 단위이어야 하는데 이는 의문의 여지가 있다. 17~8세기 주권군주들이 국제사회의 구성원이 되기 위해서는 힘이 있어야 했다. 곧 힘이 회원의 자격요건이었던 것이다. 19세기 유럽협조체제를 구성했던 강대국의 경우도 마찬가지였다. 그러나 1919년 평화조약은 다음과 같은 두 가지 새롭고 혁명적인 전제를 수용한 위에 체결되었다. 첫째, 인종과 언어에서 동일한 집단은 그 민족으로서의 지위에 따라 당연히 정치적 독립과 국가성립의 자격이 있다. 둘째, 모든 독립국가는 국제사회의 유효한 구성원이다. 곧 국제사회의 구성원이 될 자격요건은 힘의 문제가 아니라 권리의 문제가 된 것이다. 이론적으로 따지면 이와 같은 변화는 엄청난 진보이다. 그러나 실제에서 어느 민족이 국가를 세울 자격이 있는지를 정할 수 있는 객관적 기준이 없었다. 또 힘이나 정치적 편의라는 기준을 완전히 배제할 수도 없었다. 결국 국제사회의 구성원이 되고 못되고는 항상 불확실하였고 분쟁의 원인이 되었다. 민족이 개인과 마찬가지로 독자적이고 자결적인 단위라고 주장하게 되면 "도대체 민족이 무엇인가?"라는 질문은 불가피하다. 그리고 그 질문에 대한 답은 없다.

정치사상가들이 민족을 개인에 유추하면서 민족에 개인과 같은 천부적 권리, 즉 자유와 평등과 같은 권리를 부여하고자 함으로써 문제는 더욱 어려워졌다. 19세기에는 민족의 권리가 민주주의에서 당연히 도출되는 권리로 간주되었다. 그러면서 당시 혹은 전간기에 그 엄밀한 의미나 타당성을 따진 사상가는 거의 없었다. 자유란 개인이 향유하는 특권이다. 민족에게도 자유가 있다는 것은 하나의 편리한 비유일 뿐이다. 그럼에도 불구하고 하나의 "상식"이 되어 민족이란 그 자체로서 목적이며 숭배의 대상이라는 히틀러의 주장과 별 다를 바 없게 되어 버렸다. 민족의 자유가 의미를 가지려면 민족을 구성하는 남녀 개인들이 그것이 자신들의 자유에 불가피하다고 느끼고 요구해야 한다. 그러나 민족의 자유는 민족구성원 대다수의 기본적인 권리와 자유를 부정하는 결과를 가져왔다. 곧 민족의 자유란 용어 자체에서 모순인 것이다. 1919년 이후 중유럽에서 많은 선량한 사람들이 합스부르크 왕조로부터 독립을 가져다준 민족의 자유를 차라리 후회했다는 것은 잘 알려진 사실이다. 사람들이 민족의 자유를 위해 자신들의 생명과 자유를 기꺼이 희생한다고 믿는 사람들은 스스로 민족의 자유를 위해 자신의 생명과 자유를 희생해야 하는 입장에 처해 본 적 없는 사람들이다.

자유와 더불어 흔히 거론되는 민족의 또 다른 권리, 즉 평등의 권리도 마찬가지이다. 개인들 사이의 불평등이 크고, 현저하고, 교정할 수도 없는 경우 그들 사이에 정치적 공동체를 건설하는 것은 불가능하다. 국내사회에서 이 문제는 대개 사실상 실력자들만의 공동체를 구성함으로써 해결된다. 상대적으로 평등하다고 할 수 있는 백인들의 공동체, 지주들의 공동체, 유산계급의 공동체 등이 그 예이다. 국제적으로도 19세기의 국제사회는 사실상 강대국들의 사회였다. 이제 이와 같은 해결책은 더 이상 수락되지 않는다. 그 결과 (미국, 소련, 영국 등은 차치하고라도) 중국과 알바니아, 노르웨이와 브라질과 같이 엄청나게 불균등한 단위로 구성된 공동체, 즉 국제사회를 구축해야 한다는 가히 불가능한 과제를 안게 되었다.1) 덤바턴 오크스(Dumbarton Oaks)에서 준비한 〈국제연합 헌장〉 초안에 있는 "모든 평화애호국의 주권평등"이란 문구는 정치적 순진함의 증거이든지 아니면 대중의 미신을 악용하려는 것으로 보인다. 자유와 마찬가지로 평등도 개인의 권리이지 민족의 권리가 아니다. 우리가 주장하는 것은 알바니아가 중국이나 브라질과 동등한 권리를 가진다는 것이 아니라 알바니아의 한 시민과 중국이나 브라질의 한 시민이 개인적 권리와 기회에서 동등한 취급을 받는다는 것을 의미한다. 민족간의 평등은 결코 달성할 수도 없거니와 정당한 것도 바람직한 것도 아니다. 개인간의 평등이라고 해서 전적으로 달성할 수 있는 것은 아니다. 다만 인간의 노력의 끊임없는 목표의 하나로서 받아들여지고 있는 하나의 이상일 뿐이다.

제3기의 사회화된 민족주의에 대한 도전은 개인의 권리를 민족의 권리에 함몰시킨 국제질서에 대한 항의의 표시라고 할 수 있다. 미래의 국제질서는 헌법에 따른 상호권리와 의무를 지는 자유롭고 평등한 민족으로 구성되는 사회일 수가 없다. 미래의 평화수립자들이 추구해야 할 자유와 평등은 민족의 자유와 평등이 아니라 개인들의 일상생활에서의 자유와 평등이어야 한다. 그리고 제2차 세계대전 이전에 이미 이에 대한 요구가 있

---

1) 국가단위들이 평등하지 않은 것이 국제사회의 근본적 약점이라는 논의는 E. H. Carr, *The Twenty Years' Crisis*(1939), pp. 206~10 참조. 그 결론은 다음과 같다: "곧 힘이라는 변수가 항상 영향을 미치고, 또 영향을 미칠 수 있다는 가능성 자체로 말미암아 국제사회에서 그 구성원간의 평등이란 의미가 없어지고 마는 것이다." 그 때까지만 해도 필자는 여전히 민족들간의 공동체가 가능하다고 믿었다. 이제 그 믿음도 버려야 할 것 같다.

었다. 〈국제노동기구〉(ILO)와 같은 소위 "기술적" 기구들은 물론 완벽하지는 않지만 정치적 기구에 비해 훨씬 큰 활력을 보이고 있다. 그러한 기구가 민족의 안보보다 개인의 복지에 영향을 미칠 문제에 관심이 있다는 것은 의미심장한 일이다. 이와 유사한 진보로 말미암아 파산직전에 있는 국제법이 되살아날지도 모를 일이다. 최근에 한 비평가는 근대 국제법의 다음과 같은 "두 가지 추세"를 구분하고 있다 :

> 하나는 국가간의 관계에 관한 것이다.… 다른 하나는 국제협력과 국제제도를 통해 개인의 이익과 복지를 증진하고 보호하기 위한 국제법의 이용이다.2)

미래의 국제질서를 이끄는 힘은 민족과 상관없이 개인으로서의 인간의 가치와 그들의 복지를 증진하기 위한 공동의, 또 상호적인 의무에 대한 신념에 기초해야 한다.

그렇다고 해서 정치적, 경제적 민족주의의 파멸을 초국가적인 세계독재자의 등장을 정당화시키는 명분으로 사용해서는 안 된다. 개인의 해방에 대한 주장을 결코 감상적이고 공허한 보편주의에 대한 주장으로 해석해서도 안 된다. 인류의 일체성에 대한 정서는 모종의 보편적 원칙과 목적에 대한 공동주장을 지지할 수는 있을지 몰라도 세계적인 주권을 행사하는 기구를 지지할 만큼 강하지 못하다. 웬델 윌키의 "하나의 세계"와 같은 대중적 슬로건은 잘못된 것이다. 두 나라 수도 사이의 이동시간을 몇 주에서 며칠, 며칠에서 몇 시간으로 줄인다고 해서 적어도 단기적으로 상호이해와 공동의 행동이 증진되는 것은 아니다. 통신기술의 엄청난 발전에도 불구하고 오늘날의 세계는 영국이 로마제국 이래 가장 강한 지위를 누렸던 19세기에 비해 "하나임"이 덜 하다. 오늘날의 세계는 몇 개의 경쟁적인 권력중심으로 나뉘어 있는 것이다. 그리고 현대생활의 복합성 그 자체

---

2) H. Lauterpacht, *The Law of Nations, the Law of Nature and the Rights of Man* (Grotius Society, 1944), p. 27.

가 바로 분열의 핵심이다. 1919년 이래 세계주의는 국제질서를 증진시킨다는 위험한 환상을 불러왔다. 세계기구는 그 보편성으로 말미암아 특수한 충성심과 특수한 이익에 대한 호소력이 떨어질 수밖에 없다. 〈국제연맹〉의 약점은 바로 그 일반성과 익명성에 있었는지도 모른다. 국제연맹은 알바니아에 영국과 같은 정도의 의무를 요구하고 독일로부터 벨기에의 독립을 방어하는 것과 미국으로부터 파나마의 독립을 방어하는 것에 똑같은 의무를 부과하였다. 이와 같은 일반성은 순수이론적으로는 정당화될 수 있을지 몰라도 구체적인 정책으로 전환되기 어렵다. 곧 그 전체 구조는 추상적이고 비현실적인 것이다. 〈먼로 독트린〉을 삽입한 것부터 시작하여 국제연맹의 전 역사를 보면 이론적이고 비효율적인 세계주의를 탈피하여 현실적이고 실천가능한 지역주의로 돌아가려는 끊임없는 시도를 볼 수 있다. 세계기구는 하나의 소중한 상징인 동시에 편의적 필요를 충족시킬 수 있을지 모른다. 그러나 민족주의에서 국제주의로 넘어가는 과도기에서 작동할 수 있는 것은 그보다 작은 중간적 단위가 보다 현실적일 것이다.

세계경제기구도 마찬가지이다. 민족주의에 대한 항의가 있다고 해서 그것이 계몽주의 시대의 독재적 세계주의나 19세기의 자유방임주의로의 회귀를 주장하는 것은 아니다. 제3기의 사회화된 민족의 존재를 전적으로 부정할 수는 없기 때문이다. "민족의 부(富)이지만 민족의 대다수는 누릴 수 없는 부"를 주장한 중상주의는 죽었다. 그러나 개인을 한 축으로 하고 세계 전체를 다른 한 축으로 하는 연장선에서 그 사이에는 아무런 경제단위도 없어야 하는 자유방임의 개인주의도 이젠 회복이 불가능하다. "자유경쟁" 혹은 만인에 대한 만인의 경쟁을 추구하는 것은 극도의 불평등과 착취를 가져올 것이다. 그리하여 이에 대한 사회적 인식이 제고되고 소외된 계층의 자기방어적 노력을 불러일으켜 대항조치를 초래함으로써 사회적 불안이 야기될 것이다. 19세기 말까지 이러한 과정은 체계의 모든 차원과 측면에서 일어나 결국 1914년 이후 사회화된 민족이라는 현상을 가져왔던 것이다. 따라서 자유경쟁을 부정하는 민족의 자족과 경제적 민족주의는 따지고 보면 자유경쟁의 자연적인 결과인 것이다. 그러나 이제 그 이상의 단계에 이르렀다. 개인들이 무제한적인 경제적 개인주의의 충격에서 스스로를 보호하기 위해 만든 것이 이제 역으로 개인의 안전과 복지를 위협하게 되어, 새로운 도전과 변화에 직면하고 있는 것이다.

그러나 이러한 변화가 단지 기존의 추세를 역전시키는 데 그치지 않을 것임은 명백하다. 오늘날 논의의 기조는 20세기에 일어난 경제적 변화는 실수였고, 이제 하나의 이상이 된 과거의 세계주의로 돌아가자는 것이다. 그러나 1920년의 〈브뤼셀 회의〉에서 1944년의 〈브레턴우즈 회의〉에 이르기까지 일련의 실패를 가져온 그러한 견해는 잘못인 동시에 실현되기도 어렵다. 사회화된 민족을 가져온 힘은 여전히 굴러가고 있다. 그에 대한 요구도 줄어들지 않았다. 그러한 요구가 더 이상 국가단위 안에서 충족될 수 없고, 그에 따라 그 국가적 한계를 깨뜨리려고 한다는 점에서 제4기 국제체계의 희망이 숨 쉬고 있는 것이다. 전간기에 팽배하였던 경제적 민족주의에 대한 비판은 그 방법에 대해서뿐만 아니라 그러한 방법이 취해졌던 지리적 범위가 너무 좁고 부적절했다는 점도 지적해야 한다. 지역블록과 같은 중간규모의 경제조직 단위가 필요하지 않았다는 것이 아니라, 민족이 그와 같은 정책을 취하기에 적절한 혹은 가능한 단위가 더 이상 아니었다는 것이다. 민족단위로 계획된 경제가 병존할 때 사회적으로, 또 국제적으로 혼란이 온다고 해서 계획을 포기할 것이 아니라 다국가적, 국제적 계획을 통해 국가단위의 계획을 강화시켜야 하는 것이다.

한편으로 민족이 경제단위로서 적절치 않고, 다른 한편으로 세계 전체가 경제단위가 될 수 없다면 중간 단위의 모습과 규모는 어떠해야 하는가의 문제가 제기된다. 이상론적으로 말하자면 바로 목적이 그 모습과 규모를 규정해야 한다. 첫째, 목적에 따라 단위가 다를 수 있다. 철도나 도로를 관리하기 위한 국제기구가 항공을 관리하기 위한 국제기구와 다를 수 있다. 또 같은 목적이라도 시기에 따라 단위가 다를 수 있다. 오늘날 주된 국제문제는 18~9세기의 경제적 혹은 군사적으로 작동하였던 단위가 산업생산의 조건과 군사기술의 수준이 달라지면서 더 이상 작동하지 않고 있다는 점이다. 따라서 다루고자 하는 목적에 따라 서로 다른 기구들의 범위와 권한을 민족조직의 원칙이 아닌 소위 "기능적" 원칙에 따라 결정해야 하는 것이다.

1914년 이전에도 이미 다뉴브 강의 항해를 관리하기 위한 두 개의 국제위원회가 있었고 유럽에는 국제철도연맹이, 그리고 라틴통화연맹이 있었다. 전간기에는 국제연맹의 많은 기술적 전문기구들이 가끔 허구적인 세계주의와, 핵심국가들이 정치적 이유로 불참함으로 인해 방해를 받기는 하였지만 그래도 대체로 잘 작동하였다. 제2차 세계대전 중에 많은 수의 기능적 국제기구가 새로이 등장하였다. 일부는 전쟁과 더불어 그 기능이 끝났지만 천연자원, 식료품, 해운 등을 관리하는 기구들은 평시에도 그 기능을 수행할 것으로 보인다. 가장 주목할 만한 것은 〈중동공급센터〉로 1940~41년 전쟁위기 때 중동지역의 민간인들에게 희소물품을 공급하기 위해 생겼던 것이 이제 14개국의 경제생활을 발전시키는 데 없어서는 안 될 기구로 성장한 것이다. 다른 기구들, 예컨대 〈국제연합구제부흥기구〉(United Nations Relief and Rehabilitation Administration; UNRRA)나 〈식량농업기구〉(Food and Agriculture Organization) 등은 전쟁이후를 내다보고 만들어져 세계적 지지를 받고 있다. 요는 그러한 기구들이 특정한 영역에서 특정한 목적을 위한 별개의 조직으로 만들어질 때 효율적으로 기능한다는 점이다.

이러한 기구들은 한편으로는 성공의 이유도 되고 다른 한편으로는 반발도 초래할 몇 가지 공통점을 지니고 있다. 첫째, 이들 기구는 국가의 영토 안에서 정부의 명시적 혹은 묵시적 동의에 따라 기능하고 있지만 정부의 기관이 아니고 정부로부터 권한을 위임받은 것도 아니라는 점에서 국제적이다. 둘째, 이들은 국가정부 상위의 권한을 행사한다는 점에서가 아니라 국가들 사이의 분열이나 구별을 무시한 채 여러 나라에서 기능한다는 점에서 국제적이다. 셋째, 이들의 권한은 국가정부에 부여된 주권을 침해하지 않는다는 점에서 "비정치적"이다. 이러한 모든 점에서 이들 기구는 19세기의 금융·경제체계와 놀랄 만큼 닮았다. 19세기 경제질서에는 정확히 정의되지 않은 지위와 익명의 권한을 가진 복수의 기관들이 전 세계적 차원에서 작동하면서, 바로 그것들이 수행하는 서비스의 "비정치적" 성격과 스스로의 권위 덕분으로 국가정부들의 용인과 승인을 받고 있었던 것이다.

무시할 수 없는 또 다른 유사점이 있다. 정치적 권위에서 비정치적 요소를 분리한다는 것이 허구에 불과하며, 아무리 감추어도 이들 기구는 결국 정치권력을 배후에 깔고 있다는 것을 보여주는 것은 매우 쉬운 일이다. 그럼에도 불구하고 오늘날의 세계에서 권력을 분리할 수 있는 방법이 없는 한 19세기의 세계와 마찬가지로 아예 그렇다고 믿는 것도 괜찮은 방법이다. 국내사회에서 모든 권한이 단일의 기관에 집중되면 이는 곧 용납하기 어려운 전체주의의 등장을 의미한다. 직장과 기타 집단, 제도, 지역 등에 복합적인 충성심을 가지는 것은 모든 건강한 사회의 기본이다. 국제사회가 성공하려면 이처럼 권한의 분산과 충성심의 다중성을 인정해야만 한다.

이와 같은 원칙을 적용함으로써 궁극적인 세계연합이 가능하다는 것을 최근 미국의 한 학자보다 잘 표현한 이는 없을 것이다 :

> 우리는 팡파르를 울리고 의식을 거행하고, 미래에 대한 온갖 약속과 장담을 함으로써 국가이기주의를 부추기거나 주권의 자존심을 건드려서는 안 된다. 지난 전쟁—제1차 세계대전[역주]—이 끝나고 새롭고 보다 나은 세계의 건설을 위해 전 세계의 국가들이 협력하도록 하는 무수한 말과 결의문과 약속과 조약 그리고 엄숙한 국제협약이 있었다. 필요한 것은 우아한 시가 아니라 산문이고, 웅변이 아니라 실천이다. 연합, 연맹, 연방 혹은 그 무엇이든 성공의 가능성을 높이려면 자신도 모르는 사이에 시작하는 것이 최선이다. 각국이 궁극적으로 속하게 될 것이 무엇인지, 어떠한 권리와 의무를 지게 될지를 선언하지 말고, 아는 척도 하지 말고 시작해야 한다. 다시 말해 몇 나라 사이에

> 구체적 문제를 해결하기 위한 구체적 협정을 맺고, 국제적 문제를 해결하기 위한 국제기구를 만듦으로써 시작하는 것이 최선이다.… 그러한 연합은 창출된 것이 아니라 스스로 개발된 것이라고 할 수 있다. 언젠가는 그 연합이 구성원들의 공동이득을 증진하고 그들간의 우호와 평화를 유지한다는 목적을 달성하는 데 가장 좋다고 인정받게 될 기능을 수행하고, 궁극적으로는 그러한 기능을 수행하는 기관으로 인정받게 될 것이다. 그리고 그러한 연합은 그 기능을 성공적으로 수행함으로써 부지불식간에 "힘"을 얻게 되고 그것이 힘을 얻음에 따라 민족주의는 힘을 잃을 것이며, 주권국가의 독립도 제약을 받게 될 것이다.3)

그러나 이상과 같이, 민족간의 결사체가 아니라 다양한 민족내부의 사람들과 그들 집단간의 결사체로서, 개인과 기능적 집단들에게 구체적이고 한정된 목적에 따른 권한을 국경을 초월하여 행사하는 무수한 기구들에 의해 유지되는 국제질서를 전제로 한 이 기능적 국제주의는 처음부터 권력의 문제를 고려하지 않고 넘어가면 이상주의의 함정을 피하기 어렵다. 〈국제우편연합〉이나 〈중앙아편위원회〉와 같이 그 효용을 널리 인정받고 있는 기구들은 세력분포와 상관없이 그 지위를 확보할 수 있을지 모른다. 그러나 그 자체만으로는 큰 진척을 보기 어렵다. 19세기의 사회경제체제는 영국의 우위라는 암묵적 전제 위에서 기능하고 있었다. 제2차 세계대전 중의 많은 국제기구들은 〈연합국〉들의 공동의지와 힘에 의해 효과적으로 기능할 수 있었다. 그러면 우리가 구상한 다수의 기능적 기구들로 구성된 새로운 국제질서는 어떠한 권력의 틀 속에서 작동할 것인가? 그 권위를 인정하거나 배척하는 최종적 결정은 어디서 일어날 것인가? 국제 프롤레타리아 혁명의 꿈은 이제 사라졌고 민족단위를 안으로부터 분열시킬 수 있는 국제적 집단이나 조합된 권력이 있다는 신호는 보이지 않는다. 반면 오늘날 권력이 전개되는 양상은 기왕의 민족주의에 상당한 적신호를

3) Carl Becker, *How New Will the Better World Be?*(1944), pp. 241~3.

보내고 있다. 새로운 국제질서의 모습을 결정할 것은 바로 이와 같은 새로운 전개이다.

2. 국제질서에서의 권력

전쟁이후 세계의 모습에 대해 단정적으로 말할 수 있는 긍정적 측면은 별로 보이지 않는다. 그러나 두 가지 부정적 전망은 비교적 확신을 가지고 할 수 있다. 첫째, 유럽에 20개, 전 세계에 60개의 "독립주권국가"가 존재하는 세상은 더 이상 없을 것이다. 둘째, 인류의 운명에 대해 최고의 권위를 행사할 정치, 경제적 권력의 최종 종착지로서 단일한 세계권위 또한 보지 못할 것이다. 그렇다면 결국 미래 모습은 양자간의 절충으로 이루어질 것이다. 모든 절충이 그렇듯이 두 모습의 좋은 측면만 조합될 수 있고, 나쁜 측면만 조합을 이룰 수도 있다. 그 절충은 공식적 독립과 평등을 주장하면서 서로 경쟁하는 무수한, 그리고 크고 작은 민족들로 구성된 세계와, 잘 조직된 세계권위체가 지배하는 세계 사이의 절충이 그것이다.

이와 같은 예측이 실현된다면 세계는 이제 힘이 몇 개의 거대한 다민족 단위에 집중되는 현상을 맞이하게 될 것이다. 문화적으로 이러한 단위들은 아마 문명이라 불러 마땅할 것이다. 그러한 문명은 영국문명, 미국문명, 러시아문명, 중국문명 등으로 구성될 것이며, 어느 것도 고전적 의미에서의 국경 안에 한정되지는 않을 것이다. 경제적으로는 독일의 지정학자들이 고안한 〈대공간〉이란 용어가 적합할 것이다. 소련은 그 자체로서 하나의 대공간이다. 미주대륙은 미국의 대공간이 될 가능성이 높다. 영국 혹은 영연방의 경우 대륙이 아닌 해양을 따라 건설되었기 때문에 이 용어는 비교적 덜 적합하다고 하겠다. 군사적으로는 과거의 "영향권"(zone of influence)이라는 용어가 있지만, 한편으로는 비난을 많이 받았고 다른 한편으로는 앞으로 나타날 전략적 통합을 묘사하기에 너무 약하다고 할 수 있다. 또 미국은 〈먼로 독트린〉에서 정의한 영향권을 "서반구의 방어"라는 용어를 써서 표현한다. 그러나 이런 모든 구분은 아직 제대로 정의되지 않고 있다. 유럽문명과 유럽대공간이 존재하는지 혹은 별개의 서로 대립하는 단위가 다수 존재하는지 말하기는 어렵다. 한때 일본이 "공영권"이라는 이상한 용어를 사용하며 대공간을 꿈꾸었던 동아시아는 아직 매우 유동적이다. 하나의 문명으로서 중국은 잘 통합된 단위지만, 경제적으로는 너무 약하고 궁핍하다. 군사적으로도 중국은 무시해도 좋을 정도이다. 인도는 일면에서는 다민족 문명이라 할 만하지만 다른 한편으로는 영국 단위의 한 부분이다. 특히 인도의 정치사상은 전통적인 인도사상과 근대 영국사상이 종잡을 수 없게 뒤섞여 있다. 서반구에는 과거 이베리아 문명이 유럽과의 연계를 유지하려고 애쓰는 한편으로 현대 북미문명의 한 궤도를 이루고 있다. 그리고 북미문명 그 자체는 영국문명의 한 소산이다.

이처럼 권력의 집적이 아직 세계를 명백히 정의된 지리적 범위로 나누고 있지 않다는 사실이 가장 큰 희망을 준다. 세계가 소수의 다민족 단위로 나뉘어 광대한 영토를 실효적으로 지배하는 한편, 서로간에는 과거 민족주의를 보다 큰 규모에서 재현하는 제국주의에 빠져 결국 더욱 엄청나고 치명적인 전쟁을 하는 것을 좋아할 이유가 없는 것이다. 그러나 국제안보는 궁극적으로 과거 "강대국"이라고 불린 국가들이 누렸던 힘과 지위에 의해 제공된다. 물론 그것에 의해 위협도 받지만. 이러한 힘과 지위를 누리는 단위의 숫자는 이제 줄어들고 있다. 그리고 사회적 복지와 순조로운 경제가 적절한 국제기구에 의해 증진되는 세상에서 19세기의 경험이 되풀이되고, 평화와 안보의 유지는 특별한 제도 없이 강대국들간의 임시적 협의로 꾸려나가는 것도 생각해볼 수 있다. 그러나 그러한 가능성은 두 가지 이유에 의해 제약된다. 첫째, 오늘날 국제안보의 유지를 위해서는 다양한 국가단위로 구성된 국제상비군이 필요해질 가능성이 매우 높다. 그러한 국제상비군은 곧 제도적 틀을 필요로 하는 것이다. 둘째, 공통의 안보체계에서 크고 작은 나라들의 관계를 조정하기 위해서도 제도적 틀이 필요하다. 세계기구에 함께 가입해 있는 것이 본질적 원인이 아닌 역사적으로 생성된 적대감에 의해 일어나는 문제들을 해결하는 데 편리하고 합당한 방법이다.

18~9세기에는 전쟁과 평화 문제와 관련하여 잘 수립된 한 가지 관행이 있었다. 즉 안보문제는 강대국들이 배타적으로 논의하고 결정하였던 것이다. 그리고 그러한 배타성에 대해 약소국들도 크게 불만을 가지지 않았다. 왜냐하면 강대국들이 전쟁을 하더라도 약소국들은 몇 가지 규칙만 지키면 중립국으로서 편안하게 지낼 수 있는 반대급부가 있었기 때문이다. 1914년에 이르러 군사기술과 경제력의 발달로 작은 국가들의 이와 같은 "면제"가 위태롭게 되었다. 그리고 바로 그러한 사실을 깨달은 약소국들은 (스위스와 같은 예외를 제외하고는) 전쟁과 평화 문제에 보다 큰 목소리를 내고자 하였다. 전간기에 약소국들은 대체로 두 가지 대안이 있었다. 하나는 과거와 같은 무조건적 중립정책으로 복귀하는 것이고, 다른 하나는 "집단안전보장"이라는 새로운 정책을 택하는 것이었다. 집단안전보장 혹은 집단안보란 공격국가에 대항하여 모든 국가가 피공격국가를 원조하는 것을 말한다.[4] 그러나 불행히도 이 둘은 모두 비현실적이다. 무조건적 중립이란 더 이상 가능하지 않다. 네덜란드, 벨기에, 노르웨이, 덴마크, 그리스 등은 모두 전쟁에 관심이 없다고 선언하였지만 침략이나 점령을 받는 운명을 피하지 못했다. 또한 집단안보도 마찬가지로 실현불가능하다. 유럽의 어느 국가도 선제공격을 받기 전에는 전쟁에 참전하지 않았다. 지혜나 용기가 없어서가 아니라 그랬다간 곧 자살행위나 다름없었기 때문이었다. 약소국들은 더 이상 중립의 대가로 안보를 얻을 수 없었다. 동시에 그들은 당시 구상된 안보체계에 이렇다 할 기여도 할 수 없었다. 당시 안보체계는 결국 독립국가들의 군대에 입각하고 있는데, 그러한 군대는 전

4) "침략"이라는 기준을 적용하는 것이 어렵다는 것을 굳이 여기서 따질 필요가 없다. 왜냐하면 이 문제는 1939년에는 발생하지 않았기 때문이다. 그러나 그 어려움이 없다고 하더라도 집단안보체계는 작동이 불가능함이 잘 드러났다.

쟁이 실제로 일어난 다음에야 독자적 행동을 하도록 허용되고 있기 때문이다.[5)]

전간기 약소국이 취할 수 있었던 두 가지 방법, 즉 무조건 중립과 집단안보는 모두 실행 불가능했다. 그리고 약소국들이 독립된 단위로 존속한다는 것은 전적으로 독자적인 군대와 작전권을 가지고, 실제로 평화의 파괴가 일어나기 전에는 다른 나라와의 협력을 거부하는 모든 나라에 의해 유지되는 평화라는 개념과 양립할 수 없었다. 그런 점에서 다행히도 제2차 세계대전은 이 문제에 대한 해결책을 제시하고 있다. 연합국들의 군대에서 "통합운영"의 과정은 상당히 진척되었다. 그리고 거의 모든 전선에서 약소국의 군대가 3대 강국의 군대와 함께 단일 지휘체계 밑에서 싸웠다. 이와 같이 하여 러시아, 영국, 미국의 군대가 함께 독일의 점령에 참여할 것으로 보인다. 그렇게 되든 안 되든 여러 점령국 군대 사이의 통신망은 몇 개의 나라를 거쳐 전개될 것이고 전쟁중에 생겨난 기지의 임대라는 원칙은 전쟁이후에도 잘 잘 지켜질 것으로 보인다. 우리가 국제권력의 현실화에 일말의 기대라도 갖는 것은 잘 계획된 조직이 아니라 이처럼 위태로운 실천경험 때문이다. 이와 같은 방법을 통해서만 작은 나라도 국제안보체계에 효과적인 기여를 할 수 있고, 그 국가 자원의 일부를 공통의 자원에 기꺼이 내놓음으로써 독립을 유지할 수 있을 것이다.[6)]

이것이 민족자결이라는 까다로운 문제를 해결할 수 있는 유일한 방법

---

5) 이 문단의 주장은 E. H. Carr, *Conditions of Peace*, pp. 50~60에 보다 길게 전개되어 있다.

6) 미국의 한 저술가는 "선린"정책이라는 이름으로 공동안보를 위한 대국과 소국들 간의 협력을 논의한다 : "선린관계란 같은 전략적 안보 영역에 속하는 대국과 소국이 평시와 전시에 동맹이 되는 것이다. 대국은 현대 전쟁기술을 감안할 때 소국들은 스스로 감당할 수 없는 보호를 제공한다. 소국은 이에 대한 보답으로 공동방어를 위해 필요한 전략적 기지를 제공하고 자국의 주권을 사용하여 큰 이웃나라에 대한 침투, 음모, 스파이활동 등을 방지한다.… 소국들은… 이제 선린정책의 의무를 전적으로 수락함으로써만 자국의 권리를 보장받을 수 있다. 여기서 소국들의 권리란 강대국간의 세력균형의 조종이라는 흔히 말하는 '독자적' 외교정책을 취할 권리를 의미하는 것이 아니다"(W. Lippmann, *U.S. War Aims*, p. 84).

이다. 앞에서 보았듯이 민족자결의 원칙은 19세기의 산물이다. 1919년의 평화조약은 국경을 그 나라의 국력과 관계없이 정한 최초의 시도였다. 그리고 그 시도는 실패였다. 이 원칙은 항상 공평무사하게 적용되지도 않았고, 때로 말도 안 되게 작은 단위를 생성시키기도 하는 극단적 현상도 초래했다. 또 언어가 국가에 대한 충성심을 보여주는 증거라고 너무 쉽게 결론을 내렸다. 그러나 오늘날 일어나고 있는 민족자결주의에 대한 반발은 이처럼 우발적인 약점 때문이 아니라, 그러한 원칙이 안보와 결코 양립할 수 없기 때문이다. 민족자결의 원칙은 전략적 국경이라는 첨예한 군사적 안보 문제를 제기한 것이다. 국경이 주민의 바람대로 그려진다면 전략적 고려를 무시하는 것이고, 전략적 고려를 따르면 주민의 바람을 무시하는 것이 된다. 1919년의 평화수립자들에게 전략적 필요는 우선순위가 매우 낮았다. 라인란트를 비무장 시대로 만든 것은 프랑스를 달래기 위한 우스꽝스러운 타협책이었다. 이제 사정은 역전되었다. 군사안보의 필요성에 대한 인식이 증가하면서 민족자결 원칙에 대한 강한 반발이 나타났다. 〈대서양헌장〉에서 민족자결원칙이 재확인되었음에도 불구하고 이 원칙은 앞으로의 영토문제 해결을 위한 기준이 될 수 없다는 주장이 들리고 있다. 물론 이와 같은 주장이 주로 적국영토를 상대로 한 것은 사실이다. 그러나 군사적 고려가 국경획정에서 주된 요소임이 인정된 이상 앞으로 특정사례에만 적용되는 데 그치지는 않을 것이다.

이와 같은 원칙에 대해 두 가지 반대 논의가 가능하다. 첫째, 국방을 위한 영원한 보루로서의 전략적 국경이란 없다는 것이다. 1919년에 라인강은 최고의 전략적 국경으로 간주되었다. 제2차 세계대전에서 공수부대의 이용과 공학기술의 발달로 그보다 더 넓은 강도 장애가 될 수는 없었다. 앞으로 20년 후에 강은 전략적으로 아무런 가치가 없게 될지도 모른다. 군사기술, 특히 공군력의 발달로 말미암아 오늘날 수백만의 소망에 반하여 설정된 전략적 경계가 내일에는 새로운 〈마지노 선〉이 될지도 모른다. 미래의 전쟁이 만일 일어난다면 아마 주로 공수부대와 유효사거리가 수백 마일에 달하는 로켓으로 싸우는 전쟁이 될 것이다. 따라서 전략적 경계라는 개념 자체가 구식이 될지 모른다. 어쨌든 그것이 안보를 지키는 보루가 될 수 없음은 확실하다.

둘째는 종류는 좀 다르지만 중요성에서 떨어지지는 않는다. 민족자결이란 결국 좋은 정부의 원칙이다. 작은 단위는 좁은 한도 내에서 그것을 누린다. 큰 단위라고 해서 절대적이고 무조건적으로 누릴 수는 없다. 세계적 상호의존 현상 때문이다. 그러나 그에 대한 제약은 이성과 상식에 부합해야 한다. 수백만의 사람들을 다른 나라에 소속시키거나 집을 떠나게 하는 것은 쓰라린 전쟁의 끝에 전략적 국경을 추구한다는 환상 속에서는 가능할지 모른다. 그러나 그러한 일은 심지어 전쟁세대들도 흥분이 가라앉으면 후회할 일이다. 후속 세대들은 두말할 필요도 없다. 따라서 그와 같은 조치는 장기적으로는 그것이 얻고자 했던 안보에 치명적인 제약으로 등장할 것이다.

이 딜레마는 국제안보와 그를 유지하기 위해 필요한 힘을 국경과 국경이 의미하는 국가주권에서 구분하려고 할 경우에만 제기되는 문제이다. 세계 도처에 공동의 기지를 가지고 다양한 민족단위들이 참여하려면 불가피하게 국경을 넘을 수 있는 권리가 필요하게 된다. 만일 국경이 군사적 중요성을 더 이상 갖지 않는 체계를 구상할 수 있다면 자결의 딜레마를 해결할 수 있는 길도 열리게 된다. 행정적 필요에 따라 경계를 정하면서 굳이 안보적 이유로 주민들의 뜻을 거스를 필요는 없기 때문에다. 국제안보의 군사적 틀이 일단 해결되고 난 다음에 민족단위들의 숫자와 기능, 그리고 경계를 결정하면서 주민들의 뜻을 충분히 고려할 수 있을 것이다.

이러한 원칙에 따라서만 민족자결의 권리에 대한 새로운 해석이 가능하다. 민족자결은 안보를 무시하고 경제적 복지와 기회를 제한하는 방식으로 해석되어서는 살아남을 수 없다. 그러한 다행히 인간관계는 복합적이다. 인간들은 다양한 목적에 따라 다양한 규모와 기능을 가진 다양한 집단을 형성하고 살아가고 있고 또 그럴 수밖에 없다. 그러는 가운데 민족적 사고와 정서를 기르고, 정치적, 문화적 전통을 함양한다. 곧 민족주의의 건설적 측면이다. 군사적, 경제적 조직을 가진 다민족 단위가 존재한다는 사실은 민족단위의 행정 및 문화공동체의 유지 및 확장과 전혀 모순되지 않는다. 오히려 이렇게 하여 생성된 중첩되고 서로 맞물린 복합적 충성의 체계야말로 전체주의에 대한 유일한 대안이다.

우리가 새로운 국제질서의 권력형태를 그려본다면 이는 국제적 합동참모회의 혹은 세계안보기구의 포괄적 지휘하에 놓인 일련의 지역적 국제합동참모회의와 핵심지역의 전략적 기지를 점령하고 있는 국가군대 혹은 합동군대를 생각할 수 있다. 그러한 세계안보기구가 제대로 기능하려면 3대 강국—당시 미국, 소련, 영국을 말함[역주]—이 승인하고 지원하기로 합의를 해야만 한다는 사실은 새삼 말할 필요가 없다. 또한 이 기구가 강대국들간의 전쟁을 막을 수 없는 것도 명백하다. 그러나 그렇다고 해서 어떠한 제도나 기구가 아무리 잘 계획되고 조직된다 하더라도 이와 같은 일을 달성할 수 있다고 믿는다면 착각이다.[7] 그리고 강대국들이 서로 협력하고 공동행동 하는 관행을 쌓아나간다면 그들간에 존재하는 전쟁의 원인을 제거하는 데 도움이 될 것도 틀림없다. 그러나 이러한 기구 또한 권력을 남용할 위험도 배제하기 어렵다. 그렇다고 해서 권력이 남용될까봐 정치적 권위를 무능의 수준까지 끌어내리면 결국 무정부상태 외에는 대안이 없는 것이다. 국제적 권위체를 용인할 수 있는 최소한의 조건은 두 가지이다. 첫째, 이 권위체는 효과적이고 공평무사하게 질서를 유지해야 한다. 둘째, 이렇게 유지된 질서는 넓은 의미에서 사회적 복지를 증진하고 보호해야 한다. 그런 의미에서 이제 모든 국제질서가 궁극적으로 추구해야 할 공동의 원칙과 공동의 목적을 따져 보기로 하자.

---

7) "세계사회의 창건자들간의 전쟁은… 세계사회의 규칙과 절차에 의해 막을 수 없다.… 세계기구는 경찰을 상대로 경찰행동을 할 수 없는 것이다"(W. Lippmann, *U.S. War Aims*, p. 161).

3. 원칙과 목적

지금까지 우리는 국제권력의 역학(力學)을 따져 보았다. 그러나 권위의 행사란 결코 그 자체가 목적이 아니다. 1919년의 평화조약은 19세기의 자유방임국가의 사상의 영향을 강하게 받았다. 따라서 이러한 전통 속에 성장한 사람들은 국제기구의 기능에 대해 제한적이고 부정적인 입장을 취할 수밖에 없었다. 국가와 마찬가지로 국제권위체도 불필요한 폭력을 예방하고 재산권을 보호하는 것, 즉 국제법과 질서를 방어하기 위해 경찰봉을 휘두르는 경찰관에 그쳐야 했다. 그 사회적 및 경제적 기능은 부수적이고 하나의 선택사항에 불과하였다. 오늘날 자유의 개념이 정치적 영역에서 사회경제적 영역으로 확대되면서 국제권위체에 대해서도 보다 적극적이고 건설적인 입장이 나타나고 있다. "야경국가" 대신에 "복지국가"가 등장하였다는 사실은 국제사회에서도 단순한 경찰봉 외에 사회적 기능을 맡는 기구가 등장하여, 경찰봉은 결국 거기에 종속되어야 한다는 것을 의미한다. 안보를 유지하고 전쟁을 회피하려면 미래 독일이나 일본의 침략행위를 방지하기 위한 항구적 동맹이 있어야 한다는 주장—따라서 독일과 일본은 완전히 무력해져야 한다는 주장—은 신중히 검토해 보면 말이 되지 않음을 알 수 있다. 전쟁의 악몽을 떨치고 인류의 마음을 살 수 있는 국제질서는 단지 침체된 현상의 유지가 아니라 그 이상의 이상을 제시해야 하기 때문이다. 그 핵심기능은 국제적 현상을 유지하거나 민족의 권리를 보호하는 것이 아니라 모든 나라의 보통사람들의 삶의 질을 적극적 정책을 통해 향상시킴에 있다. "세계안보기구"든 "국제경찰력"이든 혹은 그 이름이 무엇이든 권력을 가진 국제기구가 오래 지속되려면 모종의 공통의 원칙에 입각하여 모종의 공통의 목적을 추구함으로써 세계 사람들의 동의와 충성심을 얻을 만하다는 인정을 받아야 한다.

생각이 있는 사람이라면 그 수는 적어지고 힘은 커진 단위가 지배하는 세상의 위험을 모를 리 없을 것이다. 곧 전통과 생각과 생활수준이 서로 다름으로써, 또 그들간의 이익의 충돌이 생김으로써 오는 위험이다. 그러나 그와 같은 위험을 회피하기 위해서도 단지 인위적 안보조치로써 현상을 안정화시키려 하거나 과거 속에서 처방을 찾아서는 안 된다. 이들 권력단위의 속성을 고려함에 있어 우리는 그들간의 잠재적 갈등뿐만 아니라 그들이 공통으로 개발할 수 있는 원칙과 목적을 찾아야 한다. 우리는 강대국들의 원칙과 목적에 부합하기 때문에 그들이 수용할 수 있고, 세계 도처의 사람들의 복지를 증진하고 열망을 충족시킬 수 있기 때문에 폭넓은 지지를 누릴 수 있는 그러한 원칙과 목적에 기반한 국제질서를 건설해야 한다. 그러한 지지가 항상 전 세계적일 필요는 없다. 그리고 물론 처음부터 가능하지도 않다. 다양한 국제적 집단을 근거로 서로 다른 목적과 그 기능에 따라 서로 다른 범위를 가진 다수의 기구들을 설립할 수 있다. 이처럼 다양하고 다수인 기구를 설립하는 것이야말로 거대한 다민족 단위들에 배타적인 권력과 충성심이 집중되는 것을 막을 수 있는 길이다. 그럼에도 불구하고 이들 기구는 모두 공통의 원칙과 공통의 목적 위에 서서 이를 확고히 추구해 나가야 한다. 이 원칙과 목적만이 국제평화의 조건인 단합의 기본을 이룰 수 있기 때문이다.

스페인의 한 학자는 민족이란 "한 인간집단이 다른 인간집단에 공동의 사업을 하자고 보낸 초청장"이며, 오늘날의 민족주의가 실패한 이유는 그것이 "새로운 좋은 사업을 구상해야 할 필요성으로부터 도피하기 위한 핑계"로 전락하였기 때문이라고 썼다.8) 다시 말해 오늘날의 민족주의는 그 자체로서 목적이 되어버린 것이다. 그 스스로를 방어하고 "새로운 사업구상"을 위한 야망에 불타지 않는 국제질서는 곧 모든 현실감을 잃고 따라서 그에 대한 모든 존경을 상실하게 될 것이다. 오늘날 "대사업"이 무엇인지는 명백하다. 이것은 법률적, 혹은 헌법적으로 정의되거나 법률용어

8) Ortega y Gasset, *The Revolt of the Masses*[영문판, 1932], pp. 183, 197.

로 표현될 수 없다. 모든 국가가 서로 나뉘어 있는 것은 바로 그 헌법형태이기 때문이다. (그 원래의 의미는 많이 상실하였지만 굳이 그 용어를 쓰자면) "민주주의" 혹은 "공산주의"의 한 노선에 따른 단결을 요구하는 사업은 실패할 수밖에 없다. 강대국들간의 경쟁관계 때문만은 아니다. 그러면 아시아 대부분과 라틴 아메리카의 상당 부분을 포함한 세계의 많은 부분은 빠지게 되기 때문이다. 정부가 "대중적"이고 피치자의 광범한 동의 위에 서야 한다는 것은 일반적으로 수락된 원칙이다. 그러나 정치적 민주주의가 그러한 동의의 유일하고 충분한 표현이라는 것은 그리 널리 수락되고 있지 않다. 아마 50년 전에 비해서 오히려 그 지지가 떨어진 것 같다. 그리고 정치적 권리와 정치적 원칙이 오늘날 세계가 제1차적 관심을 가진 문제도 아니다. 민주주의의 장래는 완전고용의 문제를 어떻게 해결하는가에 달려 있다는 지적이 오늘날에는 정치적 목적이 사회경제적 목적에 종속되어 있다는 사실을 잘 보여주고 있다. 국제주의는 민족주의와 마찬가지로 사회화되지 않을 수 없다.

오늘날의 세상 혹은 강대국들을 포함하는 일부 세상을 통합하는 주된 목적은 사회정의라는 공통의 이상이다. "보통사람", "노동자 농민", "영세민", "최소한의 생활수준"과 같은 용어가 일반적으로 사용되고 있는 데서 잘 알 수 있는 일이다. 아직 명확히 정의되지 못하고 있고 엄청나게 다양한 방식으로 해석되고 정의될 수 있지만 그래도 사회정의라는 개념은 20세기에 커다란 국제적 중요성을 띠고 있다. 19세기에 정치적 자유와 정치적 권리라는 개념도 모호하기는 마찬가지였지만 그 국제적 중요성이 매우 컸던 것과 마찬가지이다. 그러나 19세기의 정치적 이상은 민족을 통해 달성할 수 있었지만, 사회적 정의라는 오늘날의 이상을 실현하기 위해서는 민족단위는 부적절하고, 심지어 방해가 된다. 오늘날 사회적 정의는 세 가지 요소로 구성되어 있다. 기회의 균등, "결핍으로부터의 자유", 그리고 이 두 가지 요소에 역동성을 부여하는 "완전고용"이 그것이다.

사회적 정의가 요구하는 기회의 균등이란 개인 사이의 평등을 말한다. 이는 전간기에 나타나 엄청난 혼란을 불러일으켰던 민족간의 평등과 별개의 것일 뿐만 아니라 이와 양립할 수 없는 것이다. 개인간의 평등은 민족을 이유로 한 차별이 없는 세상에서만 가능하기 때문이다. 민족간의 차별을 원칙에서 배척하면 곧 실천에서도 배척될 것이라고 믿는 것은 물론 이상론이다. 그럼에도 불구하고 지금 나타나는 권력단위들은 전통적 의미에서의 민족이 아니다. 그리고 그러한 비민족적 단위는 어쨌거나 과거의 민족주의에서 진일보한 것이라고 보아 무방하다. 지금의 3대 강대국이 그 시각과 방법에서 차이를 보이고 있는 것은 틀림없지만 적어도 한 가지 원칙에 대한 지지라는 점에서는 일치점을 보이고 있다. 지금 영연방에는 잉글랜드 사람, 스코틀랜드 사람, 프랑스 사람, 네덜란드 사람이라고 불려야 할 사람들이, 미국에는 독일 사람, 폴란드 사람, 이탈리아 사람이라고 불리는 사람들이, 소련에는 리투아니아 사람, 몰다비아 사람, 카즈베크 사람들이 민족을 이유로 정치적, 경제적 기회를 박탈당하지 않고, 자신의 언어나 민족적 관습을 신봉하고 사용함에 아무런 제약이 없이 살고 있다. 소련의 경우—언어와 문화를 제외하고는—초점이 카즈베크 공화국의 민족적 권리가 아니라 카즈베크 사람들이 소련 전역에서 우즈베크 사람들이나 대 러시아 사람들과 같은 권리를 누린다는 것에 모아져 있다.[9] 미국에서는 출신민족과 상관없이 완전하고 동등한 권리가 모든 국민에게 부여된다. 그리고 특정 집단의 민족의식의 성장과 잔존은 불안한 주목의 대상이 되고 이를 조장하는 조치는 신중하게 회피되고 또 견제되고 있다. 나아가 미국과 소련에서는 교육, 혹은 기타 채널을 통해 공통의 이상이라는 이름으로 보다 편협한 민족이나 인종에 대한 소속감을 대신하고자 노력하고 있다. 곧 소련식 혹은 미국식 "삶의 방식"을 고양하고자 함이다. 영국식

9) 1936년 소련헌법 제123조는 바로 이와 같은 권리를 강조하고 있다 : "소련 시민의 권리가 민족성이나 인종과 상관없이, 그리고 경제, 국가, 문화, 사회, 정치적 생활의 모든 분야에서 동등하다는 것은 결코 위배할 수 없는 법칙이다. 특정의 시민을 인종이나 민족을 이유로 직간접적으로 그 권리를 제한하거나, 역으로 직간접적으로 특권을 부여하는 것은 인종적, 혹은 민족적 배타주의, 증오, 경멸과 마찬가지로 법에 의해 처벌된다."

삶의 방식은 그처럼 직접적인 교육의 대상은 아니지만 그래도 좁은 의미의 민족의식이 아닌 다른 무엇이 다민족적인 영연방을 유지하는 통합요인이라는 것을 의심하는 이는 거의 없다.

이처럼 권력이 다민족적 단위에 집중될 경우 그것이 남용되거나 과거의 민족주의가 밟았던 전철, 즉 제국주의의 길을 가지 말란 법은 물론 없다. 액턴은 한때 "여러 민족을 한 국가에 묶는 일은 개인을 하나의 사회에 묶듯이 문명된 삶의 필요조건"이며, 영국이나 오스트리아 제국처럼 다양한 여러 민족을 서로 억압하지 않고 포괄하는 나라야말로 가장 완벽하다고 주장했다.10) 이와 같은 입장을 받아들이고 말고는 개인의 취향에 달려 있다. 그러나 그와는 별도로 민족이나 언어를 기준으로 배타성을 유지한 정치단위가 아니라 이상을 공유하고 그것이 세계적으로 적용될 수 있다는 소망에 따라 조직된 정치단위는 과거에 비해 커다란 진보라고 해도 과언이 아니다. 과거에는 민족을 맹목적으로 신봉하거나 1939년 이전의 유고슬라비아나 폴란드처럼 세르비아인, 크로아티아인, 슬로베니아인, 폴란드인, 우크라이나인, 리투아니아인이라는 구분만 중요했던 정치단위들만이 존재하였기 때문이다.11) 따라서 인간들이 서로를 미워하는 이유야 여러 가지가 있고 앞으로도 어떠한 형태로든 나타날 수 있지만, 대규모의 다민족단위가 등장하고 그 힘과 영향력을 늘려나가면서 민족을 근거로 한 증오는 점차 약화될 것으로 보인다. 흔히 종교와 민족주의를 비교해서 이야기한다. 16~7세기의 종교전쟁의 참화에 따라 서로 다른 종교에 대한 관용이 함양되었듯이, 20세기의 민족주의 전쟁의 참화에 따라 서로 다른 민족에 대한 관용 또한 함양될 것이다. 그처럼 전쟁의 참화를 입고서도 교훈을 얻지 못한다면, 인간의 생존의지를 의심해야 할 것이다. 다민족 국가의

10) Acton, *The History of Freedom and Other Essays*, pp. 290, 298.

11) 물론 1939년 이전에도 규모는 작더라도 여러 민족이 완벽한 평등을 누리면서 지낸 적이 있다. 스위스가 대표적인 예이다. 그리고 영연방이나 미국의 경우에도 유색인종에 대한 차별은 강했다.

등장에서 보고 있고, 국제기구로 전이의 가능성도 점쳐지고 있는 오늘날 민족집단의 권리와 복지로부터 개인의 권리와 복지로 초점이 이동되고 있는 현상은 민족주의의 파괴적 단계가 종언을 고하고 있음을 예고하고 있는지도 모른다.

사회적 정의의 제2요소, 즉 "결핍으로부터의 해방"은 우리에게 보다 친숙한 구호이고, 그 내용에서도 구체적이기 때문에 굳이 길게 논의할 필요가 없다. 결핍으로부터의 자유는 굳이 국제협력이 아니라 적당한 국내정책의 수행을 통해서 해결될 수 있는 것도 사실이다. 그러나 사회적으로 극단적인 부의 불균등이 사회적 양심의 문제가 되고 있듯이 국가간 삶의 질의 차이가 평화에 대한 위협이 되고 따라서 그것의 시정이 국제질서를 건설하는 초기 사업의 하나가 되어야 한다는 인식이 늘고 있다. 이것이 일반적 정책이나 기구를 통해 달성될 수 있다고 믿는 것은 순진하다. 이 문제는 사회정책을 사회적 조건에 맞추어야 한다는 점을 잘 보여주고 있는 사례이다. 결핍으로부터의 자유라는 이상은 일반적인 것이다. 그러나 이 원칙을 출생률이 비교적 고정적인 선진국에 적용하는 것과 인구성장이 생존의 기본조건을 끊임없이 위협하는 지역에 적용하는 것은 정도의 차이가 아니라 질적인 차이가 있다.

사회정의의 제3요소, 즉 완전고용은 오늘날 필요한 프로그램에서 일종의 역설적 위치를 점하고 있다. 한편으로 이것은 그 자체로서 목적이 아니다. 고용은 항상 무엇을 하기 위한 고용이고, 실업을 해소하기 위해 달리 원치 않는 "공공사업"을 추진하는 것처럼 황당한 것도 별로 없기 때문이다. 그러나 다른 한편으로 완전고용은 오늘날의 산업국가에서 사회정의의 핵심이다. 산업사회의 역동성이야말로 오늘날 존재하는 많은 사회적 해악을 해결할 수 있고 바로 그 이유로 인해 완전고용 문제가 그토록 큰 중요성을 부여받고 있는 것이다. 결핍으로부터의 자유가 완전고용에 의존하고 있는 것은 직접적이고 명백하다. 왜냐하면 경제체계의 붕괴는 생산보다는 분배측면에서 보다 두드러져 보이지만, 생산의 증가를 통해서만 생활수준이 널리 향상될 수 있고 생산의 증가를 통해서만 모든 인적, 물적 자원의 완전고용이 가능하기 때문이다. 또한 널리 인식되고 있지는 않지만 완전고용이야말로 사회정의의 제1요소인 개인간의 기회의 균등을 위한 핵심조건인 것이다. 실업 혹은 실업에 대한 두려움이 오늘날 세계에서 서로 배척하고 차별하는 가장 큰 이유이기 때문이다. 이를 몇 가지 점에서 예시할 수 있다. 첫째, 그로 인해 경제적, 재정적 수단이 매우 제약적이 되었다. 둘째, 이로 인해 국제이민이 크게 제약되었다. 셋째, 이로 인해 소수인종에 대한 차별이 늘어나고 때로 조직적인 박해가 일어나기도 했다. 넷째, 그리고 이로 인해 난민에 대한 모든 문이 닫혔다. 즉, 실업이 오늘날 서양세계의 독특한 사회적 문제로 자리 잡아 제2차 세계대전을 초래한 궁극적 요인의 하나가 되었던 것이다. 실업문제가 일어나는 근본적 조건이 방치된 채 그것이 사회적 해악을 초래한다고 떠들어보았자 소용이 없다. 1939년 이전 서양문명을 지배하였던 정태적이고 제약적 정책을 깨고, 오늘의 세대로 하여금 기회의 균등과 결핍으로부터의 자유라는 보다 새롭고 견고한 바탕 위에 사회질서와 국제질서를 건설하도록 하려면 완전고용만이 유일한 해결책이다.

전 세계를 통하여 완전고용을 이룩할 수 있는 야심찬 국제적 계획을 수립하는 것은 크게 어려운 일이 아니다. 물론 단일안이 되기는 어려울 것이다. 왜냐하면 저개발국가들은 그러한 정책의 입안자나 집행자가 아니라 대상이 될 수밖에 없기 때문이다. 그러나 현실정치에서 국가간의 합의나 세계적 규모의 기구를 설립함으로써 완전고용의 문제를 효과적으로 해결할 가능성은 낮다. 기술 및 경제발전 수준의 차이와 그에 따른 이익의 갈등으로 인해 완전히 동질적인 체계를 건설한다는 것은 불가능하다. 그리고 목적에 대한 합의가 있어도 수단에 대한 합의가 따르지 않는 것은 바로 그러한 차이 때문이다. 따라서 이 점에 있어서도 아마 완전고용정책을 공통으로 추진하고 후진지역의 경제발전 비용을 함께 부담하기로 합의한 복수의 국가 혹은 국가집단들간의 합동계획과 조직에 만족해야 할지 모른다. 그와 같은 지역적 정책은 앞에서 논의한 권력의 다민족적 집단화와 부분적으로는 일치할 것이다. 국제질서의 틀이 안정성을 가지려면 한편으로는 강대국들 사이의 세력균형에 의존하고 다른 한편으로는 기회의 균등, 결핍으로부터의 자유, 그리고 완전고용 정책을 위한 공동의 정책의 성공 여부에 달려 있다고 하겠다. 개인이든 민족이든 그 안보를 중소국가의 제한된 자원이나 국가정부의 제한 없는 독립행동을 통해 보장할 수 있다고 생각하는 것은 착각이다. 또한 사회정의에 대한 요구가 19세기의 "자유" 국제시장경제로의 복귀를 통해 충족될 수 있다고 믿는 것도 착각이다. 이러한 결과를 하나의 중심부에서 계획하고, 조정하고, 통제하는 세계행정기구의 설립을 통해 달성하고자 하는 것은 여전히 몽상가의 꿈이다. 앞으로 그와 같은 결과를 얻기 위한 최고의 가능성은 안보의 유지와 지리적 영역과 민족집단들의 경제를 계획, 발전시키기 위한 국제적 혹은 다민족적 집단의 균형된 구조에서만 찾을 수 있다. 이것이야말로 민족주의의 혼란과 전쟁에 혼비백산한 세계에, 그리고 역사상 위기의 한순간에 가능한 국제적 진보의 가장 확실한 길일 것이다.

4. 후 기

권력이 다민족 집단의 손에 집중되는 동시에, 공동의 사회경제정책으로 서로 연결되고 공동의 안보체계 속에 느슨하게 엮여지는 새로운 현상이 지배하고 있는 오늘날의 세계 속에서 영국의 입장은 독특하고, 또 곤혹스럽다. 영국 홀로서는 다른 다민족 집단과 대적할 수 없고, 또 인구가 빠르게 감소함으로써 영국은 이제 이류국가로 전락할 지경에 있다. 이 경우 영국의 정책은 끔찍한 딜레마에 처할 것이다. 하나의 대안은 영국이 스스로 소련이나 미국의 정책에 복속되는 것이다. 다른 하나는 과거 이류국가들이 그랬듯이 강대국들을 이간질하여 경쟁을 부추기는 방법으로 불가피하게 재앙적인 결과로 연결될 것이다. 이러한 결과를 피하기 위해서 영국은 두 가지 조건을 충족해야 한다.

첫째, 생산과 부의 분배의 효율성을 기하기 위한 경제사회정책을 통해 영국 스스로 국제문제에서 지도적 위치를 유지하고 다른 나라로 하여금 납득할 수 있도록 해야 한다. 이와 같은 정책은 엄청난 개혁작업이 될 것이고 따라서 전통적 관성과 기득권의 반발을 사지 않을 수 없을 것이다. 둘째, 지금까지 영국이 유지해 왔던 국제정책의 기본적 틀을 혁신적으로 바꾸어야 한다. 이 점에서 영국은 영연방의 재결속과 영연방 관계에서 얻은 교훈을 통해 커다란 이점을 누릴 수 있다. 이는 조약이나 공식적 의무에 기반하는 것이 아니다. 양차 세계대전 사이의 기간에 온갖 조약이 맺어졌지만 영연방 국가들 사이의 관계는 기본적으로 변하지 않았다. 영연방의 경험에서 얻을 수 있는 결정적인 교훈을 이제 보다 큰 규모에서 적용해야 한다. 영연방국가, 1939년 이전에 〈스털링〉 블록에 속한 국가들, 그리고 후일 밀접한 이익공동체를 형성할 우호국가들과의 관계에서 영국은 일반적인 국제적 약속이나 장기적 상호보장을 추구할 것이 아니라 직접적이고 구체적인 공동행동을 취하는 합의, 공동의 합동참모회의를 통한 합동계획을 포함하는 군사적 협약, 그리고 장기적 계약을 포함하는 국제조약이 아니라 상업계약과도 같은 무역협정을 통해 추구해야 한다. 이와 같은 국제정책과 국내에서의 산업 및 사회의 재건을 통해 영국은 세계사회에서 지도적 지위를 유지할 수 있을 뿐 아니라, 항구적인 국제질서를 건설함에 있어 어느 나라보다 앞서 건설적인 기여를 하게 될 것이다.

영국이 우호적이고 밀접한 관계를 맺어야 할 국가들은 우선 서유럽 국가들이다. 서유럽의 국가들은 영국보다 더욱 엄청난 참화와 비극을 겪었다. 첫째, 서유럽은 세계가 이제서야 벗어나려고 하고 있는 "민족"의 시대를 연 본향(本鄕)이다. 서유럽은 각자 전통문화를 고집하는 독립국가라는 기반 위에 서 있으나, 그 군사적, 경제적 기반은 이제 돌이킬 수 없도록 약화되었다. 사태의 전개에 따라 전복되고 이제 구식이 되어버린 강력하고 전통적인 조직형태의 말로는 그것이 갑자기 붕괴하든 서서히 몰락하든 비참할 수밖에 없다. 둘째, 서유럽이 그 활력을 회복하고, 한때는 영광스러웠으나 이제는 새로운 성장을 가로막고 있는 전통의 굴레를 벗어떨친다고 하더라도 여전히 지도력과 권력중심의 결여로 말미암아 "반구"의 다국적 문명이나 "대영역" 시대와 견주기 어렵다. 이탈리아와 프랑스는 과거에 공통의 유럽문명의 기초를 닦는 데 일조를 했다. 그러나 이들은 모두 권력을 남용함으로써 경쟁에 뒤쳐졌다. 19세기에 독일은 산업시대의 유럽을 선도했다. 그러나 독일의 권력남용은 치명적이었다. 제2차 세계대전이 끝나면서 전례 없는 상황이 전개되었다. 영국과 소련만이 유일하게 유럽의 운명에 영향을 미칠 수 있는 나라로 남았는데 이들은 유럽의 양극단에 위치하여, 실로 유럽국가라고 부르기도 어려운 나라들이다.

따라서 앞으로의 전망은 암담하고 불확실하다. 물론 유럽이 과거의 교훈을 거울삼아 민족적 증오와 갈등을 떨치고 일어나 영국과 소련과는 별도로 통합적 지도력을 창출하는 것도 가능하다. 그러나 그러한 움직임은 아직 보이지 않는다. 그렇게 하지 못한 유럽국가들이 불가피하게 영국이나 소련과 밀접한 관계를 가질 수밖에 없을 것으로 전망된다. 러시아와 동유럽국가들 사이에는 이미 그러한 움직임이 나타나고 있다. 이에 따라 영국과 서유럽국가들 사이에 보다 밀접한 관계가 자연스럽게 수립되는 것도 가능하다. 그러한 연계는 좁은 의미의 정치적 연계가 아니라 군사적, 경제적 성격을 띠고 공동이익의 굳건한 기반 위에 구축될 것이다. 안보문제는 전 지역에 공통으로 남아 있다. 거의 모든 유럽국가들은 경상수지의 조정, 대외무역에의 의존, 수입자원에 의존한 산업구조라는 공통의 경제문제를 안고 있다. 사회적 정의의 문제도 모든 나라가 겪고 있고 따라서 다들 중요한 문제라고 인정하고 있다. 동시에 서유럽국가들은 국가에 의한 독점이라는 소련의 이데올로기와 무제한적인 경쟁이라는 미국의 이데올로기와 다른 경제원칙을 찾겠다는 공통된 욕구에 따라 서로 단결할지도 모른다. 이들 중 일부는 광대한 식민지를 가지고 있으며 아프리카 대륙의 많은 부분이 여전히 이들의 수중에 있다. 합동군사계획과 공동경제계획을 통해서만 영국을 포함하는 서유럽은 단합된 힘과 자신감을 가지고 미래를 맞을 수 있을 것이다. 오랜 전통에 대한 자부심과 그에서 비롯된 편견과, 과거가 복구될 수 없다는 것을 믿고 싶어하지 않는 내면적인 보수주의가 장애물로 남아 있다. 그러나 유럽과 세계가 민족주의의 시대를 지나 균형을 회복하려면 많은 과거의 전통을 버리고 새로운 전통을 창출하지 않을 수 없다.

찾아보기

[ㅅ]

저자, 편역자 소개

저자 에드워드 헬릿 카 혹은 E. H. 카(Edward Hallett Carr, 1892~1982)는 우리나라에서는《역사란 무엇인가?》(*What Is History?*)로 친숙한 영국의 역사가이자 정치학자이다. 젊은 시절을 외교관으로 주로 소련에서 근무한 그는 한때 영국을 대표하는 일간지《더 타임스》(*The Times*)의 편집부국장을 지냈고(1941~46), 이후 옥스퍼드와 케임브리지에서 교편을 잡았다. 그의 대표적 저서는 전 4부, 10권으로 된《소련사》(*A History of Soviet Russia*)이다.

편역자 김태현(金泰炫)은 중앙대학교 국제대학원 명예교수로, 서울대학교 외교학과에서 학사, 석사, 미국 오하이오 주립대학교 정치학과에서 석사, 박사 학위를 받고 평생 연구 및 교육에 종사한 학자이자 작가이다. 2015년 한국국제정치학회 회장을 지냈고 외교부, 통일부에 자문했다. 동아일보, 세계일보, 부산일보, 매일신문 등에서 고정 칼럼니스트를 하는 등 외교 안보 평론가로 왕성하게 활동했다. 이 책 외 한스 모겐소의《과학적 인간과 권력정치》, 그레이엄 앨리슨의《결정의 본질》등 국제정치학 고전을 번역했다. 최근《세계는 왜 이렇게 움직이는가 : 국제관계의 개념과 이론》을 출간한 후 후속작《세계를 움직이는 힘 : 총과 돈과 말의 국제정치》의 출간을 준비하고 있다.

20년의 위기

2025년 10월 20일 인쇄
2025년 10월 30일 발행

편역자 : 김 태 현
펴낸이 : 김 중 현
펴낸곳 : **녹 문 당**

주 소 : 경기도 파주시 심학산로 12(서패동)
전 화 : (031) 957-2711 FAX : (031) 957-2710
신고번호 : 제406-1997-000055호

ISBN 978-89-88684-91-7 93340 값 20,000원